| 개정판 |

와일드 게임이론

WILD GAME THEORY

이양승

박영사

목 차

PROLOGUE

서 론

이 책의 제목은 '와일드 게임이론'이다. 먼저 와일드(wild)한 게임들을 강조한다. '와일드'한 게임들을 분석해서 그런지 몰라도 이 책도 자연스레 '와일드'해지고 말았다. 이론서로 여기기엔 말 그대로 이 책이 약간 '와일드'한 느낌을 준다. 비전문가들을 위해 게임이론 교양을 제공하려는 목적이었는데 일단 재미가 좀 있었으면 좋겠다. 잠깐 야구 얘기를 해볼까 한다. 폭투를 '와일드 피치(wild pitch)'라고 한다. '와일드'하다는 뜻이다. '투수가 일부러 그렇게 던지진 않을 것이다'라고 말하고 싶지만 실은 일부러 그렇게 던지기도 한다. 전략이다. 그럼 타자도 '와일드'해진다. 결국은 경기 자체가 '와일드'해진다. 벤치클리어링이 일어나는 이유다. 선수에게 도덕성을 요구해봐야 아무 소용없다. 와일드한 플레이가 최선전략이기 때문이다. 와일드 카드(wild card) 경기는 더 와일드할 수 있다. 단판승부이기 때문이다. 일회적 즉, '원샷' 게임이라고 정의된다. 자세한 건 본문에서 얘기하기로 한다.

'밤비노의 저주'란 말이 있다. 1920년 1월 미국의 프로야구팀 보스턴 레드삭스는 간판선수 '베이비 루스'가 늙어간다고 생각하자 뉴욕으로 팔아버렸다. 지난 5년간 보스턴이 세 번이나 월드챔피언이 되도록 열심히 뛴 선수였음에도 보스턴은 너무 야속했다. 공교롭게도 보스턴은 그 이후부터 뭔가가 꼬이기 시작하면서 2004년까지 월드시리즈 우승을 단 한 번도 해본 적이 없었다. 2004년 그 저주를 깬 건 테오 엡스테인(Theo Epstein)이라는 당시 32살의 젊은 단장이었다. 그는 야구선수 출신이 아니다. 하지만 그는 보스턴을 완전히 새로운 팀으로 바꾸어 놓았다. 한국에 많이 알려지지 않았지만 실제 '밤비노의 저주'보다 더 오래된 건 시카고 컵스(Chicago Cubs)의 '염소의 저주'였다. 2012년 시카고 컵스 팀의 단장으로 부임한 테오 엡스테인은 2016년 108년간 지속되던 저주마저 깨트렸다. 그가 저주를 깰 수 있었던 건 그가 직접 야구를 잘해서가 아니었다. 게임들을 정확히 분석했기 때문이었다.

게임이론 시각에서 보면 '저주'는 조정실패 상황과 유사했다. 그는 철저히 과학과 수학에 의존했다. 저주는 없었다. 전략이 없었을 뿐이었다. 보스턴은 승리가 절박했다. 절박한 만큼 경기 운영이 와일드해지고 지켜보는 관중들도 와일드해진다. 그 경우, 전략보다 투혼이 강조되기도 한다. 실수하는 선수를 지목, 투혼 없다고 몰아붙인다. 그럴수록 승리는 더 멀어진다. 멀어질수록 승리에 더 집착한다. 선수들도 팬들도 더 까칠해지고 예민해진다. 어느새 패배주의가 파고들고 그 패배주의는 전염된다. 어차피 해도 안 될 거라는 생각이 번진다. 선수들을 비웃는 팬들도 나온다.

지금의 한국은 과거의 보스턴 레드삭스 팀과 어딘가 닮아있다. 보스턴은 꼴찌 팀이 아니었다. 차라리 꼴찌 팀은 패배감이 깊지 않다. 기대도 없기 때문이다. 보스턴이 느꼈던 패배감은 아무리 해도 뉴욕을 넘지 못한다는 더 기분 나쁜 패배감이었을 수도 있다. 요즘 한국을 '헬조선'이라고 칭한다. '동방예의지국' 또는 '조용한 아침의 나라'가 어쩌다 헬조선이 되고 말았을까? '헬조선'은 '밤비노의 저주' 또는 '염소의 저주'처럼 패배주의 다른 표현일 수도 있다. '헬(hell)'은 지옥이란 뜻이다. 한국이 얼마나 싫었으면 지옥이라고 할까 싶다. 그 원인은 뭘까? 이 질문은 한국 사회에 지리한 말싸움을 촉발시킬 수 있다. 누군가는 그 원인을 이념과 연결 지을 수도 있다. 게임이론 시각에서 파악하면 헬조선은 이념과 무관하다. 게임 방식이 문제이다. 한국은 등수경쟁이 보편화되어 있다. 등수경쟁은 끊임없이 와일드 카드 결정전, 즉 다음을 생각지 않는 단판 승부를 만들어낸다. 그러한 2류 경쟁들이 '조용한 아침의 나라' 한국을 지옥으로 만들어놓았다는 게 결론이다. 2류 경쟁은 1류 경쟁보다 더 '와일드'할 수밖에 없다. 그리고 비열하다. '갑'을 향한 도전이 아니고 '을'들 중에 '갑'이 되고픈 욕망을 깔고 있기 때문이다. 한국의 정신문화인 사대주의도 실은 2류 경쟁과 비슷한 맥락이다. 1류 문화국 중화에 이어 조선이 2류 문화국이 되려는 포부였다는 것이다. 그래서 모화주의라고도 한다. 1류로 못들어가는 2류는 차별의식이 더 깊어진다. 한국의 '갑을' 문화는 우연이 아니다. 수많은 을들이 갑에게 맞서지 못하고, 자신들끼리 경쟁을 벌인 결과 그 갑을 관계가 굳어진 것이다. 2류 경쟁, 즉 '와일드 카드' 경기는 스포츠 리그에서나 벌이는 것이다. 한국엔 그러한 2류 경쟁들이 보편화되어 있으니 어찌 지옥이 되지 않을까?

헬조선을 탈출할 수 있을까? 불가능하다. 허탈하지만 한국은 헬조선을 벗어날 수 없다. 많은 정치인들이 헬조선을 바꾸겠다고 선무당처럼 나서겠지만 절대 성공할 수 없을 것이다. 게임이론 시각에서, '헬조선' 자체가 내쉬균형 상태이기 때문이다. 사람들은 사회적 문제를 불균형과 연결시키기 쉽다. 하지만 한국의 문제들은 불균형이 아니라 균형 상태이다. 그렇기에 해결이 더더욱 어렵다. 한국인들은 어떤 딜레마 상황에 봉착할 때 '누구 하나 나서지 않는다'라는 표현을 곧잘 한다. 이는 매우 직관적이다. 게임이론의 가장 기본적 개념이 내쉬균형인데, 가장 큰 특징은 어느 경기자도 그 균형에서 홀로 이탈할 유인이 없다는 것이다. 홀로 이탈하면 자신에게 불이익이 돌아가기 때문이다. '누구 하나 나서지 않는다'라는 표현은 그 상태가 균형이라는 증거이다. 즉, 누구도 나설 유인이 없는 상태이다. 자세한 얘기는 본문에서 할 것이다. 이 책의 목적은 비전공자들에게 게임이론을 재미있게 소개하는 것이라고 앞서 밝혔는데, 한국은 게임이론을 익히는 데 매우 유리한 환경이다. 왜냐하면 치열한 경쟁 속에 한국인들의 하루가 게임으로 시작해서 게임으로 끝난다고 해도 과언이 아니기 때문이다. 하다못해 신경전이라도 벌어진다. 즉, 모든 것이 게임 상황이다. 여기서 한 가지 포인트가 있다. 승부를 벌일 때 한국인들의 투혼이 대단하지만 게임이 무엇인지 왜 게임을 벌여야 되는지에 대해 원론적 이해가 결여되어 있다.

게임이론은 경제학과 경영학에 큰 기여를 했다. 경쟁은 시장을 작동케 하는 동력이라고 한다. 하지만 경쟁만이 능사가 아니다. 잘못된 경쟁은 오히려 모든 것을 망가뜨릴 수 있다. 아담 스미스는 인간의 이기심을 긍정적으로 파악했다. 게임이론에 따르면, 긍정적 결과를 내기 위해 이기적 동기를 따르더라도 올바른 경쟁을 할 필요가 있다고 본다. 잘못된 경쟁은 돌이킬 수 없는 비극으로 이어질 수 있다. 앞서 지적했지만 한국인들은 게임에 열광하지만 정작 게임이론에 대해선 철저히 무지해 보인다. 시장원리를 강조하는 이들도 대개 게임이론에 무지한 경우가 많다. 극단적 주장이 많은 이유다. 예를 들어, 수도권 주택 가격 상승의 원인을 공급부족으로 짚어 수도권 주택공급을 늘리자고 주장한다. 그게 시장원리라는 것이다. 또 다른 극단적 주장은 주택 거래를 금지하자는 것이다. 어이없긴 마찬가지이다. 수요를 없애면 가격이 진정될 걸로 본다. 전문가를 자처하는 이들이 그토록 단순한 주장을 한다는 게 황당하기만 하다. 본문에서 논의하겠지만 수도권 주택 가격은 수급상황과 거의 무관하다. 거품이기 때문이다. 수도권 주택 가격을 진정시키기 위해서 방법은 간단하다. 수요가 줄어들게 하면 된다. 어떻게 하면 그 수요가 줄어들까? 인구 분산 외엔 대안이 없다.

게임이론에 대한 이해 부족은 소모적 논쟁을 야기시킬 수밖에 없다. 모든 걸 수요와 공급 시각에서만 보려 하기 때문이다. 수요와 공급은 상호작용할 수도 있다. 한국의 정책은 아수라장 아비규환이다. 해답도 해법도 없다. 정책 설계자들이 게임이론에 무지하기 때문이다. '헬조선' 한국에서 너도 나도 불평불만을 토로할 뿐 문제 개선을 위한 진지한 모색이 부족하다. 중요한 건 게임이론의 수요와 공급이다. 황당한 건 게임이론의 수요가 없어 보인다는 것이다. 공급이 수요를 만들어내는 경우도 있다. 부족하지만 이 책의 목적이기도 하다. 이론이 현실에 무슨 소용이 있냐고 넌더리치는 이들이 많다. 이론은 필요하다. 지구가 자전·공전한다는 사실을 아는 것과 먹고 사는 게 무관해보일 수도 있다. 하지만 지구인이 지구의 자전과 공전 사실을 모르면서 인공위성을 만든다면 그건 허풍을 넘어 허구다. 사회적 딜레마도 일반적 이해가 필요하다. 예를 들면, 한국의 사회적 딜레마는 사교육과 부동산이다. 어떤 정당도 어떤 정부도 어떤 정책도 그 두 가지를 사라지게 할 수 없었다. 문제를 과학으로 풀자. 게임이론은 과학이다. 하지만 자연과학과는 다르다. 자연현상들은 그 움직임을 관찰한다고 해서 그 움직임이 달라지지 않는다. 게임이론에선 경기자들의 행동을 관찰하면 경기자들의 행동이 달라질 수 있다. 심판이 보고 있을 때의 경기자와 보고 있지 않을 때 경기자의 행동은 다를 수밖에 없다. 아무리 관찰한다고 해도 지구가 태양을 도는 균형경로는 바뀌지 않는다. 하지만 관찰을 통해 경기자들이 택하는 균형경로는 바뀔 수 있다. 앞서 한국의 사교육과 부동산 투기는 절대 사라지지 않는 사회적 딜레마라고 지적했다. 경기자들의 균형경로가 잘못 택해진 결과이기 때문이다. 그 균형경로가 달라질 때 사회적 딜레마도 해결 가능하다.

게임을 재미있게 만드는 건 투혼과 열정이다. 하지만 규칙과 판정의 일관성이 있을 때 투혼과 열정도 빛을 발휘할 수 있다. 규칙이 없고 판정이 일관성을 잃는다면 투혼과 열정은 오히려 독이 될 수 있다. 한국이 딱 그런 상황이다. 한국을 지옥으로 만든 건 혼과 열정이 발산한 독성이다. 한국인은 모두 열심히 사는데 모두 힘들게 산다는 말을 많이 한다. 게임이론이 정확히 예측하는 바이다. 모두가 합리적으로 행동한다고 행동하지만 비합리적 결과가 나타난 경우이다. 본론에서 자세히 설명할 것이다. 한국의 역경들은 사회적 딜레마를 반영한다. 경기자들 스스로 그 딜레마를 해결할 수 없다. 한국은 그 딜레마 해결을 위해 양심 또는 도덕심에 호소하는 경향이 있다. 그러한 호소로는 절대 문제 해결에 이르지 못한다. 보다 정확한 분석과 방법론이 필요할 뿐이다.

정리를 해보자. 앞서 게임이론을 과학이라고 강조한 바 있는데 과학은 뭔가를 예측가능케 한다. 예를 들어, 내일 해 뜨는 시각을 정확히 예측할 수 있다. 그렇다면 게임이론은 뭘 예측할까? 경기자의 행동을 예측한다. 행동은 사람 마음먹기 나름인데 그 예측이 가능하냐고 물을테다. 합리성 전제만 있으면 가능하다. 물리학에 균형이 존재하듯, 게임이론에도 균형이 존재한다. 쉽게 말해, 그 균형은 행동들의 조합이다. 전자의 균형은 대개 불변적 진리에 가깝지만 후자의 균형은 '게임의 룰'에 따라 달라질 수 있다. 그렇다면 '게임의 룰'이 달라져야 한국의 사회적 딜레마가 해결될 수 있다는 결론이 된다.

먼저 게임은 뭘까? 일단 게임이론을 소개하기 위해 한국인들이 좋아하는 삼국지 얘기를 조금만 해보자.

게임과 게임의 룰

조조의 딜레마: 계륵

계륵은 '닭갈비'라는 뜻이다. 삼국지에 나온다. 한때 조조는 유비와 한중 땅을 놓고 다투던 중 진격 또는 철군을 놓고 고민이 깊었다. 수하 장수 하후돈이 늦은 밤 군호를 묻기 위해 조조를 찾았을 때 그는 '계륵'이라고 답했다. 하후돈은 돌아가 군호가 왜 계륵인지 주위 사람들과 헤아려봤지만 아무도 그 뜻을 알지 못했다. 그중에 양수란 이가 잘난 체 나서더니 곧 철군결정이 내려질 것이니 하후돈에게 늦기 전에 미리 짐을 싸두라고 했다. 그 의미를 묻는 하후돈에게 양수는 닭 갈비란 커서 버리기엔 아깝고 막상 먹으려면 먹을 것이 없음을 일러줬다. 즉, 조조가 한중 땅을 닭 갈비처럼 여긴다는 것인데 먹을 게 없는 이상 결국 철군을 결정할 걸로 내다본 것이다. 양수가 맞았다. 이튿날 조조는 철군을 결정했다.

계륵은 조조의 딜레마를 반영한다. 진격을 위해선 승산을 따져봐야 한다. 승산이 높으면 진격, 아니면 철군. 그래서 조조가 승산을 재고 있었을 걸로 생각하기 쉽다. 아니다. 조조는 이기고 난 다음을 생각해본 것이다. 이겨도 얻을 게 없었다. 결론은 양수가 내다본 대로였다. 아무리 한중 땅이 외지고 험해도 조조는 싸움이라면 일단 자신 있었다. 마음 같아선 쫓아가 혼내주고 싶었지만 유비는 심리전에 능했다. 어떻게 선동을 했는지 몰라도 간 데마다 사람들이 조조라면 이를 갈았다. 그런 싸움은 하나마나였다. 이긴다 해도 백성들이 조조를 마음으로 따르지 않을 것이기에 지키기가 더 어렵다. 그 틈을 타 북쪽 유목민들이 중원으로 내려오면 그야말로 큰일이었다. 조조가 마음속으로 철군을 결정해놓고 있는 와중에 부산떠는 하후돈의 모습이 들어왔던 것이다. 하후돈은 어릴 적에 조조를 따랐고 충성심이 매우 깊었다. 조조가 아는 하후돈은 부산떨 사람이 아니었다. 소문이지만 원래 조조가 하후 씨란 말도 있다. 어쨌든 조조는 뭔가 이상하다 싶어 하후돈을 불러 자초지종을 물었다.

하후돈은 양수가 잘난 체 삼아 한 말을 조랑조랑 들려줬다. 양수는 원래도 조조에게 찍혔었다. 조조가 왕위를 누구에게 물려줄까 고민할 때 양수가 차남 조식 편에 붙어 집안을 토막 낸 적이 있었다. 그 이후 장남 조비는 동생 조식의 꼴도 안 보려고 했다. 그런 양수가 이번엔 어리숙한 하후돈을 조종했다고 생각하니 조조는 화가 치밀어 양수를 참수하고 말았다. 삼국지에선 조조가 양수의 재주를 시기해서 죽인 걸로 나오지만 조조가 볼 때 양수는 위험한 사람이었다. 한때 조조는 조식에게 왕위를 물려주겠다고 마음먹은 적이 있었다. 하지만 포기했다. 아우 조식이 형 조비보다 재주가 나았다고 하나 아우는 아우였다. 조조의 경쟁자였던 원소와 유표가 장남 대신 차남을 후계자로 올렸다가 집안이 가루가 됐다. 속 깊은 가후도 어쩔 수 없다며 조비 편을 들었다. 그렇게 된 이상 조식이 모양 좋게 왕위를 형인 조비에게 양보하고 형을 도와 같이 태평성대를 이루면 조조로서는 더 바랄 게 없었다. 그런데 눈치 빠른 양수가 조식에게 귓속말을 해대면서 집안에 분열 조짐이 일었다. 조조가 볼 때, 조식이 글재주는 뛰어났지만 신하들을 다스리기엔 너무 순수한 구석이 있었다. 그

대로 두면 양수가 조식을 허수아비 왕으로 만들고 말겠다는 생각이 들자 조조는 양수를 살려둘 수 없다고 생각했다. 그래서 조조가 일부러 양수를 한중 땅까지 데리고 갔다는 말도 있다. 책의 후반부에서 신호주기 게임에 대해 설명하겠지만 조조의 그와 같은 조치는 대신들에게 후계구도를 재론하지 말라는 강력한 신호를 날렸다. 길었지만 대충 여기까지가 조조의 계륵에 관한 일화이다.

모든 건 게임이다

게임이론 시각에선 인간사 모든 게 게임이다. 즉, 두 명 이상이 모이면 게임 상황으로 표현될 수 있다. 계륵 일화엔 많은 게임들이 녹아있다. 크게는 천하를 놓고 벌이는 조조와 유비의 게임이다. 조조의 왕위를 잇기 위해 두 아들, 조비와 조식이 치열한 권력 게임을 벌였다. 이 책은 게임이론에 관한 이야기를 할 것이다. 게임이론으로 설명하면, 조조는 '계륵'의 딜레마 상황을 지배전략 개념을 활용해 해결했다. 즉, 진격 후 두 가지 상황이 펼쳐질 수 있다. 승패. 설령 이긴다 한들 얻을 게 없다고 해보자. 예를 들면, 경영자 입장에서 볼 때 투자비용이 너무 크면 그 투자가 성공한다 해도 이윤을 내기 어렵다. 만약 그 투자가 성공하지 못하면 어떻게 될까? 조조 입장도 마찬가지였다. 싸워서 이겨도 얻을 게 없는데 싸워서 지면 어떻게 될까? 설명이 필요없다. 최악의 경우이다. 그렇기에 조조에겐 철군이 지배전략이었다.

게임이론은 경기자의 행동을 예측한다. 양수는 조조의 행동을 예측해서 자랑했다. 그래서 조조의 미움을 샀다. 때로는 알아도 모른 척하는 게 처세 방법인가 보다. '게임'이란 말은 사람들에게 묘한 흥분감을 준다. 승부가 나기 때문이다. 삼국지의 인기가 높은 이유는 권력을 놓고 벌이는 승부 때문일 수도 있다. 패배를 좋아할 이는 아무도 없을 테다. 하지만 이겨도 남는 게 없을 수 있고, 져도 남는 게 있을 수 있다. 이겨도 남을 게 없다면 그런 싸움은 할 필요가 없다. 명분이 없는 경우이다. 설령 이겨도 문제가 된다. 져도 남을 게 있다면 좀 더 적극적으로 나설 필요가 있을 테다. 명분이 분명한 경우이다. 그래서 '져도 이기는 싸움'인 것이다. 어떤 정치인은 지는 싸움을 일부러 계속 하기도 한다. 남는 게 있어서다. 가장 어리석은 경우는 감정껏 싸움에 나서는 경우일 것이다. 게임이론은 싸움의 기술을 연구하는 게 아니라 그 싸움을 통해 무엇을 얻는지를 파악하도록 돕는다.

게임이론을 처세술과 도박에 연결시키는 이들이 곧잘 있는데 무지해도 한참 무지한 경우다. 모든 건 게임이라고 앞서 지적했다. 따라서 누구나 매일 게임을 하고 있다고 해도 과언이 아니다. 노인들이 무슨 게임을 하느냐고 빈정댈지 모르겠다. 장기나 바둑을 둔다. 더 중요한 게임은 투표다. 그들은 투표전에서 절대 강자다. 투표율이 높다. 노인들에게 한 실언, 한 마디가 정치권력의 실각으로 이어진 경우도 있다. 노인은 약하지만 노인회는 강하다. 철없는 아이들도 학교에서 동급생들보다 높은 등수를 위해 그리고 더 좋은 학교에 가기 위해 출구 없는 제로섬 게임을 벌이고 있다. 그 부모들은 승리를 기원하며 자신의 아이들을 전폭 지원한다. 실은 부모들 간 경쟁이 더 치열하다. 한때 그런 내용의 드라마가 인기를 얻은 적이 있다.

한국의 입시경쟁은 게임의 결정판이다. 대학에 진학해도 게임은 계속된다. 더 좋은 직장을 얻기 위해, 직장에 들어가면 승진을 위해 또 게임을 벌인다. 부동산 투자를 위해, 재테크를 위해, 즉 돈을 더 벌기 위해 끊임없이 남들과 게임을 펼친다. 한국인에겐 하루가 게임으로 시작해서 게임으로 끝난다고 해도 과언이 아니다. 과거엔 게임을 통해 아이가 태어난 경우도 많았다. 자기의 위치를 인정받기 위해 전략적으로 자식을 낳은 경우였다. 남녀차별 때문에 아들을 선호했다. 그렇게 전략적으로 낳아진 이들이 사랑은 받을 수 있었을까 싶지만 사실이다. 지금도 그런 경우가 있다. 지도층에 사생아가 많은 이유이다. 한국인은 게임이란 말을 좋아한다. 그리고 투혼이 강하다. 하지만 게임에 열광하는 만큼 게임 자체의 일반적 원리를 얼마나 이해하고 있는지는 의문이다. 이는 게임에 몰입하는 것과 다른 문제이다. 한국의 게임들은 중요한 요소가 빠져있다. 규칙, 즉 '게임의 룰'이다.

오타니 쇼헤이는 없다

언젠가 고교야구 결승 중계방송을 본 적 있다. 지역의 작은 고교가 결승까지 올랐는데 눈부신 활약의 유망주 투수가 있었다. 상대 타선이 득점을 내지 못한 가운데 그 어린 투수가 8회까지 무실점으로 호투했다. 중계를 하는 해설가는 그 투수가 전날 준결승에서 공을 150여 개 가까이 던지고 다시 결승전 마운드에 올라 공을 100개 이상 던지는 중이라고 했다. 찬사가 이어졌다. 하지만 그건 무리였다. 부모로 보이는 이들이 관중석에서 아들의 호투를 지켜봤다. 관중은 열광했다. 하지만 어른들 중에 그 어린 투수의 선수 생명을 염려한 이는 없는 듯했다. 감독은 우승을 못하는 한이 있더라도 선수 보호 차원에서 투수를 교체했어야 했다. 하지만 당시 한국에선 절대 그럴 수 없었다. 우승을 해야 선수들 모두 진학하고자 하는 대학에 갈 수 있기 때문이다. 감독에게 그해 고교야구 결승전은 다시 없을 것이다. 일회적 게임이다. 선수가 망가지는 건 다음 문제라고 생각할 테다. 직업 선수가 되면 될 걸 왜 그렇게 대학 진학에 집착하는지 모르겠지만 결국 그 어린 투수는 투구 수가 더 많아지자 견디지 못하고 완전히 무너지고 말았다. 부모는 울었다.

황당한 건 감독이었다. 우승을 못해 아쉬운 표정인 듯했다. 그 어린 투수는 잠재력이 충분했다. 해설가도 그를 칭찬했다. 하지만 그 이후로 그 선수는 이름조차 들리지 않는다. 선수 생활을 하지 않는 것으로 보인다. 어린 시절 공을 무리해서 던지면 성인이 되어 선수 생활을 할 수 없다. 한국인 중에 미국 메이저리그에서 그나마 성공한 선수는 박 모 선두다. 성공 이유는 역설적으로 그가 한국 고교 시절 관심을 덜 받아서라고 한다. 현재 메이저리그엔 일본인 오타니 쇼헤이 선수가 너무나 잘하고 있다. 투타에 걸쳐 엄청난 활약을 하는 중이다. 한국에도 재능 있는 선수는 많았을 것이다. 하지만 청소년 시절 대학 입시를 위해 무리해 던진 결과 사장된 경우도 많을 것이다. 이제는 모두 옛날 얘기일 것이다. 요즘은 고교야구 선수들의 투구수 제한이 있을 테다. 왜 미리 규칙을 마련하지 못했을까 싶다. 대학입시를 위해 선수생명을 포기한 그 선수들은 야구 경기를 볼 때마다 무슨 생각을 할까 싶다.

일회적 게임은 전략선택을 극단적이게 하는 특징이 있다. 단 한 번이기 때문이다. 그래서 모든 걸 건다. 그 감독은 전도유망한 어린 투수의 선수생명을 걸었다. 선진국에선 일회적 게임보다 반복게임 상황이 더 많다. 예를 들어, 상점 주인이 장사를 하루만 하려는 목적으로 고객을 대하면 그건 '원샷', 즉 일회적 게임이다. 반면, 고객을 단골 삼아 계속 거래할 목적이 있다면 그건 반복게임이 된다. 반복게임에선 미래에 대한 안목이 필요하지만 '원샷' 게임에선 미래는 고려 대상이 전혀 아니다. 아니 미래를 고려할수록 오히려 불리해진다. 그렇기에 당장의 이득을 놓고 눈에 불을 켠다. 당연히 상대방도 그렇다. 그렇게 나올 걸 알기에 그 상대방은 더더욱 불을 켜고 덤빌 것이다. 한국에선 많은 경우 게임들이 일회적이다. 극한 대결로 치닫는 이유이다. 그런 상황에 누군가 슬쩍 규칙을 바꾸고 판정도 일관성을 잃었다고 해보자. 바뀐 규칙으로 불이익을 본 이들은 그 규칙을 다시 바꾸려고 할 것이다. 규칙을 바꾸려면 권력이 필요하다. 한국인이 권력의 향배에 매우 민감한 이유이다. 그렇게 권력을 이용해 규칙을 바꾸고 차후에 그 규칙은 다시 바뀐다. 그 결과가 '헬조선'이라고 볼 수 있다.

한국 게임 특징: 비협력적, 일회적, 제로섬

한국은 전환기에 있다. 한국을 '헬조선'이라 칭하는 사람들이 많다고 했다. 해결할 수 없는 모순과 갈등 속에 '헬조선'이란 말이 나타났을 것이다. 한국의 모든 경쟁 형태가 '와일드 카드 레이스', 즉 2등 경쟁을 닮아 있음을 지적했다. 와일드 카드 승부가 더 극적일 수 있다. 단판 승부이기 때문이다. 2002년 월드컵을 기억해 보자. 당시 한국의 열광적 응원은 전 세계를 놀라게 했다. 정부가 국민을 동원했다고 오해받을 정도였다. 월드컵 때마다 한국 축구는 조별리그에서 2등을 노린다. 조 추첨할 때부터 약한 팀들과 같은 조가 되길 노골적으로 바란다. 전문가를 자처하는 사람들도 방송에서 그런 염원을 드러낸다. 조 리그가 시작되면 경우의 수를 따진다. 본선 자력 진출이 힘들어질 것 같으면 특정 나라 팀이 못하길 온 국민이 기원한다. 공중파 방송사도 유력 언론사도 그런 걸 이슈화한다. 한국 팀의 본선 진출 여부를 결정짓는 경기는 한국의 경기건 다른 나라의 경기건 한국인을 들끓게 한다. 어느새 선수들도 국민도 모두 '와일드'해진다. 경기 내용에 실망하면 '와일드'해진 국민들은 선수들 중에 누군가 속죄양을 찾는다. 그리고 그 선수에게 과도한 비난을 퍼붓는다. 심지언 국민이 나서 선수 교체를 요구하기도 한다. 월드컵 도중 감독이 경질되기도 한다.

그럴수록 중요한 건 전략적 사고일 것이다. 한국을 요동치게 하는 건 2등 경쟁이다. 옛날엔 대학 입시도 전기전형과 후기전형으로 나뉘어 있었다. 2등 경쟁에서 가장 중요한 건 게임의 규칙이다. 1등

경쟁에서 탈락한 이들 중에 다시 1등을 뽑는 것이기에 그 경기자들은 절박감을 느낀다. 경기가 더욱 와일드해질 수밖에 없고 심판 역할이 더욱 중요할 것이다. 2등 경쟁에서 심판의 오심은 치명적이다. 하지만 심판도 사람인 이상 오심이 있을 수 있다. 나중에 알고 보니 그 오심들이 계획적이었다고 생각해보자. 게임의 규칙을 들어 그 심판들에게 항의하니 이젠 그 심판들이 모여 규칙을 바꿔버렸다고 생각해보자. 그럼 어떻게 될까? 이후 게임들은 볼 것도 없다. 선수들과 관중들이 순식간에 폭도로 변할 수도 있다. 상실감, 허탈감, 분노에 투혼이 더해지면 경기장은 난장판이 되고 말 것이다. 미안하지만 이게 게임이론으로 투영해본 한국의 모습이자 '조용한 아침의 나라'가 영문도 모른 채 '헬조선'이 된 배경이다. 모든 게 극단적 형태의 제로섬 게임이다. 2등 경쟁이어서 그렇다. 경쟁에서 한 번 밀린 경기자들이 절박감을 안고 다시 붙는 경쟁인 것이다. 그럴수록 규칙이 더더욱 중요하다.

한때 한국 정치를 한바탕 소용돌이치게 한 전 법무부 장관 사태의 본질은 이렇다. 전혀 절박함이 없는 이가 고의로 2류 경쟁에 들어가 절박한 이에게 돌아갈 와일드 카드를 가로챘기 때문이다. 그 전 장관은 억울감을 느낄 수도 있다. 남들 다 하는 대로 했을 뿐인데 자신을 향한 비난이 너무 가혹하다고 여길 것이다. 하지만 그는 국민을 지치게 하는 와일드 카드 경쟁을 없애자고 외쳐 온 격이다. 그의 주장이 꼭 틀렸다고 볼 수도 없다. 와일드 카드 경쟁은 말 그대로 와일드하다. 경기자들에게 긴장감만큼이나 극심한 피로감을 준다. 그를 좋아한 사람들도 많다. 그런데 그가 남들 모르게 와일드 카드

한 장을 슬쩍했다고 하니 2류 경쟁을 준비 중인 이들이 분노했던 것이다.

한국의 게임들은 범주화 해보면 일회적, 비협력적, 그리고 제로섬이다. 게임의 기본은 승부다. 이기던지 지던지 둘 중 하나다. 중간은 없다. 그래서 게임은 사람을 열광시킨다. 와일드 카드 게임은 더 더욱 그렇다. 정치도 권력을 얻기 위한 게임으로 파악할 수 있다. 하지만 연구해보면 사생결단식 제로섬 게임만 있는 게 아니다. 사람들은 게임이론이라고 하면, 얄팍한 수를 써서 상대를 제압하는 방법을 배울 거라고 짐작하는 경향이 있다. 오해 중에 가장 큰 오해이다. 손자병법 때문일 수도 있다. 손자병법에 적과 싸우는 방법이 잘 소개되어 있다. 때에 따라 적을 속이는 것도 허물하지 않는다는 말도 있다. 계략을 써서 적을 이기고 권력을 차지하는 과정에 드라마가 있다. 그래서 인기가 많다. 실제로 손자병법은 중국보다 한국에서 인기가 더 많다.

오해를 차단하기 위해 미리 밝히면 게임이론은 과학이다. 그래서 출세와 거리가 멀다. 동서고금을 통틀어 과학자는 대개 출세를 못한다. 사슴을 가리켜 말이라고 하면 융통성 없게 끝내 말이 맞다고 말할 것이다. 갈릴레오도 그랬다. 게임이론이 어렵다는 지적도 있다. 경제학의 한 분야이지만 수학과 많이 겹친다. 실제 노벨경제학상을 수상한 내쉬는 경제학자가 아니라 수학자였다. 이 책의 목적은 최대한 쉽게 게임이론을 소개하는 것이다. 기본 개념 정립도 필요하다. 게임이론에선 게임을 통해 경기자가 반드시 뭔가를 얻는다고 본다. 그 얻는 뭔가를 '보수'라고 한다. 게임의 종류는 다양하다. 제로섬 게임이란 경기자들의 보수를 모두 합치면 0이 되는 게임이다. 즉, 한 경기자가 얻으면 다른 경기자는 반드시 잃는다. 두 경기자들이 동시에 얻을 수 없다. 와일드 카드 게임은 제로섬이다. 한국의 서민들은 대부분 와일드 카드 게임 경기자들이라고 볼 수 있다. 경쟁 형태가 극단적인 이유이다. 반면 '윈윈(win－win)' 게임도 있다. 즉, 협조적 게임이다. 한국에서 찾아보기 어려운 경우이다. 간혹 있기는 하다. 담합이다. 담합은 독과점 구조를 고착시킬 우려가 있는데 소비자 후생을 감소시키므로 모든 선진국에서 금지된다. 일회적 게임과 반복게임이 비교될 수 있다. 한국의 게임들은 대개 일회적이다. 게임이론에선 일회적 게임을 '원샷(one－shot)' 게임이라고 한다. 다음이 없다는 뜻이다. 한국인들은 '원샷'을 선호한다. 술도 원샷이다. 일회적 게임의 특징은 경쟁을 더욱 극단적으로 만든다는 것이다. 다음 게임이 없기 때문이다. 와일드 카드 게임을 생각해보자. 메이저리그 와일드 카드 경기는 한국의 리그보다 덜 극단적이다. 왜냐하면 메이저리그 시장이 크기 때문에 다음 시즌을 생각해서 그렇다. 즉, 어린 유망주 투수가 아무리 잘 던진다고 해도 선수 생명이 위태로울 때까지 던지게 하는 일은 절대 없다. 승부가 중요하다고 해도 비난받을 행동을 하지 않는다. 도덕적인 것도 있지만 미래를 생각해서다. 승부에 집착해 선수들이 꼴사나운 모습을 보이면 메이저리그에 대한 시장 수요가 줄어들 수 있기 때문이다.

CHAPTER 01

전략적 사고

전략적 판단은 전략적 사고를 필요로 한다. 그럼 전략적 사고란 무엇일까? 경기자의 선택을 돕는 것이다. 예를 들어보자. 한국에선 줄을 잘 서야 한다고 하는데 그것 역시 선택이다. 오른쪽, 왼쪽? 찬성, 반대? 1번, 2번? 싸움, 회피? 오늘, 내일? 매도, 매수? 그와 같은 고민은 최대한 많이 얻기 위해서다. 보수극대화이다. 앞서 지적한 대로 보수는 얻는 것이다. 장사꾼에겐 그 보수란 금전을 말할 것이고, 명예를 원하는 사람들에겐 그 보수가 명예일 것이며, 정치인들에겐 그 보수가 정치적 이득일 것이다. 게임이론에서 주목하는 건 경기자들 간 보수의 상호작용이다. 즉, 한 경기자의 전략선택에 따라 다른 경기자의 보수가 영향을 받는다. 그렇기에 경쟁자의 선택에 관심이 쏠린다. 선거 출마를 마음먹고 있는 이는 자신의 정치적 라이벌이 같은 지역구에 출마하느냐 그 여부가 가장 큰 관심일 것이다. 그 라이벌이 출마를 하는 것과 출마를 포기하는 건 자신의 보수에 지대한 영향을 미치기 때문이다. 후보를 돈으로 매수하는 일까지 벌어지는 이유다. 한 경기자의 시각에서 보면, 그에게 가장 이상적인 상황은 다른 경쟁자에게 자신의 선택을 강요할 수 있을 때이다. 그렇기에 사람들은 어떻게든 그런 상황을 만들기 위해 갖은 노력을 한다. 하지만 다른 경기자들도 비슷한 생각을 하고 있다.

게임이론은 인간의 행동을 예측할 수 있도록 한다고 했다. 어떻게 예측할 수 있을까? 인간의 이기심에 답이 있다. 아담 스미스의 통찰에 따르면 인간은 모두 이기적이다. 인간의 이기심이 도리어 인간들을 이롭게 할 수 있다. 시장에서다. 즉, 모든 경제주체들이 이기적 동기로 행동할 때, 자원배분이 효율화된다. 정말 드물게 이타적인 경우도 있지만 사람은 대부분 이기적이다. 당신이 지금 생각하고 있는 그 사람도 당연히 이기적이다. 즉, 자신의 보수를 우선한다. 전략적 사고는 자신도 이기적인 만큼 상대방도 이기적이라는 사실을 수용하면서 시작된다. 자신은 이기적이면서 상대방은 이타적이기를 바라는 건 말이 되지 않는다. '내로남불'의 시작이다. 모든 경기자는 보수극대화를 추구한다. 따라서 그 경기자의 보수함수를 정확히 알면 그의 보수가 극대화되는 선택을 수학적으로 계산해낼 수 있다. 단 합리성 전제가 필요하다. 여기서 말하는 합리성이란 별 게 아니다. 그 경기자가 보수가 작은 상태보다 큰 상태를 선호한다는 것이다. 사람이 비합리적일 때도 있다. 예를 들어, 심리적 반응에 이끌려 행동을 결정하는 경우다. 왜 그걸 선택했냐고 물었을 때 '그냥 그게 끌려서'라고 답한다면 그건 전략적 판단이 아니다. 그와 같은 행동은 예측이 불가능하다. 게임이론은 그와 같은 경우를 고려하지 않는다. 인간은 고민을 한다. 그 고민은 행동 예측에 닿는다. 재밌는 접근을 위해 삼국지 한 토막을 소개한다.

관우 재갈 물린 제갈량: 적벽대전

한국인이 삼국지를 좋아하는 이유는 다양하다. 일단 재밌다. 난세에 많은 인물이 등장, 각자의 꿈을 좇는 과정에서 다양한 얘깃거리가 있다. 삼국지는 수많은 전투들로 구성되어 있다. 전투에서 작전이 빛을 발한다. 싸움을 하는 장수도 중요하지만 작전을 짜는 책략가도 중요하다. 대표적인 책략가가 제갈량이다. 자가 공명이기에 한국에선 제갈공명으로 더 많이 알려져 있다. 그는 유비를 돕는다. 유비의 맞수는 조조다. '간웅'이라 매도된 조조는 매우 유능한 인물이었다. 아는 것도 많았고 문재도 뛰어났다. 삼국지에서 가장 큰 전투는 적벽대전으로 알려져 있다. 많이 과장되긴 했지만 연의에 따르면 유비-손권 동맹군이 조조군을 상대로 큰 승리를 거뒀다. 그 적벽대전엔 많은 전략적 사고들이 깔려 있다. 사실 그 전투에선 조조가 너무 불리했다. 조조군은 뭍에서만 전투를 치러왔기에 물에서 하는 싸움엔 매우 서툴렀다. 게다가 풍토병도 유행했고 뱃멀미도 심했다. 그런 조조에게 방통이 접근, 멀미를 막는다는 구실로 배들을 한데 묶게 했다. 그게 연환계이다. 고육지계도 동원됐다. 손씨 가문을 위해 평생을 일해 온 노장 황개가 조조에게 거짓 투항한 것이다. 의심 많은 조조가 그의 투항을 믿지 않을까 봐 일부러 온몸이 으스러지도록 매를 맞고 도망가는 형식을 취했다. 황개는 조조에게 젊은 손권이 권력을 잡고, 노신들을 무시한 것도 모자라 자신을 그토록 매질했다며 분통을 터트렸다. 그쯤되자 의심 많은 조조도 젊은 손권과 노신들 간에 불화가 생겼을 걸로 짐작했다. 흔히 있는 일이었다. 조조가 출병 했을 때, 황개가 돌변해 조조의 뒤를 후려 갈겼다. 때 맞춰 제갈량이 요술을 부려 동남풍이 불었다. 유비－손권 연합군은 동남풍에 불화살을 실어 날려 조조군 전선들을 불태우기 시작했다.

조조는 퇴각했다. 제갈량은 조조의 퇴각 경로를 정확히 예측해 어김없이 군사를 매복해놓았다. 조조는 쫓기면서 자존심이 상할 때로 상했다. 그러던 중 한 갈림길에 섰는데, 하나는 큰 길이었고 다른 하나는 좁은 길이었다. 참모들의 의견이 엇갈렸다. 이때 좁은 길에서 얼핏 연기가 피어올랐다. 보통 인물 같았으면 연기를 매복 신호로 여겨 좁은 길을 버리고 큰 길로 갔을 테지만 조조는 생각이 깊었다. 조조가 알기에 제갈량은 그토록 허술한 이가 아니었다. 연기가 피어오르면 매복이 탄로 날 게 뻔했다. 그런데도 태연히 연기가 피어오른 게 수상했다. 생각 끝에 조조는 피어오르는 연기가 제갈량의 속임수라고 결론내렸다. 즉, 조조 자신이 매복을 우려해 좁은 길을 버리고 큰 길로 들어서도록 유도하고, 그 큰 길에 대규모 매복을 배치해 자신을 골탕 먹이려는 수작이라고 짐작했다. 그렇기에 조조는 일부러 좁은 길로 들어섰다. 그곳이 바로 화용도로 가는 길목이다. 제갈량은 조조의 의심을 역이용했다. 의심을 자극하면 조조가 그렇게 일부러 좁은 길로 들어설 걸 내다봤다. 그런 헤아림으로 연기를 일부러 조금씩 피오 올렸던 것이다. 좁은 길로 진군하며 조조는 제 헤아림이 맞다며 제갈량을 조롱했다. 그 순간 관우가 적토마를 타고 나타나 조조 앞을 가로막았다. 실은 그 적토마는 왕년에 조조가 여포에게 빼앗아 관우에게 하사했던 것이다. 하루에 천 리를 달린다는 명마였다. 관우는 한때 상황이 궁해져 조조와 한솥밥을 먹었던 적이 있었다. 서로 뭔가 통했다. 적벽대전 당시엔 서로 적으로 갈라서게 되었지만 조조는 관우와 직접 싸우고 싶지 않았다. 하지만 외나무다리에서 관우를 맞닥뜨리자 조조도 어쩔 수 없다는 생각에 일전을 벌이려 들었다. 그때 유엽이 나서 조조에게 관우를 한번 달래보자고 했다. 관우는 강한 이들에겐 오만하지만 약한 이들에겐 봄버들처럼 부드럽다는 게 이유였다. 조조와 그의 군사가 퇴로도 없이 쫓기던 와중에, 옛정이 되새겨지면 관우의 마음이 약해질 것으로 내다봤다. 조조는 그 말이 맞다 싶었다. 말에서 내려 관우에게 다가가 스스럼없이 말을 건넸다. 이후는 모두 아는 대로다. 관우는 결국 조조를 놓아주고 말았다. 처음엔 조조만 놓아줄 생각이었다. 하지만 조조를 따르던 장수와 병졸들이 측은해 보여 관우는 모두 놓아주고 말았다.

조조의 패주경로를 정확히 예측한 사람은 제갈량이었다. 제갈량의 계획대로라면 조조를 사로잡는 일만 남았어야 했다. 그 일을 누구에게 맡길까 하다가 관우를 떠봤다. 왕년에 관우가 조조와 한솥밥을 먹은 사이였다고 들었는데 잔정없이 조조를 다룰 수 있겠냐고 물었다. 관우는 펄쩍 뛰며 조조와의 정은 잊힌 지 오래라고 목소리를 높였다. 관우는 조조를 잡아오지 못하면 목을 내놓겠다고 군령장까지 썼다. 제갈량은 관우의 성품을 보아 결국 조조를 놓아주고 말 것 같았다. 그럼에도 제갈량이 관우에게 일부러 그 매복 임무를 맡겼다고 보는 사람들이 많다. 즉, 관우로 하여금 지킬 수 없는 약속을 맺도록 유도했다는 것이다. 제갈량의 예측대로 관우는 실제 약속을 지키지 못했다. 유비가 나서서 겨우 목숨은 건졌지만 한 번 이적죄를 뒤집어쓴 이상 관우는 이후 큰 목소리를 내기 어려웠다. 모두 지어낸 얘기겠지만 적벽대전을 통해 가장 큰 이득을 챙긴 건 제갈량이었다고 볼 수 있다. 외부적으로 조조를 격파했고, 내부적으로 자신의 정치적 경쟁자 관우를 제압했기 때문이다. 삼국지가 재밌는 이유는 전략적 사고들이 깔려있기 때문이다.

이론적으로 제갈량이 조조의 패주경로를 예측할 수 있었던 건 역진귀납법 때문이었다. 역진귀납법이란 뭘까? 뒤에서 자세히 설명할테지만 상대방의 입장이 되어 전략 선택을 어떻게 할지 생각해보는 것이다. 자신도 합리적이며 전략적 사고를 갖추고 있고 상대도 마찬가지라면 상대가 어떤 선택을 할 것인지 원리적으로 예측할 수 있다. 고전경제학에선 이러한 전략적 사고가 배제되어 있다. 현실 문제를 파악하는 데 한계가 따를 수밖에 없다. 조조와 제갈량의 일화에서도 볼 수 있듯 모든 상호작용엔 전략적 사고가 깔려 있다.

정리 전략적 사고란 경기자들의 전략선택이 상호작용한다는 사실을 인지하고 전략 선택을 모색하는 것이다.

Must-know: 경기자, 전략, 보수

그럼 도대체 게임은 뭘까? 게임을 하는 이유는 분명하다. 얻는 게 있기 때문이다. 내기라고 생각해도 좋다. 게임은 두 명 이상의 경기자들 사이에서 발생 가능한 이해관계를 표현한다. 먼저 게임엔 구성요소가 있다. 첫째는 경기자이다. 경기자란 게임을 하는 주체를 말한다. 여기에서 경기자라고 하면 꼭 자연인만을 지칭하는 것이 아니다. 법인도 해당한다. 기업은 이윤 창출이 목적이고, 정부는 국민후생 증대가 목적이어야 한다. 사실 행동을 결정하는 모든 자연인과

법인이 경기자가 되는 셈이다. 게임의 두 번째 구성요소는 전략이다. 전략이란 게임에서 경기자의 선택을 말한다. 예를 들어, 가위바위보 게임을 생각해보자. 그 경우 경기자의 선택은 가위, 바위, 또는 보이다. 기업들 간 가격 경쟁의 경우, 선택 가능한 전략은 무수히 많다. 세 번째는 보수다. 경기자들이 게임을 하는 직접적인 이유는 앞서 언급했지만 '얻는 것' 때문이다. '얻는 것'을 쉽게 '보수'라고 한다고 했다. 보수는 경기자의 전략 선택에 따라 달라진다. 그렇기에 고민이 들 수밖에 없다. 즉, 한 경기자가 전략 선택을 통해 얻는 이득을 표현한 것이다.

예를 들어, 두 명이 가위바위보 게임을 할 때 이기는 경우 보수가 '1', 지는 경우 보수가 '-1', 그리고 비기는 경우 보수가 '0'이라고 표현할 수 있다. 기업들 간 게임에선 이윤이 보수가 된다. 종합해보면 모든 자연인과 법인은 게임을 한다고 볼 수 있다. 이 글을 읽는 당신도 당신이 다니는 회사도 경기자이다. 각 경기자는 자신의 보수를 극대화하기 위해 행동한다. 즉, 전략을 선택한다. 가장 단순하게 표현하면, 당신은 일은 최소한으로 하고 임금은 최대한으로 받고 싶어 한다. 당신의 회사는 상황이 반대다. 당신에게 일을 최대한 시키고 임금은 최소한으로 주고 싶을 것이다. 서로 이해가 엇갈린다. 그렇게 이해가 엇갈리는 경우만을 게임 상황이라고 생각한다면 큰 오해다. 서로 이해가 일치해도 게임 상황이 될 수 있다. 전자의 경우엔 경기자들 간 전략이 대체적이라고 하고, 후자의 경우엔 전략이 보완적이라고 표현한다.

정리 게임은 경기자, 전략, 그리고 보수로 구성된다.

행동을 예측하라

게임이론을 왜 배울까? 인간의 행동을 예측하기 위해서다. 자신의 보수극대화를 위해 상대방에 대한 행동 예측이 필요하다. 게임이론 시각에서 경기자가 합리적이라면 그 행동에 반드시 이유가 따른다. 예를 들어, 누군가 바둑을 둘 때 상대의 수를 헤아리고자 한다. 타자는 투수의 다음 공이 직구인지 변화구인지를 파악하고자 한다. 그렇기에 싸인을 훔치는 경우도 있다. 인간이 사는 모든 곳에 상호작용이 발생한다. 사회는 수많은 게임들로 구성되어 있고 인간이 마주하는 사회적 현상은 게임의 결과들이라고 볼 수 있다. 경쟁은 필요하다. 하지만 경쟁엔 올바른 경쟁과 잘못된 경쟁이 있다. 상호작용에 대한 이해 없이 벌어지는 무모한 경쟁의 결과는 불을 보듯 뻔하다.

시장경쟁도 마찬가지다. 아담 스미스는 경쟁을 통해 시장이 효율화된다고 역설했다. 하지만 시장경쟁이 항상 좋은 결과만을 가져오지 않는다. 때로는 비극을 초래할 수 있다. 예를 들면, '공유지의 비극'이다. 옛날 영국에 드넓은 초원이 있었다. 초원에서 한가롭게 풀을 뜯는 가축들은 생각만 해도 멋지다. 목동들도 그렇게 멋진 곳이 있다는 것을 알았다. 그리고 문제는 시작된다. 그곳이 좋다는 게 요즘 말로 '입소문'을 타자 목동들이 몰려들기 시작했다. 가축들을 끌고 와 풀을 먹이는 목동들의 행동이 비합리적일까? 처음엔 초원이 매우 넓었기에 문제가 안 될 듯했다. 하지만 그 초원에서 가축들이 풀을 뜯는 게 공짜여서 문제가 심각해졌다.

돈 때문에 비극이 많이 벌어지지만 공짜가 더 위험할 수 있다. 자칫 경제 시스템이 붕괴되기 때문이다. 목동들에게 그 초원은 완전히 공짜였다. 그렇기에 시간이 갈수록 더 많은 목동들과 가축들이 들어가며 점차로 풀이 거의 모두 사라지고 땅엔 가축 배설물들이 넘쳐났다. 결국 그 초원이 거대한 황무지로 변하고 말았다. 말 그대로 공유지의 비극이 벌어진 것이다. 여기에서 경기자는 목동들이다. 경기에 몰입 중인 그 경기자들은 그 경기 전체를 볼 수 없다. 축구 경기에서 감독은 선수에게 작전을 지시한다. 그렇게 잘 알면 감독이 직접 뛰라며 빈정대는 사람들은 어리석다. 공을 몰고 뛰는 선수에겐 경기전체를 꿰뚫어 볼 안목이 없다. 선수 눈엔 보이지 않지만 감독 눈에 보이는 것이 있게 마련이다. 2002년 한일월드컵에서 히딩크 감독이 신드롬을 일으킨 이유는 그가 공을 잘 차서가 아니라 승리를 위해 전략과 안목을 갖추었기 때문이다. 그렇기에 감독은 작전을 짜고 선수는 그 작전을 따르는 것이다. 그렇게 전략이 분명해졌을 때 선수들의 투혼이 중요하다. 순서가 있는 것이다. 전략 다음에 투혼이다. 전략 없는 상태에서 투혼은 위험하다. 무조건 열심히 뛴다고 해서 경기 내용이 달라지지 않는다. 게임이론은 객관적 분석을 토대로 한다. 즉, 경기장 밖에서 제3자의 시각으로 경기를 분석해 좋은 결과가 나오도록 돕는다. 언급했지만 게임이론은 과학이라고 했다. 자연과학 현상과는 다르게 인간의 행동은 관찰을 통해 바뀌는 경향이 있다고도 했다. 예를 들어, 목동들의 행동을 관찰하고 미연에 문제 제기가 이뤄졌다면 공유지의 비극은 일어나지 않았을 것이다.

그뿐 아니다. 사람의 행동은 유도될 수 있다. 명절 연휴 기간에 교통체증을 예측한 방송이 더 큰 혼잡으로 이어질 수도 있다. 방송을 듣고 교통체증을 피하기 위해 어느 한 곳으로 몰린 결과다. 상호작용이다. 경기자는 전략적 사고를 갖춰야 한다. 모두를 위해서다. 한국에 '개념없다'는 표현이 있는데 이는 '상호작용'에 대한 헤아림 부족을 뜻하는 말이다. 배려심 없이 남에게 피해를 끼치는 경우를 지적하기 때문이다. 게임이론에서 시각에서 인간의 행동 방식엔 일반적 원리가 존재한다. 짧게 말해, 이기적 동기와 보수극대화이다. 그렇게 원리가 간단하다는 면에서 게임이론은 장점이 있다. 그 원리를 통해 사회적 현상을 쉽게 설명할 수 있다. 게임이론에서 행동 예측은 균형 찾기를 통해 가능하다.

게임 유형을 파악하라

뒷장에서 자세히 언급하겠지만 게임은 크게 네 종류로 나눌 수 있다. 첫째, 동시적인 경우 또는 순차적인 경우다. 둘째, 정보가 충분한 경우 또는 불충분한 경우다. 그렇기에 게임의 네 종류는 다음과 같다. 동시적이면서 정보가 충분한 경우, 동시적이면서 정보가 불충분한 경우, 순차적이면서 정보가 충분한 경우, 그리고 순차적이면서 정보가 불충분한 경우다. 각 종류별로 균형 개념이 달라진다. 따라서 네 종류의 균형 개념이 존재한다. 즉, 모든 상황들이 그 네 종류의 균형 개념으로 범주화 될 수 있다.

게임이론의 큰 이점은 모든 문제들을 범주화 할 수 있다는 점이다. 범주화가 무슨 의미가 있느냐고 지적하는 이들도 있다. 그 지적엔 모순이 따른다. 무엇을 안다는 건 분류할 수 있음을 뜻할 테다. 범주화를 하지 못한다는 건 어떤 문제를 분류하지 못한다는 뜻이 된다. 분류조차 하지 못할 정도면 그 문제 자체를 알지 못하고 있다는 뜻이 되고, 그 경우에 문제 해결을 기대하는 건 물가에서 숭늉 찾기다. 범주화를 할 수 있으면 균형 개념 적용이 가능해진다. 각 균형 상태에서 경기자의 전략선택이 어떻게 맞물리는지에 대한 분석이 필요하다. 균형 개념을 알면 전략선택이 일으키는 상호작용을 보다 명확히 알게 해 행동 예측으로 이어질 수 있다.

게임이론에선 문제 해결을 위해 경기자의 도덕성을 따지기보다 보수구조를 정확히 이해할 것을 강조한다. 보수구조는 경기자의 선호관계와 닿는다. 황당한 건 경기자 스스로 자신의 선호도를 제대로 모르고 있는 경우이다. 어이없지만 그런 경우가 실제로 있다. 자신을 모른다는 뜻이다. 옛날부터 게임이론에 대한 직관은 존재했다. 그렇기에 옛날 사람들도 '지피지기'를 강조했던 것이다. 자신을 모르는 사람이 자신의 보수구조를 제대로 알 리 없다. 자신도 모르는 보수구조를 남이 알아 줄 리도 없다. 황당한 결과가 나오는 이유다. 어떤 이는 자신의 이익과 부합치 않는 행동을 한다. 자신의 보수구조를 파악하지 못해서다. 그 경우, 게임이론은 해법을 제시하지 못한다. 그 경기자가 고의적으로 바보짓을 하는 것과 비슷한 상황이기 때문이다. 역사 책엔 일부러 광인 행세를 하고 다녔다는 사람들의 얘기가 나온다. 다른 이들이 자신에 대해 객관적 분석을 하지 못하도록 일부러 광인 행세를 한 게 아닐까 싶다.

게임이론을 여전히 오해하는 이들도 많다. 상대를 꺾기 위한 수단으로 생각하는 것이다. 서론에서 밝혔듯, 게임이론은 승부를 가르는 것보다 그 경기를 통해 얻는 이득이 무엇인지를 알린다. 예를 들어, 얻을 게 없는 싸움은 할 필요가 없다. '상처뿐인 영광'은 승자의 허영심만 채워줄 뿐이다. 설령 패하더라도 얻는 게 있을 수 있다. 선거 때마다 당선 가능성이 없는데 출마하는 이들이 있다. 그들은 승리 가능성이 있어서 선거에 나서는 게 아니라 패하더라도 얻는 게 있기 때문에 나서는 것일 테다. 가장 안정적인 균형 상태는 경기자 모두가 그 균형에서 충분한 이득을 얻고 있는 경우다. 누군가가 얻는 이득이 상대적으로 너무 작다면 그 균형은 오래가지 못한다. 게임이론은 넓은 시야와 긴 안목을 강조한다. 그리고 제대로 된 게임을 하도록 돕는다. 올바른 경쟁이다. 잘못된 경쟁에 투혼이 더해지면 그게 사회적 재앙이다. 정책 설계자들이 반드시 게임이론을 익혀야 하는 이유이기도 하다. 게임이론은 역사가 짧다. 1928년에 노이만(Von Neumann)이라는 헝가리 출신의 미국 수학자가 제시했다. 존 내쉬, 라인하르트 젤텐, 존 하사니가 게임이론으로 노벨경제학상을 수상하며 경제학의 주류로 부상했다. 게임이론은 문학, 철학, 수학, 과학, 생물학, 경제학 등 여러 분야의 수많은 학문과 비교해볼 때 그 역사가 매우 짧다고 볼 수 있다. 탄생한 지 100년도 안 된 학문이 전 세계적으로 급속도로 보급되고 있는 건 이유가 있다.

판을 흔들어라

고전경제학은 한계가 있다. 전략적 사고를 배제하기 때문이다. 모든 경제주체는 전략적 사고를 하고 있다. 중요한 건 '큰손'들의 전략적 사고다. 시장경쟁을 통한 자원배분 효율화엔 전제가 있다. 시장

내 모든 경제주체가 힘이 동일하고 보유한 정보가 같다는 것이다. 쉽게 말하면, 판을 흔들 경기자가 존재하지 않는다고 보는 것이다. 정말 그럴까? 전혀 그렇지 않다. 주식시장엔 개미 투자자들이 주류이지만 큰손들도 존재한다.

개미투자자들은 아무리 주식을 사고 팔아봐야 주가에 영향을 미치지 못한다. 반면 큰손들은 주가에 직접적 영향을 미친다. 판을 흔들 수 있는 것이다. 그들은 전략적 사고를 통해 필요할 때마다 시장을 흔든다. 그 결과 개미투자자들의 기대가 흐트러진다. 그에 따라 차익들이 발생하게 되는데 그 차익들은 대개 그 큰손들에게로 간다. 불확실성이 발생하면 개미투자자들보다 큰손들이 훨씬 유리하다. 예를 들어, 돈 1억은 개미투자자들에겐 큰돈이지만 큰손들에겐 그렇게 큰돈이 아니다.

한국의 부동산시장도 마찬가지다. 언젠가 외지인들의 원정투자가 확산되며 지방 도시의 주택 가격을 부채질하고 있다는 뉴스가 나왔었다. 서울을 포함한 수도권 내 주택거래가 규제되며 큰손들이 지방 주택시장으로 몰리며 나타난 현상이었다. 그들은 전략적 사고를 통해 시장을 흔든다. 그럴수록 차익이 커지기 때문이다. 실제로 한국의 부동산 시장은 투기를 위한 최적 조건을 갖추고 있다. 게임이론에선 그렇게 시장 내 누군가 의도적으로 판을 흔들 수 있다고 본다. 즉, 경기자들 간의 힘이 균일하지 않는 경우를 전제해 분석을 할 수 있다. 큰손들의 전략적 사고로 인해 전혀 예상 못한 결과들이 나타날 수 있다. 때에 따라 음모론이 번지는 이유이기도 하다. 고전경제학엔 분명히 한계가 따를 수밖에 없다. 게임이론이 고전경제학을 보완할 수 있다.

'헬조선': 전략부재가 낳은 비극

한국이 '헬조선'이라 불린다. 조선왕조의 학정 때문에 그 단어가 나왔다고 오해한 사람들이 많았다. 혐한 감정을 품는 일부 외국인들이 한국을 비꼬는 표현으로 생각하는 이들도 많았다. 실은 한국인 스스로 한국을 그렇게 부른다. 놀랍기까지 하다. 게임이론으로 시각에선 사회적 딜레마가 해결되지 않은 채 고착된 결과라고 분석할 수 있다. 다음 장에서 사회적 딜레마를 설명할 것인데 일단 한국의 상황을 보자. 바꿀 수 없는 건 빼고 바꿀 수 있는 것부터 얘기해보자. '헬조선'의 이유를 알기 위해 자신이 사는 아파트 주차장을 관찰해보길 바란다. 우선 이면주차가 흔하다. 이면주차를 하면 안 되지만 정말 부득이한 상황이 있다고 가정해보자. 그 경우 용무를 보고 최대한 빨리 차를 빼는 게 맞다. 하지만 다음 날 늦은 시각까지 차를 빼지 않아 다른 사람들에게 피해를 끼치는 경우가 많다. 승강기 통로 옆에 또는 갓길에 차를 대서 위험 상황을 초래하는 사람들도 많다. 이면주차를 두고 오죽하면 그럴까 하고 이해심을 발휘한다. 주차 공간이 없어 그런 경우도 있지만 주차 공간이 충분함에도 이면주차 또는 갓길주차를 하는 이들도 있다. 조금 걷는 수고로움을 피하기 위해서다. 과장이 아니다. 주차장을 관찰해보면 그런 이들이 많다. 선진국에선 그런 경우를 찾기 어렵다. 그런데 한국엔 그런 사람들이 왜 많을까?

게임이론 시각에서 정답이 있다. 도덕성 문제가 아니다. 허탈하지만 그렇게 주차해도 되기 때문에 그렇게 주차한다. 그리고 그렇게 주차했을 때 자신의 보수가 극대화되기 때문에 그렇다. 편리함도 보수다. 선진국에서 불법주차는 드물다. 곧장 차가 견인되고 처벌받기 때문이다. 벌금은 말할 것도 없고 이면주차는 기소까지 될 수 있다. 아담스미스가 강조한 건 경제주체의 이기적 동기였다. 그게 시장을 굴리는 동력이 된다. 이기심은 각 경제주체를 태만하게 내버려두지 않는다. 남보다 더 이득을 얻겠다는 이기심은 늘 그 사람을 움직이게 한다. 그렇기에 이기심이 동력인 것이다. 이기심이 동력으로 기능하기 위해 그 사회가 반드시 갖추어야 할 게 있다. 규칙이다. 한국에 규칙은 있지만 규칙적용은 없다. 모두가 이기적인 상황에서 규칙적용이 없으면 어떻게 될까? 한국의 혼란과 갈등 상황을 떠올리면 된다. 한국이 헬조선이 된 직접적인 이유이다. 엄밀히 말하면 규칙은 존재하지만 경기자들이 규칙을 지킬 유인이 존재하지 않는다고 볼 수 있다. 규칙이 없는 것과 규칙을 지킬 유인이 없는 건 경우가 전혀 다르다. 규칙이 없어 발생한 문제는 규칙 마련을 통해 해결 가능하다. 하지만 규칙을 지킨 유인이 없는 경우는 심각하다. 규칙을 만들어도 적용이 안 되는 경우이기 때문에 문제해결이 불가능하다. 사실 한국에 규칙은 많다. 규칙이 적용되지 않는 상황에선 역설적이게도 규칙을 남보다 빨리 어길수록 자신이 가져갈 이득이 더 커진다.

단순한 예이지만, 한국의 주차장은 그야말로 무법천지이자 뻔뻔한 사람들이 가장 큰 이득을 챙기는 원시적 공간이다. 관리사무소에 문제를 호소하면 도리어 그들에게 아량을 호소한다. 방송을 통해 입주민 전체를 대상으로 도덕성을 호소하고 상황을 종료시킨다. 그렇기에 상황은 개선되지 않는다. 조선이 망한 지 오래되었는데 한국을 '헬조선'이라 부르는 데는 이유가 있는 것이다. 규칙적용이 없는 가운데 투혼만 발휘되는 게임은 매우 위험하다. 축구 경기 중에 심판은 경기자의 거친 플레이에 벌칙을 주어야 한다. 심판이 거친 플레이를 못본 척 할 경우 경기자들의 플레이는 더욱 거칠어진다. 거칠게 할수록 더 유리해지기 때문이다. 전략이 필요 없는 상황이다. 그나마 전략이 있다면 무조건 상대보다 거친 플레이를 하는 것뿐이다. 거친 플레이를 하는 선수의 도덕성을 나무랄지 모르겠다. 하지만 그 선수를 비합리적이라 비난하기 어렵다. 모두가 거친 플레이를 하는 가운데 자신만 규칙을 따르면 자신에게 불이익이 돌아가기 때문이다. 그 불이익을 피하고자 자신도 거친 플레이를 하는 것이다. 그런 상황은 거친 플레이를 나무랄 게 아니고 거친 플레이를 못 본 척 하는 심판을 나무라야 한다. 저질 축구 경기를 본 적 있는가? 심판이 반칙을 조장해 일어나는 일이다. 선수 중에 누군가 큰 부상을 당하고 나서야 자중하자고 한다.

헬조선엔 사회적 딜레마가 있다. 사회적 딜레마는 경기자들이 모두 합리적으로 행동한다고 했지만 비합리적인 결과가 나타나는 현상을 말한다. 앞서 설명했지만 공유지의 비극이 한 예다. 사회적 딜레마가 모든 영역에 걸쳐 고착될 경우도 있다. 한국이 그렇다. 그 경우 온 국민이 피해를 입겠지만 더 큰 피해를 입는 쪽은 사회적 약자들이다. 주거문제를 생각해보자. 어느 누구도 집 없이 살 순 없다. 하지만 부동산 가격은 올라갈 뿐 내려가지 않는다. 중요한 건 모든 사람들이 그럴 것이라고 같은 기대를 하고 있기에 필요 이상으로 부동산 수요가 늘어난다. 좋게 표현해 수요이지 사실상 투기이다. 그 결과 부동산 대란이 벌어지면 그 직접적인 피해자는 집이 없는 사람들이다. 역설적으로 집은 가난한 이들에게 필요하다. 부자들은 집이 많고, 집이 많으면 집을 구하기가 더 쉽다. 가난한 사람들은 집이 없고, 집이 없으면 집을 구하기가 더 어렵다. 그 와중에 착각이 있다. 특정 정치 집단을 지지해 그들로 하여금 권력을 쥐게 하면 주거 문제를 해결해줄 거라는 생각이다. 불가능하다. 국회의원들 중에 집이 없을 만큼 가난하거나 주택난에 시달리는 서민들의 아픔을 진정으로 공감해줄 이들이 없는 것도 문제이지만 무엇보다도 한국의 부동산은 사회적 딜레마이다. 그렇기에 해결할 수 없다. 현재 부동산 문제를 해결하겠다고 나서는 정치인들도 대개 다주택자들이고 부자들이다. 언젠가 정치인 또는 고위공직자들의 주택 보유 현황이 보도되며 그들에게 주택 처분을 강권한 바 있는데 이는 코미디극이 아닐 수 없다.

고전경제학과 게임이론은 여기서 차별화된다. 고전경제학은 모든 가격이 수급상태에 따라 정해진다고 본다. 당연히 부동산 가격도 그렇다. 그렇기에 높은 부동산 가격의 원인을 공급부족으로 짚고 공급확대를 대책으로 내놓는다. 수도권에 아파트가 더 많아지고 수도권 초집중화가 발생하는 이유다. 어이없다. 고전경제학은 한계가 분명하다. 모든 시장참여자들이 동등한 힘과 정보를 보유한다는 가정을 전제한다. 과연 그럴까? 언젠가 LH 임직원들이 개발정보를 이용해 부동산 투기를 했다는 의혹이 제기됐었다. 분명한 건 시장 내 경제주체들이 보유하는 정보의 양과 질은 전혀 다르다. 시장은 고전파 경제학자들이 생각한 대로 그렇게 단순치 않다. 시장참여자들의 힘이 동일하다고? 웃기는 소리다. 힘이 동일하기는커녕 전략적 행동으로 판을 흔들 수 있는 큰손들이 넘쳐난다. 정부가 시장에 개입, 땜질식 처방을 내놓을 경우 민간은 그걸 부동산 가격 상승 신호로 받아들일 수 있다. 그 경우 부동산 소유자들은 세금을 더 부과되더라도 부동산을 팔려 하지 않을 테다. 왜냐하면 모든 부동산 소유자들이 같은 생각을 한다면, 매물이 줄어들고 부동산 가격이 뛸 걸로 기대되기 때문이다. 다시 강조하지만 이 과정에서 큰 피해자들은 바로 주택 실수요자들이다. 규제가 많아지면 부동산 시장 내 큰손들에겐 오히려 판을 흔들 기회가 될 수 있다. 정부가 부동산 시장 안정화를 위해 특단의 대책, 즉 보다 강력한 시그널을 날리지 않으면 규제 속에 부동산 가격이 더 상승할 가능성도 있는 것이다. 얼마나 한국이 싫고 힘들면 자기가 살고 있는 나라를 지옥이라고 표현했을까? 인식이 필요하다. 헬조선은 특정 정치세력이 만들어낸 게 아니다. 한국인 대부분이 무의식 속에 헬조선 만들기에 같이 동참해 왔던 것이다.

정리 규칙적용 없이 경기자들이 투혼을 발휘한 결과 헬조선이 만들어졌다.

CHAPTER 02

사회적 딜레마

모든 인간은 이기적이다. 아담 스미스는 모든 경제주체가 이기적 동기를 따를 때 역설적으로 '보이지 않는 손'이 작용하며 시장효율성이 극대화된다고 설명했다. 이를 위해선 중요한 전제가 있다. 시장이 완전경쟁 상태에 놓여 있어야 한다는 것이다. 자본주의하에서 시장은 대개 경쟁적이기에 사람들은 '완전경쟁'을 쉽게 생각할 수 있다. 하지만 실은 완전경쟁이란 매우 이론적인 상태로 많은 가정을 담고 있다. 모든 시장 참여자들이 시장 내 영향력이 균일하고 모두 같은 정보를 보유하고 있어야 한다. 앞서 언급했지만 현실적으로 그런 시장은 없다. 누군가 완전경쟁 상태를 물리학에서의 무중력 상태에 비유했다. 시장이 무한히 자유롭고 마찰이 전혀 없는 상태를 말하는 것이다. 그와 같은 완전경쟁 상태에선 경쟁이 능사다. 모든 걸 경쟁에 맡겨 놓으면 합리적인 결과가 나타날 수 있다. 이기적인 경제주체들의 보수 극대화 과정에서 시장 메커니즘이 제대로 작동하고 그 결과 합리적인 결과가 나타나는 것이다.

보수 극대화는 비합리적이지 않다. 부자가 되기 위해 돈을 많이 벌려는 걸 비합리적이라고 말할 수 없다. 비합리적이지 않으면 합리적이라는 뜻이다. 합리적 행동들이 모여 합리적 결과를 이끌어낸다. 그게 고전경제학의 기본이다. 한국에서 모든 문제를 무조건 시장에 맡기라고 호소하는 이들의 금과옥조이기도 하다. 하지만 완전경쟁시장은 극히 이론적 상태로 현실에서 찾아보기 힘든 가상적 시장이라고 볼 수 있다. 지구 상에서 무중력 상태를 찾아볼 수 없는 것과 비슷하다.

게임이론에서 시각에서 모든 시장참여자들, 즉 경기자들의 힘이 같은 경우는 특수한 상황이다. 그들이 보유한 정보도 다를 때가 많다. 게임이론은 고전경제학과 배치되는 게 아니라 보다 일반적이다. 게임이론은 고전경제학을 포함한다. 그렇기에 게임이론도 합리적 행동들이 합리적 결과를 이끌어내는 과정을 설명할 수 있다. 하지만 문제는 합리적 행동들이 비합리적 결과를 이끌어내는 경우다. 고전경제학에선 이를 설명할 수 없다. 게임이론은 설명할 수 있다. 게임이론이 고전경제학보다 일반성을 갖는 근거다. 이젠 모두가 하는 질문이다. 모든 경기자들이 합리적으로 행동하는데 비합리적인 결과가 나타날 수 있을까? 그렇다. 다음 사례들을 살펴보자.

먼저 우리 주위 공터를 살펴보자. 공터는 특징이 있다. 일단 쓰레기가 더 많다. 잡풀들이 나 있으며 대개 정리가 잘 안 되어 있다. 지금 창문을 열고 밖을 내다보라. 쓰레기가 버려져 있고 유독 정리가 잘 안 되어 있어 눈에 띄면 그곳은 십중팔구 공터라고 볼 수 있다. 여기서 말하는 공터란 소유권 유무를 통해 규정짓는 게 아니다. 소유권 행사가 적극적이지 않는 경우를 말한다. 자본주의 사회에 주인없는 땅은 흔치 않다. 공터란 주인이 없는 경우도 포함하지만 대개 주인이 가까이 있지 않아 소유권 행사가 잘 이뤄지지 않는 땅들도 포함된다. 만약 사유지에 누군가 쓰레기를 무단으로 버린다면 그 주인이 결코 가만있지 않을 것이다. 쓰레기를 버린 사람을 찾아내 법의 심판대에 세우고 말 것이다. 사람들은 쓰레기를 버리려고 마음먹고 있다가도 법적 처벌을 받을 수 있음을 깨닫고 사유지에 쓰레기 투척을 삼가게 된다. 그리고 공터에 버리는 경향이 있다.

쓰레기가 많아 쓰레기통을 없애다

한국 국립공원이나 유원지에 가보면 쓰레기통이 사라졌다. 모두 없앴다고 한다. 등산할 때, 사람들이 집안 쓰레기를 차에 싣고 가 국립공원 쓰레기통에 버리기 때문이라고 한다. 단속이 어려워지자 쓰레기통을 모두 없애버렸다는 것이다. 황당하지만 사실이다. 분리수거가 싫은 사람들은 쓰레기를 싣고 가 한꺼번에 버리면 훨씬 편할 수도 있을 것이다. 고전경제학 시각에선 쓰레기를 버리는 사람들이 거의 없기에 쓰레기통을 없앴다고 해야 맞다. 그리고 그게 정상이다.

쓰레기를 너무 많이 버려서 쓰레기통을 없앴다는 것이 말이 될까? 슬프지만 한국에선 그게 말이 된다고 한다. 새삼 놀랍다. 국립공원에 쓰레기통이 아예 없는 나라는 한국이 유일할 것 같다. 그럼 쓰레기를 꼭 버려야 할 때는 어떻게 해야 할까? 국립공원 직원에게 물으면 다시 가져가라는 답이 돌아올 뿐이다. 세상에 가져갈 게 없어 쓰레기를 다시 집으로 가져갈까? 지혜를 말하는 이들이 뭔가에 집착하지 말고 버리라고 강조했던 것 같다. 쓰레기를 집으로 가져가는 건 슬픈 일이다. 어떤 이는 등산 전에 생수 한 병을 사 마시면서 산행을 시작했다가 끝내 쓰레기통을 찾지 못했다고 한다. 산 정상까지 물병을 들고 올라갔다가 결국 집까지 도로 가져갔다는 하소연을 들은 적이 있다. 양심 바른 이다. 황당하지만 사실이다. 결국 양심 바른 이가 직접적으로 피해를 입고 말았다. 그럼 공원 내 편의점에서 음료수는 왜 팔까? 아래 사진은 한라산에 쓰레기통을 없앴다는 공고이다.[1)]

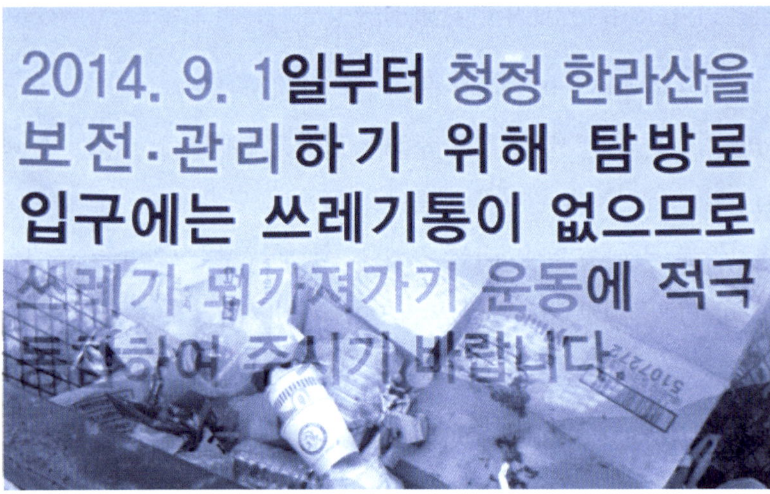

---

1) 한라산 관리사무소는 2014년 9월 1일부터 한라산 탐방로 입구에 있던 쓰레기통을 모두 없앴다고 한다. 2013년 탐방로 쓰레기통에 버려진 쓰레기가 148톤에 달했고 미관훼손과 악취가 심각했기 때문이다. 하지만 1년 반 만에 없앴던 쓰레기통을 다시 갖다놓기로 했단다. 탐방로 화장실이 제 기능을 하지 못할 정도로 쓰레기가 쌓이고 무단 투척이 심각해져 다시 쓰레기통을 설치했다고 한다.
출처: 제주의소리(http://www.jejusori.net)
http://www.jejusori.net/news/articleView.html?idxno=172368

생각해보자. 오죽하면 쓰레기통을 없앴을까? 왜 그런 일이 일어날까? 공짜가 만들어낸 문제이다. 즉, 쓰레기 투척에 아무런 비용이 따르지 않아서다. 이렇게 공짜는 비효율을 야기할 수 있다.

공유지의 비극

앞서 '공유지의 비극'을 잠깐 언급했다. 그 이야기는 1833년 영국의 경제학자 윌리엄 포스터 로이드가 이론화 해 저명한 논문집에 실렸다. 옛날에 영국에 널따란 초원이 있었다. 가축들이 풀을 뜯기에 천혜의 장소였다고 한다. 이미 지적했지만 가축들을 데리고 가 풀을 먹이는 목동들은 비합리적이지 않다. 하지만 그 초원이 목동들 사이에 '입소문'을 타며 문제가 시작됐다. 문제의 핵심은 그 초원에서 가축들에게 풀을 먹이는 게 공짜였다는 점이다. 시간이 갈수록 더 많은 목동들과 가축들이 모여들고 문제가 심각해져 갔다. 점차로 풀들은 사라지고 땅엔 가축들의 배설물들이 넘쳐났다. 결국 그 초원은 풀이 전혀 자랄 수 없을 뿐만 아니라 생물이 살 수 없는 황무지로 변하고 말았다. 초원 이용이 공짜였기 때문에 그런 비극이 발생했다고 볼 수 있다. 만약 그 초원이 사유지였다면 그런 일이 일어나지 않았을테다.

아담 스미스의 주장엔 자동조정 메커니즘이 깔려있다. 수요가 늘면 가격이 오르고 그에 따라 시간을 두고 공급도 늘어날 수 있다. 공급이 제한되면 가격은 높은 상태를 유지하게 된다. 초원 이용이 공짜가 아니었다면 목동들은 그 초원 방문을 자제했을 것이다. 목동들이 환경보호를 생각하고 윤리적이어서가 아니라 비용이 크면 자신들에게 남는 이윤이 없기 때문이다. 불행히도 그 초원은 공짜였기에 목동들은 그 초원 방문을 자제하지 않았다. 그럼 그 목동들은 환경보호를 생각지 않은 몰염치한 사람들이어서 그 초원을 황무지로 만들었을까? 그렇지 않다. 초원 이용을 자제할 수 없었을 뿐이다. 왜 자제할 수 없었을까? 더 큰 이윤을 얻기 위해 목동들 간에도 경쟁이 있기 때문이다. 공짜인 초원을 이용하지 않는다면 자신이 다른 목동들보다 더 큰 이윤을 내기 어렵다. 경쟁에서 밀리는 걸 의미하기 때문에 그 상황에선 경쟁적으로 공유지에 가축들을 몰고 가 풀을 먹이는 게 최선이 되고 만다. 목동들의 비양심이 문제가 아니고 초원 이용이 공짜여서 그런 문제가 발생한 것이다.

일반적으로 사람들은 어느 재화가 공짜라면 그 재화를 얼마나 소비할 건지를 고민하지 않는다. 하지만 가격이 부과되면 고민한다. 자신에게 필요한 만큼만 사기 위해서다. 공짜인 경우에는 자신에게 그 재화가 얼만큼 필요한지에 대한 고민 없이 가져갈 수 있을 만큼 무조건 가져가려 할 것이다. 예를 들어, 어느 지자체가 시민들을 위해 등산로에 자판기를 설치하고 생수를 공짜로 가져갈 수 있도록 한다고 해보자. 등산길에 땀을 많이 흘려 갈증 날 때, 시원한 생수는 사람들에게 행복감을 준다. 시원한 생수가 공짜이면 더 기분 좋을 테다. 등산객들은 그 지자체장을 칭찬할 것이다. 착한 행동이라고 여기기 쉽지만 생각해보자. 문제는 시작된다. 생수가 공짜이기에 생수가 꼭 필요하지 않은 사람들도 무조건 생수를 가져간다. 생수가 바닥나 발생할 문제에 대해선 생각하지 않는다. 자기 일이 아니기 때문이다. 생수로 시원하게 세수하는 호사까지 누린다.

그에 따라 갈증난 사람들이 물을 마실 수 없는 경우가 발생한다. 돈을 내고 물을 마실 수 있으면 그나마 다행이겠지만, 돈을 내고서도 물을 구할 수 없는 상황이 펼쳐질 수 있다. 그게 가장 심각한 문제인데 바로 비효율적인 자원배분이다. 즉, 물을 크게 필요로 하지 않는 사람들이 물을 공짜로 가져가 말 그대로 '물 쓰듯이' 낭비해버렸기 때문이다. 그렇기에 물이 꼭 필요한 사람들은 웃돈을 주고라도 물을 사려고 하지만 물이 없다. 당연히 물을 마실 수도 없다. 공유지의 비극과 비슷한 경우이다. 모든 게 '공짜'로부터 발생한 문제이다. 그 초원의 풀들 또한 공짜였기에 효율적으로 가축들에게 배분되지 못하고 결국 황무지로 변해 버리고 말았다. 목동들은 돈을 벌고 싶었기에 자신의 가축들을 그 초원으로 데려갔을 뿐이다. 그러한 목동들의 행태를 비도덕적이라고 몰아만 갈 수 없다. 비용을 줄여 조금이라도 이윤을 더 얻고자 하는 마음을 비합리적이라고 할 수도 없다. 그 초원은 황무지로 변해버렸다. 그 아름다웠던 초원을 황무지로 만든 책임은 누구에 있을까? 일단은 그 목동들이 미워 보일 수 있다. 돈 몇 푼 더 벌겠다고 그 널따란 초원을 통째로 황무지로 만들었으니 그럴 법도 하다. 초원이 황무지로 변한 이후 그 목동들을 찾아내 처벌하겠다는 발상은 약간 황당하다. 앞서 언급했지만 경기장 안에서 경기에 몰두하고 있는 축구 선수들은 축구 행정에 고민할 겨를이 없다. 일단 그 축구 경기를 이기는 게 더 급하다. 목동들도 마찬가지였을 것이다.

목초지를 관리하지 못한 행정당국의 책임이 더 크다고 볼 수 있다. 이 이야기는 미국 캘리포니아대의 생물학자 가렛 하딘이 1968년 '사이언스'에 소개해 이론화 되었다. 사익과 공익이 충돌할 때 개인들이 각자의 이기심만 좇는 결과 모두가 파국을 맞게 된다는 내용이다. '공유지의 비극'이라는 표현보다 '공짜의 비극'이라는 표현이 더 쉬울 수도 있다. 자본주의 사회에서 사람들이 떠올리는 비극은 대개 돈이 없는 경우이다. 예를 들어, 장발장이 돈이 없어 빵을 훔쳐 먹으려다 죄수가 되고 말았다는 이야기이다. 한국에서도 돈 때문에 발생하는 비극들이 많다. 그렇기에 인기를 얻고 싶은 정치인들은 '공짜'들을 잘 발굴한다. 하지만 그 '공짜'들을 위해 자기 재산을 쓰는 경우는 거의 없다. 세금을 걷어 그 '공짜'들을 지원하고 정작 자신이 생색내고 정치적 인기를 챙긴다.

'공짜'들을 통해 얻는 인기는 위험하다. 중독성 때문이다. 경쟁 정당이 그 '공짜'에 반대하면 그들은 나쁜 사람들로 몰릴 수 있다. 돈 때문에 비극이 벌어지는 마당에 '공짜'를 반대하면 남의 아픔을 공감하지 못하는 비정한 사람 취급받을 수 있다. 그렇기에 경쟁 정당이 '공짜'를 만들어내면 다른 정당 역시 그 '공짜'와 비슷한 '공짜'를 경쟁적으로 만들어낼 수밖에 없다. 게임이론에서 진짜 비극은 '공짜'가 만들어 내는 비극이다. 돈이 없어 발생하는 비극은 특수한 경우여서 사안에 따라 해결이 가능하다. 반면 공짜는 경제 시스템을 통째로 붕괴시킨다. 그러한 경우엔 해결이 불가능하다. 모두가 불편을 겪고 심지어 식량 공급이 제대로 되지 않아 모두 굶어 죽을 수도 있다. 최근 베네수엘라 사태를 보면 경제 시스템 붕괴가 어떤 비극을 몰고 오는지 쉽게 알 수 있다.

지구온난화, 미세먼지 등 환경 문제들도 실은 모두 '공짜의 비극'과 맞닿아 있다. 지구온난화는 인류가 탄소배출을 너무 많이 한 결과이다. 지구의 대기 보호를 위해 탄소배출량 규제가 필요하다. 하지만 어느 나라가 솔선수범하길 기대하는 건 쉽지 않다. 그 나라의 제조업 경쟁력과 직결되기 때문이다. 즉, 탄소배출을 줄이기 위해 기업들은 추가 비용을 감수할 수밖에 없다. 자국이 탄소배출을 규제할 때 다른 나라들은 규제하지 않으면 어떻게 될까? 그 경우, 탄소배출을 규제한 나라만 제조업 경쟁력을 잃게 된다. 즉, 경제적 불이익으로 돌아가는 것이다. 그렇게 되면 탄소배출을 규제하지 않았던 '비양심적' 나라들이 오히려 제조업 경쟁력을 갖추어 경제적 이익을 누리게 된다. 그런 상황을 내다볼 수 있기에 어느 나라도 앞장서 탄소배출 규제를 선도하기 어렵다. 세상 모든 나라들이 동시에 공업화를 추진하는 건 탄소배출 경쟁을 하는 것과 비슷하다. 그 결과 인류는 지구온난화와 기후변화 문제에 직면한 것이다. 지구적 환경오염도 실은 인류의 맹목적 게임의 결과로 파악할 수 있다. 최근 한국은 미세먼지가 심각한 수준에 이르렀다. 그 심각성은 더해질 것이다. 미세먼지 발생 이유는 다양할테다. 하지만 이토록 심각해진 배경엔 이유가 있다. 개도국들이 공업화를 위해 미세먼지 배출 경쟁을 벌이기 때문일 수도 있다. 왜 그럴까? 각 나라별로 공해 배출 또는 미세먼지 배출이 '공짜'이기에 그러한 경쟁이 가능하다. 목동들이 초원을 황무지로 만든 것과 같은 이치이다. 하지만 목동들이 만들어낸 황무지와 약간 다르다. 땅과 다르게 공기는 한 나라에만 머물지 않는다. 전 지구를 대류하게 된다. 지구의 대기에 '주인'이 없다. 바다도 마찬가지다. 땅 위에서 일어난 '공짜의 비극'은 대기나 바다에 비하면 덜 심각할 수도 있다. 땅은 국가별로 경계가 분명하기 때문이다. 국가들 간에 공동으로 사용하는 땅은 찾아보기 어렵다. 하지만 대기와 바다는 다르다. 공동으로 사용하는 경우도 많다. 따라서 '공짜'가 일으키는 문제들이 더 심각할 수밖에 없다. 전략적 사고가 없으면 그 문제들을 해결할 수 없다. 지금까지 환경오염에 대한 해결책은 인류의 양심과 도덕성에 호소하는 것뿐이었다. 하지만 도덕과 양심에 호소하는 건 절대 대안이 될 수 없다. 대안은 국가들 간 협의를 통해 탄소배출에 비용을 부과하는 것이다. 즉, 배출권 거래제가 필요하다. 중국은 배출권 거래제에 참여하기로 했다가 그 시행을 기약 없이 미뤘다고 한다. 배출권 거래제 시행이 자국 기업의 생산비용 증가와 가격 경쟁력 약화로 이어질 거라는 우려 때문으로 보인다. 만약 대기가 대류하지 않고 중국의 대기오염이 중국인들에게만 피해를 준다면 중국 정부는 탄소배출을 규제했을 것이다. 하지만 과다 배출된 탄소가 대기를 오염시킨다 하더라도 그 피해를 온 세계가 공유해야 하기에 중국은 솔선수범할 필요를 못느낄 수도 있다.

'공유지의 비극'으로 인해 인류는 심각한 환경문제에 직면해 있다. 인류의 도덕과 양심에 호소한다고 해서 이 문제가 해결될 수 없다. 앞서 언급했지만 탄소배출 규제가 필요하다. 모든 나라들이 탄소배출을 줄여야 함을 알고 있고 탄소배출이 줄지 않으면 인류 전체에 피해가 돌아간다는 것 또한 알고 있다. 하지만 탄소배출 규제를 위해선 추가비용 지출이 필요하다. 어느 나라가 단독으로 탄소배출량을 줄이기 위해 솔선수범하기 쉽지 않다. '환경보호'라는 이익은 추상적인데 반해 경제적 손실은 매우 실물적이기 때문이다. 환경보호를 위해 감성에 호소하는 것도 중요하지만 문제 해결을 위해선 게임이론적 접근이 필요불가결하다. 도덕과 양심에 호소하기보다 탄소배출이 많아지면 그 나라에 경제적 불이익이 돌아가도록 해야 한다. WTO에서 규약을 만들어 탄소배출이 많은 나라들에 대해 고율의 관세를 부과하는 것도 방법이 될 수 있다. 다른 사례를 생각해보자.

스타벅스의 딜레마

커피 프랜차이즈 스타벅스는 세계적 유명세가 있다. 한국에서도 그 인기는 대단하다. 스타벅스가 미국에서 2018년 하워드 슐츠 당시 회장의 결정으로 고객이 아닌 모든 사람들에게 화장실을 개방하기로 결정한 적이 있다. 그와 같은 조치는 필라델피아의 한 스타벅스 매장에서 불거진 인종 차별 논란에서 비롯됐다. 그 매장에서 음료를 주문하지 않았던 흑인 남성 중 한 명이 화장실 사용을 요구하자, 매장 직원이 경찰에 신고했다. 이후 SNS를 통해 그 상황을 담은 영상이 유포됐고, 스타벅스는 '인종 차별 기업'이라는 비난에 시달렸다. 두 사람은 무단 침입 혐의로 경찰에 체포됐지만 무혐의로 풀려났다. 스타벅스는 이후 그들에게 사과했다. 그리고 음료를 주문하지 않은 고객들에 대해서도 화장실 개방을 선언했다. 그 다음 어떤 일이 있었을지 예상해보자. 우선 화장실이 더러워졌다. 뿐만 아니라 스타벅스 화장실이 마약 사용을 위해 범죄로 이용되기도 했다. 당시 미국 매체 <월스트리트저널>은 그 문제를 보도하며 '공유지의 비극'이란 표현을 썼다. 게임이론 시각에서 보면, 영국에서 발생한 공유지 초원의 문제와 미국에서 발생한 개방 화장실 문제의 본질은 비슷하다. 공짜이기에 사람들이 과도하게 사용한다는 점이다. 이론적으로 설명하면 그와 같은 문제는 공유자원이 갖는 특성에서 비롯된다. 공유자원은 배제성이 없고 경합성만 있다. 배제성이 없다는 건 누군가의 사용을 제한할 수 없음을 의미한다. 즉, 돈을 내지 않고 공짜로 사용이 가능함을 의미한다. 하지만 쓰고자 하는 사람들은 많다. 따라서 경쟁이 벌어진다. 그게 경합성이다. 바다의 물고기들도 공유자원에 가깝다. 배제성은 없지만 경합성이 있다. 물고기 남획으로 이어지는 이유이다. 실제로 멸종 위기에 처한 희귀동물들이 많다. 과거 한국의 산림들도 공짜의 비극을 겪었다. '무주공산'이란 말이 '주인이 없다'는 뜻을 담고 있다. 말 그대로, 주인이 없는 산에서 수많은 나무들이 땔감 목적으로 벌목되었고 산림은 황폐해져갔다. 관광자원을 공유자원에 포함하기도 한다. 관광객이 너무 많이 몰리면 관광자원 훼손을 피할 수 없다. 시끄러워지고 쓰레기 문제도 발생한다. 공유지의 비극을 어떻게 방지할 수 있을까? 한국에서 '공유지의 비극' 상황이 일어나면 도덕과 양심에 호소하는 경향이 있다. '자제해 달라' 또는 '삼가 달라' 등의 표현으로 사람들을 설득하려 한다. 하지만 결과는 뻔하다. 유원지 또는 국립공원에 쓰레기통이 사라졌을 정도이다.

잠깐 다른 얘기를 하자면, 야구에서 투수가 던진 공이 타자 몸에 조금이라도 스치면 규칙에 따라 그 타자는 자동 출루가 인정된다. 만약 그 규칙이 없으면 어떻게 될까? 투수는 안타를 내주지 않기 위해 최대한 타자 몸쪽으로 던지려 들 것이다. 그러다 요행 스트라이크로 판정받으면 좋고 볼이 되더라도 장타는 맞지 않을 것이다. 즉 몸쪽으로 위협적인 공을 던져도 투수로서는 잃을 게 없다. 자연스레 위험한 상황이 많이 펼쳐지게 될 것이다. 물론 투수의 도덕과 양심에 호소할 수도 있다. 하지만 아무리 착한 투수라도 실점 위기에선 어쩔 수 없을 것이다. 공을 최대한 타자 몸쪽으로 던질수록 실점가능성이 줄어들기 때문이다. 그렇기에 규칙이 필요하다. 타자 몸에 공이 조금이라도 스치면 타자의 자동 출루로 인정하는 것이다. 그 경우 투수는 더 힘든 상황에 처하게 된다. 그나마 위협구가 많이 나오지 않는 건 규칙 때문이지 투수들이 착해서가 아니다.

공유지의 비극은 피할 수 있다. 첫째, 정부가 개입하는 방법이 있다. 정부가 법을 만들어 이기심을 규제하는 것이다. 예를 들어, 미국은 물고기와 야생동물의 남획을 막기 위해 여러 법률이 있다. 낚시나 사냥을 하려면 면허가 필요하고, 그것도 1년에 일정기간만 허용한다. 바다가재를 무조건 못 잡게 하는 것보다 자로 재서 충분히 큰 가재만 잡아가도록 하는 것이다. 야생동물 사냥 때는 포획 수를 제한한다. 물론 정부 개입이 능사는 아니다. 현실적으로 법 집행이 어려운 경우가 적지 않다. 예를 들어 고래 포획을 규제한다고 하자. 바다가 광대하고 여러 나라들이 접해 있어 실효적인 집행이 어렵다. 우호적인 나라 사이에도 어업권을 놓고 갈등이 자주 벌어진다. 한국 영해에 들어와 조업활동을 하는 외국 어선들도 법 적용이 되지 않는 사례로 볼 수 있다. 둘째, 사유화하는 방법도 있다. 예를 들어, 공유 목초지를 농부들에게 골고루 나눠줘 사적으로 관리하게 하는 것이다. 그렇게 되면 자신이 목초지를 남용할 경우 그 피해가 다른 사람에게 분산되지 않고 곧바로 자신에게 돌아가게 된다. 따라서 목초지 사용을 자제할 것이다. 보츠와나나 말라위 같은 나라에선 무분별한 남획으로 발생한 코끼리 멸종위기를 그와 같은 방법으로 해결했다. 부족별로 공유지를 할당하고 자기 소유의 토지에서만 사냥할 수 있도록 해 사실상 코끼리를 사유화한 것이다. 사람들은 코끼리가 자기 소유의 토지에 계속 머물기를 원했고 그 결과 코끼리 수는 다시 늘기 시작했다. 케냐나 탄자니아 같은 나라는 코끼리 사냥을 불법화하고 상아 거래를 금지하는 방법을 썼는데 잘 먹히지 않았다. 웃기는 건 희귀한 동물들인 코끼리나 고래는 멸종 걱정을 하지만 인류가 즐겨 먹는 소나 돼지는 멸종 걱정을 하지 않는다는 점이다. 소나 돼지는 사육이 쉬워서 그렇다고 생각할지 모르겠다. 보다 근본적인 이유는 소나 돼지는 사유재산이어서다. 축산 농가는 소와 돼지들을 잘 관리할 때 자신의 금전적 이윤이 많아진다. 따라서 축사가 잘 관리된다. 모든 공유자원에 소유권을 설정하는 건 사실상 불가능하다. 그렇기에 사유화 역시 완전한 대책이 될 수 없다. 셋째, 공동체 내부의 자율성이다. 지역공동체가 소통과 합의를 통해 자율협약을 만들어 지키는 것이다. 미국 메인주 연안의 바닷가재잡이 어부들이 그렇게 했다. 1920년대 그 지역은 남획으로 인해 바닷가재가 자취를 감춰갔다. 문제의 심각성을 깨달은 어부들이 한데 모여 머리를 짜낸 끝에 바닷가재 통발을 놓는 규칙과 순서 등에 대해 자율협약을 만들었다. 그 결과 그곳은 미국 북동부의 다른 해안과 캐나다의 바다가재 어장이 사라져가는 와중에도 어장을 유지할 수 있었다.

정리 사회적 딜레마란 모든 경기자들이 '합리적'으로 행동했음에도 '비합리적' 결과가 나오는 상황이다.

헬조선 딜레마

결론부터 말하자면 사회적 딜레마는 경기자들이 스스로 해결할 수 없다는 게 특징이다. 한국에선 사교육과 부동산이 사회적 딜레마이다. 해결하겠다고 나서는 정치인들이 많을텐데 잘라 말한다. 해결은 불가능하다. 어설프게 해결하려 나섰다가 더 심해질 수도 있다. 차라리 포기하는 게 빠르다. 왜 해결을 못할까? 내쉬균형 상태이기 때문에 그렇다. 내쉬균형에 대해선 뒷장에서 다시 설명할 것이다. 쉽게 말해 모두가 동시에 사교육을 포기한다는 전제가 있으면 자신도 포기할 수 있다. 그중 누구라도 포기하지 않는 사람이 단 한 명이라도 존재한다면 어느 누구도 포기하지 못한다. 그렇기에 한국에서 사교육은 없어질 수 없다. 없어질 수 없는 사교육을 없애자고 나서는 사람들이 도리어 비현실적일 수도 있다. 아무리 평등주의자라도 자기 자식에게만큼은 사교육을 통해 '부모찬스'를 몰아주고 싶었을 것이다. 그게 현실이다. 한국은 입시지옥이다. 수능성적은 등수경쟁이다. 등수경쟁엔 본질적으로 제로섬게임이다. 등수가 높은 이들은 대부분 미래 전문직 또는 직업이 보장되는 쪽을 택한다. 그들은 대학에서 그들만의 커리큘럼을 따라가며 큰 불안 없이 대학생활을 보낼 수 있다. 나머지들은 대학을 졸업하고 와일드 카드 경쟁에 돌입할 수밖에 없다. 1차 와일드 카드들은 고시, 공무원 또는 전문직 자격증 취득이다. 2차 와일드 카드들은 공사, 대기업 또는 언론사 입사 등이 여기에 해당한다고 볼 수 있다. 2차 와일드 카드 결정전부터는 대학 평판이 중요하다. 게임이론에선 평판이라고 하는데 한국 사회에선 평판이란 간판이라고 보면 된다. 즉, 졸업생들 중에 출세를 얼마나 많이 했느냐가 가장 중요한 척도이다. 출세한 졸업생이 많으면 '백과 줄'을 이용할 수 있어 사회생활에 유리한 측면이 있다고 한다. 승진도 빨리 할 수 있다고 한다. 그래서 간판 큰 대학에 진학하기 위해 사교육이 필요하다. 한국에서 사교육은 내쉬균형 상태를 반영하는 것이기에 없어질 수 없다고 이미 언급했다. 온 국민이 좋은 의도를 갖고 사교육을 폐지하자는 운동을 전개한다고 가정해보자. 그럼 이 책을 읽는 당신부터 딜레마에 빠질 것이다. 사랑하는 자녀가 간판 작은 대학을 다니며 무시 받을까 봐 불안해질 것이다. 그게 자식에 대한 부모 사랑일 수도 있다.

그럴 리 없지만 가정을 해보자. 즉, 이 책을 읽고 모든 사람들이 감화를 입어 동시에 사교육을 포기하기로 작정했다고 치자. 당신은 어떻게 할 생각인가? 처음엔 당신도 사교육을 포기하겠다고 생각할지 모른다. 그런데 잘 생각해보면 그렇지 않다. 당신에겐 오히려 더 좋은 기회가 열릴 수 있기 때문이다. 즉, 모두가 사교육을 포기하는 가운데 당신 자식만 홀로 사교육을 받을 수 있다면 당신 자식에게는 그보다 더 좋을 수 없다. 즉, 사교육을 통해 당신 자식만 수능고득점을 받게 되면 2류 경쟁을 안 해도 되기 때문이다. 그렇게 좋은 기회를 당신이 포기할 리 없다. 특히 자식문제라고 생각한다면 한국인들은 더 본능적이다. 기회포착을 위해 더더욱 나설 것이다. 여기서 중요한 점이 있다. 남들도 다 그렇게 생각하고 그렇게 행동한다는 것이다. 한국에서 사교육이 절대 사라질 수 없는 이유이다.

그들에게 사교육은 지배전략이기 때문이다. 그렇기에 거의 모든 한국인들이 사교육에 참여하는 지배전략균형이 나타난다. 실제 한국교육개발원 조사에 따르면 2019년도에 전 국민의 97.8%가 사교육을 시켰다고 한다. 그럼에도 불구하고 사교육을 없애자고 주장하는 사람들은 위선적이다. 왜냐하면 자기 자녀만큼은 예외라고 생각하기 때문이다. 즉, 자기 자녀만 빼고 남들이 사교육을 포기하라는 것이다. 그런 정책은 의미가 없다. 전직 법무장관이 자녀에게 와일드 카드를 쥐어줘서 지탄을 받은 바 있다. 사실만을 추려 얘기하면 문제가 그에게만 있는 게 아니다. 실제로 한국 기득권층 사람들은 자녀들에게 그런 식으로 와일드 카드를 쥐어주는 경우가 많다. 그 전직 장관에게 하나 묻고 싶은 건 사회적 딜레마 현상에 대해 게임이론적 이해가 있었느냐 여부이다. 앞서 말했지만 사회적 딜레마는 해결이 불가능하다고 밝혔다. 내쉬균형이기 때문이다. 내쉬균형에선 어느 경기자도 홀로 이탈할 유인이 없다. 이탈하면 자신에게 불이익이 돌아가기 때문이다. 즉, 모두가 사교육을 시키고 얼마든지 '부모찬스'를 써서 자녀에게 와일드 카드를 쥐어주는데 어느 한 사람에게만 그 균형에서 '홀로' 이탈해 모범을 보이라고 하는 격이니 그 전직 장관은 억울해 할 수 있다. 하지만 그가 잊은 게 있다.

사회적 딜레마 속에서 개선을 기대하려면 모든 경기자가 동시에 바뀌어야 한다는 점이다. 단 한 사람이라도 바뀌기를 거부하면 바뀔 수 없다. 그렇기에 사회적 딜레마 해결이 사실상 불가능하다고 설명한 배경이다. 그 '단 한 사람'이 없을 수 없기 때문이다. 그가 욕을 먹는 건 "단 한 사람이라도 바뀌기를 거부하면 바뀔 수 없다"고 했는데 스스로가 벌써 그 한 사람이 되어 나타났으니 허탈감을 주는 것이다. 무작정 그에게 돌부터 던지는 이들도 보기 좋은 모습은 아니다. 제발 스스로를 돌아보기 바란다. 그가 이번 일을 교훈 삼아 한국에서 벌어지는 와일드 카드 결정전에 관심을 갖고 정말 절박한 경기자들을 배려하는 사람이 되길 바란다. 한국에서 진정한 의미의 교육은 사라진 지 오래다. 너무 오래되어 얘기를 꺼낸 것 자체가 새삼스럽다.

한국에서 또 하나의 사회적 딜레마는 부동산이다. 인간에게 의식주는 기본이다. 옛날엔 먹을 게 부족해서 힘들었지만 지금은 살 집이 없어 문제라고 한다. 사람들은 부동산 투자에 열광한다. 실은 부동산 투자도 2류 경쟁이 더 심각하다. 한국에서 부동산은 자산증식을 위한 마술이다. 땅이 좁아서 말 그대로 부동산 불패이기 때문이다. 평균 지가는 계속 오른다. 재밌는 건 소득 증가 폭보다 지가 상승 폭이 훨씬 크다. 한국에서 진짜 부자들은 땅 부자들이라고 볼 수 있다. 그들은 일할 필요가 전혀 없다. 다만 자산증식을 위해 전략적으로 지가만 올리면 된다. 그들의 자산 가치는 항상 물가수준보다 더 높이 뛴다. 한국에서 부자가 될 수 있는 방법은 수능고득점을 받아 전문직 종사자가 되거나 또는 땅 거래를 잘하는 것이다. 그렇기에 온 국민이 부동산 투자에 열을 올린다. 그리고 땅값에 관심이 많다. 땅값이 오르지 않을 수 없다. 시장에서 관심은 가격으로 이어진다. 실험을 해보라. 국민들이 모두 특정 중소기업 주식 가격에 관심을 기울인다고 해보자. 그럼 그 주가는 삽시간에 뛰어오르게 된다. 땅값 상승을 진정시킬 수 있는 방법은 하나다. 온 국민이 동시에 부동산 투기에서 손을 떼는 것이다. 사교육과 비슷하다. 부동산 투기 역시 사라질 수 없다. 온 국민이 부동산 투기를 자제하고 당신만 부동산 투기를 할 수 있다면 당신은 더 큰돈을 벌 수 있기 때문이다.

한국인들에겐 부동산 투기 역시 지배전략이다. 그렇기에 결코 사라질 수 없다. 그럼에도 불구하고 부동산 투기를 없애겠다고 나선 사람들은 위선적이다. 대책도 없고 전략도 없다. 사람들은 안다. 한국에서 사교육과 부동산은 사라질 수 없다는 것을. 하지만 자기가 그 문제에 있어 직접적 당사자라는 건 모르고 있다. 국회의원들이 자기 자녀들은 사교육시키면서 국민들은 사교육을 자제하라고 하는 것과 비슷하다. 또 누군가는 아파트를 몇 채씩 보유하고 있으면서 부동산 투기를 자제하자고 한다. 그런 국회의원들은 도덕성 부족으로 도마에 오르게 된다.

도덕성도 문제이지만 게임이론에 대한 무지가 더 안타깝다. 한국에서 국민총생산의 상당 부분이 사교육과 부동산에 할애된다. 한국 경제에서 사교육과 부동산은 모든 자원을 빨아들이는 블랙홀과 같다. 경제에서 펀더멘탈은 생산이다. 한 나라가 부자나라가 되는 건 간단하다. 비싸고 잘 팔리는 걸 만들면 된다. 대부분의 부자나라들이 비싼 걸 잘 만든다. 사교육과 부동산을 통해 무엇을 만들어 팔 수 있을까? 사교육을 통해 인재양성을 한다고 할지 모르겠다. 하품나는 소리다. 기술력은 대학경쟁력과도 관련이 깊다. 사교육을 많이 한다고 해서 대학 경쟁력이 오르는 게 아니다. 아무리 아파트를 많이 짓고 가격이 오른다 한들 그 아파트를 수출할 수는 없다. 한국 경제는 무역의존도가 매우 높은데 사교육과 부동산은 철저히 국내용이다. 그러니 국가경제에 전혀 도움이 될 수 없다. 일자리 창출에도 기여하지 못한다. 그러면서 물가는 계속 인상된다. 일자리는 없는데 물가는 계속 오르니 헬조선이 되지 않을 수 없다.

승자독식약탈 게임: 한국정치

더 심각한 딜레마는 바로 '승자독식약탈 게임' 방식의 퇴행적 정치이다. 한국에선 모든 이해관계와 이익집단들이 주기적으로 충돌한다. 민주주의란 형식을 갖췄지만 선거는 당선자와 그 지지자들이 승자독식으로 전체보수를 나눠먹는 게임이다. 당선자가 와일드 카드 특별전형을 실시한다. 그래서 선거는 권력투쟁 그 이상도 그 이하도 아니다. 와일드 카드 쟁탈전이다. 5년마다 벌어지는 대통령 선거는 실은 왕을 뽑는 것과 유사하다. 조선시대엔 성군이 들어서면 백성들이 굶주림에서 벗어났다고 한다. 그래서 지금도 나라님이 모든 모순과 갈등을 해결해주고 배고픈 국민들에게 시혜를 베풀 수 있다고 믿는 모양이다. 자본주의 국가는 시장을 통해 재화와 자원이 배분된다. 시장엔 자율조정기능이 있기 때문에 효율적이다. 일자리는 노동시장에서 만들어지는 게 정상이다. 정부는 기업활동을 장려하여 기업이 일자리를 많이 만들어낼수록 유인을 제공할 수 있다. 만약 정부 일자리를 직접 만들어내기 시작하면 그 나라는 멀지 않아 망한다. 과장이 아니다.

한국에선 정부가 직접 나서 '좋은' 일자리를 만들어내라고 기업과 공공기관들을 압박하는 경우가 나타나고 있다. 그에 따른 수혜자들이 있다. 노력 없이 비정규직에서 정규직으로 신분이 바뀌는 경우다. '정규직 특별전형'이라 부를 만하다. 누군가는 공부를 안 했는데 공무원이 되는 행운을 누리기도 한다. 공무원 되겠다고 열심히 노력한 청년들은 황당해 할 수도 있다. 한국은 이상한 나라다. 정권만 바꿔면 행운아들이 나온다. 일자리가 부족하면 기업 활동을 장려해야 맞다. 좋은 일자리는 기업들이 만드는 게 정상이다. '정규직 특별전형'을 위한 인위적 일자리 창출은 국가 경제에 기여하지 못한다. 생산성 향상을 기대할 수 없다. 다시 강조하지만 와일드 카드 게임에서 중요한 건 규칙이다. 인기에 영합하기 위해 규칙을 바꿔 버린다면 모든 이익집단이 단체행동에 나설 유인이 발생한다. 어차피 규칙이 유명무실한 마당에 무조건 목소리를 크게 낼수록 보수가 커지기 때문이다. 즉, 모든 이익집단이 단체행동에 나서는 게 지배전략이 된다. 모든 노동자는 정규직이 되고 싶어할 것이다. 큰 선거에 나서는 후보들이 지지를 얻기 위해 특정 이익단체를 대상으로 '정규직 특별전형'을 약속해주는 경우도 많다. 자본주의 나라에서 정규직은 정부가 만드는 게 아니라 기업이 만든다. 한국에선 정부가 선심쓰듯 '정규직 특별전형'을 실시하는 경우가 있다. 그러고 보니 한국은 민주주의란 이름 아래 선거들도 참 많다. 국회의원, 광역의원, 기초의원, 도지사, 시장, 교육감, 총장, 학장, 구청장, 군수, 당대표, 지역위원장, 심지어는 아파트 동대표 각종 학교 총동문회장도 선거로 뽑는다. 그들은 대개 봉사를 하기 위해 선거전에 나섰다고 한다. 한데 선거전이 그렇게 치열한 걸 보면 그들이 정말 봉사하기 위해 출마했을까 싶다. 한국에서 선거는 벼락출세를 상징한다. 당선자뿐이 아니라 당선자를 도운 사람도 벼락출세 혜택을 누린다. 와일드 카드 특별전형이다. 그렇기에 그들은 이기기 위해 모든 것을 건다. 이용할 수 있는 것은 다 이용하고, 동원할 수 있는 것은 다 동원한다. 편가르기 역시 빠질 수 없다. 네편과 내편을 분명히 갈라 어차피 자기편이 아니면 빨리 저버리는 전략을 취한다. 그렇게 해야 자신의 지지 세력을 만들 수 있기 때문이다. 심지어 대학에서조차 그런 일이 벌어진다. 비극이자 희극이다. 선거가 끝나고 나면 편이 갈려 뒤끝이 남는다. 줄을 잘못 서면 보복도 따른다. 조선시대엔 권력을 두고 사화가 발생하면 그 끝은 대대적인 살육극이었다고 전한다. 그런 DNA가 남아서인지 한국인들은 편을 나눠 싸우기 시작하면 그야말로 사생결단 식이다. 이긴 편에 서면 남는 것이 꽤 있다고 한다. 벼락출세 길이 열리기도 한다. 임명직에 오를 수도 있고 권력을 이용해 자녀를 취업시킬 수도 있다. 고시에 합격해서 한평생을 일해도 못 올라갈 만큼 높은 자리를 누군가는 선거를 도와 와일드 카드 특별전형을 통해 단숨에 올라가기도 한다. 그런 사람들이 오히려 권력을 더 많이 누리고 권력에 집착한다.

한국의 선거는 제로섬 게임의 가장 극단적 형태이다. 누군가는 승자독식이라고 표현했는데 사실은 승자독식보다 더하다. 모든 책임을 패자가 짊어지기 때문이다. 헬조선의 근본적 배경엔 제로섬 게임이 있다고 언급했다. 그 제로섬 게임의 끝판이 선거라고 보면 된다. 사실 승자독식은 승자가 모든 걸 다가져간다. 도박이 그렇다. 따라서 한국의 선거는 도박과 다를 게 별로 없다. 선거는 권력을 두고 그리고 도박은 돈을 두고 게임을 벌인다는 차이가 있을 뿐이다. 한국에서 권력은 돈이다. 그렇기에 한국의 선거는 도박과 동음이의어이다. 도박에서 패자는 아무것도 남지 않는다. 하지만 도박에선 승자가 패자를 괴롭히진 않는다. 경우에 따라 개평이란 것도 있다고 한다. 하지만 선거에선 승자가 권력을 이용해 패자를 죽이기도 한다. 엄밀히 말하면 승자독식이 아니라 승자독식약탈 게임이다. 게임이론이 분석하는 건 승부가 아니라 경기를 통해 얻는 이득이다. 따라서 협조와 조정이 중요할 수밖에 없다. 협조와 조정을 통해 상호 간에 이득이 커질 수 있기 때문이다.

CHAPTER 03

내쉬균형

앞서 게임이론의 한 목적은 경기자의 행동을 예측하는 것이라고 했다. 행동을 예측한다는 건 게임의 결과를 예측하는 것이고, 게임의 결과를 예측한다는 건 나아가 자원배분을 예측할 수 있게 한다. 행동을 예측하는 데 필요한 게 균형 개념이다. 자연현상엔 예측 가능한 게 있다. 균형이 존재하기 때문이다. 예를 들어, 달은 지구의 둘레를 돌고 있고 지구는 태양의 둘레를 일정한 시간을 두고 돌고 있다. 그 원리를 이해하고 있기에 지구 어디에서든지 일출과 일몰 시간을 정확히 예측할 수 있다. 행성들의 움직임도 마찬가지다. 시간에 따라 위치를 정확히 알 수 있다. 균형은 물리학에만 존재하는 게 아니다. 사회과학에도 존재한다. 예를 들어, 시장균형 개념이 있기에 수요 또는 공급 변화가 있을 때, 가격 변화를 예측할 수 있다. 비슷하게 게임이론엔 내쉬균형 개념이 존재한다. 영화 '뷰티풀 마인드'로 유명한 내쉬 박사가 그 개념을 소개했기에 그의 이름을 붙여 내쉬균형이라고 한다. 내쉬 박사는 그 업적을 인정받아 1994년 노벨 경제학상을 수상했다.

앞선 죄수의 딜레마 게임에서 지배전략 개념을 논의할 때, 모든 경기자에게 지배전략이 존재하면 게임의 결과를 예측하기 쉽다고 언급했다. 모든 경기자가 동시에 지배전략을 선택할 것이기 때문이다. 그렇게 모든 경기자가 지배전략을 선택한 결과를 지배전략 균형이라고 지칭한다. 그 지배전략 균형이 실은 내쉬균형의 한 형태이다. 하지만 모든 내쉬균형이 지배전략 균형인 것은 아니다. 뒤에 자세히 언급하겠지만 지배전략 균형은 내쉬균형의 특수한 경우이다. 내쉬균형은 경기자의 행동을 예측가능하게 한다. 경기자들이 동시에 어떠한 전략을 선택할 때, 상호작용이 발생하고 그에 따라 경기자들의 보수가 정해진다. 경기자들은 그 상호작용을 내다보고 자신들의 전략을 선택하게 된다. 그렇게 선택된 전략들의 조합이 바로 내쉬균형이다. 게임이론이 없다면, 경기자가 어떤 전략을 선택할지를 예측하기 어렵다. 내쉬의 통찰에 따르면 경기자의 보수는 자신의 전략 선택에 달려 있지만 다른 경기자들의 전략 선택에도 달려 있다. 즉, 다른 경기자들이 어떤 전략을 선택하느냐에 따라 그 경기자의 보수가 달라지는 것이다. 예를 들면, 당신 회사에서 저녁 회식을 나간다고 해보자. 회식은 모여서 같이 식사를 하기 때문에 회식이다. 회식 장소로 한식당, 중식당 또는 일식당 중에 하나 결정된다고 해보자. 직원들이 선호하는 식당을 하나씩 적어 넣고 다수결에 의해 한 곳이 정해진다고 가정하자. 개인적으로 당신은 일식을 가장 선호하고 그 다음 한식, 그리고 중식을 가장 싫어한다고 해보자. 당신의 회식 메뉴는 당신 혼자의 선택으로 결정된 게 아니라 다른 직원들 선택들에 의해서도 결정된다. 즉, 당신이 선호하는 음식 종류를 먹는 게 아니라 다른 사람들이 많이 선호하는 음식 종류를 먹어야 하는 것이다.

재밌는 상황이 벌어질 수 있다. 당신에겐 일식이 아니라면 한식이 중식보다 나을 것이다. 당신이 일식을 고집하다 보면 투표 결과에 따라 자칫하면 가장 먹기 싫은 중식을 먹어야 할 수도 있다. 코믹하지만 직원들 사이에 일식이 인기가 없어보이면, 가장 싫은 중식을 피하기 위해 전략적으로 한식에 표를 보태주는 경우도 있을 수 있다. 내쉬균형 개념이 적용될 수 있는 상황은 무수히 많다. 각 경기자는 다른 경기자의 최적 대응을 고려해 자신의 최적 전략을 결정하게 된다. 내쉬균형이란 그러한 방식을 통해 모든 경기자들을 대상으로 얻어진 최적 전략들의 조합을 말한다. 그 균형에선 어느 누구도 단독으로 자신의 전략을 바꿀 유인이 없다. 쉽게 표현해, 내쉬균형의 가장 큰 특징은 어느 경기자도 그 균형에서 홀로 이탈할 유인이 없다는 것이다.

정리

내쉬균형이란 그러한 방식을 통해 모든 경기자들을 대상으로 얻어진 최적 전략들의 조합을 말한다. 그 균형에선 어느 누구도 단독으로 자신의 전략을 바꿀 유인이 없다. 쉽게 표현해, 내쉬균형의 가장 큰 특징은 어느 경기자도 그 균형에서 홀로 이탈할 유인이 없다는 것이다.

죄수의 딜레마

앞서 사회적 딜레마를 언급했다. 그 특징은 각 경기자가 '합리적'으로 행동했는데 '비합리적' 결과가 나오는 상태다. '공짜'를 누리려는 자세를 비합리적이라고 비난할 수 없다. 공짜를 두고 돈을 내는 게 오히려 이상할 수 있다. 우선 간단한 모형을 통해 그와 같은 딜레마를 이론화 해볼 필요가 있다. 다음의 경우를 생각해보자.

범죄를 저지른 두 명의 용의자들, 용의자 A와 B가 체포되었다. 하지만 그들의 유죄를 확정하기엔 아직 증거가 불충분한 상황이다. 자백이 필요하다. 두 용의자가 동시에 자백하면 두 명 모두 징역 5년형을 받게 되고, 동시에 침묵하면 중죄가 성립되지 않아 두 명 모두 징역 1년형만 받는다고 하자. 이때 조사관은 어떻게 용의자 A와 B 모두에게 자백을 이끌어낼 수 있을까? 방법이 있다. 일단 각 용의자를 서로 다른 조사실에 넣고 다음과 같이 제안한다.

1. 자백해라. 네가 자백하고 너의 공범이 침묵하면 너는 무죄로 석방해주겠다. 그리고 죄를 자백하지 않고 있는 너의 공범에게 뒤집어 씌워 그에게 징역 10년을 살게 하겠다.
2. 만약 네가 침묵하고 너의 공범이 자백하면 너의 공범은 무죄로 석방할 것이다. 그리고 그의 죄를 너에게 뒤집어 씌워 너에게 징역 10년을 살게 하겠다.

이때 각 용의자는 어떻게 행동해야 할까? 일단 게임의 구조를 정확히 파악하는 게 중요하다. 여기서 말하는 게임의 구조란 용의자들에게 어떤 선택이 있고 그리고 그 선택에 따라 보수가 어떻게 주어지는 지에 대한 정보이다. 표를 그려보면 이해가 쉽다. 앞으로 그러한 표를 보수행렬표라고 부르자. 앞서 게임의 구성요소는 경기자, 전략, 보수라고 했다. 게임의 구조를 파악하는 데 있어 가장 기본이 되는 건 경기자들이다. 이 게임에서 경기자들은 '용의자 A'와 '용의자 B'이다. 어떤 전략이 있을까? 각 용의자는 두 가지 선택지가 있다. '침묵' 또는 '자백'이다. 전략은 '행동계획'이다. 즉, 상대가 '침묵'할 때 자신은 어떤 선택을 하고, '자백'할 때 자신은 어떤 선택을 하겠다는 계획인 것이다. 각 경기자의 각 선택에 따라 네 가지 경우가 발생 가능하다. 다음 보수행렬표를 보자.

		용의자 B	
		침묵	자백
용의자 A	침묵	(1,1)	(10,0)
	자백	(0,10)	(5,5)

숫자 조합들이 들어가 있는 네 개의 칸들이 바로 발생 가능한 네 가지 경우를 나타낸다. 그 네 가지 경우는 다음과 같다.

1) 용의자 A가 '침묵'을 선택하고 용의자 B도 '침묵'을 선택한 경우
2) 용의자 A가 '침묵'을 선택하고 용의자 B는 '자백'을 선택한 경우
3) 용의자 A가 '자백'을 선택하고 용의자 B는 '침묵'을 선택한 경우
4) 용의자 A가 '자백'을 선택하고 용의자 B도 '자백'을 선택한 경우

네 개의 칸에 기재된 숫자들은 각 경우마다 용의자들에게 부과되는 징역 연수를 표현한다.

1)의 경우, 용의자 A 그리고 용의자 B 모두 징역 1년을 살게 된다.
2)의 경우, 용의자 A는 10년을 살게 되고 용의자 B는 무죄로 석방된다.
3)의 경우, 용의자 B는 10년을 살게 되고 용의자 A는 무죄로 석방된다.
4)의 경우, 용의자 A 그리고 용의자 B 모두 징역 3년을 살게 된다.

위 보수행렬표의 특징은 각 칸마다 두 개의 숫자가 들어가 있다는 것이다. 왼쪽의 숫자는 용의자 A의 형량, 오른쪽의 숫자는 용의자 B의 형량을 나타낸다. 이렇게 형량을 수로 표현하면 각 용의자를 위해 어느 경우가 좀 더 유리한지 파악이 쉽다. 설령 정확한 수가 아니어도 전략 선택에 따라 발생 가능한 모든 상황을 파악해 어느 경우가 더 유리한지 우열을 가릴 수 있으면 충분하다. 여기까지가 게임의 구조를 정확하게 이해하는 기본이다. 게임이론에 대한 이해가 없다면, '침묵' 또는 '자백' 두 선택지를 놓고 고민할 것이다. 결과는 두 용의자의 선택이 상호작용하면서 나타난다. 게임이론은 그 상호작용을 강조한다.

당신이 용의자 A라면 어떤 선택을 할까? 중요한 건, 용의자 A는 용의자 B가 어떤 선택을 할지 전혀 알 수 없다는 점이다. 상대의 선택을 알 수 없다면 망설임으로 이어질 것이다. 상대의 선택을 예측하고 그에 대한 최적 대응을 모색하는 게 필요하다. 용의자 A 관점에서 생각해보자. 그의 입장에서 볼 때 만약 용의자 B가 자백을 하면 어떻게 될까? 그 상황에서 용의자 A도 같이 자백하면 징역 5년형을 받게 된다. 반면 용의자 A 홀로 침묵하면 용의자 B는 석방되고 용의자 A가 모든 죄를 뒤집어쓰고 징역 10년형을 받게 된다. 따라서 용의자 A는 자백하는 것이 침묵하는 것보다 유리하다. 만약 용의자 B가 침묵한다면 어떻게 될까? 이때 용의자 A가 홀로 자백하면 용의자 A는 무죄로 풀려나고 용의자 B가 모든 죄를 뒤집어서 징역 10년형을 받게 된다. 용의자 A가 같이 침묵하면 용의자 A와 용의자 B 모두 징역 1년형을 받게 된다. 따라서 용의자 A는 자백하는 것이 침묵하는 것보다 유리하다.

게임의 구조를 정확히 파악하면, 용의자 A에게 고민의 여지가 없다. 같은 논리를 적용해보면 용의자 B도 마찬가지다. 상대가 자백을 하건 침묵을 하건 결국 각 용의자는 자백하는 것이 침묵하는 것보다 유리하다. 조사관도 그와 같은 사실을 알고 있다. 각 용의자를 서로 다른 취조실에 넣고 위와 같이 제안하면 결국 두 용의자 모두 자백할 것임을 알고 있다. 이처럼 조사관은 용의자들의 행동을 예측해 그들에게서 자백을 유도한다. 자백하기 싫은 용의자를 강압적으로 자백하게 할 수는 없다. 다만 유도할 수 있을 뿐이다. 이는 일반적 원리를 제공한다. 스스로 하도록 만드는 게 중요하다. 이 '죄수의 딜레마' 상황에서 한 가지 전략 개념을 익힐 수 있다. 바로 지배전략이다. 각 용의자에게 '자백'이 지배전략이다. 즉, 상대가 '자백'을 선택하건 '침묵'을 선택하건 상관없이 자신은 '자백'을 선택하는 게 유리하기 때문이다. 즉, 경기자가 무조건적으로 그 전략을 선택한다. 그 전략이 다른 전략들을 지배한다고 해서 지배전략이다. 연구자에 따라 지배전략을 우월전략 또는 우위전략이라 칭하기도 한다. 영어식 표현이 'Dominant Strategy'이기에 굳이 직역을 하자면 압도전략이 좀 더 정확하다고 말할 수 있다. 필자가 생각할 때 한국인에겐 '무조건' 전략이라고 하면 이해가 더 쉬울 수 있다는 생각이 든다. 한국에선 어떠한 맹목적 선택에 '무조건'이라는 표현을 자주 쓴다. 예를 들어, '무조건 반대' 또는 '무조건 찬성' 등이다. '무조건'이란 제목의 노래도 있다.

모든 경기자에게 지배전략이 존재한다면 그 게임의 결과를 예측하기가 매우 쉽다. 왜냐하면 모든 경기자가 물을 것도 없이 '무조건' 그 지배전략을 선택하기 때문이다. 그렇게 모든 경기자가 지배전략을 선택한 결과를 지배전략 균형이라고 부른다. 한국에서 이익집단 간의 대립과 반목이 극한으로 치닫는 건 지배전략 때문이라고 말할 수 있다. 그 경우, 각 경기자의 행동을 예측하기가 쉽다. 예를 들어, 한국 선거엔 지역에 따라 표가 몰리는 경향이 있다. 따라서 승부예측이 쉬울 수 있다. 지배전략은 이처럼 경기 결과 예측을 쉽게 한다. 하지만 변화를 가로막기도 한다. 그 선택을 두고 망설임이나 주저함이 없기 때문이다. 게임이론의 기본은 경기자의 행동을 예측하는 것이다. 용의자 A와 용의자 B는 게임의 구조를 이해하고 자신의 행동계획을 세운다. 게임이론 시각에서, 조사관은 두 용의자를 서로 다른 방에 넣고 취조를 하면 각 용의자로부터 자백을 유도할 수 있음을 알고 있다. 자백을 받기 위해 용의자를 다그쳐 봐야 소용없다. 상호작용에 대한 이해가 필요하다. 옛말에 소를 물가에 끌고 갈 수는 있지만 물을 먹일 수는 없다고 했다. 모든 경제주체는 스스로 행동할 수 있다. 그들에게 어떤 행동을 하라고 강압하는 건 아무런 의미가 없다. 오히려 역효과를 초래할 수 있다. 왜냐하면 강압에 따른 반작용이 나타나기 때문이다. 게임이론에 따르면 경제주체는 그렇게 행동할 이유가 있어야 비로소 그렇게 행동한다.

정리 지배전략은 전략들 중에 그 경기자에 의해 '무조건' 선택되는 전략이다.

죄수의 딜레마 상황을 다시 생각해보자. 그 상황에선 지배전략 균형이자 내쉬균형이 전략조합(자백, 자백)이다. 각 용의자는 그 전략조합(자백, 자백)에서 홀로 이탈할 유인이 없다. 그 전략조합은 당연히 내쉬균형이다. 설령, 한 용의자가 자백에서 침묵으로 전략을 바꾼다 하더라도 다른 용의자는 자백에서 침묵으로 전략을 바꿀 이유가 없다. 죄수의 딜레마에선 지배전략 균형이 달성되는데 지배전략 균형은 반드시 내쉬균형이다. 하지만 내쉬균형이 반드시 지배전략 균형인 건 아니다. 즉, 내쉬균형은 지배전략 균형보다 더 일반적이다. 이번 장에선 내쉬균형을 찾는 연습을 하고자 한다. 내쉬균형을 찾을 때 가장 쉬운 방법은 먼저 어느 한 경기자에게 지배전략이 존재하느냐를 파악하는 것이다. 앞서 설명했듯, 모든 경기자에게 지배전략이 존재하면 균형을 쉽게 찾을 수 있다. 죄수의 딜레마 경우가 이에 속한다. 하지만 지배전략이 존재하는 경우는 드물다. 이번 장에서 다루는 게임들은 모두 동시적 게임이다. 즉, 모든 경기자가 동시에 전략을 선택한다. 순차적 게임도 있다. 경기자의 전략 선택에 순서가 존재한다. 순차적 게임은 다음 장에서 논의할 것이다.

죄수의 딜레마는 동시적 게임이다. 두 용의자가 동시에 전략을 선택해야 했다. 여기서 말하는 동시성이란 꼭 물리적 시간을 의미하지 않는다. 실제로 두 용의자 간 전략선택에 시차가 존재할 수 있다. 하지만 실질적으로 각 용의자가 각 취조실에서 조사관의 심문에 응하고 상대가 어떠한 선택을 하는지 서로 모르기 때문에 동시적 게임이라고 말할 수 있다. 가위바위보 게임을 한다고 해보자. 상대가 무엇을 낼지 모르는 가운데 자신의 선택을 결정한다. 죄수의 딜레마도 마찬가지다. 동시적 게임은 전략선택에 물리적인 시차가 존재하느냐 여부로 따지기보다는 상대의 전략선택을 알 수 있느냐 여부로 따지는 게 더 일반적이다. 동시적 게임에서 경기자가 어떻게 전략을 선택하는지 고려해보자. 그 경기자가 어떤 결정을 하는지 알기 위해

보수함수에 대한 정보가 필요하다. 동시적 게임의 종류는 무수히 많다. 그렇게 많은 게임을 일일이 열거하는 것보다 균형 개념을 익히는 것이 더 중요하다.

지배전략 균형: '간판 공해'

지배전략이 존재하는 경우는 앞서 분석한 '죄수의 딜레마' 상황이 대표적이다. 그 상황에선 두 경기자 즉, 용의자 모두에게 지배전략이 존재한다. 따라서 각 경기자에 대한 행동 예측이 쉽다. 사회적 딜레마 또는 '공짜의 비극' 문제에서도 마찬가지였다. '공짜'라면 무조건 쓰고 보는 게 지배전략이다. 찾아보면 한국 사회엔 다양한 지배전략 균형이 존재한다. 한국의 사회적 현상은 게임이론적 균형 개념을 반영하는 경우가 많다. 예를 들어, 한국은 다른 나라에 비해 간판들이 크다. 어느 지역을 가더라도 도심 어디를 가더라도 간판이 화려하고 큰 경향이 있다. 그 큰 간판들은 위험하기까지 하다. 그렇게 큰 간판들에 대해 관심을 갖고 분석을 시도한 학자가 있다. 먼저 전북대 신문방송학과 강준만 명예교수의 칼럼 '간판 공화국의 주목 투쟁'을 잠깐 살펴보자.1)

"…(초략)… 한국은 간판의 천국이다. …(중략)… 보는 사람들의 입장에선 '간판 공해'이겠지만, 적잖은 돈을 들여 간판을 내건 상인들의 입장에선 '간

1) 아래 사진은 칼럼과 함께 게재된 사진이다.
출처: http://legacy.h21.hani.co.kr/section-021128000/2006/01/021128000200601100593018.html

판 전쟁'이다. 그것도 처절한 전쟁이다. 간판은 건물 벽도 모자라 땅까지 내려왔다. 보도에 늘어선 이동식 입간판이다. …(중략)… 소설가 성석제 씨는 미국에서 20년 넘게 살다 잠시 들렀던 선배가 저녁에 자신이 살고 있는 신도시의 중심 상업지역을 보고 "아예 넋을 잃고 원색의 숨가쁘게 점멸하는 간판들을 바라보고 있었다. 화를 낼 정신도 없는 듯했다"고 말했다고 한다. 성씨는 선배에게 다음과 같은 변명을 내놓았다.

"누군들 좋아서 천박하게 번쩍거리고 싶겠는가. 옆집 앞집 뒷집에서 하니까 가만히 있으면, 아니 평범하게 하면 묻히고 버림받을 것 같은 초조감에 간판도 커지고 자극적으로 변한다. 앞에서 시끄럽게 떠들어대니까 나도 스피커를 마주 틀어댈 수밖에 없다. 비슷비슷한 사람들이 비슷비슷하게 사는 한국에서 눈에 띄는 방법은 저런 것뿐이라고 생각하는 것 같다."

맞다. 그런 이유 때문일 것이다. 전국적으로 음식깨나 한다는 어느 곳에 가건 접할 수 있는 '원조' 간판은 절규에 가깝다. '원조'는 더 이상 '원조'를 의미하지 않는다. '진짜 원조' 또는 '유일 원조'를 강조해야 한다. 원조의 다원성을 인정하면서 '원조 제1호'라고 주장하는 곳도 있고, 증거 과시를 위해 텔레비전의 무슨무슨 프로그램에 나온 집이라는 걸 사진과 같이 보여주기도 해야 한다 …(중략)… 돈에 눈이 먼 건가? 아니다. 꼭 그런 것만은 아니다. 돈과는 관련 없는 대학가 플래카드도 사람들의 주목을 쟁취하기 위해 처절한 투쟁을 하고 있다는 점에선 다를 게 없다. …(하략)…"

한국에서 간판은 일단 다른 간판보다 크고 화려해야 한다. 간판뿐이 아니다. 전통과 풍습도 있다. 누군가 출세하면 플래카드를 만들어 고향마을 입구에 붙이기도 한다. 그 마을 출신이 출세한 사실을 다른 마을 사람들이 알아주기를 바라기 때문이라고 한다. 상업성 목적의 간판도 마찬가지이다. 일단 최대한 눈길을 끌어야 매출신장에 유리하다. 경쟁을 벌이는 다른 상점들도 같은 생각을 할 것이다. 그러한 경쟁 상점들을 압도하기 위해서는 간판이 더 커야 한다는 결론이 나온다. 사람의 이력을 소개할 때도 최대한 화려해 보이도록 할 필요가 있다. 그래야만 인정받을 수 있다. 누군가 자제심을 통해 간판크기를 작게 하면 그 틈을 노려 다른 경쟁자들이 간판을 더욱 크게 하고 더욱 화려하게 광고를 할 것이다. 그렇게 되면 결국 자제하기로 마음먹은 그 상점의 매출만 줄어들게 된다. 상점 주인에겐 그보다 더 큰 손이 없을 것이다.

한국에서 '간판 크게 하기'는 전형적인 지배전략이다. 그렇기에 모든 상점들이 간판을 최대한 크게 한다. 상점에 비해 간판이 너무 커 어색해 보일 것이다. 하지만 고객의 관심을 끌기 위해 가장 유리한 방법이기 때문에 그렇게 간판을 크게 한다고 한다. 그러나 정작 미관상 좋지도 않고 여름에 태풍이 오면 위험도 따른다. 당장 구글에서 '간판 공해'를 검색해보면 한국의 간판들이 얼마나 휘황찬란한지 보여주는 사진들이 많다. 유원지나 국립공원 입구에는 식당들의 간판과 현수막들이 너무 많다. 사람들이 환경오염의 심각성은 쉽게 인지하지만 '간판 공해'는 인지하지 못하는 것 같다. 사람들에게 자제심을 발휘하도록 독려하는 것만으로는 그와 같은 '간판 공해'는 결코 시정되지 않는다. 누군가는 그런 상점 주인들을 비난할지도 모르겠다. 미안하지만 한국에서 상점 주인들이 그렇게 간판을 요란하게 다는 걸 비합리적이라고 말할 수 없다. '간판 크게 하기' 경쟁 속에 있기 때문이다. 따라서 아무리 도덕심과 양심에 호소해봐야 '간판 공해'는 절대 해결될 수 없다. 그게 균형이기 때문이다. 왜 균형일까? 갑돌상점과 을순상점이 있다고 하자. 다음과 같은 보수행렬표를 만들어볼 수 있다.

		을순상점	
		큰 간판	작은 간판
갑돌상점	큰 간판	(6,6)	(10,5)
	작은 간판	(5,10)	(9,9)

이 '간판 게임'에서 지배전략을 찾을 수 있다. 그 지배전략은 각 상점이 다 같이 '큰 간판'을 선택하는 것이다. 즉, 무조건 간판을 크게 하는 게 지배전략이다. 상대가 자제심을 발휘해 간판을 작게 할 때 자신이 간판을 크게 하면 상대의 이윤을 빼앗아 올 수 있다. 상대가 간판을 크게 하면, 자신은 이윤을 뺏기지 않기 위해서라도 간판을 더 크게 할 필요가 있다. 그러니 간판 공해가 시정될 수 없다는 결론에 이른다. 재밌는 건 두 상점 모두 겸허하게 '작은 간판'을 선택하면 각각 이윤을 '9'씩 얻게 되어 합치면 '18'이 된다. 그렇게 합쳐

진 이윤은 사회적 후생으로 해석될 수 있다. 즉, 모두 '작은 간판'을 선택했을 때 사회적 후생이 가장 큰 상태가 되는 것이다.

불의는 참아도 불이익은 못 참는다

모두가 도덕심을 발휘하면 사회적 후생이 커져 좋은 사회가 되지만 '간판 게임'을 펼치고 있는 상점들은 결코 '작은 간판'을 선택할 수가 없다. 조금이라도 더 이윤을 내기 위해 경기에 몰입하고 있기 때문이다. 골을 얻기 위해 골문으로 질주하는 축구 선수에게 격렬한 플레이를 삼가고 수비수를 배려하는 매너를 보여달라고 요구하면 한가한 소리로 들릴 수도 있다. 이미 강조했지만 내쉬균형에선 어느 누구도 홀로 이탈할 유인이 없다고 했다. 홀로 이탈하면, 자신에게 경제적 불이익이 돌아가기 때문이다. 모두가 도덕심을 발휘하는 전략 조합 (작은 간판, 작은 간판)을 생각해보자. 이 전략 조합은 균형이 아니다. 왜냐하면 그 상태에서 누군가가 '작은 간판'을 '큰 간판'으로 바꾸면, 그의 이윤이 6에서 10으로 커지기 때문이다. 그 경우, 상대의 이윤이 6에서 5로 줄어든다. 즉, 그 상태에선 어느 누군가에게 홀로 이탈할 유인이 존재한다.

게임이론이 없었을 시대에도 사람들은 (작은 간판, 작은 간판)과 같은 상태가 모두에게 좋지만 균형으로 유지될 수 없음을 직관적으로 알았던 것이다. 모두가 그렇게 알고 있었던 이상 그런 상태는 더욱 유지될 수 없었을 것이다. 그렇기에 모두가 처음부터 '큰 간판'을 달고 나올 수밖에 없다. 즉, 모두가 처음부터 '큰 간판'을 내세우는 게 가장 안정적인 균형이다. 그 균형에서 어느 누구도 단독으로 이탈할 유인이 없다. 균형이기에 시간이 경과해도 바뀌지 않고 그 상태가 계속 유지된다. 매우 안정적이다. 한국에선 문제가 발생할 때마다 도덕심을 발휘해 자제해달라고 호소하는 경향이 있다. 하지만 게임이론 시각에서 파악할 때, 그와 같은 호소는 절대로 문제를 해결할 수 없다. 균형이 달라지지 않기 때문이다.

'큰 간판'을 달고 있는 사람들이 비합리적이어서 간판공해 문제가 발생한 게 아니다. 강조하지만 매출을 늘리려는 의도는 비합리적이라고 말할 수 없다. 그런 사람들에게 다가가 당신 혼자만이라도 간판을 작게 달라고 호소하면 그들에겐 그냥 실없는 소리로 들릴 것이다. 이미 지배전략 균형이 실현된 상태이기에 도덕심에 호소해봐야 소용없다. 문제의 핵심은 아무런 규칙을 갖추지 않는 그 게임 판에 있다.

지배전략에 중독된 한국

한국인은 지배전략을 좋아한다. 지배전략은 중독성도 있다. 전략 선택을 두고 고민이 필요없기 때문이다. 보수행렬표를 만들어 상대의 전략 선택에 따른 최적 대응을 찾는 것 자체가 스트레스를 줄 수 있다. 이때 지배전략이 존재하면 대응이 쉽고 편하다. 상대의 전략 선택과 상관없이 '무조건' 선택하면 되기 때문이다. 여담이지만 한국인은 '무조건'이란 말을 좋아하는 것 같다. '무조건 ~할 거야!'. '난 무조건 ~야!' 등. 트로트 노래 제목도 '무조건'이 있다. 한 번 언급했지만 특히 지배전략 선택은 선거전에서 두드러진다. 따라서 선거 결과가 지역에 따라 극명하게 달라진다. 특정 지역은 특정 정당

후보를 '무조건 지지'한다. 당연히 다른 정당 후보는 '무조건 반대'한다. 그 지역에 출마하기 위해서 정치인들 중에 소신을 바꾸는 이들도 많다. 당선을 위해 어쩔 수 없다는 논리를 편다. 오직 국회의원이 되기 위해 한평생 자본축적에 매진해 온 사람이 좌파 정당에서 공천을 받기도 하고, 한평생 학생운동에 매진한 사람이 우파 정당에서 공천을 받기도 한다. 그렇게 소신을 헌신짝 버리듯 버릴 수 있는 건 지배전략의 위력 때문이다. 그렇게 '무조건' 찍는 지배전략은 한국 의회를 소신 없는 정치 난장판으로 만들어 놓았다. 하지만 지배전략은 선거 때마다 위력을 발휘한다. 특정 지역에서 특정 정당 공천만 받으면 능력과 경륜과 상관없이 '무조건' 당선으로 이어지는 것이 그저 놀랍기만 하다.

지배전략의 진짜 폐해는 한국의 부동산 시장에서 나타난다. 한국에서 자산투자는 '무조건' 부동산이다. 부동산 투기엔 지역차이도 세대차이도 없다. 더 중요한 건 이념차이도 없다는 것이다. 진보건 보수건 좌우 불문하고 모두 부동산에 열광한다. 그것도 수도권 부동산이다. 한국은 촛불시위가 하나의 문화코드로 자리잡은 것 같다. 촛불시위에 참여해 정치개혁을 외치는 사람들이 많았는데 그들도 부동산 시세에 큰 관심을 가질 것이다. 심지어 평등주의자들도 부동산 시세에 관심을 갖는다. 최근 국토개발 정보를 투기에 활용한 사람들이 적발되어 수사를 받기도 했다. 한국의 부동산은 자산을 증식하는 마술이다. 서민들이 평생 모아도 벌 수 없는 돈을 단 한 번의 거래로 벌 수도 있다. 고되게 일하는 근로자들의 표정이 어둡게 보이는 이유일 수도 있다. 그들이 힘들게 일할 때 누군가 부동산 투기를 통해 그들이 몇 년 일해야 모을 수 있는 돈을 단번에 벌었다고 생각해보

자. 그 근로자들에게 부동산 투기의 '로망'이 생기지 않을 수 없다. 그들에게 자제하라고 요구할 수 없다. 한국인에게 부동산 투기 역시 지배전략이기 때문이다. 설명을 쉽게 하기 위해, 당신이 목돈을 투자한다고 할 때 크게 '주식투자' 또는 '부동산투기' 두 가지 선택안이 있다고 하자. 보수행렬표는 다음과 같다.

		서울민	
		주식투자	부동산투기
지역민	주식투자	(8,8)	(2,12)
	부동산투기	(12,2)	(5,5)

경기자는 크게 '지역민'과 '서울민'이 있다고 해보자. 실은 경기자 명칭은 큰 의미가 없다. 어차피 모두 지배전략을 선택할 것이기 때문이다. 특히 한국에서 부동산투기를 두고 지방 사람들과 서울 사람들이 나뉠 수 없다. 사실 주식투자가 많아져야 경제 활성화가 된다는 사실은 누구나 다 안다. 생산의 가장 큰 주체는 공인중개사들이 아니고 기업들이기 때문이다. 주식투자가 많아지면 기업들의 자금조달이 쉬워져 생산활동이 보다 활발해진다. 따라서 고용도 증가한다. 기업 활동에 요행을 바랄 수 없다. 오로지 창의적 노력을 통해 시장에서 원하는 것을 경쟁자보다 더 빨리 그리고 더 좋게 만들어낼 수 있어야 한다. 반면 부동산 투기는 사실 '돈 놓고 돈 먹기' 도박에 가깝다. 요행이 판친다. 그런데도 왜 부동산 투기를 할까? 한국에선 부동산 투자라고 강조하지만 실은 투기이다.

한국에서 돈이 많은 사람들에게 부동산 투기는 '무조건' 남는 장사다. 모두 부동산 투기에 열을 올리기에 그 투기 풍조가 사라지지 않는 한 부동산 가격은 계속 부채질되기 때문이다. 그것은 거품이다. 거품이기 때문에 누군가에겐 더 큰돈이 된다. 사람들은 대부분 이기적 동기로 돈을 번다. 남이 주식투자를 할 때 자신만 홀로 부동산 투기를 하면 돈 벌 가능성이 더 커진다. 그럴수록 거품은 더 끼게 된다. 그럴수록 판은 더 커진다. 요행을 바라며 더 많은 사람들이 부동산 투기에 열을 올린다. 거품은 부풀대로 부풀어 오른다. 그럴수록 부동산은 더 많은 투기를 끌어 모으고, 그 거품은 지금도 계속 부풀어 오르고 있다. 그게 지금 '헬조선' 한국의 모습이다. 한국 경제에서 부동산은 허가받은 아편이다. 한 번 부동산으로 돈을 벌어본 사람은 부동산만 찾아다닌다. 전국을 찾아다니며 부동산 가격을 부채질한다. 남들이 부동산 투기를 통해 큰돈 버는 모습을 한국인은 두 손 놓고 볼 수 없는 것 같다. 한국은 과거에 농경국가였던 탓인지 몰라도 땅이 부의 상징이다. 예로부터 한국엔 '사촌이 땅을 사면 배가 아프다'는 속담이 있다. 현재 한국에선 농업이 많이 축소되었지만 오히려 땅은 옛날보다 더 중요해졌다. 왜일까? 한국은 영토가 비좁다. 그나마 그 비좁은 영토 중에 대략 75% 이상은 산이라서 주거하기 어렵다. 그렇기에 한국인은 주식보다 땅을 갖고 있어야 한다는 것을 본능적으로 안다. 한국에선 부모가 땅 얘기를 하니 초등학생들도 땅 얘기를 한다고 한다. 누군가 갑자기 떼돈을 벌었다고 하면 한국인은 그가 부동산을 통해 돈을 벌었을 걸로 지레 짐작한다. 직업이 없는 대학생들이 돈을 최대한 끌어 모아 수도권에 부동산 투기를 한다고 하니 정말 말 다했다. 소위 '영끌' 투자다.

수도권 땅값은 한국 경제가 끝장나기 전까지 계속 오를 것 같다. 부동산에서 지배전략 균형이 어떤 결과를 낳았는지 보자. 2020

년 7월 25일 한국은행과 통계청이 발표한 국민대차대조표에 따르면, 한국의 토지자산이 국내총생산(GDP)에서 차지하는 비중은 4.6배로 역대 최고치였다. 2019년 말 토지자산 총액은 8,767조 원이다. 직전 해 대비 541조 4,000억 원(6.6%) 늘어난 것이다. 2019년 명목 GDP가 1.1% 증가하는 데 그친 반면 토지자산은 6.6% 늘어났다. 한국의 GDP 대비 토지자산 비중은 다른 나라들에 비해서도 매우 높은 수준이다. 한은이 2018년 기준 각국의 발표자료를 토대로 계산한 것을 참조하면 호주의 경우 GDP 대비 토지자산이 2.91배였으며, 영국(2.82배), 프랑스(2.80배)보다도 한국의 토지자산 비중이 컸다. 이외에 일본(2.24배), 캐나다(1.88배), 독일(1.49배) 등도 우리나라에 비해 GDP 대비 토지자산 비중이 절반 수준이었다. 주요 6개국 평균치(2.4배)와 비교해도 한국의 GDP 대비 토지자산 비중이 2배가량 높다는 것을 알 수 있다.

한국은 지리적 특성상 토지 공급이 적기 때문에 그만큼 땅을 통해 돈을 벌 여지가 많을 수밖에 없다. 땅이 넓고 평야가 많은 미국이나 유럽 등에 비해 우리나라는 사람이 살 수 있는 공간이 절대적으로 작다. 당연히 토지자산에 대한 가치평가가 높게 나타날 수밖에 없다. 하지만 그와 같은 지리적 특성이 GDP 대비 지나치게 높은 토지자산 비율을 충분히 설명하지 못한다. 영토가 좁은 선진국들이 모두 토지자산 비율이 높은 게 아니다. 한국의 부동산 시장 과열은 심각한 상태이다.

한국은행 발표에 따르면, 시중에 풀린 유동성 가운데 상당 부분은 부동산 시장에 들어간 것으로 나타났다. 2020년 1분기 기준 전체

가계대출 잔액은 1,521조 6,969억 원으로 사상 최대치를 기록했다. 그중 주택담보대출 잔액은 858조 1,196억 원으로 최대 기록이었다. 은행권 대출만 보면, 2021년 상반기 가계 대출 증가분 약 40조 원 가운데 주택담보대출 증가분이 32조 2,000억 원을 차지한다. 시중 5대 은행에서 그해 나간 신규 주택담보대출 가운데 '주택구입자금' 용도로 대출을 받아간 비중은 대략 40~90% 수준이다. 2021년 늘어난 주택담보대출(32조 2,000억 원) 가운데, 어림잡아 65%인 21조 원 정도가 부동산에 투자됐다고 추측할 수 있다. 시중에 풀린 돈이 부동산으로 흘러들며 부동산 가격 상승을 더욱 부채질한다. 양적완화는 총수요를 늘리려는 목적이지 부동산 투기를 위한 것이 아니다. 그래도 양적완화 정책을 철회할 순 없다. 그렇게 유동성이 부동산 시장에 몰리는데 거품이 발생하지 않을 리가 없다. 시장 가격은 수요와 공급에 의해 결정된다. 한국의 부동산 시장은 아담 스미스가 설명한 시장기능이 없는 상태다. 아담 스미스의 시장에선 가격조정 메커니즘이 있다. 즉, 수요가 줄거나 공급이 많아지면 가격이 내려가야 한다. 하지만 한국은 부동산 평균가격이 내려간 적이 없다. 한 통계에 따르면 1960년대에서 2000년대까지 한국에서 실질소득은 15배 상승한 반면 서울지역 땅값은 1,176배가 상승했다고 한다. 모든 자산시장에 거품은 존재할 수 있다. 하지만 한국의 부동산 시장은 거품이 다시 거품을 만들어

내는 곳이다. 수급원리와는 무관하다. 즉, 지배전략을 통해 거품이 거품을 만들어내는 것이다. 앞서 우리는 어떻게 그 드넓고 평화로운 목초지가 황무지로 변해버리는지를 분석했다. 목동들이 목초지를 황무지로 만들길 원해서 목초지가 황무지가 된 것이 아니었다. 한국의 부동산 시장도 비슷하다. 돈을 벌고 싶은 한국인들에게 부동산 투기가 지배전략이 될 뿐이다. 그들 중에 어느 누구도 국가경제가 망하길 바라는 마음에 부동산 투기를 하는 것이 아닐 테다. 단순히 돈을 벌고 싶다는 욕망에서 부동산 투기를 할 뿐이다. 그 과정에서 부동산 시장이 과열되고 거품이 심각해지는 결과가 나타나는 것이다. 전형적인 사회적 딜레마 현상이다. 각 경기자는 합리적으로 행동한다고 했지만 그 결과는 비합리적일 수밖에 없다. 사회적 딜레마에서 각 경기자가 선택하는 전략의 조합은 균형이다. 그렇기에 바뀌지 않는다. 한국에서 부동산도 사회적 딜레마라고 볼 수 있다. 아무리 정부가 국민들에게 부동산 투기를 자제해 달라고 호소해봐야 소용없다. 이대로 가면 지배전략의 폐해로 인해 한국의 부동산은 모든 자원을 빨아들이는 블랙홀이 되고 말 것이다. 국무위원들과 국회의원들은 한국경제를 위해 모든 걸 할 것처럼 늘 말한다. 한데 그들이 보유한 부동산 자산들을 보노라면 그들의 말이 진심이 아니라는 걸 쉽게 알아차릴 수 있다. 자신들의 보유한 부동산 자산가치가 예상보다 크게 오르지 않는 것에 대해 아쉬워할 뿐이다. 한국 관료들은 경제학을 열심히 공부한 사람들이다. 특히 문제집을 열심히 푼 사람들이기에 문제 해결에 자신감이 많아 보지만 접근방식이 너무 고전적이다. 아담 스미스는 시장에서 '보이지 않는 손'을 강조했다. 다시 언급하지만, '보이지 않는 손'이란 자동조정 메커니즘을 말한다. 수급 상황에 따라 가격이 달라진다. 시장참여자들이 자신들의 이익극대화를 위해 행동함에도 시장 효율화를 통해 역설적으로 사회 전체 후생이 증가한다. 하지만 아담 스미스가 깜빡한 것이 있다. 인간은 그가 생각한 것보다 훨씬 더 교활하고 훨씬 더 이기적이다. 그렇게 훨씬 더 교활하고 훨씬 더 이기적인 인간들은 장기적으로 자신의 행동이 시장에 해악을 가져올 수 있다는 걸 알면서도 우선 당장 조금이라도 더 이윤을 챙기기 위해 전략적으로 행동한다. 아담 스미스는 인류의 그러한 전략적 사고를 고려하지 못했다. 그러한 전략적 사고와 행동의 결과 사회적 딜레마들이 나타나 인류를 위기로 몰아가는 것이다. 인간은 이기적이다. 사회적 딜레마가 나타날 수밖에 없는 이유이다.

시장엔 '보이지 않는 손'이 작용하지만 이익을 추구하는 인간들의 욕망과 교활함은 끝이 없다. 시장기능이 이미 상실된 상황에서 아담 스미스의 제안에 따라 모든 걸 시장에 맡기기만 하면 인간들의 욕망과 교활함으로 인해 최악의 자원배분 결과가 나타날 수 있다. 사회적 딜레마를 두고 도덕심에 호소하는 정치인들은 엉뚱하기만 하다. 관료들에게 주택을 한 채만 보유하라고 주택매도를 강요하는 것도 코미디였다. 왜 그들에게만 도덕심을 발휘하라고 강요할까? 이는 문제 해결과 무관하다. 초원이 황무지로 변하는 것을 막기 위해 어떻게 해야 했을까? 황무지로 바뀐 다음 목동들을 잡아서 처벌하면 될까? 방법은 초원이 황무지로 바뀌기 전에 게임의 규칙을 정했어야 했다. 자본주의라고 하지만 땅의 수요가 아무리 많다고 해서 공급을 늘릴 수 없다. 인간은 물이 없이 살 수 없고 공기 없이 살 수 없다. 마찬가지로 땅이 없이도 인간은 살 수 없다. 누군가가 강물과 공기를 매점매석해 돈을 번다면 말도 안 된다고 생각할 것이다. 강물과

공기엔 소유가 없다. 땅은 소유가 있다. 한국이 부동산 투기 공화국이 되어가는 이유일 수도 있다. 땅이 돈벌이 수단으로 이용되는 것을 막아야 한다.

정리 지배전략 균형에서 경기자들은 동시에 지배전략을 선택한다. 부동산 투기 현상은 지배전력 균형이 실현된 상태이다. 지배전력 균형은 내쉬 균형이다. 따라서 어느 경기자도 그 균형에서 홀로 이탈할 유인이 없다.

지배전략은 없다

앞서 소개한 보수행렬표를 아래와 같이 조금만 바꿔보자.

		서울민	
		주식투자	부동산투기
지역민	주식투자	(14,8)	(2,12)
	부동산투기	(12,2)	(5,5)

위의 보수행렬을 놓고 이러한 해석이 가능하다. 만약 정부가 지역 경제를 살리기 위해 투자유인책을 내놓았다고 해보자. 그래서 지역에선 기업투자에 좀 더 유리한 환경이 조성된 결과, 주식투자를 통해 자산 증식의 기회가 더 커졌다고 볼 수 있다. 이 경우 '지역'에 더 이상 지배전략이 존재하지 않게 된다. 즉, '지역'은 이제 '서울' 선택에 달려있다. '서울'이 부동산투기를 자제하고 주식투자를 많이 하면 '지역'은 주식투자를 하는 것이 더 유리하다. '서울'이 부동산투기를 계속하면 '지역' 역시 부동산투기를 하는 것이 유리하다. '지역'의 부동산투기가 더 이상 지배전략이 아니다. 하지만 여전히 '서울'엔

지배전략이 존재한다. 부동산투기이다. 이렇게 되면 균형은 여전히 (부동산투기, 부동산투기)가 된다. 해석을 해보자면, 서울 사람들에게 부동산투기가 여전히 지배전략이기 때문에 서울 사람들은 '무조건' 부동산투기를 선택할 것이라는 걸 알 수 있다. 이렇게 되면 지역민들 입장에서 볼 때, 어차피 서울 사람들이 부동산투기를 선택할 걸 안다면 지역민들의 최선의 선택 역시 같이 부동산투기를 하는 것이 된다. 따라서 균형은 바뀌지 않는다. 부동산 거래를 줄이기 위해 정책 당국은 여러 가지 제도를 고안해낼 수 있을 것이다. 즉, 정책 당국이 게임의 규칙을 변경할 수도 있다. 그 규칙 변경에 의해 어떤 경기자들에겐 부동산투기가 더 이상 지배전략이 아니라고 해보자. 하지만 다른 경기자들에 대해선 여전히 부동산투기가 지배전략이 될 수도 있다. 위의 사례에선 지역민들에겐 더 이상 부동산투기가 지배전략이 아니지만 서울 사람들에겐 여전히 부동산투자가 지배전략이다. 설명을 쉽게 하기 위해, 여기에서는 경기자들을 지역민과 서울 사람들로 나누었지만 실제 여러 이익집단이 경기자가 될 수 있다. 정책도 여러 가지가 고려될 수 있다. 예를 들면, 부동산 보유자들에게 높은 보유세를 부과한다고 해보자. 그렇게 하면 사람들은 부동산투기가 줄어들 것으로 생각하기 쉽다. 하지만 그러한 세금 제도가 부동산투기를 줄일 수도 있다. 하지만 그 세금이 크게 부담스럽지 않은 사람들에겐 부동산투기가 더 매력을 끌 수 있다. 오히려 그러한 상황에서 그들은 선택의 여지가 더 커질 수 있기 때문이다. 더 좋은 매물들을 독점할 수도 있다. 그 경우, 그들은 부동산 시장에서 더 큰 이윤을 얻을 수 있다. 그렇게 되면 보유세 인상 때문에 부동산투기를 자제하려 했던 사람들도 경제적 불이익을 피하기 위해서라도 부동산투기를 계속할 수밖에 없다. 세금 제도를 통해 부동산투기를 막으려는 정책은 하나는 알고 둘은 모르는 격이다. 그 상황에서 모든 경기자의 전략 선택이 동시에 바뀌지 않는다면 결과는 달라지지 않을 수도 있다.

실은 게임에서 지배전략이 있는 경우보다 없는 경우가 더 많다. 앞에 분석한 보수행렬표를 조금 더 바꿔보면 그와 같은 상황을 쉽게 묘사할 수 있다. 다음은 새로운 보수행렬표이다.

		서울민	
		주식투자	부동산투기
지역민	주식투자	(5,5)	(8,12)
	부동산투기	(12,8)	(5,5)

이 경우에는 '지역'과 '서울' 모두에게 지배전략이 없다. '지역'의 입장에서 생각해보자. '서울'이 주식투자를 선택한다면 자신들은 부동산투기를 하는 것이 유리하다. '서울'이 부동산투기를 선택한다면 자신들은 주식투자를 하는 것이 유리하다. 즉, '지역'에 지배전략이 존재하지 않으며, 그들에게 유리한 전략은 '서울'의 전략 선택에 따라 바뀐다. 한편 '서울' 입장에서 생각해봐도 지배전략은 존재하지 않는다. 양측 모두 지배전략이 없기 때문에 지금까지 배운 방법으로는 게임의 균형을 찾아낼 수 없다. 이와 같은 상황에서는 어떤 전략 조합이 균형이 될까? 예를 들어, '지역'과 '서울' 모두 동시에 부동산투기를 선택하는 것은 균형이 아니다. 왜냐하면, '서울'이 부동산투기를 선택할 것을 안다면 '지방'은 주식투자를 하는 것이 유리하다. '지방'이 부동산투기를 할 것을 안다면 '서울'은 주식투자를 하는 것이

유리하다. 그렇다고 '지역'과 '서울' 모두 동시에 주식투자를 선택하는 것도 게임의 균형이 아니다. 왜냐하면, '서울'이 주식투자를 할 것을 안다면 '지역'은 부동산투기를 하는 것이 유리하기 때문이다. '지역'이 주식투자를 할 것을 안다면 '서울'은 부동산투기를 하는 것이 유리하다. 즉, 그들은 같은 선택을 하지 않는다. 해석을 해보면, 서울 사람들이 부동산투기를 할 걸 안다면 지역 사람들은 주식투자를 할 것이고, 서울 사람들이 주식투자를 할 걸 안다면 지역 사람들은 부동산투기를 할 것이다. 서울 사람들 입장에서도 지역 사람들과 반대로 행동할 것이다. 이 게임에선 내쉬균형이 두 개 존재한다. 하나의 내쉬균형은 '지역'이 주식투자를 선택할 때 '서울'은 부동산투기를 선택하는 전략조합이다. 다른 하나는 '지역'이 부동산투기를 선택할 때 '서울'은 주식투자를 선택하는 전략조합이다. 두 개의 균형 중에 어떤 것이 균형으로서 실현될지는 알 수 없다. 앞서 내쉬균형에선 어느 경기자도 홀로 이탈할 유인이 없음을 설명했다. 상대가 여전히 그 균형 전략을 고수하고 있을 때, 자신이 그 균형 전략 말고 다른 전략을 선택해 보수가 커지지 않는다. 지역 사람들이 주식투자를 선택하고 서울 사람들이 부동산투기를 선택하는 내쉬균형에서 지역 사람들이 (서울 사람들이 내쉬균형 전략인 부동산투기를 선택하고 있는 한) 자신들의 전략을 주식투자에서 부동산투기로 바꾸면 보수가 커지지 않고 오히려 줄어들게 된다. 서울 사람들의 입장에서도 마찬가지다. 지역 사람들에게 가장 좋은 선택은 '부동산투기'를 하는 것으로 보이지만 그렇다고 해서 그들에게 이상적인 결과가 보장되는 것은 아니다. 모든 결과는 지역 사람들과 서울 사람들의 전략 선택과 그 상호작용에 의해서 결정된다. 만약 그게 내쉬균형이 아니라면 경기자 중 어느 누군가가 단독으로 이탈, 자신의 보수를 크게 할 수 있는 경우가 존재한다. 내쉬는 균형개념을 제시했을 뿐만 아니라, 경기자의 수 또는 전략의 수에 상관없이 모든 게임에서는 내쉬균형이 반드시 존재함을 수학적으로 증명했다. 다만 그 증명을 위해 혼합전략 개념이 필요하다. 뒤에서 이를 다시 설명하기로 한다.

예측불허 치킨게임

균형이 하나만 존재하면 행동 예측이 쉽다. 하지만 균형이 두 개 이상이면 예측이 어렵다. 말 그대로 예측불허의 게임이 전개될 수 있다. 예측불허의 게임은 치킨게임이 대표적이다. 미국에서 '치킨'은 겁쟁이를 뜻하는 속어이다. 따라서 치킨게임은 겁쟁이를 가리는 게임이라고 볼 수 있다. 혈기왕성한 두 청년이 더 강한 사람을 정하기 위해 절벽을 향해 차를 무시무시한 속도로 모는데 먼저 멈춘 쪽이 겁쟁이가 된다. 제임스 딘이 주연한 '이유없는 반항' 영화에 그런 장면이 나온다고 한다. 게임이론은 잘 모르더라도 치킨게임이라는 말을 들어본 사람이 많을 것이다.

한국인 중에도 고집을 자랑하는 이들이 많다. A와 B가 고집 자랑을 한다고 해보자. A와 B 두 사람이 서로 마주 보고 차를 달려서 누가 끝까지 핸들을 꺾지 않고 버틸 수 있는지 가리기로 한다. 즉, 먼저 핸들을 꺾는 사람이 지게 된다. A와 B에게 '꺾는다' 또는 '버틴다'라는 두 가지 전략이 있다. 전략선택에 따른 보수행렬표는 다음과 같다. 강조하지만 숫자는 크게 중요하지 않다.

		A	
		꺾는다	버틴다
B	꺾는다	(0,0)	(-5,5)
	버틴다	(5,-5)	(-20,-20)

네 가지의 경우가 있다. 첫 번째, 두 사람이 동시에 핸들을 꺾는다. 이때 A와 B 모두 얻을 수 있는 보수는 0이다. 두 번째, A가 먼저 꺾고, B는 꺾지 않는다. 이때 A는 보수 -5를 얻고 B는 보수 5를 얻는다. 즉, B는 주위 사람들에게 용감하다는 찬사를 얻게 되고, A는 겁쟁이가 되는 불명예를 얻는다. 세 번째, B가 먼저 꺾고, A가 꺾지 않는다. 이때 B는 보수 -5를 얻고 A는 보수 5를 얻는다. A는 찬사를 얻게 되고, B는 겁쟁이가 되는 불명예를 얻는다. 네 번째, A와 B 모두 꺾지 않는다. 이때 두 사람 모두에게 큰 피해가 돌아간다. 임의적으로 보수를 -20이라고 한다.

위 보수행렬표를 보고 두 경기자의 행동을 예상하면 'A가 먼저 꺾고 B는 버틴다' 또는 'B가 먼저 꺾고 A가 버틴다' 두 가지 중에 하나의 경우가 실현될 것이다. 그 두 가지 모두 내쉬균형이다. A와 B 모두 동시에 핸들을 꺾거나, 둘이 충돌하는 상황은 벌어지지 않을 걸 안다. 다만 둘 중에 누가 먼저 핸들을 꺾고 누가 끝까지 버틸 것인지를 예측하기란 매우 어렵다. 경기자의 성향에 따라서도 결과가 달라질 수 있다. 보수행렬표만 봐서는 게임의 결과를 예측할 수 없다. 그렇기에 예측불허 게임인 것이다. 영화에서도 치킨게임이 자주 등장하는데 의외의 결과가 벌어지는 경우가 흔하다. 실제로 시장에서도 그와 유사한 형태의 상황이 자주 발생한다. 라이벌 기업들 간에 경쟁이 치킨게임으로 비화되는 경우이다.

요즘 한국에선 치킨업계의 '치킨게임'이 점입가경이라고 한다. 코로나 이후 배달이 많아지며 치킨업체들이 공격적 마케팅에 나섰기 때문이다. 광고 모델로 유명 연예인을 섭외하는 경쟁이 '치킨게임'으로 비화되는 것이다. 요즘은 유튜브(Youtube) 광고나 배달앱 경쟁으로 바뀌었다. 치킨업계의 치킨게임은 결국 마케팅 부담으로 이어지며 그 비용을 고스란히 소비자들에게 전가시킬 가능성이 있다. 그 결과 가격 상승이 초래될 수 있다. 배달비가 추가되고 느낌인지 몰라도 닭고기 양이 줄었다는 소비자들의 불만도 많아지고 있다. 즉, 소비자들이 체감하는 치킨 가격이 훨씬 높은 셈이다. 현재 치킨업계 '치킨게임'의 진원지는 배달 앱이다. 오프라인 치킨 가맹점의 영업지역은 본사가 지정하고 매장별 상권 보호를 위해 인구 수나 가구수를 기준으로 영업 범위가 정해졌는데 배달앱이 활성화되면서 그러한 상권분배가 깨졌다고 한다. 그 결과 치킨업계는 무한경쟁 중이다. 그에 따라, 광고와 판촉비용도 상승할 수밖에 없을 것이다.

반도체 업계의 'D램 치킨게임'도 잘 알려져 있다. 이러한 D램 치킨게임의 승자는 누구였을까? 2007년도에 대만 D램 업체들이 앞다퉈 생산량을 늘리며 제1차 치킨게임이 발발했다. 반도체 업체들은 가격인하 경쟁에 나섰고 가격이 '10분의 1' 이하로 떨어졌었다. 결국 2009년 독일의 D램 메모리 반도체 업체인 '키몬다(Qimonda)'가 파산했다. 키몬다는 2006년 당시 세계 2위의 D램 생산업체였지만, 파산 직전에 5% 수준으로 점유율이 곤두박질쳤다. 적자가 누적되자 결국 파산하고 말았다. 치킨게임이 정점으로 치닫던 2008년 3분기 실적을 보면 '빅3' D램 업체 가운데 삼성전자만 2,400억 흑자를 냈을 뿐, 하이닉스(현 SK하이닉스)는 4,600억 원, 마이크론은 5,000억 원의 적자를 봤다고 한다. 팔면 팔수록 적자가 커졌다. 전형적인 치킨게임이었다. 치킨게임 후 D램 시장은 '빅3'로 재편됐다. 그리고 D램 가격이 오르며 한동안 반도체 업체들이 안정적으로 수익을 냈다. 하지만 2010년 들어 대만과 일본 기업들이 다시 생산설비 확장과 증산을 선언하며 '2차 치킨게임'이 발발한다. 그 결과 가격이 폭락하기 시작했다. 일본의 D램 업체 엘피다(Elpida)가 5분기 연속 적자를 견디지 못하고 파산했고 미국의 마이크론(Micron)으로 흡수되었다. 반도체 업계에서는 언제든지 치킨게임이 또 일어날 수 있다고 보고 있다.

치킨게임의 가장 큰 특징은 두 개의 내쉬균형이 존재하기에 결과를 예측할 수 없다는 것이다. 이 게임을 실험하면 모두 강경한 전략을 선택하는 바람에 내쉬균형이 달성되지 못하고, 두 사람 모두 손해를 보는 결과가 나오기도 한다. 현재도 많은 치킨게임들이 진행되고 있다. 치킨게임에서 최후의 승자가 되려면 상대방에게 끝까지 포기하지 않겠다는 신호를 보내는 것이 중요하다. 신호에 대해선 나중에 다시 설명하기로 한다.

정리 치킨게임에는 내쉬균형이 두 개가 존재한다.
그중 어떤 것이 실현될지 알 수 없다.

호텔링 게임: 중간이라도 따라가라!

지금까지 소개한 게임은 경기자가 두 명 그리고 선택안이 두 가지인 경우였다. 따라서 일어날 수 있는 상황은 단 네 가지에 불과했다. 현실에서는 선택안이 두 가지 이상 되고 심지어 셀 수 없이 많은 경우도 있다. '호텔링(Hotelling) 게임'이라는 게 있다. 다음 이야기를 생각해보자. 해변가 마을에 사는 갑돌과 을순은 여름 휴가철을 맞아 해변을 찾는 관광객들을 상대로 아이스크림을 팔기로 했다. 그들이 사는 마을 근처 해변은 일자 모양으로 길게 늘어서 있다고 하자. 두 사람은 서로 싸우지 말고 비슷하게 이윤을 얻어가자고 동의했다. 그래서 갑돌은 해변의 맨 왼편 끝에서 장사를 하고, 을순은 정 반대쪽인 오른편 끝에서 아이스크림을 판매하기로 했다. 아이스크림의 맛과 품질 그리고 가격은 동일하다고 가정한다. 해변 가운데 지점을 기준으로 왼편에 자리한 피서객들은 자연스럽게 '갑돌상점'에서 아이스크림을 사먹을 것이고, 오른편 피서객들은 '을순상점'에서 아이스크림를 사먹을 것이다. 즉, 피서객들은 자기 위치에서 조금이라도 가까운 가게에서 아이스크림를 사먹을 것이다.

그러던 중 해변 가운데에 자리를 잡았던 손님이 '갑돌상점'에 와서 아이스크림 가게들이 해변 양 끝에만 있어 불편하다며 고객들을 생각해 가게를 가운데 쪽으로 옮기면 어떻겠냐고 제안했다. 그 말을 듣고 갑돌이 가게 위치를 약간 오른쪽으로 옮겼는데 그날 매출이 증가했다. '갑돌상점'이 가까워지자 '을순상점'을 이용했던 사람들이 '갑돌상점'으로 향했던 것이다. 매출이 늘자 욕심이 더 생긴 갑돌은 다음날 가게를 더 오른쪽으로 옮겼다. 그러자 매출이 더 증가했다. 뒤에 을순도 그 사실을 알아챘다. 갑돌이 약속을 어기고 가게를 해변 가운데 쪽으로 옮긴 것에 분개했다. 이때 그의 남편이 '을순상점'을 '갑돌상점'보다 더 해변 정중앙에 가까워지도록 옮기라고 독려했다. 그러자 이번엔 '갑돌상점'의 매출이 줄어들었다. 갑돌은 '을순상점'이 '갑돌상점'보다 더 가운데에 위치해 있음을 알았다. 결국 갑돌도 '갑돌상점'을 보다 가운데로 옮기고 그렇게 하다 보니 결국 두 경쟁자가 해변 한가운데에 나란히 서서 아이스크림을 팔게 되었다. 그러자 '갑돌상점'과 '을순상점'의 매출은 원래 수준으로 돌아갔다. 이는 갑돌과 을순 모두 상점을 한가운데에 여는 전략조합이 내쉬균형임을 말해준다. 즉, 두 가게가 해변 한가운데에 나란히 서서 영업을 하게 될 때, 갑돌 또는 을순이 단독으로 가게 위치를 옮길 유인이 더 이상 존재하지 않는다. 직접 그림을 그려놓고 보면 해변 한가운데를 제외하고는 모두 아이스크림 가게들이 이탈할 유인이 존재함을 알 수 있다. 따라서 결국 상점의 위치는 한 가운데로 수렴하게 되어있다. 이를 '호텔링 모형'이라고 하는데 미국의 경제학자인 해럴드 호텔링의 이름을 따서 붙였다. 공급경쟁이 치열한 산업에서 기업들의 입점 전략을 설명한다.

*출처: 2015년 4월 1일
https://the300.mt.co.kr/newsView.html?no=2015033114087646928&pDepth1=view300_sub1&pDepth2=

한국에서 호텔링 모형은 예측력이 강하다. 대학 근처엔 대개 '먹자골목'이 있다. 호텔링 모형을 모르는 사람이라면 경쟁자들이 한 곳에 모여 영업하면 불편하지 않을까 싶을 것이다. 하지만 그렇게 한 곳에 몰려 있는 것이 내쉬균형이다. 식당들이 각자 고민한 결과 모두 그 '먹자골목'에 몰린 것이다. 지역마다 차이가 존재하지만 길을 가다 보면 어떤 지역에 커피숍들이 몰려 있고, 다른 지역에는 주유소들이 몰려 있는 것을 볼 수 있다. 지역 소비자들의 후생이나 효율성을 생각하면 가게들이 특정 지역에 밀집돼 있는 것보다 적당한 간격을 두고 흩어져 있는 게 더 좋을 수 있겠다. 하지만 고객을 더 유치하기 위해 최선전략을 모색하다 보니 역설적이게도 비슷한 위치에 몰린 것이다. 공공경제학자인 앤서니 다운스는 호텔링 모형을 정치학에 접목시켰다. 그리고 선거에서 후보자들이 내세울 공약을 예측하는 데 이론적 틀을 제공했다. 미국 대선에서 당선이 가장 유력한

두 후보의 정치적 성향은 일반적으로 보수와 진보 진영으로 나뉜다. 하지만 그들의 공약들 중엔 유사한 것도 많다.

이런 현상은 한국에서 더 심하다. 한쪽 정당이 부패척결을 내세우면 다른 정당도 부패척결을 내세우고, 복지 강화를 내세우면 다른 정당도 복지 강화를 내세운다. 서로 상반된 성향을 보이는 진보와 보수 정당이 선거 때는 공약이 서로 비슷해진다. 그 이유는 무엇일까? 각 후보 선거 전략을 기획하는 이들의 생각이 부족해서도 아니고 공약이 없어서도 아니다. 호텔링 모형이 예측한 대로, 다수결 원리 속에서 각 정당과 후보자들에게는 보다 넓은 지지를 얻기 위해 극단주의자들을 겨냥한 공약보다 중도층을 겨냥한 공약이 더 유리하기 때문이다. 그게 바로 중위투표자 정리이다. 평소엔 양 극단에서 의견이 대치되던 두 정당이 선거 때는 동시에 중도주의로 수렴하는 게 더 이상 놀라운 일이 아니다. 호텔링 모형은 시장경쟁을 두고 많은 것을 시사한다. 경기자들은 전략적으로 중간 지점을 선택하는 것이 합리적일 수 있다. 한국에선 "중간이라도 따라가라"라는 말을 자주 한다. 하지만 벤처 기업들은 중간이라도 따라가는 전략이 더 불리할 수 있다. 오히려 작은 틈새시장을 노려 작더라도 자기 영역을 확보하는 것이 보다 유리할 수 있다. 이처럼 호텔링 모델은 모든 민주주의 사회에서 채택하고 있는 다수결의 원리가 항상 효율적이지 않음을 말해준다.

CHAPTER 04

혼합전략 내쉬균형

지금까지 굳이 구분하지 않았지만 사실 전략은 순수전략(pure strategy)과 혼합전략(mixed strategy)으로 나뉜다. 경기자가 어떤 방식으로 행동을 선택하는지를 구분하는 개념이다. 순수전략(Pure Strategy)은 경기자가 특정한 행동 하나를 선택하는 것이다. 예를 들면, 가위바위보 게임에서 항상 가위만 내는 것이다. 이는 매우 단순한 방법이다. 상대가 그 사실을 알면 쉽게 대응 가능하다. 혼합전략 (Mixed Strategy)은 경기자가 여러 행동을 일정한 비율로 섞어 무작위로 선택하는 것이다. 예를 들면, 가위바위보 게임에서 가위를 50%, 바위를 25%, 보를 25% 확률로 낸다. 상대가 정확히 예측할 수 없도록 한다. 즉, 전략적으로 리스크를 만드는 것이다. 자신이 취할 행동을 상대가 예측해 버린다면 자신의 패배가 결정되기 때문이다. 게임이론의 창시자인 폰 노이만과 모르겐슈테른이 고민은 승부차기나 동전맞추기 같은 게임에 어떻게 해를 찾을 수 있을까에 대한 것이었다. 두 사람이 생각한 방법은 한 가지 행동을 정해놓고 선택하는 게 아니라 어떤 비율로 선택한다는 것이었다. 즉, 경기자가 자신만 알도록 어떤 비율을 정해놓고 무작위적으로 행동을 선택하는 게 혼합전략인 것이다. 문제는 그 비율을 어떻게 정하느냐이다. 그 비율을 정하는 것은 다시 설명하기로 한다. 지금까지 우리가 논의해 온 내쉬균형은 순수전략 내쉬균형이다. 게임을 분석해보면 순수전략 내쉬균형이 존재하지 않는 경우도 많다. 내쉬 박사는 많은 게임에서 순수전략 내쉬균형이 존재하지 않더라도, 혼합전략 내쉬균형은 항상 존재함을 증명했다. 스포츠 게임에선 균형을 이루는 순수전략이 없어 상황이 더욱 예측불허인 경우가 많다. 스포츠 게임이 더욱 재밌는 이유이기도 하다. 축구의 승부차기를 예로 들어 보자.

승부차기

축구 경기에서는 주어진 시간 내에 승부가 나지 않으면 승부차기를 한다. 공을 차는 경기자(이하 키커)와 공을 막는 경기자(이하 키퍼)가 1대 1로 대결한다. 키커는 키퍼의 손이 닿지 않는 최대한 오른쪽 또는 왼쪽 구석을 노리고 공을 찰 것이다. 방향이 상대에게 읽히면 그 킥은 키퍼에 의해 막히고 만다. 그렇기에 키커는 방향을 읽히지 않게 신중을 기한다. 키커가 공을 찬 방향을 보고 키퍼가 따라가면 이미 늦는다. 마음속으로 미리 오른쪽 또는 왼쪽 한 방향을 정해놓고 킥과 함께 그 방향으로 뛰는 게 키퍼의 성공 가능성을 높이는 방법이다. 즉,

키커와 키퍼 모두 오른쪽 또는 왼쪽을 동시에 선택하는 게임이다. 키커는 키퍼가 생각한 반대 방향으로 공을 차려할 테고, 키퍼는 키커가 생각한 방향으로 움직이려 할 테다. 보수행렬표를 만들면 다음과 같다.

		키커	
		오른쪽	왼쪽
키퍼	오른쪽	1,-1	-1,1
	왼쪽	-1,1	1,-1

이 동시적 게임에서는 키퍼가 오른쪽으로 뛰면 키커는 왼쪽으로 차고, 키커가 왼쪽으로 찰 것을 알면 키퍼는 다시 왼쪽으로 뛴다. 전형적인 제로섬 게임이다. 한쪽이 이기면 다른 한쪽은 져야 한다. 이길 경우에 보수가 1이고, 질 경우에 보수가 -1이다. 게임의 해는 어떻게 될까? 순수전략 내쉬균형이 존재하지 않는다. 왜냐하면 경기자들이 끊임없이 이탈할 유인이 존재하기 때문이다. 순수전략만으로는 이와 같은 게임에서 해를 찾을 수 없는 것이다.

야구 경기에서 투수와 타자 간에도 유사한 상황이 있다. 타자 입장에선 투수가 다음 던질 공이 직구인지 아니면 변화구인지를 알면 타격이 쉽다. 스포츠 게임에서는 그러한 상황이 자주 나타나는데 이는 동전 맞추기 게임과 유사하다. 둘 중 한 명이 손 안에 동전을 놓고 상대는 동전이 앞면인지 뒷면인지를 맞춘다. 그러한 게임에서 필승 비법은 없다. 하지만 항상 같은 행동을 선택하면 패하기 쉽다. 중요한 건, 상대에게 행동 방식이 읽히지 않는 게 중요하다. 이해를 돕기 위해 보수행렬표를 만들어보자. 묻는 사람과 답하는 사람 즉, 두 경기자가 있고 '앞면'과 '뒷면' 두 가지 중 하나를 선택할 수 있다고 하자. 각 경기자에겐 두 가지 선택안이 있다. 이길 경우에 보수 1을 얻고, 질 경우에 보수 -1을 얻는다. 보수행렬표는 아래와 같이 만들어질 수 있다.

		답하는 사람	
		앞면	뒷면
묻는 사람	앞면	-1,1	1,-1
	뒷면	1,-1	-1,1

위 보수행렬표를 보면, 순수전략 내쉬균형을 찾을 수 없다. 내쉬균형에서 가장 중요한 특징은 어느 경기자도 그 균형에서 홀로 이탈할 유인이 존재하지 않는다는 것이었다. 동전 맞추기 게임에서는 네 가지 전략조합이 가능하다. 그 조합들은 (앞면,앞면), (앞면,뒷면), (뒷면,앞면), (뒷면,뒷면)이다. 그 조합들 중에 안정적인 건 하나도 없다. 예들 들어, 묻는 사람이 '앞면'을 선택할 걸 안다면 답하는 사람은 '앞면'을 택할 테다. 답하는 사람이 '앞면'을 선택할 걸 안다면 묻는 사람은 '뒷면'을 선택할 것이다. 즉, 묻는 사람은 (앞면,앞면)이라는 전략조합에서 이탈할 유인이 있다. 이런 식으로 설명하면, 모든 전략조합에서 한 경기자에게 이탈할 유인이 발생하기 때문에 어느 전략조합도 안정성을 갖출 수 없다.

가위바위보 게임

가위바위보 게임도 원리는 비슷하다. 다만 동전맞추기와 다르게 세 가지 선택안이 존재할 뿐이다. 역시 균형은 존재하지 않는다. 따라서 누군가 가위바위보 게임에 강하다 또는 약하다고 평가할 수 없다. 계속 가위만 내는 사람은 이길 수 없다. 상대방이 예측하지 못하도록 가능하면 가위, 바위, 보를 무작위로 내는 게 중요하다. 가장 좋은 방법은 어느 하나를 고집하는 게 아니라 각 행동을 $\frac{1}{3}$ 확률로 선택하는 것이다. 즉, 세 번 중에 한 번은 가위, 한 번은 바위, 한 번은 보를 내는 것이다. 이론적으로 설명하면, 가위바위보 게임의 결과는 무작위라고 볼 수 있다. 승리할 확률 $\frac{1}{3}$, 패배할 확률 $\frac{1}{3}$, 비길 확률 $\frac{1}{3}$이다. 스스로 가위바위보 게임에 자신없어 하는 사람이 있을지 모른다. 그 경우, 한가지 해석이 가능하다. 스스로 인식하지 못하지만 게임에 임할 때 자신의 습관을 통해 의도가 상대에게 간파당하고 있을 수 있다. 즉, 처음에 습관적으로 '바위'를 낸다면 게임을 이길 수 없을 것이다.

		경기자 2		
		가위	바위	보
경기자 1	가위	(0,0)	(10,-10)	(-1,1)
	바위	(-10,10)	(0,0)	(1,1)
	보	(1,-1)	(-1,1)	(0,0)

가위바위보와 같은 유형의 게임에서는 패하지 않기 위해 무작위화가 최선이다. 혼합전략에서는 그 확률 선택이 중요하다. 최적의 확률 선택은 경우에 따라 바뀔 수 있다.

다음과 같은 가위바위보 게임을 생각해보자. 바위로 이긴 경우에 상대에게서 돈을 5배 더 받기로 한다고 하자. 이를테면 가위나 보로 이긴 경우에 상대로부터 만 원을 받지만 바위로 이기면 5만 원을 받는 식이다. 바위를 내서 이기면 보수가 더 커지는 것이다. 그렇다고 해서 계속 바위만 낸다면 그는 전략적 사고가 부족한 것이다. 상대가 그걸 눈치 채고 계속 보를 낼 것이기 때문이다. 바위에 지는 가위를 내지 않는 전략을 취하면 어떨까? 그것도 현명하지 못하다. 그가 가위를 내지 않는다는 걸 알아채면 상대는 바위를 내지 않을 것이기 때문이다. 대신 보를 낼 것이다. 이처럼 특정 선택안만을 고집하거나 특정 선택안만을 배제한다면 상대는 당신의 행동을 예측할 수 있다. 그 경우 당신이 불리해진다. 어떻게 해야 할까? 상대가 예측하기 어렵도록 무작위로 가위, 바위, 보를 같은 비율로 내면 될까? 이 또한 전략적 사고가 부족하다고 말할 수 있다. 만약 당신이 가위, 바위, 보를 무작위로 그리고 똑같은 확률로 낸다면 상대는 계속 바위를 내는 게 상책이다. 왜냐하면 몇 번 지더라도 바위를 내서 한 번 이기면 그 보수가 5배가 되기 때문이다. 즉, 바위를 내기만 하면 평균적으로 3번에 1번은 이길 수 있고 그때마다 5만 원을 얻는다는 계산이 된다. 지는 건 3번에 1번이지만 잃는 금액은 만 원이기에 바위를 내는 게 상책이다. 단순히 상대가 자신의 행동을 예측하기 어렵게 하는 데에만 목적을 둬서는 안 된다. 현명한 행동을 위해 상대의 입장을 고려해보는 안목이 필요하다. 상대는 어떤 전략을 세울까? 다음 보수행렬표를 보자.

		경기자 2		
		가위	바위	보
경기자1	가위	(0,0)	(5,-5)	(-1,1)
	바위	(-5,5)	(0,0)	(1,1)
	보	(1,-1)	(-1,1)	(0,0)

상대에게 보를 내는 것을 유리하지도 불리하지도 않은 전략으로 만들기 위해서 보에 지는 바위와 보를 이기는 가위를 같은 확률로 내는 게 중요하다. 또한 상대에게 바위가 유리하지도 불리하지도 않게 만들지 않기 위해서 바위에 지는 가위와 바위를 이기는 보를 '1:5'의 비율로 낼 필요가 있다. 직관적으로 바위를 이길 수 있는 보를 더 자주 냄으로써 상대가 바위를 통해 큰돈을 따는 걸 견제한다. 이 두 가지 비율을 정리하면 가위 바위 보를 '1:1:5'의 비율로 내야 한다는 걸 알 수 있다. 그렇게 하면 상대에게 가위는 유리하지도 불리하지도 않게 된다. 결국 상대가 자신의 행동을 예측할 수 없게 만드는 방법은 상대에게 절대로 유리하거나 불리한 전략을 만들지 못하도록 하는 것이다. 가위 바위 보를 '1:1:5'의 확률로 내는 것이다. 즉, 매번 가위와 바위를 내는 확률은 각각 $\frac{1}{7}$이고 보를 낼 확률은 $\frac{5}{7}$이다.

그렇게 하면 상대가 어떤 행동을 취한건 평균적으로 당신은 이기지도 지지도 않는다. 만약 상대가 전략적 사고가 없다면 상대는 가위 바위 보를 '1:1:5'의 비율로 내지 않을 것이다. 그 경우엔 당신이 유리해진다. 그에 대응해 전략을 수정하면 가위바위보 게임에서 이길 수 있다. 일반적으로 사람들은 '5배'라는 말에 이끌려 바위를 내는 경향이 있으므로 보를 내는 빈도수를 올리면 이길 가능성도 높아진다. 만약 상대도 전략적 사고를 한다면 당신과 같은 생각을 할 것이므로 가위바위보를 '1:1:5'의 비율로 낼 것이다. 전략적으로 리스크를 만들 때 주의할 점은 매번 독립적으로 그 확률을 유지해야 한다는 것이다. '1:1:5'의 빈도를 유지하는 것이 중요하다. 가위바위보를 7번 한다고 가정하면, '1:1:5'의 비율을 고집하는 게 목표일 수 없다. 예를 들면, 6번의 대결에서 바위를 한 번도 내지 않았다고 해서 '1:1:5'의 비율에 집착해 7번째 대결에서 바위를 꼭 내야 하는 게 아니다. 독립적으로 확률을 유지하는 게 쉽지 않다. 전략을 정확하게 실행하려면 $\frac{1}{7}$의 확률을 객관적으로 측정할 수 있는 무언가를 준비해야 한다. 예를 들어, 1에서 7까지 적힌 쪽지를 준비해서 5장엔 'A'를 적어넣고 1장엔 'B' 그리고 나머지 한 장엔 'C'라고 적어넣어 완전히 뒤섞는다. 그리고 그 7장에 하나를 뽑아서 'B'라고 적혀 있으면 가위를 내고 'C'라고 적혀 있으면 바위를 내고 그리고 나머지 경우엔 모두 보를 내는 것이다. 그렇게 하면 독립적으로 확률을 유지할 수 있다.

투수와 타자

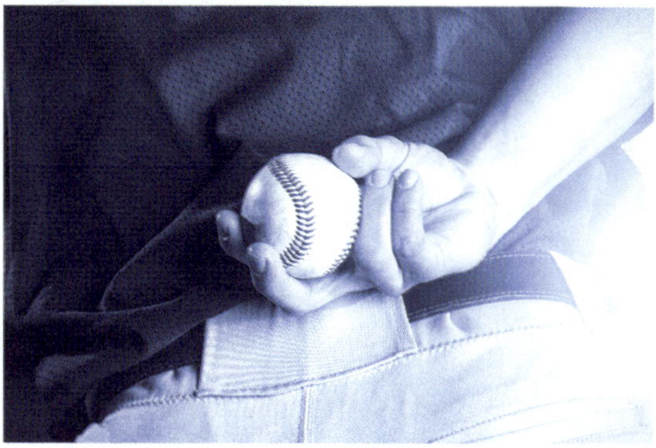

투수와 타자 사이에도 혼합전략이 존재한다. 예를 들어, 류현진 선수가 체인지업을 잘 던진다고 해서 계속 체인지업만을 고집한다면 상대 타자는 그걸 예상하고 있기 때문에 장타를 때리기 쉽다. 투구수가 늘어나면서 투수의 투구 습관이 있을 수 있다. 그 투구 습관을 눈치 챈 타자는 그 투수의 공을 잘 노려칠 것이다. 야구를 보다보면 특정 타자가 특정 투수에 강한 경우가 있다. 이는 그 타자가 그 투수의 미묘한 습관을 알아낸 결과일 수 있다. 예를 들어, 어느 한 투수가 잠깐 뜸을 들이고 나서 던질 때 꼭 직구를 던지는 경우가 있을 수 있다. 대부분 타자들은 눈치채지 못하지만 어느 한 타자는 그걸 우연히 알아챘을 수 있다. 그러다 보니 그 타자는 그 투수의 공을 잘 노려 칠 수 있는 것이다. 메이저리그 투수 클레이튼 커쇼(Clayton Kershaw)가 커브를 잘 던진다고 해도 타자가 커브를 예상하고 있다면 장타를 때려내기가 쉬워진다. 그의 커브가 진정한 위력을 갖기 위해선 타자가 예상할 수 없어야 한다.

2019년 월드시리즈에서 우승한 휴스턴 애스트로스 선수들의 사인 훔치기가 문제가 되었던 적 있다. 투수는 공을 던지기 전에 포수와 싸인을 통해 소통하고 어떤 공을 던질지 결정한다. 따라서 공격하는 팀이 그 싸인을 훔친다면 타격 준비가 훨씬 수월해진다. 그렇기에 싸인 훔치기는 도덕적으로 크게 지탄받는다. 때로는 야구 해설가의 해설도 전략적 사고가 빠져있다. 예를 들면, 중요한 승부처에서 그 투수에게 가장 자신있는 공을 던지라고 주문하는 경우가 많다. 모든 투수에겐 자신의 주무기가 있다. 하지만 상대 팀은 그 주무기를 알고 있다. 따라서 해설가의 조언대로 투수가 가장 자신있는 공을 던진다면 상대 팀은 그 공을 예상할 수 있다는 의미이다. 즉, 주무기를 던져 오히려 안타 맞을 확률이 더 커질 수 있는 것이다. 그렇기에 타자가 예상할 수 없는 의외의 공을 던지는 것도 효과를 낼 수 있다. 타자와 투수 간의 신경전을 생각해보자. 먼저 타자의 팀은 통계분석을 통해 그 투수가 던지는 각 구종에 대해 피안타 확률을 조사해볼 것이다. 다음과 같은 결과표가 얻어졌다고 가정해보자.

		커쇼가 던지는 구종	
		직구	커브
타자의 예상	직구	60%	10%
	커브	10%	35%

표에 따르면, 타자가 직구를 예상하고 있을 때 커쇼가 직구를 던지면 안타가 될 확률은 60%이다. 그러나 허를 찔러 커쇼가 커브를 던진다면 안타 확률은 10%로 줄어든다. 타자가 커브를 예상하고 있을 때 커쇼가 직구를 던지면 안타 확률이 10%이고 커브를 던지면 안타 확률이 35%이다. 커쇼가 커브를 잘 던지므로 전반적으로 그가 커브를 던질 때 치기가 까다롭고 안타가 잘 나오지 않는다는 사실을

알 수 있다. 그렇다고 해서 커쇼가 커브를 너무 자주 던지면 타자는 커브를 예상하고 노려 치려고 할 것이다. 커쇼는 타자가 예상하지 못하도록 적절하게 직구와 커브를 섞어서 던질 필요가 있을 것이다. 직구와 변화구의 비율을 어떻게 하는 것이 커쇼에게 가장 유리할까? 가장 좋은 비율은 타자가 직구라고 예측하건 커브라고 예측하건 안타가 나올 확률이 같아지도록 하는 것이다. 위의 표를 보면 직구와 커브를 1:2의 비율로 던지면 안타가 나올 확률이 똑같아진다. 즉, 커쇼가 $\frac{1}{3}$의 확률로 직구를 던지고 $\frac{2}{3}$의 확률로 커브를 던지면 타자가 어느 공을 예측하더라도 안타가 나올 확률은 80%를 3으로 나눈 값이 된다. 하지만 커쇼가 커브를 아무리 잘 던진다 하더라도 계속 커브만 고집하면 타자가 이를 간파해 안타 맞을 확률은 30%가 된다. 야구 중계를 보면 투수를 소개할 때 그가 던지는 공의 종류를 비율로 표시한다. 그 비율은 투수가 자신의 주무기 외에도 여러가지를 적당히 섞어 씀을 의미한다. 축구에서 키커가 한쪽 발로만 슛을 한다면 키퍼는 공이 날아오는 각도를 예상하기 쉽다. 서투르더라도 다른쪽 발로도 슛을 시도하는 게 전략적으로 유리하다.

카지노의 룰렛 게임에서도 의미를 찾을 수 있다. 룰렛에서는 '1'부터 '36'까지의 숫자만 있는 게 아니다. '0'과 '00'과 같은 숫자도 포함되어 있다. 새삼스럽지만 배당은 36개의 숫자만 있는 것처럼 가정해 계산된다. 예를 들어, 숫자 '1'에 걸고 '1'이 나오면 그 배당은 36배이다. 하지만 실제 숫자는 38개이므로 기대치를 계산해보면 고객이 지는 게임이다. 만약 룰렛의 수가 완전히 독립적이라고 가정하고 숫자 '1'에 계속 돈을 건다고 해보자. 38번 중에 한 번은 맞출 수 있을 것이다. 하지만 고객의 배당은 36배이다. 그렇기에 게임을 반복할수록 고객은 돈을 잃을 수밖에 없는 구조이다. 혼합전략 개념을 응용해보면 카지노 측의 최선 전략은 고객이 전혀 예상할 수 없도록 각 숫자가 완전히 동등한 확률로 나오도록 하는 것이다. 결론지어 말하면 고객이 룰렛 게임에서 이길 수 있는 경우는 룰렛 판에 있는 숫자들 중에 특정 숫자가 더 높은 빈도를 갖고 있음을 있을 때이다. 하지만 고객이 그걸 알 수는 없다. 따라서 고객은 룰렛 게임을 하면 잃을 수밖에 없는 것이다. 고객이 카지노에 가는 이유는 돈을 따려는 게 아니라 시간을 보내기 위해서다. 돈을 벌겠다는 목적으로 카지노에 가는 사람들은 어리석다.

섞어 쓴다는 의미에서 혼합전략이다. 확률분포를 정하는 것이다. 중요한 건 상대가 눈치채지 못하도록 해야한다는 점이다. 즉, 무작위여야 한다. 하지만 무작위성을 유지하는 것도 쉽지 않다. 승부차기를 할 때 키커가 자신도 모르게 오른쪽 방향 위주로 공을 찰 수도 있다. 그러한 경우를 막기 위해 스스로 방법을 만들 필요가 있다. 동전을 던져 앞면이 나오면 공을 오른쪽으로 차고, 뒷면이 나오면 왼쪽으로 차기로 정하는 것이다. 그러한 식으로 매번 자신만 알도록 동전을 던져 '오른쪽'과 '왼쪽'을 번갈아 차면 완전히 무작위가 된다. 계산에 따라, 최적확률이 $\frac{1}{12}$이라면 어떻게 해야 할까? 12번 중에 1번 정도 '주먹'을 낸다는 전략인데 자칫 오해가 있을 수 있다. 다시 강조하지만, 11회에 걸쳐 '주먹'을 내지 않았으니 12번째에 반드시

'주먹'을 내겠다고 마음먹고 있으면 그건 무작위가 아니다. 무작위성을 유지하기 위해, 동전과 주사위를 동시에 이용하는 것도 방법이 될 수 있다. 동전을 던져 앞면이 나오고 주사위를 던져 '1'이 나오면 '주먹'을 내는 것으로 마음을 정하는 것이다.

정리 경기자가 혼합전략을 선택할 수 있다고 가정하면 내쉬균형은 항상 존재한다.

전쟁 속의 혼합전략

전쟁사를 보면 그러한 혼합전략이 많이 쓰임을 알 수 있다. 2차 세계대전 당시 노르망디 상륙작전(영화: 라이언 일병 구하기)과 한국전쟁에서 인천 상륙작전(영화: 인천상륙작전)을 분석해보면 동전 맞추기 게임과 상황이 비슷함을 알 수 있다. 즉, 상륙하는 쪽은 적이 자신들의 상륙 지점을 모르길 바라는 반면 상륙을 저지하는 쪽은 상륙지점을 알아내려고 할 것이다. 상륙지점이 알려지면 상륙을 저지하는 쪽이 유리하고, 상륙 지점이 알려지지 않으면 상륙하는 쪽이 유리하다. 그러한 상황에서 상륙 지점을 예측하기 위해 또는 예측을 하지 못하게 하기 위해 서로 교란 작전을 수행한다. 그렇게 적과 대치해 기만 교란 작전을 펼치는 경우에 백전백승의 전략은 존재하지 않는다. 승률을 최대한 높이는 최선의 전략이 있을 뿐이다. 노르망디 상륙작전과 인천 상륙작전이 성공할 수 있었던 건 상륙 지점의 노출을 막았기 때문이다. 그러한 상륙작전을 다시 시도한다고 상상해보자. 양쪽 진영은 고민이 깊어질 것이다. 중요한 건 작전 계획이 상대에게 읽히지 않아야 한다는 사실이다. 때로는 의도적으로 거짓 정보를 흘리는 경우도 있다. 스파이가 필요한 이유다. 영화를 보면 스파이가 많이 등장한다. 스파이는 상대의 내밀한 정보를 알아내기도 하고 적의 스파이를 역이용해 거짓 정보를 흘리기도 한다. 아군의 전략을 적이 반대로 인식하게 하면 승리는 확실해지기 때문이다.

삼국지에도 세작이 등장해 거짓 정보를 흘려 적군을 골탕 먹이는 일화가 있다. 적벽대전을 앞두고 조조와 주유는 신경전을 벌이고 있었다. 조조는 물에서 하는 싸움은 피하고 싶었다. 그때 조조 밑에 장간이라는 사람이 왕년에 주유와 동문수학한 인연을 들어 주유가 항복하도록 설득해보겠다고 나섰다. 기대는 안했지만 조조는 행여나 하는 마음이 들어 그를 주유에게 보냈다. 장간은 강을 건너 오나라 병사들에게 자신을 주유와 오랜 벗이라고 소개했다. 주유는 장간이 자기를 만나러 왔다는 소식을 듣자 크게 반가워했고, 병사들을 물리치며 장간에게 옛날 그 시절로 돌아가 흠뻑 취해보자며 술을 권했다. 실은 병사들과 미리 짰다. 장간은 공을 세울 욕심에 주유를 찾았는데 주유가 말을 꺼낼 틈을 주지 않았다. 그렇게 술을 퍼마시던 주유가 술에 곯아 떨어졌고, 장간은 투항 얘기를 꺼내지도 못했다. 그렇게 돌아가면 조조를 볼 낯이 없을 것 같았는데 주유의 막사 안을 둘러보니 여러 문서들이 눈에 띄었다. 한눈에 봐도 중요한 문서들 같았다. 그 와중에도 조심스러웠는지 장간은 주유를 살짝 깨워 보았다. 주유는 코를 골며 깊이 잠들었다. 살짝 문서들을 들춰보자 놀랍게도 조조 수하 장수들이 주유에게 보낸 서신들이었다. 채화와 채중이라는 장수들이었는데 그들은 형제였다. 주유 밑에 있다 조조에게 귀순해 수전을 지휘하고 있었다. 조조는 그들을 털끝도 의심하지 않고 있었다. 그런데 그들이 주유와 내통해 왔다고 생각하니 장간은 등골이 오싹해졌다. 공을 세울 기회이기도 했다. 장간은 그 증거들을 감추고 몰래 주유의 막사를 떠났다.

그 서신들은 가짜였다. 주유는 일부러 그 서신들을 장간이 보일 만한 곳에 두고, 여러 부분들을 알아볼 수 없게 까맣게 칠해놓았다. 조조는 그 서신들을 보자 뭔가 짚이는 게 있었다. 그러고 보니 채화와 채중이 일을 차일피일 미룬 것도 이상했다. 하지만 조조는 노련했다. 일단 채화와 채중 형제를 불러 언제쯤 주유를 치러 갈 수 있겠느냐고 속을 떠봤다. 그랬더니 아닌 게 아니라 그 형제는 조금 더 기다려야 된다고 대답했다. 조조는 대노했고 단번에 참수를 명령했다. 명령을 내린 다음 자신이 좀 성급했다는 생각이 들었는데 이미 참수형이 집행돼 버리고 난 다음이었다. 조조는 자신이 주유에게 속았음을 깨달았다. 어리숙한 장간이 꾀 많은 주유를 설득하러 간다고 나섰을 때 알아보지 못한 자신이 원망스러웠다. 주유는 장간을 역이용해 거짓 정보를 흘렸던 것이다. 주유는 장간이 온다는 소식을 듣자

마자 그 의도를 알아챘다. 그리고 그를 역이용하기 위해 병사들과 미리 모의했던 것이다. 역정보로 인해 조조는 수전을 지휘할 수 있는 최고사령관 둘을 동시에 잃고 말았다. 이후 조조는 주유와 벌인 수전에서 크게 패하고 말았다.

CHAPTER 05

조정실패

주위에 보면 언제부터인지 몰라도 관습으로 내려오는 게 있다. 흔히 '원래 그렇게 했다'라고 표현하는 경우이다. 그러한 관습에 대해 모두 거부감을 갖고 바꾸자고 나서지 않는 한 그 관습은 계속된다. 그러한 관습이 행동 예측을 쉽게 해 편리함을 줄 수도 있다. 예를 들어, 지하철에서 에스컬레이터를 타고 올라 갈 때, 서 있길 원하는 이들은 한쪽으로 길을 비켜주게 된다. 오른쪽이냐 왼쪽이냐는 그리 중요하지 않다. 사람들이 한쪽으로 비켜 서는 게 중요하다. 한국인은 미국에서 운전하는 게 어렵지 않다. 자동차 핸들이 한국처럼 왼편에 있기 때문이다. 하지만 일본에 가면 운전이 어렵다. 핸들이 오른편에 있기 때문이다. 반면 일본인은 영국에 가면 운전이 쉽다. 영국도 핸들이 일본처럼 오른편에 있기 때문이다. 핸들이 어느 쪽에 있느냐에 따라 도로의 방향도 달라지게 된다. 만약 누군가 일본에서 타던 차를 한국에 가져왔다고 해보자. 그 차는 한국에서 탈 수 없다.

여담이지만 부산에서 일본까지 해저터널을 뚫자는 주장이 나올 때면 대부분 기술적인 얘기만을 하고 있다. 하지만 터널이 뚫리고 제대로 기능하기에는 한계가 분명하다. 한국이건 일본이건 어느 한

나라가 운전석 방향을 바꿔야 되기 때문이다. 운전석 방향을 바꾸면 도로의 방향도 바꿔야 하고 그에 따라 표지판을 비롯해 신호등 체계도 모조리 바뀌어야 한다. 엄청난 비용이 들게 된다. 나라별로 전압도 다르다. 한국에선 220볼트이지만 미국에선 100볼트이다. 따라서 변압기 없이는 국경을 초월해 전자제품을 사용할 수 없다. 조정게임이란 경기자들이 조정을 통해 더 큰 이득을 취할 수 있는 상황이다. 주변에서 조정게임의 예는 쉽게 찾을 수 있다. 연인들이 데이트를 하려고 만났는데, 여자 혼자 뮤지컬을 보러 가고 남자 혼자 야구를 보러 가는 경우를 상상하기 어렵다. 연인들이 각자 따로 간다면 그건 데이트가 아니다. 두 사람 모두 그렇게 개별행동을 통해 얻을 수 있는 이득이 없다. 선택에 따른 남녀의 보수행렬표를 아래와 같이 만들 수 있다.

		여 자	
		야구장	뮤지컬
남 자	야구장	(10,5)	(0,0)
	뮤지컬	(0,0)	(5,10)

위 보수행렬표에 따르면, 연인이 데이트를 위해 '함께 야구를 보러 간다' 또는 '함께 뮤지컬 보러 간다' 중 한 가지가 선택될 것이다. 즉, (야구장,야구장) 또는 (뮤지컬,뮤지컬) 둘 중에 하나가 균형으로 실현될 것임을 예상할 수 있다. 다만 어느 균형이 실현되느냐에 따라 남녀 간에 보수가 엇갈린다. 같이 야구장을 가면 남자는 보수 '10'을 얻지만 여자는 보수 '5'를 얻는다. 뮤지컬을 보러 가면 남자는 보수 '5'를 얻지만 여자는 보수 '10'을 얻는다. 그 게임에서 야구 또

는 뮤지컬이 선택될 절대적인 이유는 존재하지 않는다. 두 연인이 갑자기 생각이 바뀌어 야구를 보러가려다 뮤지컬을 보러가는 경우도 있을 것이다. 예측할 수 없다. 게임이 반복되면 대충 예측할 수도 있겠다. 연인처럼 두 사람만 경기자라면 행동을 바꾸기 쉽지만 경기자가 많아지면 상황이 더 복잡해진다. 직장에서 동료들이 식사를 하러 나갈 때 메뉴가 싫어도 따라 나가는 경우도 많다. 혼자 먹는 것보다 동료들과 같이 먹으면서 우의를 확인하는 것도 행복감을 주기 때문이다. 그러다 보면 늘 같은 음식점만 가는 경우도 생긴다. 특별히 맛이 있다거나 친절한 것도 아닌데 그 음식점을 가는 게 당연시되는 것이다. 일종의 조정 상태라고 볼 수 있다. 발언권이 없는 신입사원은 불만에 차 있으면서도 결국 다른 사람들과 같은 행동을 하게 된다. 점심을 먹으려고 식당을 정하는 데 특별한 이유 따위는 필요치 않다. 선배들이 가자는 대로 가는 게 편할 수도 있다. 중요한 건 다른 사람과 행동을 같이 한다는 사실이다. 일단 한 번 행동 선택이 이뤄지면 좀처럼 바꾸기가 쉽지 않다. 좋건 싫건 다른 사람과 함께 움직일 때 느끼는 안도감 때문이다. 특히 문화적인 특징으로 인해 한국에선 그러한 조정 상황이 자주 펼쳐지는 경향이 있다. 개인차가 있겠지만 혼자 행동하는 것보다 같이 행동하는 것을 더 편안해 하는 사람들이 많기 때문이다.

정리

조정게임에서는 복수의 내쉬균형이 존재한다.
그중 어느 균형이 실현되느냐에 따라 경기자들의 보수가 달라진다.

자포자기 조정실패

조정 상황 자체는 좋다 또는 나쁘다로 평가하기 어렵다. 문제는 복수의 내쉬균형 가운데 '바람직하지 않은 내쉬균형'이 고착되는 상황이다. 내쉬균형의 가장 큰 특징은 어느 경기자도 그 균형에 홀로 이탈할 유인이 없다는 것이다. 따라서 우연이라도 한 번 어느 한 균형이 실현되고 나면, 어느 한 경기자가 홀로 나서 그 균형을 바꿀 수 없다. 균형이 고착되고 마는 것이다. 그렇게 내쉬균형이 고착되어 개선되지 않는 상태를 '조정실패'라고 부른다. 아래의 보수행렬표를 살펴보자.

		경기자 B	
		X	Y
경기자 A	X	(1000,1000)	(0,0)
	Y	(0,0)	(1,1)

두 개의 균형이 존재한다. 하나는 (X,X)이고 다른 하나는 (Y,Y)이다. 경기자 A와 경기자 B가 같이 X를 선택하면 각각 보수 '1000'을 얻을 수 있다. 이상적인 균형 상태라고 말할 수 있다. 그리고 그 균형에서 어느 경기자도 이탈할 유인이 없다. 반면 경기자 A와 경기자 B가 같이 Y를 선택하는 것도 균형이다. 하지만 그 균형에서 각 경기자는 보수를 '1'밖에 얻지 못한다. 누가 봐도 같이 X를 선택하는 것이 유리하다. 하지만 우연히 그 둘 모두 Y를 선택하고 있다면 그 균형은 고착되고 만다. 왜냐하면 상대가 Y를 선택하는데 자신이 홀로 X를 선택한다면 자신의 보수가 '0'이 되기 때문이다. 따라서 어느

한명의 의지와 노력만으로는 균형을 바꿀 수 없다. 그게 내쉬균형의 특징이기도 하다.

조정게임은 바람직한 균형 상태에 놓여있는 경우와 그렇지 않은 경우로 구분할 수 있다. 조직이나 사회에 존재하는 관행은 대부분 조정게임의 결과라고 파악 가능하다. 관행이란 묵시적 약속을 의미하기에 관행이 만들어져 있으면 그 구성원들의 행동 선택이 쉬울 수도 있다. 문제 해결에도 도움이 될 수도 있다. 그런 이유로 조직이나 사회는 관행을 만들고 정착시키기 위해 노력한다. 하지만 정착된 관행이 모두 정당한 것은 아니다. 부당한 경우도 적지 않다. 발전을 위한 명분으로 굳어진 나쁜 관행도 있을 수 있다. 한국에선 과거에 야근 문화가 있었다. 야근이 당연시되기도 했다. 지금도 제 시간에 퇴근하지 못하는 근로자들이 많다.

자신의 회사가 일하는 패턴이 이상하다고 푸념하는 근로자들도 있다. 그 부서의 특성일수도 있지만 오전엔 업무가 거의 없다시피 하다가 오후에 본격적으로 일거리들이 몰린다는 것이다. 오전엔 일 없이 빈둥거리다 오후에 일이 많아지기 때문에 항상 야근을 할 수밖에 없다고 불평한다. 그럴거면 차라리 오후에 출근하고 밤에 퇴근하는 식으로 근무시간을 변경하면 문제 해결을 기대할 수 있을 테다. 그 근로자는 직장 선배들에게 자기 부서만 매일 야근을 하는 걸 어떻게 생각하느냐고 물었더니 항상 그렇게 해왔으니까 그냥 그렇게 한다는 대답이 돌아왔다고 한다. 한국 사회에서 사람을 황당하게 하는 건, 뭔가 문제 제기를 하면 '원래 그랬다' 또는 '항상 그렇게 했다' 등의 답변이 돌아오는 경우이다. 이는 한국이 심각한 조정실패 상황에 있음을 말해준다. 형식에 얽매여 불필요한 회의를 한다거나 또는 불필요한 절차들로 인해 시간이 허비되는 경우도 있지만 아무도 나서지 않으니 개선되지 않는 것이다. 조정 상황에서는 '한 번 정착되면 바꾸기 어렵다'는 특성이 있기에 경기자들의 관심이 필요하다. 자칫 시대 변화를 따라가지 못하는 경우가 발생할 수 있기 때문이다.

정리

조정실패는 경기자들이 모두가 더 많은 보수를 얻을 수 있음에도 불구하고 더 적은 보수를 얻고 있는 상태이다.

습관과 관습

한 사람이 하면 습관이고 모두가 같이 하면 관습이던가? 한 사람의 습관은 사회적으로 크게 문제가 되지 않는다. 하지만 관습은 사회에 미치는 영향이 크다. 지금도 여성을 차별하는 나라들이 있다. 실은 한국도 그런 문화가 없다고 자신 있게 말하지 못한다. 대중교통을 이용하다 보면 조정게임이 흔히 발견된다. 이미 언급했지만 한 예가 에스컬레이터를 타는 방법이다. 언제부터인가 에스컬레이터의 반쪽은 걸어서 올라가는 사람을 위해 비워두는 게 당연시되고 있다. 에스컬레이터는 본래 가만히 서서 올라가는 용도로 만들어졌다. 하지만 출퇴근 시간에 에스컬레이터 한가운데 서 있으면 뒷사람들에게 빈축을 산다. 에스컬레이터의 원래 기능을 따지면, 에스컬레이터를 걸어 올라가는 행위가 금지되어야 마땅하겠지만 사람들이 편리를 위해 묵시적인 규칙 또는 관습을 만들어 놓은 것이다. 큰 문제를 일으키지 않는다면 그러한 관습은 굳이 개선할 필요가 없을 것이다. 그렇다고 관습이 모두 옳다는 건 아니다. 모두 그렇게 하니까 또는 원래 그렇게 해왔으니까 그게 당연하다는 주장은 논리가 아니다.

경기 호황이나 불황도 일종의 조정게임이라고 볼 수 있다. 게임 이론에선 호황과 불황을 복수의 내쉬균형 상태라고 파악한다. 경제 활동이란 게임에 참여하는 경기자들을 크게 소비자와 생산자 둘로 나눌 수 있다. 생산자 입장에서는 소비자가 먼저 소비를 늘리면 자신들의 생산설비를 늘려 생산을 증가시키겠다는 것이다. 만약 자신들이 생산설비를 늘렸는데 소비자들이 소비를 늘리지 않으면 자신들은 고스란히 비용만을 떠안게 되기 때문이다. 소비자 입장에서는 생산자가 먼저 생산을 늘려 노동수요가 많아지고 자신들의 임금이 오르면 소비를 늘리겠다는 것이다. 근원적 문제 개선을 위해 가끔 그 관습이 합리적인지 생각해볼 필요가 있다. 개인의 나쁜 습관은 간단히 알아챌 수 있지만 집단 속에 뿌리박힌 악습은 인식이 쉽지 않다. 사회나 조직 속에 단단히 침투해 있으면 그 폐해가 잘 보이지 않는다. 가끔 문화가 다른 나라에서 조직이 어떻게 돌아가는지를 보고 우리의 모습을 비춰볼 필요가 있다. 우리의 상식이 다른 나라에선 상식으로 통하지 않을 수 있기 때문이다. 주의해야 할 점은 협조를 얻지 않고 자기 혼자만 행동을 바꾸려 고군분투한다 하더라도 바뀌지 않는다는 것이다. 자기만이 옳다고 주장하는 것보다 그렇게 해서 얻어지는 것이 없다고 주장하는 편이 보다 합리적일 수 있다. 물론 솔선수범도 중요하지만 다른 이들을 설득하지 못하면 그 균형은 바뀌지 않는다. 그게 내쉬균형이다. 즉, 한 경기자가 목소리를 높인다고 바람직한 균형으로 옮겨갈 수 없기에 지혜가 필요하다. 다른 경기자들에게 전략 수정을 통해 더 큰 이득을 얻을 수 있음을 알려야 한다. 그 경우에 진정한 설득이 가능하다. 그러한 설득이 없으면 안타깝게도 한 경기자의 시도는 실패로 끝날 가능성이 높다. 그게 조정게임의 특징인 것이다. 일단 경기자들 모두 행동을 바꾸는 데 공감을 해야만 새로운 관행이 정착될 수 있다. 찾아보면 한국에 조정실패 사례는 많다. 특히 공공기관에 많다. 강의실에서 학생들의 질문이 없는 것도 조정실패 사례일 수 있다. 엉터리 질문을 면박주던 풍토가 원인으로 보인다. 학생들의 질문은 교수들로 하여금 수업을 준비하게 한다. 질문이 없으면 수업 준비를 많이 할 필요가 없다. 조정게임은 일단 좋은 균형이 정착되면 계속 유지되지만 바람직하지 않는 균형이 한 번 고착되면 시정이 어려운 게 특징이다.

막장 조정실패: 한국 명절

명절은 반갑고 즐거워야 한다. 하지만 한국에선 명절이 꼭 반갑지만은 않다. 스트레스를 주기 때문이다. 형식이나마 선물도 사야 하고 온 국민이 고속도로를 이용하면서 교통체증은 상상 이상이다. 안 주고 안 받으면 서로 편하겠지만 언제부턴가 관습이 정착되어 수고로움을 감수해가며 선물을 보내고 자신은 별로 필요 없는 것을 받으며 명절이 지나간다. 관습적으로 선물의 크기도 대부분 정해져 있다. 부부싸움도 많이 일어난다. 선물을 주고받는 과정에서 서운한 감정이 들기도 한다. 며느리들은 시댁이 항상 불편할 수밖에 없다. 고생 많은 며느리들이 며칠이라도 집에서 쉬면 좋으련만 명절 때 더 많은 스트레스에 시달린다고 한다. 원래 명절은 쉬라고 있는 것이다. 지방에 언론의 관심이 집중된다. 귀성인파는 한국 언론의 단골 뉴스다.

사람들이 고향을 찾아 힘들게 내려가는 과정, 그들을 기다리는 시골의 노인들이 TV에 나온다. 한국이 지방에 갖는 편견일 수도 있다. 지방은 여전히 과거에 머물러 있고 노인들이 많이 살며 바뀌지 않는 곳이다. 그게 정겹다고 하면 할 말이 없다. 하루이틀 정을 나누고 다시 귀경인파가 몰린다. 그렇게 시간을 허비하기에는 명절연휴는 너무 짧다. 그 기간 안에 전국 도로에 인파가 몰리며 교통체증이 발생한다. 위 사진을 보면 상황이 전혀 다르다. 한쪽은 너무 많이 몰려 있고 한쪽은 너무 한산하다.

교통체증이 발생하니 고속도로 통행료를 올릴 법한데 오히려 통행료를 면제해준다고 한다. 수요가 많으면 가격이 올라야 하는데 오히려 그 반대다. 교통체증으로 인해 긴 시간이 소요되지만 언론은 사람들이 고향 생각에 마냥 행복해 보인다고 보도한다. 실은 모두가 스트레스를 받고 있는 상황으로 보인다. 아까운 연휴의 시간을 도로 위에서 보내는 건 낭비가 아닐 수 없다. 명백한 조정실패 사례다. 먼저 이유를 분석해보자. 왜 그와 같은 교통체증이 발생할까? 간단하다. 모두 비슷한 시간대에 도로를 이용하기 때문이다. 고향을 떠나 수도권에 몰려 살면서 명절 때만 그리고 선거 때만 나타나는 요란한 고향 사랑이 여유로워야 할 명절을 스트레스로 만드는 것이다.

음력 또는 양력

한국은 음력과 양력이 공존한다. 명절은 대개 음력이다. 옛날 조상님들이 음력을 이용했기 때문에 그 전통이 남아서 그렇다고 한다. 그러면서도 양력 공휴일도 많다. 음력으로 정하다보니 가끔은 여름 날씨 속에 추석을 맞기도 한다. 한번은 추석이 9월 초순인 적도 있었다. 여름휴가 끝나고 얼마 안 되어 추석이 다가왔던 탓에 날씨는 한여름처럼 더웠고 무엇보다 효율적이지 못했다. 여름휴가가 끝나고 어느 정도 일하고, 중간에 추석 연휴를 쉬고 다시 일하며 연말이 다가오는 게 정상일 것 같다. 설날도 마찬가지다. 설날을 한때는 구정이라고 한 적도 있다. 그 후 '민속의 날'이라고 개칭했던 적도 있고 우여곡절 끝에 지금은 설날이 되었다. 때로는 추석이나 설날이 토요일에 들어있는 경우도 있다. 그렇게 되면 연휴가 너무 짧아진다. 우리의 일상 생활에서 기준이 되는 날짜들은 모두 양력이지만 명절을 음력으로 하기 때문에 나타나는 현상이다. 그렇기에 법으로 대체공휴일이란 걸 만들었다. 미국은 명절의 날짜를 정해놓지 않는다. 예를 들면, 노동절은 9월 첫째 주 월요일이고 추수감사절은 11월 넷째 주 목요일이다. 한국도 추석을 가을 분위기가 한창인 10월 셋째 주 평일의 삼일을 지정하면 어떨까 싶다.

그리고 한국은 영토가 좁아 교통체증이 없으면 고향으로 금방 갈 수 있다. 고속철도를 이용하면 전국 어디나 약 2시간 이내로 갈 수 있다. 따라서 고향엔 평소에 가고 그 명절 기간엔 가족 단위로 여행을 다니는 문화가 확립되면 어떨까? 실제로 여행을 다니는 사람들도 많아지고 있다. 긍정적인 현상이다. 명절에는 쉬고 노는 게 맞다.

원래 명절은 그렇게 하라고 있는 것이다. 그런데 명실상부한 국제공항이 인천공항 하나밖에 없어 명절 때마다 북새통을 이뤄 또 다른 문제가 발생한다. 한국 출입국이 자유로워지도록 국제공항도 여러 개가 필요하다. 수요가 없어 못 짓는다는 말은 핑계에 불과하다. 공급이 있어야 수요도 따른다. 원래 수요는 만들어진다. 한국의 경우는 더욱 그렇다. 수요가 충분해 공급이 이뤄진 게 아니다. 대부분 공급을 하고난 후 수요가 만들어졌다. 기차가 필요해 철도를 깐 게 아니었다. 처음에 철도 부설을 반대하는 사람들도 많았다. 수요부족을 이유로 들지 말고 국제공항도 여러 개 만들 필요가 있다. 명절 때마다 휴가기간 때마다 국민들이 여유있고 편하게 이용할 수 있도록 하기 위해서다. 명절은 쉬는 기간이 되어야 한다.

명절 칼부림

한국에서 명절은 쉬는 기간이 아니다. 증거가 있다. '명절 칼부림'과 명절 이후 이혼율 증가이다. 모처럼 찾은 고향에서 가족들 간에 칼부림이 많아지고 있다. '명절 칼부림'은 더 이상 뉴스도 아니다. 너무나 많기 때문이다. 농기구가 사람을 살상하는 잔인한 무기가 되기도 한다. 어떤 이는 공기총으로 가족을 쏘았다고 한다. 도대체 무엇이 가족 간에 흉기를 휘두르게 했을까? 한국에선 기이한 통계가 있다. 바로 명절 후 이혼율이다. 명절만 지나고 나면 이혼율이 유의적으로 증가한다. 대개 여성들의 스트레스가 커지면서 남편들의 스트레스도 따라 커진 결과라고 설명한다. 명절 스트레스는 전형적인 조정실패 사례이다. 문화와 관습 때문이다. 왜 쉬어야 할 명절에 며느리들이 시댁에 가서 힘들게 음식 장만을 해야 하고 얼굴 한 번 본 적 없는 남편 조상을 위해 제사를 지내야 하며 그것도 모자라 설거지 등 온갖 궂은일까지 다 맡아 해야 할까? 그에 더해 시부모로부터 핀잔까지 듣고 나면 여성들의 스트레스 지수는 높아질 수밖에 없을 것이다. 여성들의 입장은 명절 때 시댁을 가느니 차라리 명절이 없는 게 낫다는 것이다. 직장 다니는 여성들은 명절 때 특근을 신청하는 경우도 많다고 한다. 충분히 그럴 수 있다. 한국에서 가정을 이루고 사는 여성들에게 명절은 더 이상 쉬는 날들이 아니다. 그들에게 명절은 오히려 더 힘든 노동과 스트레스의 날들이다. 여성들의 시각에서는 시댁을 먼저 가고 나중에 친정을 가는 것도 이해되지 않을 테다. 그냥 문화이고 관습일 뿐이다. 지금까지 그렇게 해왔고 모두 그렇게 하니까 그냥 그렇게 하는 것일 뿐이다. 하지만 그게 합리적이라고 말하기 어렵다.

영화 '82년생 김지영'을 보면 주인공이 명절에 시댁에서 열심히 일하고 친정으로 가려고 할 무렵 시누이 가족들이 웃으면서 들어온다. 잘 생각해보라. 시누이가 왔으면 며느리는 친정으로 가는 게 맞다. 하지만 한국에선 그러한 원리 이해가 부족해 보인다. 원리야 어떻건 시부모 입장에선 자기 가족들끼리 있고 싶을 것이다. 그럼 딸만 있는 집들은 어떻게 해야 할까? 명절 연휴가 끝나갈 무렵 잠깐 모여 얼굴만 보고 말아야 할까? 그래서 남아 선호 문화가 있나 보다. 아들을 길러 장가보내고 며느리를 맞으면 한때 설움 당했던 그 며느리가 이젠 시어머니로 입장이 바뀌어 자기 며느리에게 스트레스를 준다고 한다. 한국에선 고부 갈등을 대수롭지 않게 여기는 경향이 있다. 심지어 토크쇼에서 웃음거리로 다뤄지기도 한다. 그건 가족폭력이다. 엄연히 가족 구성원들 간의 갈등이고 중재가 필요한 심각한 사안이다. 항상 그렇게 해왔으니 그렇게 할 수밖에 없다는 식으로 웃으면서 넘어가는 건 절대로 방법이 될 수 없다. 그 모든 게 실은 조정실패에서 나타난 결과이다. 분석을 위해 아래와 같은 보수행렬표를 만들어 볼 수 있다.

<table>
<tr><td colspan="2" rowspan="2"></td><td colspan="2">며느리</td></tr>
<tr><td>합리주의</td><td>관습</td></tr>
<tr><td rowspan="2">시어머니</td><td>합리주의</td><td>10,10</td><td>-5,-1</td></tr>
<tr><td>관습</td><td>-1,-5</td><td>1,1</td></tr>
</table>

누구든지 입으로는 합리주의를 외칠 수 있다. 하지만 행동이 합리적이지 않으면 의미가 없다. 말은 쉽고 행동은 어렵다. 말과 다르게 행동은 의지와 노력이 필요하다. 합리적 사고만이 합리적 결과로 이어질 수 있다. 예를 들어, 모든 여성은 딸이면서 올케이고 시누이이면서 동시에 며느리이다. 그리고 시어머니가 된다. 잘못된 관습을 없애고 합리주의를 수용하면 모두가 편할 수 있다. 즉, 모두가 더 행복감을 누리는 것이다. 며느리가 스트레스를 받지 않으면 시어머니도 마음에서 우러난 며느리의 존경을 기대할 수 있다. 모두가 관습

을 따르면 모두가 불편을 감수해야 한다. 보수행렬표에 따르면, 모두가 합리주의를 수용할 때 모두가 보수 '10'을 얻는다. 반면 모두가 관습에 따라 행동하면 모두가 보수 '1'밖에 얻지 못한다. 조정이 필요한 상황이다. 며느리 입장에선 시어머니와 조정을 시도하기 어렵다. 한국 문화에선 둘 관계가 수평적이지 않고 수직적이기 때문이다. 소통이 쉬울 수 없다. 많은 경우 조정 시도를 포기하고 만다. 보수행렬표를 보면 그 이유를 찾을 수 있다. 그냥 관습대로 따라가면 며느리가 '1'만큼의 보수를 얻을 수 있지만 시어머니가 관습을 고수하고 있는 상황에서 며느리가 단독으로 합리주의를 외치면 그 며느리는 나쁜 며느리가 되어 보수가 '-5'로 급전직하하기 때문이다. 그렇기에 며느리는 참는다. 인내심이 강해서가 아니라 차라리 말을 안하고 참는 게 손해를 줄이는 방법이기 때문이다. 합리주의를 관철시키려다 오히려 더 힘든 결과를 낳을 수 있기에 그렇다. 누가 봐도 바꿔야 되는 상황이지만 한 사람의 목소리만으로는 상황이 바뀌지 않는다. 그렇기에 한국의 며느리는 늘 답답함을 느낄 것이다.

문화라는 이름으로 모두가 갈등과 모순 그리고 부조리에서 비롯되는 스트레스들을 짊어지는 한국인의 모습이 참 슬프기까지 하다. 편안함과 풍요로움 속에서 사랑이 넘쳐야 할 명절에 모든 사람들이 직간접적으로 스트레스에 노출된다. 그 스트레스들이 쌓여 '명절 칼부림'으로 이어지는 게 아닌가 싶다. 조정게임에 대한 이해가 필요한 이유이다.

정리 명절 스트레스는 조정실패의 상황이다.

유행도 '조정'이다!

패션계에 유행이라는 게 있다. 특히 색깔이 그렇다. 유행 색깔이 실은 2년 전에 결정되어 있다는 걸 알 사람은 안다. 동종기업들끼리 경쟁하는 경우도 많지만 업계 전체가 조정 상태를 교묘히 이용하는 경우도 있다. 의류업계는 서로 경쟁하면서도 업계 전체 매출을 유지하기 위해 유행 색깔을 이용한다. 새삼스러운 얘기지만 해마다 유행하는 색깔은 미리 정해진다. 유행 색깔과 관련해 중요한 역할을 하는 곳이 '국제유행색위원회(Intercolor)'인데 1963년 파리에서 설립됐다. 인터컬러는 2년 후 유행 색깔을 제안한다. 우리가 생활 속에서 맞이하는 유행 색상은 인터컬러가 2년 전에 결정한 것이라고 볼 수 있다. 한국 역시 1992년부터 인터컬러 회원으로 활동하고 있다. 유행 색깔에 무관심한 사람들도 많다. 패션 잡지를 보면 겨울인데도 내년 여름 유행할 패션들이 소개된다. 그러한 예상이 가능한 건 인터칼러가 트렌드를 정해놓았기 때문이다. 유행 색깔을 미리 정하는 이유가 있다. 사람들이 색상에 대해 이야기를 더 많이 나누도록 자극하기 위해서다. 색상이 정해지면 전 세계 의류업계는 그에 맞추어

일제히 움직이기 시작한다. 그 색상이 빨간색이면 빨간색을 기조로 내건 패션쇼가 여기저기서 벌어지고 각국의 패션 잡지는 빨간 색을 강조하며 소비자들을 현혹한다. 그러면 사람들은 자신들도 모르게 유행하는 색상의 옷을 사게 된다. 소비자는 최신 유행이란 말에 민감하다. 패션 감각이 있는 사람들은 유행에 뒤지는 것을 싫어하기 때문이다. 유행 색상은 의류업계를 조정상태로 이끈다. 소비자는 다른 소비자들이 빨간색을 선호할수록 자신도 빨간색을 선호하게 된다. 유행이 없다면 어떻게 될까? 의류업계가 직면하는 가장 난감한 상황은 소비자들이 옷을 새로 사지 않고 작년에 산 옷을 다시 꺼내 입는 것이다. 옷이 닳아져 옷을 사는 경우는 많지 않다. 대부분 유행에 뒤처져서 새로 사는 것이다. 만약 소비자들이 모두 옛날 옷을 다시 입으면 의류업계는 망한다. 의류업계는 조정게임의 구조를 정확히 이해하고 있는 것이다. 그렇기에 일단 의류업계 전체 매출을 늘리려는 것이다. 의류회사들이 독자적으로 트렌드를 유행시키겠다고 경쟁하기보다 유행 색상과 패션을 정해 소비자들로 하여금 새로 옷을 구입하도록 유도하는 게 중요하다. 소비자들의 구매욕이 떨어지면 의류회사들 간에 경쟁도 의미가 없어진다. 유행 색상과 패션을 미리 정해놓는 이유인 것이다.

CHAPTER 06

순차적 게임

지금까지 살펴본 게임들은 모두 경기자들이 전략선택을 동시에 하는 경우였다. 그렇게 선택을 동시에 하는 게임을 동시적 게임이라고 한다. 하지만 순서에 따라 선택을 하는 게임도 많다. 예를 들어, 한국인이 명절에 모여 즐겨하는 '고스톱' 게임에는 순서가 정해져 있다. 그렇게 전략선택에 순서가 있는 게임을 순차적 게임이라고 한다. 한국에서 순서는 매우 중요하다. 그 순서는 대개는 서열을 의미하기 때문이다. '장유유서'라는 말도 있지 않던가? 각종 모임에 가보면 자신들만의 방식으로 서열을 정해 식탁에 앉는다. 지금은 찾아보기 어렵지만 과거엔 술잔 돌리는 문화가 있었다고 한다. 자신이 마시던 술잔을 옆사람에게 권하는데 서열을 잘 파악해 술을 잘 권해야 출세길이 열렸다고 한다. 과장이겠지만 술잔을 잘못 돌려 인사상 불이익을 받은 사례도 있었다고 한다. 술 권할 때 서열을 어겨 상사가 대노해 '괘씸죄'로 찍혔다는 것이다.

이번 장의 게임은 전략선택을 하는 데 순서가 존재한다. 순서라는 말은 시간차를 담고 있다. 동시적 게임에선 시간에 대한 고려가 빠져 있었다. 즉, 모두가 동시에 전략선택을 한다. 하지만 현실에선 전략선택이 동시적인 경우보다 순차적인 경우가 더 많을 수도 있다. 연구자에 따라 동시적 게임을 '정적(Static) 게임'이라고 지칭하고 순차적 게임을 '동적(Dynamic) 게임'이라고 지칭하기도 한다. 어떻게 부르느냐는 독자 마음이다. 중요한 건 순서의 여부이다. 순차적 게임에 대해 좀 더 알아보자. 직관적으로 시간이 지남에 따라 형세가 바뀔 수 있다. 지금까지 소개된 게임들은 시간이 배제됐었기에 시간 흐름에 따라 상황이 변하는 일도 고려되지 않았다. 죄수의 딜레마를 다시 살펴보면, 체포된 두 명의 용의자들이 '자백'할지 아님 '침묵'할지를 각 조사실에서 동시에 결정한다. 물론 물리적으로 시간차가 발생할 수 있지만 각 조사실에서 그 용의자가 자백했는지 아님 침묵했는지 알 수 없다면 그건 동시적 게임이라고 말할 수 있다. 예를 들어, 용의자 A의 선택이 알려진 후 용의자 B가 선택을 하면 그건 동시적 게임이 아니라 순차적 게임이 된다.

엄밀히 말하면, 순차적 게임에서 순서가 있다는 말은 상대의 전략선택을 관찰한 다음 자신의 최선전략을 선택하는 것을 의미한다. 동시적 게임이 순차적 게임으로 바뀌면 결과가 바뀔 수 있다. 상대의 전략선택을 관찰할 수 없다면 그건 동시적 게임과 크게 다를 수 없을 것이다. 결과가 똑같기 때문이다. 이처럼 게임이론에선 순서가 꼭 물리적 시간 차이를 의미하지 않는다. 하지만 대개의 순차적 게임들에서는 경기자 간 전략선택에 있어 물리적 시간 차이가 존재한다. 시간 흐름에 따라 경기자들은 각기 최선전략을 선택하고 그에 따라 결과가 나타난다. 순차적 게임에서 중요한 건 전망이다. 즉, 미래를 내다보는 지혜이다. 상황은 시간에 따라 변해간다. 시간에 따라

게임 상황이 어떻게 변할지에 대해 안목이 없으면 크게 불리해질 수 있다.

정리 순차적 게임에선 순서가 있다.

토사구팽

한국 정치사에서 '토사구팽'이란 말이 자주 등장한다. 말 그대로 토끼사냥이 끝나면 토끼몰이에 이용된 사냥개를 삶는다는 뜻이다. 토사구팽은 권력의 속성이라고 한다. 지금 '토사구팽'을 인터넷에서 검색해보면 얼마나 많은 예들이 있었는지 직접 확인할 수 있다. 권력을 독차지하기 위해 생사고락을 같이한 동료나 부하를 잔혹하게 내쳐 버리는 일이 비일비재하다. 누군가로 하여금 권력을 잡도록 도와주고 그가 권좌에 오르면 공신들은 상이 있을 걸로 기대한다. 실제로 공신들에게 상을 내리는 경우도 많다. 논공행상이라고 한다. 하지만 권좌에 오른 권력자 입장에서 보면 고생을 같이 했던 공신들이 오히려 부담스러워질 수 있다고 한다. 그렇기에 몇몇 공신들은 비참한 최후를 맞기도 한다. 토사구팽이란 고사는 원래 중국 춘추시대에 있었던 일이다. 범려와 문종은 월나라 왕 구천을 도와 오나라를 무너뜨린 최고 공신들이었다. 범려는 구천의 인품에 실망해 제나라로 떠나면서 친구 문종에게 "새 사냥이 끝나면 좋은 활은 감추고, 토끼 사냥이 끝나면 사냥개는 삶아 먹는다"라는 충고의 글을 남겼다. 문종은 상을 바라며 월나라를 떠나지 않고 주저하다가 구천에게 반역

자로 찍혀 결국 자결한다. 몇 백년 뒤 진시황에 의해 중국이 통일되었다가 그의 사후에 지방 제후들의 세력 다툼 속에 다시 분열이 시작된다. 모든 세력들이 유방과 항우를 중심으로 양분되었고 그 둘의 대립을 드라마틱하게 엮은 게 초한지이다. 결국 유방이 항우를 무너뜨리고 천하를 다시 통일해 세운 나라가 한나라이다. 강성한 항우를 무찌르는 데 한신의 공이 컸다. 한신은 군사를 부리는 데 재주가 뛰어났다. 조나라를 칠 때 그가 썼던 배수진은 지금도 많이 회자된다. 뒤에 다시 언급할 것이다. 한신이 유방의 명령을 받아 항우를 치러 제나라(지금은 산동성 지방)에 출병했을 때, 참모 괴철이 한신더러 유방으로부터 독립을 하라고 권했다. 괴철은 한신이 항우를 멸망시키고 나면 유방이 한신을 어떻게 대우할지 모르기에 빨리 독립하는 게 유리하다고 바른말을 했다. 즉, 한신에게 항우를 치지 말고 제 지역을 근거로 나라를 하나 더 만들어 유방 항우 한신 셋이서 천하를 나눠 갖으라고 권했던 것이다. 천하삼분지계였다. 천하를 셋으로 나누면 서로가 서로를 경계하기 때문에 내쉬균형이 확립될 수 있다고 내다본 것이다. 그 내쉬균형하에선 어느 한 나라가 홀로 이탈하여 다른 한 나라를 치러 갈 수가 없다. 따라서 긴장 속에 평화가 유지될 수 있다는 생각이었다. 즉, 유방이 항우를 치러 나서면 배후에 있는 한신이 유방을 치게 된다. 항우도 한신도 모두 같은 원리가 적용된다. 괴철의 통찰은 몇 백년 후 조조, 유비, 손권이 천하를 셋으로 나눌 때 논리를 제공한다. 어쨌든 한신은 괴철의 제안을 거절하고 말았다. 유방이 그렇게 배은망덕한 사람일 리가 없다는 이유였는데 잘 알려진 대로 훗날 유방은 한신에게 죄를 뒤집어 씌운다. 한신의 재능이 불안했기 때문이었다. 괴철의 말대로였다. 그 이야기는 너무나 유명하지만 말하는 이에 따라 모두 다르게 전한다. 실제로는 한신을 시기하는 사람들이 유방의 경계심을 일깨웠을 수도 있다. 한신도 몇 차례 처신이 서툴렀다. 그에 따라 유방으로부터 의심을 샀다. 하지만 옛정을 생각한 유방은 한신을 사면해줬다. 대신 그의 군권을 빼앗았고 벼슬을 낮추었다. 한신을 죽인 사람은 유방보다 더 권력욕이 강했던 유방의 부인 여치였다. 자신의 아들을 세자로 옹립하기 위해 한신이 방해가 될 것 같아서였다. 어쨌든 괴철이 내다본 건 정확했다. 유방이 죽였든 그 부인이 죽였든 한신은 공을 세우고 난 후 공만큼 상을 받긴 커녕 말 그대로 '팽'당했다. 재밌는 건 후에 유방이 괴철을 체포해 그 죄를 물었다고 한다. 괴철의 대답이 임금을 보고 개가 짖는다면 그건 임금이 도둑이어서가 아니라 그 개의 주인이 아니어서 짖는다는 식으로 대답을 했다고 전한다. 유방은 괴철이 괘씸했지만 신하들이 듣고 있어서 그랬는지 몰라도 그 말은 맞다 하며 괴철을 풀어줬다고 한다. 그 후 괴철은 광인 행세를 하며 숨어 살았다고 전한다. 그러한 '팽' 사례는 한국에서도 많다. 임진왜란에서 이순신 장군이 큰 군공을 세웠다는 건 모든 한국인이 안다. 심지어는 일본인들도 안다. 실은 그들이 이순신 장군에 대해 더 잘 알고 있다. 이순신 장군을 기리기 위해 현충사를 세운 건 한국인들이 아니고 일제 강점기 시절 일본인들이었다. 드라마 '불멸의 이순신'에서도 나오듯 임진왜란이 끝나자마자 선조가 이순신 장군을 경계하는 장면이 나온다. 선조는 이순신뿐만 아니라 임진왜란 중 공이 컸던 아들 광해군도 미워했던 것으로 알려져 있다. 그와 같은 일화들을 통해, 어떤 일에 매진할 때 그 일이 종료되고 나면 어떤 게임이 전개될지 내다보는 지혜가 필요함을 알 수 있다. 시간이 지나고 나면 전략을 선택하는 상황이 달라질 수 있다. 먼저 개념들을 익히기 위해 단순한 게임들을 분석해보자.

언론의 특종경쟁

먼저 언론사들 간 특종경쟁을 생각해보자. 최근 한국에서 신문사들의 '눈길끌기' 경쟁은 가히 점입가경이다. 지금이라도 포털에 들어 가보면 온갖 선정적인 뉴스들이 가득 차있다. 이는 모두 전략적 사고의 결과이다. 발매 시간이 다른 경우도 존재한다. 예를 들어, 조간도 있고 석간도 있다. 발매 시간이 같다면 동시적 게임이라고 파악할 테지만 발매 시간이 서로 다르면 순차적 게임이라고 파악할 수 있다. 물론 모든 뉴스와 정보가 중요하지만 독자의 눈길을 끌기 위해선 헤드라인이 가장 중요하다. 최근엔 사람들이 포털을 통해 뉴스를 접하지만 과거엔 주로 신문 가판대에서 현금을 주고 신문을 사서 읽었다. 지금도 주간신문들은 지하철역이나 버스터미널에서 가판대 경쟁을 하고 있다. 토요일에 발매하는 '갑' 신문과 일요일에 발매하는 '을' 신문이 있다고 해보자. '갑' 신문이 '을' 신문보다 발매일이 하루 더 빠르다. 헤드라인에 올라오는 내용들을 분류하자면 다양하겠지만, 분석을 단순화하기 위해 '스캔들'과 '경제전망' 두 가지가 있다고 가정하자. 주간신문을 반드시 한 권 사는 독자가 200만 명 있다고 하고 '스캔들' 기사에 관심이 있는 독자는 그중 140만 명, 그리고 '경제전망' 기사에 관심 있는 독자는 60만 명이라고 하자. 전략 선택에 순서가 있으므로 '갑' 신문이 먼저 특집기사를 정하고 난 다음 '을' 신문이 특집기사를 정하게 된다. 어떻게 '을' 신문이 '갑' 신문의 선택을 보고 특집기사를 결정할 수 있느냐고 의문을 제기할 수 있다. 하지만 주간신문들은 대개 자기 신문이 발매되기 전 독자의 기대감을 끌어올리기 위해 예고를 하는 경우가 많다. '을' 신문은 '갑' 신문의 예고를 보고 어느 것을 특집 기사로 결정할지 가능하다. 마찬가지로 '을' 신문도 독자들에게 예고를 할 것이다. 독자들은 주간신문사들의 예고를 보고 가판대에서 직접 주간신문을 살 수 있다.

만약 두 주간신문이 서로 다른 특집기사를 실으면 관심 독자들을 모두 확보할 수 있다고 하자. 같은 종류의 특집기사를 실으면 먼저 발매한 '갑' 신문 쪽으로 더 많은 독자가 모일 것이다. 왜냐하면 한 번 다뤄진 이슈를 다시 다루면 흥미가 반감되기 때문이다. 즉, 두 주간신문사가 같이 '스캔들' 기사를 선택하면 '갑' 신문은 독자 90만 명, '을' 신문은 독자 50만 명을 확보할 수 있다고 하자. 같이 '경제전망' 기사를 선택하면 '갑' 신문은 독자 50만 명, '을' 신문은 독자 10만 명을 확보할 수 있다. 그런 상황에서 각 신문사는 어떤 특집기사를 실으려 할까?

먼저 후발자인 '을' 신문의 입장에서 생각해보자. '을' 신문은 만약 선발자인 '갑' 신문이 '스캔들' 기사를 선택했다면, '경제전망' 기사를 선택(보수 60)하는 편이 '스캔들' 기사를 선택(보수 50)하는 것보다 보수가 높아진다. 한편, 만약 선발자인 '갑' 신문이 '경제전망'을 선택했다면 '을' 신문은 '스캔들'을 선택(보수 140)하는 편이 '경제전망'을 선택(보수 10)하는 것보다 보수가 높아진다. 그런데 '갑' 신문이 '스캔들' 기사를 내보내면 보수가 높아지는 명백한 상황인데 '을' 신문 좋으라고 일부러 '경제전망' 기사를 내보내는 일은 없을 것이다. 후발자인 '을' 신문은 선발자인 '갑' 신문의 선택을 관찰할 수 있기 때문에 '갑' 신문의 선택에 따라 최상의 선택을 하면 된다. '갑' 신문이 '스캔들' 기사를 선택하고 '을' 신문은 '경제전망' 기사를 선택하는 걸로 게임이 종결될 것이다. 이 게임에서 누가 얼마를 얻는지도 예측할 수 있다. 네 가지 결과가 가능하다. 그 네 가지는 (스캔들, 스캔들), (스캔들, 경제전망), (경제전망, 스캔들), 그리고 (경제전망, 경제전망)이다. 이 중에 (스캔들, 경제전망)이 균형이다. 게임의 특성에 따라 전략 선택 단계가 많아지기도 한다. 나중에 다시 논의 하겠지만 실생활 속에선 이러한 순차적 게임들이 대부분이다. 균형 개념을 갖추면 동적 게임을 통해 경기자들이 미래에 어떻게 자신들의 행동을 결정할 것인지 예측할 수 있다. 그 개념을 확장해보면 미래에 대한 전망은 경기자들의 행동예측과 연관된다.

역진귀납법: 알파고

'갑' 신문은 '을' 신문 입장에서 최선의 전략 선택을 생각해보고 자신에게 최선인 전략을 생각했다. 그렇게 자신의 전략 선택에 따른 다른 경기자의 전략 선택을 예상하는 것을 '역진귀납법(backward induction)'이라고 한다. 순차적 게임에서 핵심이 되는 전략적 사고법은 바로 이 역진귀납법이다. 쉽게 말해, 역진귀납법은 '역지사지' 원리에 바탕을 둔다. 어떤 연구자는 '후방귀납법'이라고도 부른다. 즉, 자신이 어떤 행동을 하고 나면 상대는 어떻게 반응할까를 생각해보는 것이다. 한국엔 체면치레란 게 있는데 역지사지와 유사하다고 볼 수 있다. 한데 게임이론의 역진귀납법은 실질적 보수를 극대

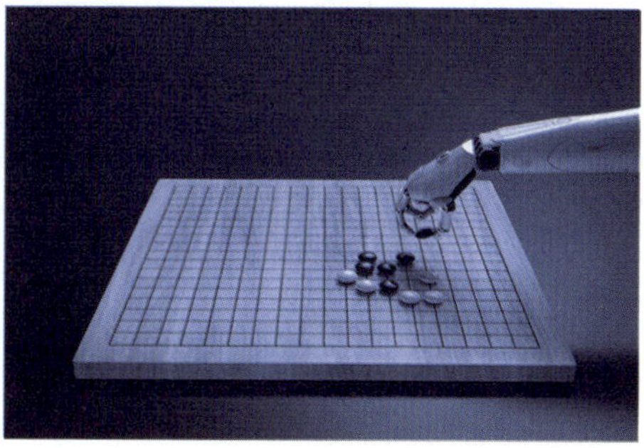

화하기 위한 것이지만 체면치레는 감정적 허영을 극대화한다는 점에서 약간 다르다고 볼 수 있다. 하지만 원리는 비슷하다. 즉, 그렇게 하면 남들이 어떻게 생각할까를 생각해보는 것이다. 바둑을 둘 때 수를 내다본다고 표현한다. 즉, 한 경기자가 돌을 어디에 놓느냐에 따라 상대가 놓는 돌의 위치가 달라질 수밖에 없다. 그렇게 수와 응수가 오가며 게임의 결과가 나온다. 경기자 모두 자신의 승리를 위해 치열한 수 싸움을 벌인다. 실제로 시장 내에서도 그러한 수 싸움이 치열하게 전개된다. 정치판에서도 마찬가지다.

괴철이 한신에게 삼분지계를 낸 것은 한신이 항우를 격파하고 난 다음 상황을 생각해보았기 때문이다. 그가 생각한 기본 전제는 권력은 절대 나눠질 수 없다는 것이었다. 그 시각에서 파악할 때, 유방이 자신의 권력을 오로지 하기 위해서는 한신을 내칠 수밖에 없다는 결론에 도달했던 것이다. 괴철이 한신에게 독립을 권했던 이유였다. 정작 바둑을 두는 사람들은 수가 안 보이지만 옆에서 훈수를 두는 사람들은 수가 잘 보인다고 한다. 괴철의 입장이 그와 같았다. 한신이 지혜롭지 못해서 괴철의 제안을 받아들이지 않은 것이 아니라 경기에 너무 몰입해 있다 보니 객관성을 잃고 만 것이다. 어쨌든 괴철이 미래 상황을 조금 더 냉철하게 내다보고 한신으로 하여금 항우를 멸망시키지 말라고 했던 것이다. 그처럼 자신이 원하는 결과를 위해 미래를 내다보고 그 미래에 다른 경기자들이 어떻게 행동할지를 예측한 다음 미래의 자신에게 가장 유리한 결과를 이끌어내기 위해 지금 시점에서 자신의 전략 선택을 결정하는 것이 역진귀납법의 가장 큰 목적이다. 언젠가 이세돌과 인공지능 '알파고'의 경기가 큰 주목을 끌었는데 '알파고'의 수 선택도 역진귀납법을 바탕으로 한 것이다. 실제로 사람들은 일상생활 속에서 역진귀납법을 많이 활용하고 있다.

정리 역진귀납법이란 경기자가 미래를 내다보고 그 미래에 다른 경기자들이 어떻게 행동할지를 예측한 다음 지금 시점에서 자신에게 가장 유리한 결과를 이끌어낼 수 있는 전략선택을 결정하는 것이다.

게임나무와 해법기술

순차적 게임에선 앞을 내다보는 게 중요하다. 순서에 따라 전략 선택이 이뤄지기 때문이다. 시간이 지나가며 상황이 변할 수 있음도 고려해봐야 한다. 그 경우, 미래의 선택 가능한 전략들을 미리 내다보는 안목이 필요하다. 그 안목은 어떻게 배양될까? 일단 게임이 시간을 두고 어떻게 전개되는 지를 정확히 고찰할 필요가 있다. 그렇기에 게임이론에선 그림을 그려볼 것을 제안한다. 순차적 게임을 직접 그려보면 대개 나무처럼 보인다. 따라서 '게임나무(game tree)'라고 지칭된다. 일단 그러한 게임나무를 그려 분석하는 연습이 필요하다. 동시적 게임에서 우리는 보수행렬표를 작성해 합리적 선택을 모색했다. 순차적 게임에서는 게임나무를 그려 보는 게 도움이 된다. 게임이론 분석에서 매우 중요한 도구 중 하나이다.

그림 1 게임나무

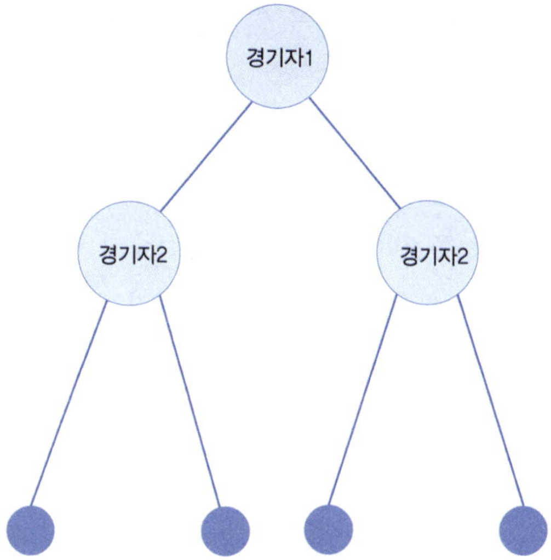

게임 나무는 다음과 같이 마디와 가지로 이루어진다.

1) 마디: 경기자가 전략선택을 결정해야 하는 '의사결정마디', 게임의 결과와 보수를 나타내는 '종결마디'로 구분됨.
2) 가지: '의사결정마디'에서 각 경기자의 선택지마다 뻗어 나와 다음 '의사결정마디', 또는 결과가 되는 '종결마디'를 잇는 선.

모든 나무에 뿌리가 있듯 모든 게임 나무에도 뿌리가 있다. 위 그림에서는 가장 위쪽에 있는 마디가 바로 그 뿌리이다. 나무는 뿌리가 나무의 맨 밑에 달려 있지만 게임나무에서는 맨 위쪽에 달려 있다. 가장 먼저 행동하는 경기자의 의사결정점이 뿌리인 것이다. 의사결정마디 아래에는 어느 경기자가 어떤 행동을 하는지 적어 놓는다. 모든 의사결정마디에는 각 선택지를 잇는 선이 뻗어져 나간다. 가지라고 부른다. 각 가지가 어느 선택지에 대응되는지 써놓는다. 의사결정마디에서 경기자가 선택지를 고르는 건 가지를 고르는 게 된다. 그 결과 그 가지 끝에 있는 마디로 경기자가 이동한다. 그런 식으로 계속해서 의사결정마디가 바뀌다가 종결마디에 이르면 게임은 끝이 난다. 그러면 종결마디에 경기자의 보수가 적혀져 있다. 각 경기자가 선택한 뿌리에서 종결마디까지 이어지는 가지를 연결하는 것을 경로(Path)라고 부른다.

먼저 의사결정을 내리는 경기자를 선도자(first-mover 또는 leader)라고 부르고 후에 의사결정을 내리는 경기자를 후발자(second-mover 또는 follower)라고 부른다. 한국에선 선도자를 더 짧게 '갑'이라고 부르고 후발자를 '을'이라고 부르기도 한다. 한국 사회에서 많은 논란을 일으켰던 '갑을 관계'는 실은 게임이론에서 유래했다고 볼 수 있다. 왜냐하면 게임이론이 수입되어 번역되는 과정에서 선도자와 후발자를 '갑'과 '을'로 표현했기 때문이다. 앞으로 논의하겠지만 순차적 게임에서 대개 선도자인 '갑'은 후발자인 '을'에 대해 전략적으로 우위에 선다. 수리적인 모형을 통해 풀어보면, '갑'이 '을'보다 더 큰 보수를 가져가게 된다. '갑'은 자신에게 유리한 의사결정을 먼저 내릴 수 있고, '갑'이 의사결정을 내리고 난 다음에 비로소 '을'이 의사결정을 내릴 수 있기 때문이다. 즉, '갑'에겐 선택 가능한 전략들이 더 많다. 직장에서 상사(갑)가 '퇴근'이라는 의사결정을 하고 난 다음에야 부하직원(을)이 '퇴근'할지 말지를 결정하는 것도 어찌 보면 갑을 문화의 한 단면인데 게임이론 시각에서 의미를 부여한다. 퇴근

시간을 정하는 게 전략이라고 생각해보자. 상사는 퇴근 시간을 여섯 시 이후 아무 때나 정할 수 있지만 부하직원은 상사보다 늦게 퇴근하는 것이 관례이다. 따라서 상사는 부하직원에 비해 선택 가능한 전략이 많다고 볼 수 있다. '퇴근하겠습니다'라는 제목의 노래는 한국형 갑을 문화의 한 단면을 보여준다. 퇴근 시간이 넘었는데 퇴근을 하지 않고 있는 부하직원은 전략적으로 열위에 있기 때문이다. 순차적 게임의 기본적 사고방식은 동시적 게임과 같다. 각 경기자의 입장에서 생각하고 각 경기자에게 최선전략을 찾을 수 있다. 객관화하여 제3자의 입장에서 보면 경기자들이 순서에 따라 어떻게 전략을 선택할지 예측할 수 있다. 동시적 게임과는 다르게 순차적 게임에서는 맨 마지막에 행동하는 경기자부터 거슬러 올라가며 생각하는 게 더 쉽다.

역진귀납법을 이용하여 순차적 게임을 푸는 방법은 매우 간단하다. 다음과 같다.

1) 우선 순차적 게임이 완전히 끝나기 직전의 의사결정마디의 경기자(의사결정마디의 모든 가지가 종결마디로 이어지는 경기자)를 생각한다. 그리고 그 경기자에게서 최선전략을 찾는다.
2) 다음으로 그 경기자의 직전에 이어지는 의사결정마디로 이동해 그곳에서 전략을 선택하는 경기자의 최선전략을 찾는다.
3) 2)번 작업을 모든 경기자의 전략선택이 정해질 때까지 반복한다.

간단한 예를 살펴보자.

진출게임

진출게임은 흔한 경우이다. 동네에 '홍콩반점'이라는 중국집이 하나 있고 고객은 하루 100명이라고 해보자. 다른 누군가가 그 동네에 중국집을 내기 위해 가게를 알아보고 다닌다고 소문이 났다. '상해반점'이라고 벌써 가게 이름까지 정했다고 한다. '홍콩반점'은 그 상황을 두 손 놓고 보고만 있을 수 없을 것이다. 어떻게 대응할까? 일단 '홍콩반점' 주인은 기분이 상할 만큼 상해서 '상해반점'이 들어서기만 하면 가만히 있지 않겠다고 엄포를 놓을 것이다. 음식 가격을 반으로 낮춰 '상해반점'이 시장에 정착할 수 없도록 한다는 계획도 세울 수 있다. 즉, '홍콩반점'이 출혈경쟁을 통해 '상해반점'으로 하여금 영업이익을 내지 못하게 만드는 것이다. 이때 '상해반점'은 어떻게 할까? 이 역시 순차적 게임 상황이다. 먼저 '상해반점'에게는 두 가지 선택지가 있다. '진출'과 '진출포기'이다. 이에 맞서는 '홍콩반점'은 어떤 선택지가 있을까? '상해반점'이 시장진출을 결정했을 때 '출혈경쟁'와 '용인'이라는 두 가지 선택지가 있다. '출혈경쟁'이란 시장을 뺏기지 않기 위해 '상해반점'이 들어오면 즉각 가격인하를 단행, 영업이익을 내지 못하도록 조치를 취하는 것이다. 하지만 가격인하를 단행하면 '상해반점'의 이윤도 줄어들지만 '홍콩반점'의 이윤도 줄어든다. '용인' 전략은 '홍콩반점'이 싸워봐야 소용없음을 깨닫고 '상해반점'을 인정하고 시장을 나누어 선의의 경쟁을 계속하는 것을 의미한다. 게임이론의 요체는 행동을 예측하는 것이라고 했다. 어떻게 될까?

순차적 게임 분석을 위해 게임나무를 그려 상황을 정리해가면 쉽다. 두 반점의 경쟁 구조엔 시간이 포함되어 있다. 먼저 게임나무를 그려 의사결정 순서에 따라 각 경기자에게 주어진 선택지를 표시해보자. 먼저 '상해반점'이 진출할지 아니면 진출을 포기할 것인지에 대해 결정을 내려야 한다. 보수를 쉽게 표시하기 위해 각 반점이 가져가는 고객수가 보수를 나타낸다고 가정하자. 원래 '홍콩반점'이 시장을 독점하고 있었으니까 '홍콩반점'의 보수는 '100'이다. 즉, '홍콩반점'의 엄포에 놀라 '상해반점'이 진출을 포기하면 '홍콩반점'의 보수는 '100'이 된다. 대신 '상해반점'의 보수는 0이 될 수밖에 없다.

'상해반점'이 진출을 결정하면 그 다음 의사결정 주체는 '홍콩반점'이다. 앞서 언급한 대로 '홍콩반점'에게는 '출혈경쟁'과 '용인'이라는 두 가지 선택지가 있다. '상해반점'이 진출할 때 '홍콩반점'이 '출혈경쟁'을 선택하면 어떻게 될까? 즉, '상해반점'에 타격을 주기 위해 음식 가격을 내려 손해를 감수하며 음식을 파는 것이다. 말 그대로 과당경쟁이 벌어져 '상해반점'과 '홍콩반점' 모두 이윤이 줄어들 것이다. 이해를 쉽게 하기 위해 이때 두 반점이 얻을 수 있는 보수를 각각 '30'이라고 해보자. '상해반점'이 입점을 하기 위한 비용이 '20'이 들어간다고 가정하자. 그렇게 되면 '홍콩반점'은 보수가 30이 되고 '상해반점'은 보수가 10이 될 것이다. 반대로 '홍콩반점'이 '상해반점'의 입점을 용인하면 어떻게 될까? 그 경우 '홍콩반점'과 '상해반점'이 고객을 반반 나눠가질 것이다. 물론 '홍콩반점'은 시장을 독점하고 있을 때 얻었던 '100'보다 적은 보수를 얻게되므로 분개하지 않을 수 없다. 그래서 '홍콩반점'은 '상해반점'에 대해 엄포를 놓았던 것이다.

게임은 어떻게 결말을 맺게 될까? 우선 두 반점이 동시적으로 전략을 선택한다고 가정하고 보수행렬표 만들면 아래와 같다.

		상해반점	
		진출	진출포기
홍콩 반점	출혈경쟁	(15,5)	(100,10)
	용인	(50,40)	(100,10)

그림 2 진출게임

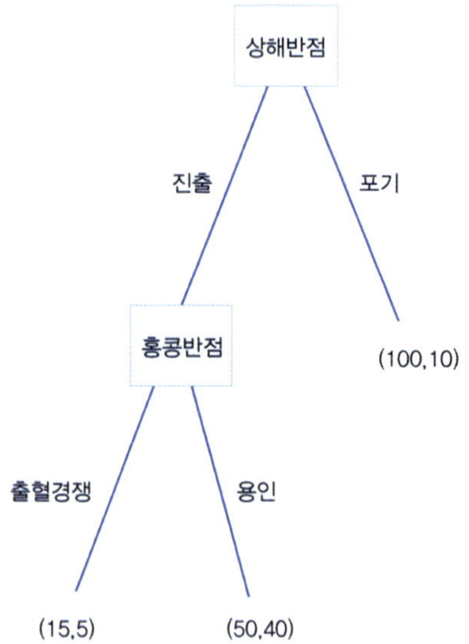

동시적 게임이라고 보면 내쉬균형은 두 전략조합이다. (진출포기,출혈경쟁)과 (진출,용인)인 것이다. 내쉬균형의 가장 큰 특징은 그 균형점에서 모든 경기자들에게 이탈 유인이 없다는 것이었다. 두 전략조합 모두 경기자들의 이탈 유인이 없음을 알 수 있다. 의사결정 순서가 중요하다. 첫 번째 균형은 현실적일까? 실제로 게임을 해보면 첫 번째 균형은 일어나지 않을 것이다. 왜냐하면 의사결정 순서에 따라 '상해반점' 입장에서 자신이 먼저 '진출'을 선택하면 '홍콩반점'은 '용인'을 선택할 수밖에 없어 자신이 '50'만큼의 보수를 얻을 수 있음을 알기 때문이다. '상해반점'이 진출을 포기하면 진출비용 '10'을 아낄 수 있어 결국 '10'만큼의 보수를 얻는다. 진출하게 되면 '10'만큼의 진출비용을 제한다 하더라도 '40'만큼을 얻을 수 있기 때문에 '상해반점'은 시장에 진출하려 할 것이다.

물론 '상해반점'은 진출했을 때 이미 동네에 자리 잡고 있던 '홍콩반점'의 저항을 피하고 싶을 것이다. 보수를 '5'밖에 얻지 못하는 최악의 상황이기 때문이다. '홍콩반점'이 '출혈경쟁'을 할 것이 확실하다면 '상해반점'은 진출을 포기하는 것이 보다 유리하다. 그런데 잘 생각해보자. 게임나무를 그려놓고 보면 '상해반점'이 동네에 진출했을 때 '홍콩반점'이 정말 '출혈경쟁'을 하려 할까? 이게 중요한 포인트다. '상해반점'이 진출을 결정했을 때 '홍콩반점'이 '출혈경쟁'을 해서 별로 얻을 게 없다. 오히려 손해만 발생한다. 즉, '홍콩반점'이 '상해반점'과 싸우면 '15'를 얻고, '상해반점'을 용인하면 '50'을 얻게 되는 상황에서 '홍콩반점'이 굳이 싸우려 할까? 물론 '홍콩반점'의 상한 감정은 말할 것도 없다. '홍콩반점'이 '출혈경쟁'을 통해 '상해반점'을 쫒아내는데 성공하고 일순간 감정이 후련해졌다고 해보자. '상해반점'이 포기하고 나면 다시 진출을 시도할 다른 반점이 없을까? 그 동네에서 중국집을 차려 큰 이윤을 남기고 있는 한 다른 중국집의 진출 시도와 경쟁은 피해갈 수 없다. 그게 시장원리이다. 이윤이 있으면 반드시 시장 내 경쟁이 발생한다. 그렇게 자연스러운 원리를 거슬러 손해까지 감수해가며 '홍콩반점'이 '상해반점'의 진출을 막으려 하는 건 지혜롭지 못하다. 차라리 경쟁자 '상해반점'을 용인하고 시장을 나눠 가진 다음 다른 경쟁자의 추가 진출을 공동으로 막는 것이 보다 지혜로울 수 있다.

실제로 '홍콩반점'이 생각하는 최상의 경우는 '상해반점'이 '출혈경쟁'이라는 엄포에 지레 겁을 먹고 시장진출을 포기하는 경우이다. 즉, '홍콩반점'이 싸우지 않고 이기는 것이다. 그렇기에 '홍콩반점'은 '상해반점'이 입점하기 전에 엄포를 놓고 최대한 겁을 주려 할 것이다. 하지만 그러한 겁주기는 허구에 가깝다. 즉, 게임이론에서는 그러한 겁주기를 '허구적 위협(empty threat)'이라고 한다. 허구적 위협은 대개 싸우지 않고 이기기 위한 방편에 속한다. 손자병법에서 최고로 치는 게 싸우지 않고 이기는 것이라고 하는데 바로 이 경우라고 볼 수 있다. 하지만 '상해반점'이 전략적 사고를 갖췄다면 그런 방법이 통하지 않을 것이다.

'이상한' 균형

게임이론 연구자들은 게임들을 분석하며 비현실적 내쉬균형을 배제하는 방법을 모색했다. 역진귀납법이 그중 하나이다. 이미 설명한 대로, 역진귀납법이란 마지막에 의사결정을 하는 경기자부터 분석해 그가 선택할 수 있는 최선은 무엇일까를 생각해보고 차근차근 균형경로를 찾아간다. '역지사지'란 말도 있다. 즉, 입장을 바꿔놓고 그 경기자가 되어 생각해보는 것이다. 진출게임에서는 '상해반점'이 진출할지 포기할지를 처음에 결정하고 그 다음 '홍콩반점'이 싸울지 용인할지를 결정하는 상황이다. 역진귀납법에 따르면, '상해반점'이 '홍콩반점'의 입장이 되어 어떤 결정을 내릴지를 헤아려 보는 것이다. '상해반점'이 진출하게 되면 '홍콩반점'이 내릴 결정은 분명하다. 당연히 용인하고 말 것이다. 그게 더 유리하기 때문이다. 따라서 '출혈경쟁'이라는 선택안은 지운다. 그 다음 '상해반점'의 선택을 생각해 보면, 이미 '홍콩반점'이 '용인'을 선택할 것을 알고 있기 때문에 '상해반점'은 진출을 결정할 것이다. 왜냐하면 '상해반점'이 진출하면 '40'을 얻고 진출을 포기하면 '10'밖에 얻지 못하기 때문이다. 즉, 애초에 '홍콩반점'이 싸운다는 것을 전제로 한 분석은 처음부터 의미가 없다. '홍콩반점'은 '상해반점'의 진출을 막기 위해 애를 쓰겠지만 실제로 '상해반점'이 진출하면 싸우기보다는 전략을 바꾸어 용인하는 쪽을 선택할 것이다. 왜 그런 일이 벌어질까? 시간의 흐름과 의사결정의 순서가 게임의 결과에 크게 영향을 미치기 때문이다. '홍콩반점'의 입장에서 보면 '상해반점'이 진출하기 전과 후의 상황은 전혀 다르다. 시간이 변수가 되는 게임에서는 시간이 경과함에 따라 최선 전략도 달라질 수밖에 없다. 시간을 배제하고 나면 발생 가능한 균형이 더 많아진다. 하지만 시간을 고려하면 그중 어느 균형은 말이 되지 않는다. 즉, 실제로 일어날 수 없는 '비현실적인 내쉬균형'인 것이다. 게임의 결과를 정확히 예측하기 위해 그러한 '비현실적인 내쉬균형'을 배제할 수 있는 지혜가 필요하다. 그러한 지혜를 게임이론에서는 '균형 정화(equilibrium refinement)'라고 한다.

부분게임 완전 내쉬균형

지금까지 설명한 순차적 게임의 해법을 정리해보면 가장 핵심은 역진귀납법이라고 할 수 있다. 순차적 게임의 해는 내쉬균형에 포함된다. 게임의 결과를 게임나무로 표현해보면 선도자와 후발자가 선택한 가지들이 이어진다. 그 이어진 가지들이 바로 균형경로가 된다. 일반적으로 순차적 게임의 결과는 뿌리에서부터 시작, 각 경기자의 최적 선택지들을 연결해 종결마디에 이르게 된다. 하지만 그 경로만으로 게임의 결과를 충분히 설명하지 못한다. '상해반점'이 왜 '진출포기'를 선택했는지를 제대로 설명할 수 없기 때문이다. 따라서 실제로 일어나지 않는 의사결정마디에 대한 설명도 필요하다. 처음에 '상해반점'이 '진출포기'를 선택한 이유는 만약 '상해반점'이 '진입'을 선택했다면 '홍콩반점'이 '출혈경쟁'을 선택할 것이라는 예측이 있었기 때문이다. 행동계획만을 놓고 보면 말이 된다. 즉, 상해반점이 '진입포기'를 선택했을 때에도 '홍콩반점'은 여전히 '출혈경쟁'을 하겠다는 행동계획을 갖고 있는 것이다. 하지만 그 경우 행동계획은 별로 의미가 없다. 왜냐하면 '상해반점'이 진출할 포기했기 때문에 '홍콩반점'이 열을 올려 싸울 일 자체가 사라져 버렸기 때문이다. 순차적 게임의 결과를 제대로 설명하기 위해선 모든 의사결정마디에서 각 경기자가 어떤 선택을 하는지를 적시해야만 한다. 이처럼 모든 마디에서 경기자의 최적선택을 표시하는데 이를 순차적 게임의 해라고 한다. 진출게임에서 '상해반점'의 '진출포기'와 '홍콩반점'의 '출혈경쟁'과 같은 전략선택은 실제 나타나지 않았다. 하지만 그렇게 실제 나타나지 않는 의사결정마디에서도 경기자들이 어떤 선택을 하는지를 보여야만 순차적 게임의 결과를 충분히 설명한 것이 된다.

CHAPTER 07

약 속

지금까지 게임이론에서 기본 축을 이루는 동시적 게임과 순차적 게임들을 살펴보았다. 복잡해 보여도 실은 모든 게임은 동시적 게임과 순차적 게임으로 나뉠 수 있다. 동시적 게임이 순차적 게임으로 바뀌기도 한다. 앞서 게임이론에선 순서가 반드시 물리적 시간 차이를 나타내지 않는다고 설명했다. 죄수의 딜레마 게임에서 어느 한 죄수가 먼저 전략선택을 했다고 해도 그 죄수가 무엇을 선택했는지를 다른 죄수가 알지 못하면 설령 선택에 물리적 시차가 발생했어도 그러한 경우는 동시적 게임과 결과가 같다고 했다. 이와 유사하게 동시적 게임이 순차적 게임과 같은 결과를 낳기도 한다. '공약'을 통해서다. 공약이란 쉽게 말해 약속과 비슷하다. 상대에게 자신이 어떤 선택을 할 것인지를 공언을 통해 미리 알려주는 것이다. 약속은 전략적 가치가 있다. 전쟁 중에도 약속이 있다.

사나이들 약속: 조조, 장료, 관우

삼국지에도 약속에 관한 일화가 있다. 조조와 관우 얘기를 다시 해보자. 앞서 적벽대전을 언급할 때, 관우와 조조의 옛정이 깊다고 했는데 그 사연은 다음과 같다. 유비 관우 장비는 도원결의한 의형제들이다. 그들이 의형제가 된 것은 서로 간의 '약속' 때문이다. 즉, 서로를 친형제처럼 여기기로 '약속'을 했던 것이다. 한번은 그들이 서주에서 조조군과 전투를 벌여 대패하고 말았다. 관우는 조조군에게 포위를 당했고 큰 위기에 몰렸다. 조조는 관우가 적당히 항복해 주기를 바랐다. 그는 인재를 아꼈기 때문이었다. 관우는 문무 모두 출중했지만 무엇보다도 인의를 무겁게 여겼다. 조조는 내심 관우가 유비를 친형처럼 따르는 것도 질투가 났다. 어떻게든 관우를 항복시켜 자신을 따르게 하고 싶었는데 마침 수하 장수 장료가 관우에게 항복을 권유해보겠다고 나섰다. 장료와 관우는 개인적인 인연이 있었다. 한때 조조와 유비가 협력해 여포를 무찔렀던 적이 있었다. 그때 장료는 여포가 거느리던 장수였다. 여포가 조조에게 사로잡혀 갔을 때 장료도 같이 잡혀갔다. 여포는 조조에게 자신을 살려주면 부하가 되어 천하통일을 돕겠다고 했다. 삼국지에서 무예가 가장 뛰어난 인물은 관우가 아니라 여포였다. 기록에 따르면, 관우와 장비에 더해 유비까지 합세해 덤볐어도 여포를 못 당해냈을 정도였다. 어쨌든 조조는 사로잡힌 여포를 측은하게 바라봤다. 놀라운 건 평소 눈물 많다는 유비였다. 한때 원술이 유비를 혼내주겠다고 대군을 몰고 나타났을 때 신기와 같은 활 솜씨를 보여 유비를 구해준 게 바로 여포였다. 그런 유비가 조조를 충동질 시켰다. 동탁과 여포 관계를 상기시켰던 것이다. 그러자 조조는 안색이 변해 미련 없이 참수를 명령했다. 조조보다 유비가 더 잔인했다. 반면 장료는 살 것을 포기하고 기개 있게 조조를 꾸짖었다. 조조가 역시 참수를 명령하려 했는데 관우가 나서 장료는 인의로운 사람이니 거두어 쓰라고 조조에게 권했다. 이후 장료는 조조의 충신이 되어 크게 활약하고 있었다. 그렇게 관우와 장료가 다른 편이 되어 만난 것이다. 관우는 에워싸였고 퇴로도 없었다. 그 상황에 장료가 무기를 내려놓고 관우를 형님이라 칭하며 스스럼없이 다가갔다. 관우는 장료가 항복을 권하러 온 걸 눈치 채고 항복은 절대 없다고 잘라 말했다. 일단 장료는 관우에게 퇴로가 없다고 일러줬다. 사실이었다. 그때 관우는 유비의 가솔들을 모두 거느리고 있었다.

장료는 관우에게 두 가지를 일깨워줬다. 하나는 관우가 투항하지 않고 고집스레 싸우다 잘못되면 유비의 가솔들을 어떻게 할거냐는 것이었다. 다른 하나는 유비 장비와 도원결의하며 한날 한시에 같이 죽기로 한 맹세는 어떻게 지킬거냐는 것이었다. 진정으로 유비와의 의리를 위한다면, 일단 조조에게 투항하고 차후 유비 소식이 전해질 때 유비에게로 가면 되지 않겠느냐고 반문했다. 관우는 어이가 없어 과연 조조가 그렇게 해주겠느냐고 빈정댔다. 그러자 장료는 조조를 설득해 '약속'을 받아주겠다고 했다. 관우는 현실성이 없다고 생각했지만, 장료가 그렇게 약속만 받아주면 자신도 그렇게 하겠다고 장료에게 '약속'을 해줬다. 장료는 조조를 찾아갔다. 그리고 자신이 관우와 나눈 얘기를 하나도 빠트리지 않고 그대로 전해주었다. 그러자 조조는 낯빛이 변해 그럼 자신이 관우의 항복을 받아줘서 언는 게 뭐가 있느냐며 어이없어 했다. 장료가 대답하기를 "난리통에 현재 유비의 생사도 모른 상황입니다. 설령 유비가 살아있다 쳐도 관우가 승상께 항복했다는 소문이 퍼지면 유비와 관우 사이가 예전 같을 리 있겠습니까? 설령 훗날 관우가 유비를 찾아간다 하더라도 유비는 관우를 의심할 것이고 그렇게 되면 관우는 오히려 갈 곳이 없어질 것입니다. 그러니 승상께서 일단 관우의 항복을 받아주고, 밤낮으로 잔치를 베풀며 정성을 다하시면 첫째 관우는 승상의 덕에 감복해 승상 옆에 머물며 충성을 바칠 것입니다. 설령 관우의 마음이 변치 않는다고 해도 승상께서 관우를 예우할수록 유비의 의심은 커져만 갈 것이니 관우는 결국 갈 곳이 없어져 승상 옆에 머무를 수밖에 없을 것입니다"라는 취지로 얘기를 했다고 한다. 그러자 조조는 속 깊은 장료를 다시 봤다. 그러더니 사람 사귐에 무슨 계산이 있겠냐며 장료를 통해 통 크게 '약속'을 해줬다. 즉, 흔쾌히 항복을 받아주고 관우가 언제든지 떠나고 싶을 때 유비의 가솔들 모두를 이끌고 떠나게 해준다는 약속이었다. 그러자 관우도 조조의 통 큰 제안을 거절할 수 없었다. 조조는 관우를 맞이하자 진정 마음이 들떴다. 한편으로는 관우의 마음을 사기 위해 애썼다. 관우가 그 유명한 적토마를 얻은 것도 이때다. 하루에 천릿길을 달린다는 적토마는 원래 여포가 타던 것인데 조조가 여포를 토벌하고 보관하고 있다가 관우의 심사를 달랜다고 내어준 것이다. 이때 관우가 조조에게 마음을 열었더라면 지금 읽는 삼국지가 재미없었을 것이다. 삼국지의 일화들이 많이 알려져 있지만 실은 게임이론으로 시각에서 볼 때, 이 대목이 가장 재밌는 부분이다. 장료의 분석이 예리했다. 즉, 장료는 상황을 순차적 게임으로 이해하고 있었고, 시간에 따라 미래에 관우가 맞이할 상황이 변하게 됨을 내다봤다. 그 상황에서 조조의 지배전략은 관우를 무조건 극진히 대접하는 것이었다. 그렇게 해서 관우가 마음이 바뀌면 좋고, 설령 그의 마음이 바뀌지 않더라도 유비의 정이 식을 것으로 내다봤다. 그걸 안다면 관우도 결국 마음을 바꿔 먹을 것으로 예상했다. 실제로 장료의 헤아림이 맞았다. 유비도 관우가 투항했다는 소식을 전해 듣고 오죽 궁해서 그랬을까 하며 겉으론 이해한다고 했지만 내심 관우에게 많이 섭섭해 했었다. 나중에 관우는 유비의 거처를 알고 약속대로 조조에게 작별을 고했다. 그리고 유비의 가솔들을 거느리고 유비를 향해 가는 중 우연히 장비와 맞닥뜨리게 된다. 장비는 관우가 조조에게 항복하고 얻어먹은 게 있다는 소문을 들었고 관우를 배신자로 몰아세웠다. 그리고는 당장 둘이 겨루기를 해 모든 걸 끝내자고 펄펄 뛰었다. 만약 유비의 사람됨이 평범했다면 모든 게 장료의 헤아림대로 되고 말았을 것이다. 하지만 유비는 멀리 볼 줄 알았다. 그는 관우의 과거를 다시는 묻지 않았다. 그리고 모든 것이 원래대로 돌아갔다고 한다.

정은 유비보다 관우가 많았다. 후에 관우는 패주하는 조조를 맞닥뜨렸는데 옛정을 생각해 그를 놓아줬다. 그리고 이적 혐의를 뒤집어썼다. 그 일화를 통해 알 수 있는 건 유비의 대범함이라고 말하고 싶지만 사실은 유비의 사람 보는 눈일 수도 있다. 유비는 사람을 잘 보았다고 한다. 일화가 있다. 제갈량은 마속을 높게 봤지만 유비는 마속을 낮게 평가했다. 마속에게 큰일을 맡기지 말라고 제갈량에게 유언까지 남겼다고 한다. 후에 마속은 가정 싸움에서 산 위에 진을 쳤다가 전투가 지구전으로 전환되자 대패하고 만다. 물자가 끊겼기 때문이다. '읍참마속'이라고 하면 제갈량이 마속을 참수하며 슬퍼서 눈물을 흘렸다고 알고 있는데 사실은 다르다. 제갈량이 자신이 사람을 잘못 본 걸 깨닫고 스스로 한심해서 울었다는 것이다. 즉, 제갈량이 유비의 말을 새겨듣지 않고 마속에게 중요한 일을 맡겨 나라가 위태로워지자 자신의 실수가 한스러워 울었다고 한다. 사람을 잘 파악하는 건 직관이다. 유비를 배신하고 떠난 사람이 없다는 점을 들어 유비가 신하들에게 정을 많이 베풀어서라고 이유를 찾기도 하지만 유비가 충성스러운 사람들을 중용했기 때문이 아닐까 싶기도 하다. 직관은 개인차가 크다. 분석할 수 없다. 천하통일을 위해 조조는 관우의 재주도 필요했지만 더 중요한 것은 자신의 평판(reputation)이었다. 평판은 반복게임을 설명하면서 다시 언급할 것이다. 조조는 무력만으로 천하를 통일할 수 없음을 알았다. 즉, 천하통일을 위해선 자신의 포용력을 백성들이 알아줘야 했다. 다만 관우가 조조 수하로 들어가면 가장 반길 사람은 장료였다. 장료는 여포 세력이 몰락하자 조조에게 영입된 경우였다. 조조는 장료를 아꼈다고 하지만 조조의 측근들이 장료를 늘 반갑게 대하지는 않았다. 그렇기에 장료는 인재 영입에 관심이 많았을 수밖에 없었다. 관우도 그 정도 눈치는 있었다. 하지만 장기적인 시각에서 볼 때 자신의 역할이 부각될 수 있는 쪽은 유비였을 수도 있다. 조조 밑에는 인재들이 차고 넘쳤다. 반면 유비는 인물난에 허덕였다. 따라서 유비는 관우가 필요했고 관우 역시 조조보다 유비 곁이 편했을 수도 있다. 물론 의리도 크게 작용했다. 메이저리그 야구는 팀들 간 경쟁도 심하지만 팀 내 주전경쟁도 심하다. 아무리 팀이 명문 구단이라 하더라도 주전을 보장받지 못하면 선수는 트레이드를 통해 주전으로 뛸 수 있는 팀으로 옮기고 싶어 한다.

동시적 게임에서 공약은 전략적 가치가 크다. 공약은 쉽게 말해 약속이다. 모든 약속엔 신빙성이 중요하다. 손바닥 뒤집듯 말을 뒤집는 사람들도 있다. 행동과 달리 말은 쉽다. 말은 말 그대로 말이기 때문이다. 약속을 하는 사람도 약속 이행을 기대하는 사람도 말이 쉽다는 것을 안다. 약속을 하는 사람은 약속 이행을 기대하는 사람 역시 말이 행동보다 쉽다고 생각하고 있음을 생각하고 있다. 따라서 약속을 하는 사람은 말로만 할 것이 아니라 약속 이행을 담보하는 뭔가를 보여줄 필요가 있다. 약속의 종류는 다양하다. 정치인들은 밀실에서 약속하는 것을 좋아한다. 그 밀실에서 한 약속이 뒤집힐 수 있음을 알기에 각서를 쓰기도 한다. 그 약속이 지켜지지 않을 때 각서를 공개해 희극이 벌어지는 경우도 많다. 선거 때마다 지지를 얻기 위해 입후보자들은 무엇인가를 하겠다고 공약을 내건다. 공약은 뭔가를 주겠다는 약속도 있지만 반대로 뭔가를 내놓지 않으면 벌을 주겠다고 하는 엄포도 포함한다. 앞으로 차근차근 이야기 하겠지만 전자는 인센티브이고 후자는 법과 규칙에 닿는다. 중요한 것은 약속도 엄포도 신빙성이 있어야 한다. 말은 쉽기 때문에 말로만 하는 공약은 의미가 없다.

치킨게임을 다시 생각해보자. 앞서 치킨게임에 균형이 두 개가 존재하기에 어떤 결과가 실현될지 예측할 수 없다고 했다. 즉, 치킨게임에 들어가면 누군가 하나는 핸들을 꺾게 된다. 경기자 모두 자신말고 상대가 먼저 핸들 꺾기를 원하기에 치킨 게임을 벌이는 것이다. 하지만 누가 더 오래 버티느냐가 문제이지 결국 누군가 먼저 핸들을 꺾지 않을 수 없다. 다만 상대가 먼저 포기하길 바랄 뿐이다. 그러한 치킨게임에서 상대가 정말 핸들을 꺾지 않으리라는 게 분명하다면 그 치킨게임은 포기하는 편이 낫다. 왜냐하면 핸들을 꺾으면 자존심은 상해도 보수가 남지만 핸들을 꺾지 않으면 경기자 모두에게 큰 손이 돌아가기 때문이다. 핸들을 꺾지 않겠다는 의지를 상대에게 어떻게 전달할 수 있을까? 물론 말로 할 수 있다. 하지만 말은 신빙성이 약하다. 북한이 미사일을 개발해 한 번씩 쏘아 올리는 건 말뿐이 아님을 보여주기 위해서다. 공약은 상대로 하여금 믿게끔 해야 효과가 나타날 수 있다. 그럼 치킨게임에서 상대로 하여금 어떻게 자신의 공약을 믿게끔 할 수 있을까? 핸들을 뽑아버리면 어떨까? 그렇게 하면 핸들을 꺾으려 해도 꺾을 수가 없을 것이다. 경기자의 말이 지켜질 수밖에 없다. 때론 공약의 신빙성을 위해 자신의 손발을 묶어 버리는 게 도움이 될 수 있다.

조조가 관도대전에서 원소를 격파하고 중원을 차지했을 때 일이다. 지금도 그렇지만 옛날에도 전쟁을 하다보면 첩자가 많았다고 한다. 원소의 진중에 보관된 문서들이 대량으로 발견되었다. 즉, 조조 내부 누군가가 원소 진영에 서신을 통해 정보를 제공해 왔던 것이다. 하지만 조조는 누구인지 일부러 밝히지 않고 모두 불태우라고 지시한다. 원소가 없어진 마당에 과거를 들출 필요가 없었던 것이다. 또한 원소 수하에 있던 장졸들도 수용해 자신의 진영을 재정비해야 했기에 과거를 물어 편을 나누는 것이 무의미하게 여겨졌을 수도 있다. 문서들을 모두 불태우라고 한 건 과거를 묻지 않겠다는 의지를 행동으로 보여준 것이다. 조조의 강점 중에 하나는 과거에 자신과 대척점에 있었어도 항복하고 자기 편에 서면 과거를 문제 삼지 않는 것이었다. 지금으로 말하자면 '조조회사'가 '원소회사'를 인수해 조직을 재정비하는 격이다. 그 경우, 생산성을 높이기 위해 무엇보다 화합이 중요하다. 사람들은 누가 적과 내통을 해왔는지를 알고 싶은 유혹을 떨치기 어렵다. 그 마당에 문서를 보관해놓고 있으면 여러 루머들이 번지고 말 것이다. 따라서 조조는 그 문서들을 모두 불태우라고 했던 것이다. 이처럼 의지를 행동으로 보여주는 것이 공약이라고 할 수 있다. 즉, 경기자가 자신이 어떠한 선택을 하겠다고 공언을 함과 동시에 그 선택 외에 다른 선택을 할 수 없도록 자신을 속박하는 것이다. 그렇게 했을 때 상대에게 어떠한 전략선택을 압박하는 효과를 가져와 오히려 자신이 유리해질 수 있다.

전투에서 배수진을 떠올리면 이해가 쉽다. 장수가 후퇴하지 않겠다고 공언하는 것은 쉽다. 그저 말이기 때문이다. 하지만 막상 전세가 불리하고 위태로워지면 후퇴가 오히려 자연스럽다. 무엇보다도 그 전투에서 가장 주도적인 역할을 하는 장수가 도망치면 그를 따르는 병졸들은 앞을 다퉈가며 도망치게 되어 있다. 실제로 후퇴하다 전열이 흐트러져 더 큰 피해가 나타나기도 한다. 후퇴하는 병사들에게 밟혀 죽는 아군 병사들도 많다. 그렇기에 병서에 보면 퇴로를 열어두고 쫓으라고 한 것이다. 고양이에 쫓기는 쥐가 퇴로가 없음을 깨닫게 되면 뒤돌아서 고양이를 문다고 한다. 동서고금의 전사들을 보면 서로 전세가 엇비슷할 경우 승패는 대개 누가 더 강한 투지를 갖고 있느냐에 달렸다. 하지만 시간이 갈수록 그 투지라는 건 장담하기 어렵다. 그렇기에 강한 투지를 보여주기 위해 물러서지 않겠다는 공약을 하고 그것도 모자라 아예 퇴로를 끊어버리는 것이다. '배수진'은 사기(史記) '회음후 열전'에 나오는 말이다. 한나라 유방이 제위에 오르기 2년 전인 204년, 유방은 대장군 한신에게 조나라를 공격할 것을 명령한다. 당시 한신이 지휘하던 군사는 3만 명이 고작이었는데 그나마 지리멸렬한 수준이었다. 하지만 그 열악한 상황에서 한신은 적은 군사로 조나라 군사 20만 명과 싸워 대승리를 거두는데 그때 쓴 병법이 바로 배수진이었다. 간단했다. 한심은 일부러 강물을 등지고 진을 쳤다. 조나라는 퇴로가 없는 한신의 배수진을 비웃었지만 막상 전투가 벌어지자 한신의 군사들은 후퇴해선 살아남을 수 없다는 것을 깨닫고 오히려 일당백 정신으로 싸워 전세를 뒤집었다. 한신이 대성공을 거둔 이후, 많은 장수들이 배수진을 시도한 바 있다. 유의할 것은 배수진이 꼭 승리를 보장하지 않는다는 점이다. 즉, 스스로의 행동을 묶어서 전투에 임했기 때문에 경우에 따라 더 심각한 상황에 처해질 수도 있다. 행동이 묶인다는 얘기는 그만큼 운신의 폭이 줄어듦을 의미한다. 배수진은 투지를 발휘하기만 하면 승리를 장담할 수 있을 때 활용될 수 있는 전법이다. 일부러 퇴로 없는 상황을 만들어놓고 병사들을 심리적으로 분발시키는 것이 아니다. 배수진에서 중요한 것은 속전속결이다. 따라서 그 전법은 절대 지구전에서 쓸 수 없다. 뒤에 반복게임에서 배우겠지만 지구전은 반복게임이다. 반면 배수진은 전투 하나가 전쟁의 승부를 가를 수 있는 중대한 상황에서 진가를 발휘할 수 있다. 배수진은 문자 그대로 보급로가 확보되지 않기에 짧은 시간 내에 투혼을 불살라 전투를 끝내야 할 때 활용될 수 있다. 전투가 지구전으로 바뀌면 배수진은 오히려 위태로움을 부를 수 있다. 한신도 병사들을 결사항전토록 독려할 때 아군의 매복병이 조나라 진채에 깃발을 꽂는 한나절 동안까지라고 시한을 분명히 했었다. 배수진은 두려움을 용기로 바꾸는 심리전일 수도 있다. 하지만 게임이론은 병사들의 심리를 분석할 수 없다. 한신이 배수진을 쳤던 건 부하들에게 절대로 달아나고자 해도 달아날 길이 없음을 미리 알려, 좌고우면 하지 말고 집중력을 갖도록 독려한 것이다. 그리고 적들에겐 자신들이 물러서지 않겠다는 강렬한 신호를 보냄으로써 적들이 스스로 퇴로를 열어 물러나게 하는 효과를 낼 수 있었다. 적은 전투를 놓고 손익계산을 해보았을 때 물러나는 게 유리하다고 판단할 수 있다. 배수진은 병사들이 용기를 다해 싸우면 승리가 확실할 때 비로소 활용될 수 있는 전법인 것이다. 즉, 이미 이긴 싸움을 확인하는 것이다. 열심히 싸우면 이길 수도 있다는 가능성을 보는 것이 아니다. 병사들도 승리에 대한 확신이 있을 때 목숨을 바쳐 가며 싸울 용기를 내게 된다. 질게 뻔한 싸움에서 병사들은 모두 항복하고 말 것이다. 무조건 배수진을 치고 병사들에게 결사항전을 독려해서 승리를 얻을 수 있다고 생각한다면 그건 오해이자 바보스러움이다. 대책 없이 위험을 무릅쓰는 것이 아니고 치밀한 준비와 함께 승리를 위해 병사들의 투혼과 집중력이 충분조건일 경우에 쓰는 전법인 것이다. 강조하지만 이미 이긴 싸움에서 승리를 확인하는 것이 배수진의 진정한 목적이다. 원리로 따져볼 때 공약은 배수진을 치는 것과 비슷하다.

정리

배수진은 집중력 발휘가 필요할 때 쓰는 전법이다.
심리전이 아니다.

오디세우스와 세이렌

앞서 전투에 들어서면 절대 물러서지 않겠다고 했다가도 전황이 여의치 않으면 후퇴 유혹이 있을 수 있다고 했다. 실은 후퇴도 쉽지 않다. 전투를 시작했으면 아군 입장에서 가장 이상적인 경우는 싸워 이기는 것이다. 후퇴할 요량이었다면 처음부터 전투를 시작하지 않는 편이 낫다. 하지만 전투를 하다보면 외부성이 작용할 때가 있다. 즉, 자신의 의지와는 다르게 어떤 환경이 조성될 수 있다. 천재지변이 대표적인 예이다. 제갈량이 호로곡에서 화공으로 사마의 삼부자를 큰 곤경에 빠트렸지만 때마침 폭우가 쏟아져 사마의가 달아날 수 있었다고 한다. 경기자들의 전략선택 말고 외부성이 작용한 경우이다. 배수진은 절대 후퇴하지 않겠다는 의지를 보여주는 것이라고 했다. 하물며 철저히 계획을 짜서 전투에 돌입해도 후퇴하는 일이 발생하는데 사람들의 다짐이나 약속은 물거품이 되기 쉽다.

해가 바뀔 때마다 다이어트나 금연을 시도하는 사람들이 있는데 실패하는 경우가 많다. 금연을 공언한 사람들을 보고 그가 성공할지 실패할지 예측할 수 있을까? 물론 성공 여부는 개인의 의지에 달려 있다. 따라서 그 결과는 예측하기 어렵다. 게임이론 시각에선 성공 여부를 예측할 수 있다. 그 사람의 공언만 듣고는 당연히 알 수 없다. 하지만 그가 자신의 공언과 함께 어떠한 행동을 했느냐를 보면 예측이 가능하다. 그냥 말로만 의지를 표명했으면 그건 모른다. 그가 공언을 넘어 만약 자기가 금연에 실패하면 스스로 어떤 벌칙을 내리겠다고 다짐한 게 있으면 그는 금연에 성공할 가능성이 높다. 그 벌칙이 크면 클수록 그리고 보다 구체적일수록 성공 가능성이 더 높다고 보면 된다. 예를 들어, 친한 친구에게 자신이 담배를 다시 피우면 자기의 모든 재산을 주겠다고 약속하고 공증까지 했다고 하면 그는 성공할 것이다. 하지만 사람들은 대개 그렇게까지는 하지 않는다. 왜냐하면 자신을 믿지 못하기 때문이다. 인간이란 그렇게 자기 자신조차 믿지 못한다. 그렇기에 스스로 한 공언도 지키지 못하는 것이다. 다이어트도 쉽지 않다. 음식을 보면 솟아나는 식욕을 참는 건 쉽지 않다. 다이어트나 금연을 공언하는 사람들은 많지만 실패가 많은 것도 우연이 아니다.

게임이론에선 그 이유를 전략적 사고가 없어서라고 설명할 수 있다. 대개 전략적 사고 없이 의욕만 내세워 무조건 자신의 욕망을 억누르려 한다. 무조건 먹지 않고 무조건 피우지 않겠다고 다짐하면 된다고 생각할지 모르지만 그러한 방법은 필패로 이어진다. 자신의 공언을 지키기 위한 가장 좋은 방법은 자신의 행동을 묶는 것이다. 예를 들어, 자신이 다이어트 또는 금연 약속을 지키지 못하면 스스로 벌칙을 세우고 그 벌칙을 사람들 앞에 공개할 필요가 있다. 일부러 그런 약속을 할 필요가 있을까라고 생각하는 사람들이 있을 것이다. 한 번 다이어트를 시도해서 성공하면 좋고 아니면 마는 것이지 만약 다이어트도 실패하고 돈도 잃으면 더 큰 손라고 생각할 것이다. 그러한 태도가 전략적 사고 부족에서 온 것이라고 볼 수 있다. 스스로를 속박했을 때에만 자신이 진정으로 원하는 다이어트를 성공할 수 있다. 즉, 공약을 통해 자신을 제어할 수 있는 것이다. 그렇기에 공언과 함께 그 공언의 신빙성 제고를 위해 그가 어떤 행동을 했는지를 보면 성공 여부를 알 수 있다. 말만 하고 벌칙을 부가하지 않은 사람은 두 가지 중에 하나라고 말할 수 있다. 첫 번째는 정말 전략에 어둡고 사고력이 부족해 게임이 순차적으로 어떻게 전개될지에 대해 아무런 이해가 없는 경우이다. 자신에 대해서도 잘 모르고 있는 경우도 많다. 두 번째는 다이어트나 금연을 해야겠다고 마음은 먹고 있지만 그렇게 간절하게 바라지 않는 경우이다. 말로 약속하기란 쉽지만 이행은 쉽지 않다. 따라서 현명한 이는 뭔가를 하려고 마음먹으면 반드시 스스로를 묶는다.

물리적으로 자신을 묶는 경우도 있었다. 옛날 오디세우스는 긴 전쟁을 마치고 고향으로 돌아가는 길에 세이렌 자매의 섬을 지나야만 했다. 괴물 세이렌은 새의 몸에 여자의 머리와 목소리를 가졌는데 아름다운 노랫소리로 뱃사람들을 홀렸다. 그곳을 지나가는 배들은 모두 좌초되고 살아나가는 경우가 없었다. 오디세우스는 부하들에게 자신을 기둥에 묶으라고 하고 모두 밀랍으로 귀를 막아 음악을 듣지 못하도록 했다. 부하들에게 그곳을 빠져나갈 때까지 설령 자신이 세이렌에 홀려 몸을 풀어달라고 해도 절대 자신의 속박을 풀지 말라고 추상같이 명령해 놓았다. 아닌 게 아니라 막상 세이렌의 음악이 퍼져나가자 오디세우스는 다짐과 다르게 발버둥을 치며 자기를 풀어달라고 절규했다. 하지만 그가 이미 엄명을 내려놓았기 때문에 부하들은 오디세우스의 몸을 더욱 세게 결박하고 힘차게 노를 저어 그곳을 무사히 빠져나갈 수 있었다. 오디세우스는 매우 영리했다. 전략적 사고가 있었기 때문이다. 어리석은 사람들은 공약을 하지만 그뿐이다. 시간이 가면서 상황이 바뀌고 그에 따라 공약을 지키지 못하는 경우도 많다. 전략적 사고가 있다면 그 공약을 지키지 못할 것에 대비해 그 공약을 반드시 지키도록 장치를 만들어 놓을 필요가 있다. 공약은 전략적 가치가 있다. 하지만 신빙성을 담고 있어야 한다.

정리 이기기 위해 스스로를 묶어라. 자기 자신과 약속을 할 경우 반드시 주위에 알리고 스스로 그 약속을 지키지 못할 경우 스스로에게 가할 벌칙을 정해라. 그 벌칙을 정할 자신이 없으면 포기하라.

못 믿을 약속: 선거공약

'공약'하면 사람들은 선거공약을 떠올리기 쉽다. 하지만 여기서 말하는 '공약(commitment)'은 선거공약과 비슷하면서도 다르다. 먼저 경기자 본인이 미래에 무엇인가를 하겠다고 약속한다는 면에서 그 두 가지는 비슷하다. 하지만 게임이론에서 공약이란 그 경기자의 행동을 묶는 역할을 한다. 실천을 전제로 하는 것이다. 하지만 선거전에서 등장하는 약속은 실천되지 않고 '공허한 약속', 즉 말 그대로 공약으로 끝나는 경우도 많다. 특히 한국에선 그런 경향이 더 짙다. 원리적으로 보면 선거공약도 게임이론에서 분석하는 공약 역할을 한다. 하지만 한국의 선거 입후보자들이 진정성을 담아 유권자들에게 실현 가능한 약속을 제시하는 것이 아니라 인기몰이를 위해 공약을 이용하는 측면이 있다. 판촉활동과 유사하다. 사면 좋고 안 사면 말고 식이어서 진정성이 없는 경우도 많다. 그렇기에 선거가 끝나면 곧장 폐기된다. 어이없지만 과거 한국엔 삼국지처럼 '삼김시대'가 있었다. 김씨 성을 쓰는 세 명의 정치인들이 권력을 나눠 가졌다고 해서 그렇게 이름이 붙여졌다. 과거에 있었던 한 대선에서 후보 A가 대선승리를 위해 후보 B를 끌어들여 연합을 맺은 적이 있는데 그때 협상의 매개가 되었던 것이 내각제 개헌이라고 한다. 후보 B는 내각제 개헌이 소원이었다고 한다. 그렇기에 후보 B는 후보 A가 대선에 승리하면 임기 내에 내각제로 개헌한다는 약속을 받아내고 그를 도왔다. 후보 A는 국민을 상대로 내각제 개헌을 약속했다. 지금 생각해보면 약간 코믹하기도 하다. 논리적으로 따져보면, 당시 후보 A 지지자들은 모두 내각제 개헌을 찬성했다고 볼 수 있다. 하지만 잘 아는 대로 대선이 끝나고 내각제 개헌 약속은 헌신짝처럼 버려졌다. 재밌는 건 상당히 많은 사람들이 그 내각제 개헌이 지켜지지 않을 것이라고 예상했었다는 사실이다. 그렇다면 후보 A는 자신이 당선되고 나면 내각제 개헌을 추진할 수 없도록 정치 상황이 바뀔 것을 알고 있었다고 볼 수 있다. 따라서 후보 B의 제안을 흔쾌히 수용했던 걸로 보인다. 후보 B는 어떤 생각을 하고 내각제 개헌 약속을 매개로 후보 A를 도와 그를 당선시키고 연립정부를 만들어 권력을 나누었을까? 후보 A가 그런 상황이 도래할 것으로 미리 내다보았는데 후보 B가 내다보지 못했을 리가 없다. 둘 모두 내각제 개헌약속이 지켜지지 않을 것을 내다보았다고 할 수 있다. 실제 후보 A가 집권하고 그의 임기 중에 내각제 개헌 얘기가 나오면 당시 야당의 거센 반대에 부딪혔고 내각제 개헌은 유야무야 무산됐다. 훗날 후보 B는 정치 철학이 전혀 다른 후보 A를 지지한 것을 놓고 비판이 일었을 때 자신은 개헌 약속에 속아 지지했다는 식의 주장을 했다고 전한다.

어쨌든 두 호보들은 같이 정치적 이득을 나눠가졌다. 하지만 한국 정치에 약속의 공허함을 남겼다.

공약은 게임이론에서 매우 중요한 개념이다. 고전경제학에선 공약의 역할이 빠져 있지만 그 중요성은 말할 나위 없다. 공약을 통해 균형이 바뀔 수도 있기 때문이다. 공약의 예는 무수히 많다. 가장 쉽게, 계약을 생각해볼 수 있다. 예를 들어, 부동산 거래를 할 때 예약금이나 착수금을 지불하는 것도 공약이라고 보면 된다. 그 땅을 사겠다고 말로 공언했다고 치자. 그 공언을 어떻게 신뢰하고 그 땅 주인은 그 땅을 다른 이에게 팔지 않고 기다릴 수 있을까? 땅을 사는 사람 입장도 마찬가지다. 주인에게 그 땅을 사겠다고 공언하고 주인은 그 땅을 그에게 팔겠다고 공언했다 치자. 다른 구매자가 나타나 웃돈을 주겠다고 하면 그 땅 주인이 어떻게 그 유혹을 견딜 수 있을까? 그래서 서로 계약을 통해 서로의 행동을 묶는 것이다. 계약이 바로 공약이다. 여기에서 행동을 묶는다는 것은 계약금을 걸어놓았음을 말한다. 계약금을 걸고 만약 약속을 지키지 않는 경우에는 계약금만큼 손해를 감수하는 것이다. 그렇게 해야 비로소 서로를 신뢰할 수 있을 것이다. 그 외에도 공약의 예는 무수히 많다. 공약은 쉽게 설명해 어떠한 약속을 의미한다. 이처럼 언질이나 계약 같은 것으로 자신을 구속하고, 확실하게 실행을 담보하는 행위를 공약이라고 한다. 이론적으로 공약은 배수진을 치는 것과 같다. 선택지가 여러 개 존재하는 상황에서 리더가 좌고우면하지 않고 오직 선택지 하나에 집중력을 발휘하도록 자신을 묶는 것이다. 남들이 공약하는 것을 무조건 믿을 수도 없는 노릇이다. 공약의 신빙성을 위해서 그럼 정말 몸을 묶어야 할까? 꼭 물리적으로 몸을 묶지 않고도 그와 유사한 효과가 나도록 할 수 있다. 게임이론에선 그러한 전략을 모색한다.

선도자가 되는 법

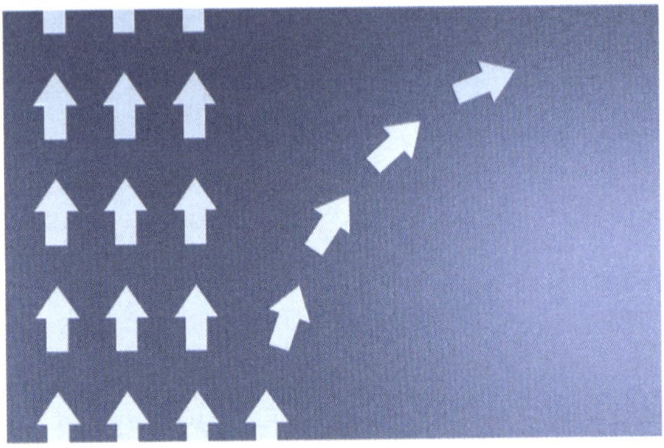

공약은 비즈니스에서도 응용될 수 있다. 세입자들을 유치하기 위한 건물주들 간의 경쟁을 생각해보자. 건물이 너무 노후 되면 세입자들은 입주를 꺼리게 된다. 따라서 건물주들은 리노베이션을 고민하게 된다. 리노베이션을 할까? 말까? 어느 한 도시에서 오랜 시간 동안 갑돌빌딩과 을순빌딩이 서로 마주하며 경쟁해왔다. 두 건물 모두 비슷한 시기에 지어졌기에 비슷하게 노후화가 진행되고 있다. 현재 상태에서는 을순빌딩이 갑돌빌딩보다 좀 더 많은 세입자를 확보하고 있는 상황이라고 해보자. 하지만 세입자들은 불만이 늘어나고 있다. 각 건물주는 리노베이션을 생각 중인데 가급적 리노베이션을 하지 않고 싶다. 왜냐하면 리노베이션을 한다고 해서 세입자들에게 월세를 시세보다 높여 받을 수도 없기 때문이다. 즉, 리노베이션 혜택은 모두 세입자들에게 돌아간다. 그렇다고 리노베이션을 하지 말자니 세입자들의 불만이 커질 게 우려된다. 더군다나 갑돌빌딩은 항상 을순빌딩 보다 세입자가 적다는 것이 고민이었는데 리노베이션을 선도적으로 하면 고정비용이 들어가더라도 세입자들이 증가할 것을 기대할 수 있다. 을순빌딩 입장에서 보면 갑돌빌딩이 리노베이션을 하면 세입자들을 뺏길 수도 있고 그렇게 되면 자신의 수익이 감소하게 된다. 그렇다고 두 건물들이 같이 리노베이션을 하면 조그만 시장에서 세입자 수도 정해져 있는 마당에 양쪽 모두 수익만 감소하게 된다.

건물주들이 서로 리노베이션을 하지 않기로 담합을 하면 어떨까? 즉, 서로 약속을 하는 것이다. 건물주들을 위해선 이와 같은 담합이 가장 이상적일 것이다. 하지만 그러한 약속은 믿을 수 없다. 특히 을순빌딩이 볼 때 경쟁자 갑돌빌딩이 약속을 뒤집고 몰래 리노베이션을 시작해버리면 리노베이션을 늦게 한 을순빌딩은 세입자들을 뺏길 수 있다. 그리고 리노베이션을 갑돌빌딩보다 늦게 시작하면 마지못해 시작했다는 인상을 줘서 나쁜 평판을 얻게 된다. 어차피 할 거라면 선도적으로 해서 좋은 평판을 얻는 것이 유리하다. 각 건물주가 가장 원하는 상황은 자기 건물만 리노베이션이 이뤄지고 경쟁 건물은 리노베이션을 포기하는 것이다. 그렇게 되면 경쟁 건물에서 세입자들을 빼올 수 있고 그렇게 되어야 수익 증가분이 리노베이션으로 발생한 비용을 커버할 수 있기 때문이다. 그리고 리노베이션을 통해 세입자들에게 좋은 평판을 얻을 수도 있다. 이런 상황에서 양쪽 건물들은 어떤 생각을 할까? 이는 앞서 언급한 치킨게임과 비슷하다. 상대방이 리노베이션을 포기하길 바라기 때문이다. 먼저 두 빌딩이 처해 있는 상황을 동시적 게임으로 이해하고 보수행렬을 만들어보면 다음과 같다.

		갑돌빌딩	
		현재상태유지	리노베이션
을순 빌딩	현재상태유지	10,6	7,12
	리노베이션	16,3	6,2

내용은 치킨 게임과 유사하다. 즉, 내쉬균형이 두 개 존재한다. 중요한 건 그 두 가지 균형들 중에 어느 게 실현될지 모른다는 사실이다. 같이 리노베이션을 하지 않고 현재 상태를 유지하고 있으면 을순빌딩이 갑돌빌딩보다 좀 더 수익을 낼 수 있다. 하지만 양쪽 모두 현재상태를 유지하는 것은 내쉬균형이 될 수 없다. 왜냐하면 각 경기자는 그 균형에서 단독으로 이탈할 유인이 있기 때문이다. 갑돌빌딩은 항상 을순빌딩을 앞지르고 싶었는데 을순빌딩이 리노베이션을 안하고 있을 때 자신들이 리노베이션을 하면 세입자들을 끌어와 자신들이 시장 우위를 가져올 절호의 기회가 된다. 을순빌딩 역시 비슷한 생각을 하고 있다. 즉, 갑돌빌딩이 현재상태를 유지할 때 자신들이 리노베이션을 먼저 하면 자신들의 경쟁 우위를 보다 굳건히 할 수 있다. 사실 을순빌딩은 편하게 현재 상태를 유지하고 싶은 마음도 있는데 현재 상태가 유지될 수 없다는 것을 알고 있다. 그렇다고 두 빌딩 모두 리노베이션을 하게 되면 세입자들의 수가 정해진 상황에서 양쪽 모두 수익만 감소하고 만다. 쉽게 말하면, 자신들은 리노베이션을 하고 다른 한쪽이 리노베이션을 포기해줬으면 하는 생각이 간절하다. 상대방을 포기하게 하고 싶은 것이다.

어떻게 해야 할까? 배수진을 치는 방법이 있다. 치킨게임에서 승자가 되려면 상대방에게 끝까지 포기하지 않겠다는 뜻을 보여주는 게 중요하다고 강조했다. 이 게임의 특징은 양쪽 경기자 모두 리노베이션을 할 수 없다는 것이다. 한 건물주가 다른 건물주에게 "당신 의사와는 상관없이 난 끝까지 리노베이션을 하고 말거니까 당신이 포기하라"라고 선언한다고 해보자. 그 결기는 가상하지만 상대가 보수행렬만 놓고 볼 때 그 선언은 허구적 위협에 가깝다. 즉, 그 선언 자체가 허언이라 여겨질 만큼 신빙성이 빈약하다. 따라서 상대 건물주는 리노베이션을 시도할 수 있다. 동시엔 리노베이션을 하게 되면 양쪽 모두 손해를 감수해야 한다. 이런 상황에서 필요한 것은 공약과 그 공약의 신빙성이다. 공약의 신빙성을 위해 한신은 퇴로를 없애버려 '후퇴'를 선택할 수 없도록 상황을 만들어 놓았듯이 건물주가 리노베이션을 포기할 수 없도록 상황을 만드는 것이 중요하다. 즉, 어떠한 행위를 통해 스스로를 리노베이션을 택할 수밖에 없도록 스스로를 묶어버리는 것이다. 예를 들어, 을순빌딩이 원하는 균형은 자신들은 리노베이션을 하고 갑돌빌딩은 현재상태를 유지하는 것이다. 즉, (리노베이션, 현재상태유지)라는 균형이다. 그러한 균형을 이끌어 낼 방법이 있다.

을순빌딩은 갑돌빌딩이 리노베이션을 결정하기 전에 서둘러 세입자들과 리노베이션을 전제로 한 계약을 체결한다. 그 계약에 '만약 을순빌딩이 리노베이션을 하지 않는다면 거액의 위약금을 지불한다'는 조항을 포함한다. 언뜻 생각해보면 그러한 계약을 체결하면 을순빌딩은 스스로 족쇄를 채워 유리할 게 없어 보일 수 있다. 실제로 어느 건물주도 그렇게 세입자에게 혜택이 돌아가는 계약을 일부러 맺으려 하지 않을 것이다. 반면 세입자들은 그와 같은 을순빌딩의 계약을 무조건 반길 것이다. 하지만 게임이론 시각에서 분석할 때, 그러한 계약을 통해 을순빌딩이 얻는 것이 있다. 스스로 약속 이행 의무를 지움으로써 공약의 신빙성을 확보할 수 있기 때문이다. 그리고 경쟁자 갑돌빌딩에 대해 더욱 강력한 메시지를 던지는 효과를 낼 수 있다. 그렇게 되면 보수행렬표는 아래와 같이 바뀌게 된다.

		갑돌빌딩	
		현재상태유지	리노베이션
을순 빌딩	현재상태유지	8,6	5,12
	리노베이션	16,3	6,2

새로운 보수행렬표에서는 리노베이션 선택이 을순빌딩의 지배전략이 된다. 왜냐하면 갑돌빌딩의 전략선택과 상관없이 을순빌딩은 리노베이션 약속 이행을 하지 않으면 자신의 세입자들에게 위약금 2억 원을 지불해야 하기 때문이다. 이는 보수행렬표가 달라지는 것을 의미한다. '공약'이 없었던 이전 보수행렬표에서는 갑돌빌딩이 '현재상태유지'를 택할 때, 을순빌딩이 '현재상태유지'를 택하면 10억을 얻고 갑돌빌딩이 '리노베이션'을 택할 때, 을순빌딩이 '현재상태유지'를 택하면 7억을 얻었다. 하지만 '공약'을 한 다음 보수행렬표에서는 갑돌빌딩이 '현재상태유지'을 택할 때, 을순빌딩이 '현재상태유지'를 택하면 8억을 얻고 갑돌빌딩이 '리노베이션'을 택할 때, 을순빌딩이 '현재상태유지'를 택하면 5억을 얻게 된다. 즉, '공약'을 하고나면 그 이전과는 달리 을순빌딩은 반드시 리노베이션을 선택할 수밖에 없다. 이와 같은 사실을 알게 되면 갑돌빌딩은 어쩔 수 없이 '현재 상태 유지'를 선택하게 된다. 역설적으로, 자신을 구속함으로써 오히려 자신이 더 유리해지게 된다. 스스로 묶는 전략인 것이다.

을순빌딩의 주인 을순은 리노베이션을 전제로 계약을 맺음으로써 현재상태 유지라는 선택을 차단하는 이른바 '배수진'을 쳐 활로를 찾아낸 격이다. 사람들은 보통 배수진이 자신 스스로 뒤로 물러설 수 없게 해 두려움을 용기로 만들어 분발케 한다고 생각하는 경향이 있다. 그건 심리적 효과이다. 게임이론 시각에서 분석할 때는 그러한 심리적 효과를 노려서 배수진을 치는 것이 아니다. 을순빌딩이 갑돌빌딩에게 '현재상태 유지'를 택하도록, 즉 리노베이션을 포기하도록 한 것은 무엇이었을까? 간단하다. 갑돌빌딩으로 하여금 을순빌딩이 절대로 리노베이션을 포기할 수 없음을 각인시켰던 것이다. 즉, 을순빌딩의 지배전략이 리노베이션임을 갑돌빌딩이 인식하면 갑돌빌딩은 양보할 수밖에 없다. 만약 을순빌딩이 배수진을 치고 홀로 열심히 노력했지만 갑돌빌딩이 그 사실을 모르고 있다면 게임의 결과는 달라지지 않을 수도 있다. 그렇기에 배수진은 반드시 상대에게 알려야 효과가 나타날 수 있다. 공약은 그 경기자로 하여금 동시적 게임에서 선도자가 될 수 있도록 하는 방법이 된다. 즉, 선도자가 되어서 순차적 게임을 이끌게 된다. 을순빌딩과 갑돌빌딩의 리노베이션 경쟁 상황을 정리하면, 을순빌딩이 먼저 리노베이션을 한다고 공약하면 갑돌빌딩은 현재 상태를 유지하는 게 유리하다. 다른 세입자와의 계약으로 자신을 구속할 필요가 없는 것이다.

본래 갑돌빌딩과 을순빌딩 간 게임은 동시적이다. 하지만 을순빌딩이 공약을 통해 '리노베이션'을 선택할 수밖에 없도록 스스로를 묶어 놓았기 때문에 갑돌빌딩은 을순빌딩의 '리노베이션'을 전제하고 자신의 최선책을 고려해야 한다. 이는 동시적 게임이 순차적 게임으로 바뀌었음을 의미한다. 을순빌딩이 '리노베이션'을 선택한다면 갑돌빌딩의 최선책은 '현재상태 유지'가 된다. 동시적 게임이 순차적 게임으로 치환되면 역진 귀납법으로 풀이가 가능하다. 우선 후발자 갑돌빌딩의 최적 선택을 생각한다. 갑돌빌딩의 최적선택은 을순빌딩이 '리노베이션'을 선택했을 때에는 '현재상태 유지', 을순빌딩이 '현재상태 유지'를 선택했을 때에는 '리노베이션이' 된다. 선도자 을순빌딩 입장에서 보면 후발자 갑돌빌딩이 현재상태를 유지하는 것이 자신들에게 보수 면에서 유리하기 때문에 을순빌딩의 최적선택은 '리노베이션'이 된다. 그렇게 공약을 통해 을순빌딩은 '리노베이션', 갑돌빌딩은 '현재상태 유지'라는 결과를 얻을 수 있다.

앞서 언급한 대로 그러한 게임에서 해는 두 개가 존재한다. 즉, 두 개의 균형이 존재하는 것이다. 이때 한 경기자가 공약을 통해 자신에게 유리한 균형이 택해지도록 할 수 있다. 하지만 을순빌딩만 그와 같이 전략적 사고를 하는 게 아니다. 왜냐하면 갑돌빌딩도 게임이론을 배워 전략적 사고를 할 수도 있다. 그렇게 되면 을순빌딩과 갑돌빌딩이 서로 비슷한 생각을 하고 있을 테다. 그 경우, 서로 선도자가 되기 위해 노력할 것이다. 양쪽 모두 계획을 앞당겨 최대한 리노베이션을 빨리 시행하려 할 수도 있다. 이는 또 다른 분석이 필요하다. 어쩌면 서로에게 헛소문을 퍼트리려 할 수도 있다. 예를 들면, 갑돌빌딩 쪽에서 을순빌딩에 귀신이 출몰한다는 소문을 흘리고 그럴싸한 배경 이야기를 더할 수도 있다. 그렇게 되면 을순빌딩이 리노베이션을 하며 비용을 지출했음에도 귀신출몰 소문에 세입자들은 갑돌빌딩에서 을순빌딩으로 옮기기를 꺼려할 수도 있다. 때때로 음모론이 떠도는 이유일 수도 있다. 그 음모론을 통해 누군가는 이득을 챙기고 있다. 음모론이 퍼질 때, 가장 큰 이득을 얻는 누군가가 음모론 유포자로 의심되는 이유이기도 하다. 정보와 관련한 선택은 이 책 후반부에서 다시 설명할 것이다.

게임이론에서 약속은 전략적 가치가 있다. 경기자가 공약을 통해 자신의 보수를 크게 할 수 있기 때문이다. 그렇다면 경기자가 공약을 하면 반드시 보수가 커질까? 꼭 그렇지 않다. 공약은 자신의 행동계획을 상대에게 알리는 것이다. 따라서 상황에 따라 공약을 통해 보수가 커질 수 있고 도리어 줄어들 수도 있다. 행동계획을 미리 알려 불리해지는 경우로 선거전을 생각해볼 수 있다. 선거전에서 특정 지역이 특정 정당을 무조건 지지한다고 생각해보자. 그 경우 그 정당은 그 지역을 향해 관심을 갖지 않을 수도 있다. 미국 대선 예를 들면, 뉴욕과 캘리포니아는 민주당 강세 지역이다. 반면 텍사스를 비롯한 남부의 주들은 공화당 강세 지역이다. 하지만 선거 때마다 지지 정당이 바뀌는 주들이 있다. 소위 '스윙 스테이트(swing state)'들이다. 그 주들은 선거전에서 관심 대상이 되어 대선후보들이 더 많은 걸 약속해줄 수밖에 없다. 한국의 선거전도 그런 경향이 감지된다. 호남과 영남은 특정 정당에 표를 몰아주고, 충청지역은 선거 때마다 지지 정당이 달라지는 경향이 있다. 그렇기에 충청도 사람 속을 모른다는 말이 나왔는지도 모르겠다. 어쨌든 한국 선거에선 충청권 표심이 승패를 가른다는 표현이 많다. 그리고 역대 선거에서 충청권 민심을 얻었던 정당이 최종 승리를 했다고 해도 과언이 아니다. 그 결과 충청지역은 정당들로부터 더 큰 관심을 끌 수 있고 지역 발전으로 이어질 수도 있다. 세종 행정수도 건설도 실은 정치적 목적에서 계획되었다는 주장도 있다.

가위바위보 게임에서 자신이 공개적으로 가위를 내겠다고 선언해버리면 패배로 이어질 수밖에 없다. 또는 어느 한 고객이 특정 회사의 제품을 무조건 구매하겠다고 선언한다고 생각해보자. 그 경우 그 회사는 그 고객에 대해 더 큰 친절을 베풀 유인이 사라지게 된다. 게임에서 선도자가 되는 것도 중요하지만 무턱대고 공약을 하면 자신의 선택 가능성을 줄이게 된다. 공약을 통해 경기자가 우위에 서느냐 여부는 그 게임의 구조에 달려 있다.

정리 스스로 포기할 수 없도록 만들어 경쟁자를 포기하게 하라.

행동을 끌어내라!: 인센티브

고대에 페르시아와 스파르타가 전쟁을 벌였다. 기록에 따르면 고대 페르시아는 몇백만 군사를 이끌고 에게해를 넘어 그리스를 자주 침략했다고 한다. 크세르크세스가 황제였을 때 그리스를 완전히 정복하겠다고 나섰다. 당시 페르시아군의 전력이 정확히 어느 정도였는지는 알 수 없다고 하는데 페르시아에 복속된 여러 민족과 나라에서 숱한 병력과 함선을 징발했으니 엄청난 규모였음에는 틀림없다. 헤로도토스는 그의 저서 '역사'에서 육군만 170만여 명, 삼단노선은 1,200여 척에 이르렀다고 기록했다. 그 외에 소형 선박들만 합쳐 함선의 수는 총 3,000척에 이르렀다고 한다. 과장이 섞여있다 해도 대규모였음이 분명하다. 크세르크세스는 그리스 본토를 향해 육로로 진군했는데 거치는 곳 모든 부족들에게 원정에 참여하도록 했다. 소

아시아 지역 그리스 도시국가들도 참전이 강요되었다. 가면 갈수록 불어난 페르시아 대군의 군세를 전해 듣고 그리스 전역은 공포에 휩싸였다. 이제 그리스 도시국가들은 페르시아에 굴복하거나 아니면 전멸을 각오해야 했다. 하지만 전쟁의 승패는 병사들의 머릿수로만 결정되지 않는다. 조국에서 쫓겨나 크세르크세스 대왕 옆에서 참모 역할을 하던 전 스파르타 왕 데마라코스는 대왕에게 이렇게 진언했다고 한다.

> "그리스는 원래 가난한 나라였지만 지혜와 법의 엄격함 덕분에 용기를 갖게 되었고, 그 용기로 인해 가난과 독재를 극복할 수 있었습니다. 스파르타인들은 그리스를 노예로 만들게 될 대왕의 제안을 절대로 받아들이지 않을 것이옵니다. 또 그들은 다른 그리스인들이 모두 대왕에게 항복한다 하더라도 끝까지 대왕에 맞서 싸울 것입니다. 그들의 수에 관해서는 묻지 마십시오. 그들에게 대왕과 맞설 사람이 1,000여 명밖에 없다 하더라도 그들은 투항하지 않고 대왕에 맞서 싸울 것입니다."

대왕은 스파르타 전사들이 아무리 용맹해도 수적으로 중과부적인 페르시아 군을 어떻게 막을 수 있느냐며 코웃음 쳤다. 페르시아군의 전투 방식으로 보면 도저히 이해가 가지 않았다. 병사들을 채찍질하지 않는 한 우세한 적을 보면 도망갈 것이라고 생각했기 때문이다. 데마라토스는 스파르타 전사들의 용맹은 채찍이 아니라 법에서 나오는 것임을 강조했다.

"스파르타인들은 일대일로 싸울 때도 용맹하지만 집단으로 싸울 때는 더욱 용맹해집니다. 그들은 개개인이 자유로우면서도 자유롭지 않습니다. 그들에게 주인은 법이며, 대왕의 신하들이 대왕을 두려워하는 것 이상으로 스파르타인들은 법을 두려워합니다. 그들은 언제나 법에 따라 행동하는데 그 법의 명령은 한결 같습니다. 아무리 강성한 적군을 만나더라도 싸움터에서 도망치지 말고 대열을 지키며 싸워서 이기든 죽든 하라는 것입니다."

데마라토스가 크세르크세스 대왕에게 스파르타 전사들의 용맹함을 경계할 걸 호소했지만, 그는 귀담아 듣지 않았다. 그리고 모두가 아는 대로 페르시아는 그 전쟁에서 처참하게 패배했다. 이유는 페르시아 군사는 황제가 볼 때는 열심히 싸우는 척 하지만 황제가 보지 않으면 몸을 사린다. 그리고 그들은 언제든지 도망칠 준비가 되어 있었다. 반면 그리스에서는 전투에서 도망치는 것을 수치스럽게 생각하는 사회규범이 있었기에 그 군사들이 끝까지 전장을 지켰다고 한다. 실제 그리스에서는 싸움터에 나간 군인이 전사하면 그 가족 모두가 영웅으로 대접받을 수 있지만 비굴하게 도망쳐 살아오면 그 가족 모두가 대대손손 겁쟁이라고 멸시를 받았다고 한다. 그리스 승리의 이유는 간단했다. 그리스 군은 열심히 싸울 이유가 있었지만 페르시아 군은 열심히 싸울 이유가 없었던 것이다. 여기에서 언급하는 그 '이유'가 게임이론에선 '인센티브'이다. 즉, 약속을 통해 경기자들로부터 행동을 이끌어내는 것이다. 그렇게 행동을 이끌어내는 것을 인센티브라고 한다.

직원이 열심히 일 해주길 바라면 그 직원에게 열심히 일할 동기부여를 해주어야 한다. 동기가 부여되어야 사람들은 비로소 자발적으로 일을 열심히 하려 할 것이기 때문이다. 그러한 동기부여를 인센티브(incentive)라고 하는 것이다. 즉, 인센티브는 어떠한 행동을 이끌어내는 수단이라고 말할 수 있다. 우리는 평소 인센티브란 말을 많이 듣는다. 사실 우리는 일상적으로 인센티브 구조를 생각하고 경험하며 실행하고 있다. 인센티브 하면 사람들은 쉽게 '돈' 또는 성과급을 떠올린다. 하지만 금전적 보상은 인센티브의 하나의 예에 해당한다. 이번 장에서는 '인센티브'에 대해 생각해볼 것이다. 단언컨대, 살기 좋은 나라는 사람들이 착한 행동을 많이 하는 사회라고 말할 수 있다. 사람들의 심성만 착하다고 살기 좋은 나라가 되는 것은 아니다. 사람들이 '착한 행동'을 해야 한다. 어찌 보면 심성이란 마음의 상태만을 말할 수도 있다. 마음먹는 것보다 행동이 더 어렵다. 착한 행동은 대개 남에 대한 배려가 깔려있다. 인간은 이기적으로 행동하기 쉬워도 남을 위해 착한 행동을 하는 것은 쉽지 않다. 말 그대로 '착한 행동'을 할 만한 이유가 있어야 '착한 행동'을 할 것이다.

예를 들어, 착한 일을 하려다 오해를 사면 큰 곤경에 빠질 수 있다고 해보자. 그렇다면 누구도 선뜻 착한 행동을 하려 하지 않을 것이다. 살기 좋은 사회의 실현은 착한 사람이 많다고 되는 게 아니라 사람들이 착한 행동을 해야 이룰 수 있다. 그럼 어떻게 하면 착한 행동을 이끌어낼 수 있을까? 말 그대로 인센티브가 있어야 한다. 즉, 착한 행동을 할 만한 이유가 존재해야 한다는 뜻이다. 이 경우 쉽게 생각해볼 만한 인센티브 개념은 보상일 것이다. 작지만 그리스가 강했던 것은 원호정책 때문이었다고 한다. 나라를 위해 전쟁터에서 희생된 군인들에게 원호정책을 시행해 그 가족들의 생계 걱정을 없애주는 건 정부가 착해서가 아니라 그렇게 했을 때 차후 다시 전쟁이 일어나더라도 국민들이 조국을 지키기 위해 스스로 나가 싸울 이유가 생기기 때문이다. 물론 애국자들이 보상을 기대하고 용감한 행동을 했던 것은 아닐 것이다. 설령 그렇다 하더라도 나라를 위해 어려운 일을 감당한 사람들이 그리고 그의 가족들이 생계까지 어려워지도록 방치되는 건 절대 공정치 못하다. 한국에선 곧잘 착하게 산 사람들이 바보가 된다는 말을 많이 한다. 그런 표현이 있다는 건 인센티브 시스템 붕괴가 심각한 지경에 이르렀다는 뜻이다. 착한 행동을 이끌어내는 것도 중요하지만 보다 기본적인 건 나쁜 행동을 방지하는 것이다. 사회가 안전해지려면 첫째 나쁜 행동을 막아야 하는데 어떻게 하면 나쁜 행동을 막을 수 있을까? 간단하다. 시민들로 하여금 나쁜 행동을 할 인센티브를 갖지 못하게 해야 한다. 즉, 사회가 법을 엄격히 적용해 누구라도 위법 행위를 하면 처벌은 물론이고 위법 행위 자체를 부끄럽게 생각하는 사회적 분위기가 형성되어야 할 것이다. 그렇게 되지 않고 위법 행위를 통해 이윤을 챙기는 사람들이 많아지면 그 사회는 절대로 선진국이 될 수 없다. 그런 사회에선 말 그대로 착하게 사는 사람이 바보가 되는 것이다. 한 사회에서 잘못을 저지르며 남들보다 더 많은 부를 축적할 수 있다는 건 분명히 무언가 크게 잘못 되었다는 뜻이다. 개념적이지만 인센티브는 그만큼 중요하다. 이처럼 인센티브란 어떤 경기자에게 특정 행동을 이끌어내기 위한 당근이라고 보면 된다. 또는 그 당근이 주어지도록 만들어진 시스템이라고도 할 수 있다. 즉, 개인이 어떤 행동을 취하고자 할 때 그 행동을 하게 되는 이유라고 하면 이해가 쉽다. 사람들은 이기적이기에 보상이 없으면 절대 남 좋은 일을 하려 하지 않는다. 사람은 이기적이다. 누구나 일을 최대한 적게 하고 싶다. 편하고 싶어 한다. 근면한 사람과 태만한 사람에게 같은 임금을 주면 사람은 근면하게 일할 필요를 전혀 못 느낀다. 결국 모두가 태만한 사람이 되고 말 것이다. 불법 주차를 해도 딱지를 끊지 않는다면 사람들은 누구나 같이 불법 주차를 하려 할 것이다. 굳이 먼 곳에 차를 대고 힘들게 걸어갈 이유가 없다. 남들은 편하게 하는데 자기만 혼자 양심을 지키겠다고 일부러 힘들게 걸어가면 바보가 되는 듯한 생각이 들어서 그렇다. 사람들로 하여금 일을 열심히 하게 하거나 또는 규칙을 지키도록 하기 위해선 반드시 인센티브가 있어야 한다. 앞서 언급했지만 인센티브는 '동기부여', '유인' 또는 '장려책'이라고 풀이할 수 있다. 즉, 사람이 행동하는 이유나 그 요인 등을 의미한다.

게임이론은 인센티브를 명확히 하는 게 목적이라고 볼 수 있다. 다음과 같은 질문이 있을 수 있다. 누군가는 선천적으로 도덕심이 강해 돈이나 헛된 명예에 집착하지 않고 이타심 자체를 행복의 수단으로 삼는다고 말이다. 그럴 수 있다. 그런 사람들이 존재하기 미담도 있을 것이다. 그러나 안타깝게도 게임이론은 개성이나 개인적 선호는 분석하지 않는다. 즉, 어떤 사람들이 왜 그렇게 행동하느냐를 분석할 때 개인의 성격에 기인했다고 보는 분석은 심리학에 가깝다. 따라서 게임이론은 모든 경기자들에게 공통적으로 적용되는 제도나 계약을 강조한다. 게임이론이 고전경제학보다 일반적이라고 했는데 실은 가격도 인센티브 역할이 있다. 즉, 가격이 상승하면 소비자의 수요는 줄어들고 생산자의 공급은 늘게 된다. 누가 강요하지도 않아도 저절로 소비자와 생산자의 행동들이 이끌어지는 것이다. 법률은 어떤 행동을 하게 하거나 하지 못하도록 한다. 언뜻 들으면 쉽지만 사실 쉽지만도 않다. 왜냐하면 효과적인 벌칙이 없으면 인센티브로서 기능할 수 없고 그 벌칙을 부과하는 데도 비용이 들어가기 때문이다. 즉, 게임이론은 사회제도, 계약, 규칙에 근거한 인센티브의 구조를 명확히 하는 이론이라고 할 수 있다.

정리 인센티브는 경기자에게 전략선택을 이끌어낸다.

스스로 깨끗한 도시들

외국 어떤 지역에 가면 깨끗함이 느껴진다. 캐나다 앨버타 주에 가면 길거리 쓰레기통에 플라스틱을 찾아보기 어렵다. 분리수거가 완벽하다. 한국에서도 재활용을 위해 분리수거를 하는데 여전히 잘 안 되는 경향이 있다. 캐나다 국민들은 환경에 대한 의식 수준이 높은 걸까? 그럴 수도 있다. 하지만 그처럼 깨끗한 거리와 확실한 분리수거는 사람들의 양심에서 비롯되었다기보다는 제도에서 기인한 것이다. 앨버타 주에선 모든 플라스틱 제품을 살 때 소비자로 하여금 플라스틱 값을 미리 지불하도록 한다. 예를 들어, 음료수 한 병의 값이 1달러라고 하자. 그럼 소비자가 한 병을 살 때 마트에선 1달러 20센트를 부과한다. 그리고 그 소비자가 음료수를 마신 다음 플라스틱 병을 주어진 재활용 센터에 가져가면 그 재활용 센터에서 그 소비자에게 20센트를 돌려준다. 즉, 미리 20센트를 압류해놓은 것이다. 그리고 버리지 않았다는 것이 입증되면 그 20센트를 돌려주는 것이다. 그 소비자가 그 플라스틱 병이 귀찮아 그냥 쓰레기통에 버렸다면 그걸 주워 재활용 센터에 가지고 간 사람에게 20센트가 돌아간다. 플라스틱 쓰레기가 현금과 교환이 가능하다는 뜻이다. 그렇기에 앨버타 주 사람들은 플라스틱 쓰레기를 아무데나 버리지 않는다. 돈이기 때문이다. 공원이든 어디든지 그러한 플라스틱 쓰레기가 버려져 있다면 누구든지 주워 재활용 센터에 가지고 현금 교환이 가능하기에 재활용을 위한 분리수거가 확실해진다. 그럴수록 거리는 더욱 깨끗해지게 된다. 한국에서도 시행해 볼 만한 정책으로 보인다. 한국은 항상 국민들의 도덕과 양심에 호소한다. 하지만 그러한 호소만으로는 문제 해결이 되지 않는다. 인간은 이기적이기 때문이다. 캐나다가 깨끗하고 살기 좋은 이유는 정책 당국자들이 게임이론을 활용하는 데 좀 더 적극적이고 부지런하기 때문이다.

강조하지만 한국에선 누군가로부터 착한 행동을 이끌어내기 위해 양심에 호소하는 방법을 많이 쓴다. 캠페인도 많이 한다. 대학에선 시험 기간에 부정행위를 하지 말자며 캠페인 아닌 캠페인도 벌인다. 양심에 호소하는 것이다. 시험을 치를 때 부정행위는 매우 심각한 것이다. 부정행위자를 적발해 퇴학을 시키면 그런 호소가 필요 없을 것이다. 부정행위가 창궐하면 공부를 열심히 할 인센티브가 없다. 즉, 노력할 필요가 없어진다. 법을 우습게 아는 사람들이 많다.

권리를 주장하기에 앞서 자신의 의무에 대해서 생각해봐야 한다. 학생 권리를 인정받으려면 학생과 학부모는 반드시 교칙을 따라야 할 의무가 있다. 직장에서 임금을 받으려면 직원은 반드시 수행해야 할 복무 지침이 있다. 자신의 의무를 다하지 않고 권리만을 주장하는 경우가 많아 문제가 된다. 예를 들어, 아파트 입주민들은 공지 없이 수돗물 공급이 끊긴다면 관리사무소에 항의할 것이다. 자신들의 권리를 헤쳤다고 생각하기 때문이다. 하지만 정작 그들이 지켜야 할 의무를 소홀히 하고 있는 경우도 많다.

층간소음 살인사건

행동계획이 있어야 한다. 상황과 장소에 요구되는 행동들이 있다. 한국에선 어이없는 이유로 살인사건이 자주 발생한다. 예를 들어, 층간소음 살인사건이다. 소음은 스트레스를 일으킨다. 층간소음 살인사건은 2017년 2건에서 2018년 4건으로 2배 늘어났고, 층간소음으로 인한 폭력사건도 2017년 8건에서 2018년 11건으로 늘어났다. 전문가들은 소음민감도 등 개인적 특성도 있지만, 아파트 구조도 층간소음의 원인이 된다고 한다. LH는 층간소음 개선을 위해 2012년도부터 표준바닥구조를 전면 적용 중이지만, 최근 10년간 준공된 LH 공동주택 중에 반 이상이 표준바닥구조 두께 조건에 미달되었다. 특히 서울 지역에선 두께 미달률이 87%에 달해 가장 취약한 것으로 드러났다. 아파트 공급물량을 늘리는 데 초점이 맞추어진 나머지 층간소음 문제 개선을 위한 실질적인 노력이 미흡했다는 지적을 피할 수 없다. 다행히도 LH는 층간소음 문제 해결을 위해 제도 개선을 추진하고 있다. 하지만 아파트 구조 개선도 중요하지만 정작 중요한 것은 이웃을 배려하는 마음이다. 층간소음으로 인해 아래층 주민이 얼만큼 스트레스를 겪을지를 조금만 생각했다면 그런 어이없는 살인 사건은 발생하지 않았을 것이다.

아파트 내에서 담배를 피우는 사람들도 있다. 담배 연기는 아파트 건물 전체에 퍼지지만 관리사무소에 호소를 하면 관리사무소에서는 해결할 수 없다고 하며 오히려 아량을 호소한다. 또 아파트 단지 내 주차 행태를 보면 실소를 금할 길 없다. 정말 한심한 수준이다. 불법 주차도 보통 심각한 것이 아니다. 사실 이런 게 작은 문제가 아니다. 한국에선 이런 문제들을 작은 문제라고 생각할 뿐이다. 단언해 말하지만 층간소음과 불법주차는 실은 큰 문제이다. 물론 일회적인 소음이나 불법주차는 심각성이 덜할 수 있다. 하지만 그 일회적인 사건 발생에 대해 조치를 취하지 않으면 점차로 그와 같은 사건들이 계속 반복되고, 그럴수록 그렇게 피해를 주는 사람들도 자신들의 피해가 대수롭지 않다고 여기게 된다. 그런 피해를 사소한 걸로 여기고 상대에게 이해를 강요하게 된다. 왜 누군가는 늘 피해를 끼치고 누군가는 늘 이해를 해야 하는가? 그와 같은 문제가 발생할 때 한국에선 아파트 관리사무소에 연락하면 전혀 도움을 주지 못한다. 대개는 관리사무소도 방법이 없다는 말을 되풀이할 뿐이다. 그게 말이 될까? 누군가 직접적으로 피해를 겪고 있는데 아무도 책임이 없다고 하면 그게 어떻게 말이 될까? 분명히 누구라도 책임 소재가 있을 것이다. 사람 사는 세상에 누군가가 그렇게 커다란 불편을 겪고 있는데 책임소재가 없을 리가 없다. 정말 책임소재가 없다면 한국은 후진국 중에 후진국이다. 사람에게 있어 편안한 주거 생활은 매우 기본적인 권리이다. 그런데 비정상적인 사람들에 의해 정상적인 사람들이 피해를 입고 있는데 관리사무소에서도 모른다고 하고 경찰에 신고하면 경찰은 자신들의 소관이 아니라고 하면 입주민들은 누구에게 호소해야 하는가? 사람은 호소할 곳이 없으면 자포자기하게 된다. 그래서 살인으로 이어지는 것이다.

저녁이 되면 관리사무소는 방송을 통해 층간소음에 주의해 달라 그리고 담배를 피우지 말아달라는 호소 아닌 호소를 한다. 그러한 호소는 문제해결과 전혀 무관하다. 오히려 그런 호소가 소음을 유발할 뿐이다. 한국에서 주거문화의 가장 큰 특징은 아파트와 같은 공동주택이다. 아파트에선 많은 세대들이 같이 살게 되는데 이웃에 피해를 끼치는 사람들을 쉽게 찾아볼 수 있다. 이는 매우 가슴 아픈 일이다. 물론 그들의 나쁜 인간성 때문도 있지만 결국 핵심적인 원인은 제도의 미비함이다. 예를 들어, 밤이 되면 미국과 캐나다에서 층간소음이 없고 이웃에게 피해를 주지 않으려 각별히 노력한다. 각자의 배려심 덕분이다. 그들의 인성도 훌륭하겠지만 그렇게 하지 않으면 반드시 '채찍'이 따르기 때문이다. 이웃이 소란을 피운다거나 거주지 내에서 담배를 피울 경우, 경찰 신고가 들어가고 경찰이 직접 모든 상황을 해결하기 때문이다. 문제해결을 위해 주민이 스스로 나서지 말라고 오히려 경찰이 당부한다. 위험할 수 있기 때문이다. 소란를 피우다 입건되고 처벌을 받을 수 있기에 서로 조심하는 것이다. 그 결과 주민들 모두 행복한 거주 문화를 누릴 수 있다. 관리사무소에 문제를 의뢰하면 안타깝지만 자신들은 어떻게 할 수 없다고 하며 그저 거주민들의 양심과 윤리의식에 호소하는 걸 보면 제도의 미비함이 심각해보인다. 한국의 정책 당국자들이 명심할 건 제도의 미비함이 살인으로 이어진다는 것이다.

주차장 살인사건

후진국으로 갈수록 운전이 어렵고 주차가 불편한 경향이 있다. 이는 제도와 규칙 마련이 잘 안 되어 있기 때문이다. 반면 선진국으로 갈수록 거리에 불법주차 되어 있는 것을 찾아보기 어렵다. 인구밀도가 서울보다 더 높은 뉴욕도 막상 가면 주차가 생각보다 쉽다. 물론 주차 요금이 좀 더 비쌀 뿐이다. 비용을 지불하고서라도 주차를 할 수 있다면 좀 낫다. 문제는 비용을 지불할 의사가 있음에도 불구하고 주차 공간을 전혀 찾을 수 없는 경우이다. 그리고 선진국으로 갈수록 불법 주차 경우를 찾기 어렵다. 이는 선진국 시민들이 준법정신이 투철한 이유도 있다. 하지만 기억하자. 그들이 그렇게 준법정신이 투철하게 된 것은 법 집행이 엄격하기 때문이다. 즉, 그들은 그들 문화가 불법 주차에 결코 관대하지 않고 언제든지 불법 주차된 차량은 견인되고 큰 금전적 손실을 봐야 하기 때문에 감히 불법 주차할 엄두를 못내는 것이다. 즉, 경찰의 엄격한 법집행 자체가 교통

규칙을 지켜야 한다는 인센티브로 작용하고 있기 때문이다. 한국에선 도심에 차를 몰고 가보면 불법 주차로 인해 혼잡하고 위험한 상황이 벌어지는 걸 쉽게 볼 수 있다. 한 개인의 일탈적인 행동이 주위의 모든 운전자들에게 불편을 끼치고 있는데도 경찰은 아무런 제지가 없고 오히려 불법 주차한 사람들의 태연한 표정을 볼 수 있다. 불법 주차를 통해 자신들은 편익을 누린 반면 누군가가 피해를 감당해야 한다는 사실을 알고는 있는걸까? 중요한 것은 그와 같은 상황이 계속되면 사회 구성원들 모두가 법을 지켜봐야 자신만 손해라는 생각에 이르게 된다는 점이다. 결국 사회 전체의 시스템을 붕괴시켜버리고 말 것이다. 우리는 불법 주차를 작은 문제라고 생각하기 쉬운데 결코 작은 문제가 아님을 직시해야 한다. 강조하지만, 법률은 게임이론적인 의미가 있다. 즉, 법률 위반자에게 채찍을 가함으로써 다시는 그와 같은 행동을 하지 않게끔 유도한다. 법률이란 인센티브의 구조를 명문화한 것이다. 사회, 경제 현상의 본질을 이해하기 위해서는 각 개인이 직면하고 있는 인센티브의 구조를 분석해야 한다.

인천 송도국제도시 한 아파트단지에서 있었던 일이라고 한다. 어느날 어떤 50대 여성이 지하주차장 진입로를 승용차로 가로 막아 혼란이 초래되었다. 원래 그 차량은 지하주차장 진입로를 가로막고 있었는데 차주가 버티고 경찰도 해결을 해주지 못하자 주민들 20여 명이 그 차를 손으로 들어 다른 곳으로 옮겨놓았다. 3일째 차주와 대치 상황으로 이어지면서 경찰 수사와 법정공방으로까지 옮겨 붙었다고 한다. 차량에 많은 메시지들이 붙어 있지만 특히 눈에 띄는 건 경고장이다. 어느 아파트 단지를 가더라도 이면 주차와 갓길 주차

등 다양한 불법 주차 형태가 존재한다. 그때마다 한심한 건 하릴없이 경고장만 붙여 놓는다는 사실이다. 문제 해결에 아무런 도움이 되지 못한다. 인천 소동 사건의 경

우에도 그러한 경고장이 네 장이나 붙어 있었다. 더 한심한 건 그렇게 큰 피해를 주고 있는데도 행정적으로 해결하지 못한다는 게 전혀 이해될 수 없다. 이게 나라인가 싶다. 도대체 정치인들은 정략적으로 편 나눌 줄만 알았지 실생활에 도움이 되는 입법 활동에는 관심이 없어 보인다. 위와 같은 사례는 작은 일로 치부되어선 안 된다. 심각한 일이다. 황당한 건 경찰이다. 아파트 정문 지하주차장 통로 입구에 주차된 차를 견인해달라는 주민 신고가 경찰에 접수됐다고 하는데도 출동한 경찰은 그 아파트 내 도로가 사유지에 해당되기 때문에 차량을 견인할 수 없다고 했다고 한다. 경찰은 차주가 그 아파트 입주민이라는 사실을 파악하고 연락만 시도했을 뿐 실제로 저 문제를 해결해줄 수 없었다. 결국 인천 송도 사건도 주민 20여 명이 그 불법 차량을 손으로 들어 인도로 옮겨 스스로 해결해야 했다. 그 차주는 아파트단지 주차단속 스티커가 자신의 승용차에 부착된 것에 화가 나서 감정적으로 그와 같은 행위를 했다고 한다. 차주는 관리사무소에 주차위반 스티커를 다 떼고 사과를 요구했지만 관리사무소는 아파트 주차규정대로 처리했기 때문에 사과할 수 없다는 입장을 내세

웠다고 한다. 무엇이 문제였을까? 얼마나 화가 났으면 차주가 저렇게까지 했을까 하는 생각도 든다. 게임이론에서 보는 관점은 이렇다. 그 차주가 저토록 화가 난 이유로, 먼저 관리사무소의 스티커 부착 정책이 일관되지 않았을 가능성이 있다. 즉, 아파트 단지 내에 이면주차 갓길주차 등 자신을 제외하고도 불법 주차 내지는 불법 행동들이 많았음에도 관리사무소는 문제 해결을 해주지 않았을 가능성이 크다는 것이다. 그러다가 차주 스스로 생각할 때 자신의 우발적 그리고 일회적 실수에 스티커가 붙여지자 그와 같은 관리사무소의 결정이 수용하기 힘들었을 수도 있다. 자세한 건 알 수 없지만 한국의 전략부재 상황이 어떤 모습인지를 알 수 있다. 가장 황당한 건 관리사무소와 경찰의 무력감이다. 인간은 다양하다. 수많은 인간들 중에 누군가는 순간 감정에 욱할 수 있다. 중요한 것은 그 다음이다. 누군가가 감정에 욱해 다수의 사람들에게 저렇게 불편을 끼치고 있는데도 경찰이 해결을 못했다는 것이 참으로 어이없다. 차주가 문제가 아니라 관리사무소와 경찰도 문제가 없다고 말하기 어렵다. 이면주차도 심각하다.

단순히 이면주차가 불편을 초래했다고 생각하기 쉽지만 사실 그건 치안과 연결된 문제이다. 그렇게 이면주차한 차량을 어떻게

하라는 것일까? 이면주차한 차량을 손으로 미는 것도 힘들지만 사고 위험이 있다. 그 상황에서 정확히 어떠한 법이 적용돼야 하는지 모르겠지만 관리사무소가 아니라 경찰이 나서서 문제를 해결해야 한다. 경찰은 국민의 안전을 지킬 의무가 있다. 그 상황에서 경찰이 문제를 해결해주지 못하면 누가 해줄까?

한국의 교통체증 문제는 답이 없다. 땅이 비좁은 가운데 차량이 많으니 그와 같은 체증이 나타나는 것이리라. 한국에선 길거리 불법 주차가 너무 보편적이다. 역설적이게도 통행료도 저렴하고 남들에게 피해를 주더라도 길거리에 잠깐 불법 주차가 가능하기에 차를 갖고 다니는 사람들이 너무 많다. 서울뿐 아니고 지방 도시들도 교통체증 문제에서 자유로울 수 없다. 문제는 한국 사회가 교통체증 문제를 시스템을 통해 바꿀 의사가 없다는 것이다. 즉흥적이고 너무 임기응변적이다. 즉, 막히는 걸 당연하게 생각하고 그때마다 눈치껏 최대한 기민하게 앞차를 추월한다거나 옆길로 잠깐 빠져 돌아간다거나 하는 식이다. 운전 중에 어느 구간이 막힌다고 하여 우회를 시도하면 다른 곳 역시 막히는 걸 알 수 있다. 모두 같은 정보를 갖고 전략선택을 하니 그런 결과가 나오는 게 당연하다. 노력을 해 볼 필요가 있다. 다음을 제안한다. 한국에선 단속을 안 하니까 도로 가에 차를 세워 다른 차의 흐름을 막고 위험을 초래하는 경우들이 참 많다. 무조건 주차를 금지하지 말고 차라리 미터기를 설치해서 요금을 받고 주차를 허용하는 게 어떨까 싶다. 단 요금을 약간 비싸게 받는다. 그래서 꼭 급한 사람만 차를 댈 수 있도록 하는 것이다. 주차 허용 여부를 색깔을 칠해서 알아보기 쉽게 하는 것도 중요하다. 외국에선 색깔을 칠해놓아 주차 문제에 대해 경각심을 들게 해놓았다. 예를 들어 빨간 색이 칠해진 곳은 잠깐이라도 정차조차 해선 안 된다. 불법주정차는 잡히면 지역마다 다르겠지만 벌금이 꽤 크다. 경우에 따라선 곧장 견인해 가버리기도 하는데 그 경우 차주가 견인비용까지 모두 부담해야 한다. 그렇게 되면 불법주정차를 한 이에겐 큰 비용이 돌아간다. 색깔을 칠해놓으면 경각심이 들고 사람들이 규칙을 보다 잘 지킬 수도 있다. 먼저 규칙을 지키도록 만드는 게 중요하다. 외국에선 잠깐 불법주차를 하더라도 금세 주차단속 인력이 딱지를 붙여놓는다. 한국도 불법주차를 방지하기 위해 주차단속 인력을 많이 고용해 수시로 불법주차 차량을 발견 신고할 수 있도록 해야 할 것이다. 과태료도 올리고 주차단속 인력이 불법주차 차량을 많이 발견할수록 인센티브를 적용해 그들의 수당을 올려주는 것이다. 예를 들어, 불법주차 차량 1건당 몇 %씩 주차단속 인력에게 수당으로 돌려주면 그들은 더욱 열심히 불법주차를 감시하러 다닐 테다. 일자리도 창출되고 불법주정차 문제가 해결될 수 있다. 교통체증 문제도 개선될 수 있다.

약속의 미덕

두 명의 경제학자가 실험을 했다. 부모들이 아이들을 제때 데리러 오지 않아서 어린이집이 골머리를 앓던 중, 지각하는 부모들에게 벌금을 부과했다. 그랬더니 부모들이 아예 대놓고 늦게 오더라는 얘기였다. 이 어린이집 사례는 금전을 바탕으로하는 유인구조가 도덕적 의무감을 쫓아냈다는 이른바 '제도적 구축효과'를 보여주는 전형적인 예이다. 사람들에게 착한 행동을 이끌어 내기 위해 인센티브가 필요하다는 것은 앞서 얘기했다. 잘하면 상주고, 못하면 벌을 주는 원리이다. 대학에서도 학생들의 어학실력을 증진시키기 위해서 또는 자격증을 따도록 유도하기 위해서 학교 별로 다양한 유인책들이 있을 수 있다. 장학금을 줄 때도 인세티브가 고려된다. 교수들도 마찬가지다. 연구 의욕을 고취시키기 위해 논문을 쓰면 장려금을 주기도 하고 우수 논문집에 실리면 장려금 액수가 더 커진다. 기업에서도 피고용인들을 더 열심히 일하도록 만들기 위해서 업무의 성과에 따라 차등적으로 인센티브를 제공한다. 하지만 인센티브가 제대로 작동할까 걱정하는 목소리도 만만치 않다. 어떤 경우에는 물질적 보상이 주어져도 그 효과가 불분명할 수 있고, 제대로 작동하는 것처럼 보이더라도 진정한 동기가 왜곡될 수 있다는 비판도 있다. 헌혈을 독려하기 위해 현금 보상을 하면 오히려 헌혈이 줄어들 것이라는 우려나, 투표하는 데 따른 직간접적 비용을 줄여주고자 우편 투표를 도입했는데도 투표율은 높아지지 않더라는 얘기도 있다. 이러한 사례들은 도덕적 행동이나 시민들에게 요구되는 투표를 독려하는 데 금전적 인센티브가 잘 작동하지 않을 수 있음을 보여준다. 사람들은 꼭 금전적 이득만을 추구한다고 볼 수 없다. 경우에 따라선 돈보다도 자존감이 중요하게 작용할 수도 있다. 예를 들어, 밀린 임금을 달라고 하자 동전을 바꾸어서 준 경우도 있었는데 금전적 이득만을 따진다면 액수가 맞았으니 문제삼지 않았어야 할 것이다. 사람은 누구나 존중받고 싶고 자신의 가치를 인정받고 싶어 한다. 도덕적 지향이 강한 나라에서는 인센티브가 자칫 부정적 영향을 가져올 수 있다고 한다. 행동 경제학자들은 사람들이 칭찬받을 만한 일을 하고 싶을 수 있다는 점에 주목하기도 했다. 경제학자들은 그러한 동기를

'후광효과'라고 부른다. 이에 따르면 사람들은 인센티브가 없이 도덕적 행동을 할 때, 그에 따르는 일종의 후광으로부터 만족감을 느끼기도 한다는 것이다. 이때 인센티브는 도덕적 행동에 따르는 후광을 없애버리는 효과를 낳을 수 있다는 것이다. 뭔가 자신이 옳은 일을 하고 있다고 스스로 인정하고 주위로부터 인정받고 싶었는데, 그에 대해 인센티브가 주어지면 자신이 한 그 일이 자기희생이 필요한 고귀한 게 아니라 돈 때문에 한 게 되어버리기 때문이다. 필자도 유사한 경험이 있다. 유학생들 사이에선 누군가가 신입생이 오거나 방문자가 오면 공항에서 차로 태워다주고 이것 저것 사야할 때 같이 가서 도와주는 경우가 많다. 필자 역시 도움을 받아보았기에 도움을 베푼 적이 있었다. 그런데 도움을 받는 분이 수고비를 건네주려고 했을 때 약간 황당한 느낌이 들었던 적이 있다. 물론 고마움의 표시였겠지만 그 순간엔 돈보다도 필자 스스로 다른 누군가에게 도움이 되었다는 사실이 더 만족스러웠던 것 같다. 오래전부터 심리학자들은 '보상의 숨겨진 비용' 혹은 인센티브의 '부패효과' 등을 이야기해왔다. 재미있게 하던 일도 돈 주고 하라고 하면 흥미를 잃는 것처럼, 물질적 보상은 사람들의 진정한 동기를 왜곡시킬 수 있다는 문제 제기였다. 또한 개인은 인센티브가 도입되면 때로 이를 간섭으로, 즉 자신의 자율적 선택에 대한 침해로 간주하고, 이에 대해 거부반응을 나타낸다는 주장도 있다. 인센티브가 적절히 사용됨으로써 효과를 보는 경우도 많지만, 위에 열거된 사례들은 인센티브가 어떤 경우에 문제가 될 수 있는지를 고민해보게 한다. 인센티브는 그것을 도입하는 사람들의 의도를 드러내줌으로써 기존의 신뢰와 호혜의 관계를 이해관계로 돌려버리기도 하고, 사람들이 하는 일의 성격을 바꿔버리기도 한다. 어린이집 이야기에서 그 부모들은 벌금제도가 도입되자 아예 늦게 와버렸다. 이는 늦을 수 있는 권리를 돈 주고 살 수 있는 걸 해석해버렸다. 그와 같은 경우엔 적은 금액의 벌금보다 큰 액수의 벌금 부과가 더 효과적일 것이다. 게임이론 시각에서 사회는 도덕만으로 돌아갈 수 없다. 유토피아적 사고는 위험하다. 하지만 도덕을 인센티브로 대체할 수 있다는 생각도 역시 위험하다.

CHAPTER 08

거짓말

거짓말은 나쁘다. 거짓말을 들으면 사람은 실망한다. 얼굴색 하나 변하지 않고 거짓말을 하는 사람들이 있다. 특히 한국에선 거짓말에 관대한 경향이 있다. 그리고 거짓말에 대한 체계적인 연구가 없다. 자신이 불리해지면 사실을 왜곡하는 경우가 발생한다. 자신의 보수를 크게 하기 위해서다. 게임이론에선 거짓말의 비윤리성 또는 비도덕성은 분석하지 않는다. 거짓말이 낳는 폐해를 분석한다. 거짓말은 사소한 것이 아니다. 나중에 다시 논하겠지만 정보 왜곡이기 때문에 매우 심각한 것이다. 실제로 거짓말은 경제에 미치는 영향도 크다. 고전경제학에선 어떻게 거짓말 나부랭이들이 경제에 부정적 영향을 미치는지 설명할 길이 없다. 꼭 그런 건 아니지만 가난한 나라일수록 정치인들이 거짓말을 더 잘하는 경향이 발견된다. 저신뢰 사회이기 때문이다. 한국에서도 거짓말에 관대한 이유가 있다. 유형자산만을 자산이라 여기기 때문이다. 하지만 형태가 없어도 신뢰라는 게 큰 자산이 될 수 있다. 이번 장에선 그와 같은 얘기를 해보고자 한다. 한국 정치인들의 거짓말은 너무 많아서 일일이 거론하기에 새삼스러울 정도이다. 어느 한 정치인이 정계은퇴를 선언한 적이 있

다. 그 후로 과연 그가 정계에 복귀하지 않았을지는 의문이다. 앞으로 언론은 누군가 정계은퇴를 선언하면 그 사람의 정계복귀 가능성을 묻고 다니는 일을 안 했으면 좋겠다. 어쨌든 그 정치인은 정계 복귀 가능성 질문을 받을 때마다 단호하게 번복은 없다고 대답했다. 그런데 그 약속을 번복하고 정계에 복귀해 권력을 장악했다. 이게 한국 정치의 모습이다. 그는 나중에 그를 싫어하는 사람들에 의해 거짓말쟁이로 몰렸다. 그는 그때마다 자신은 거짓말은 한 적이 없고 다만 약속을 못 지켰을 뿐이라고 대답했다고 한다. 그러자 누군가가 약속을 안 지킨 것도 거짓말과 비슷하다며 뼈있는 말을 했다고 한다. 그 사람들의 도덕성은 모르겠다.

거짓말을 하는 것과 약속을 안 지키는 것은 같을까? 게임이론에서 보면 그 두 가지는 비슷하게 보이지만 전혀 다르다. 나중에 정보의 역할을 다루며 자세히 언급하겠지만 게임이론에서 거짓말은 정보를 고의적으로 왜곡하는 것으로 본다. 당연히 자신이 챙길 보수를 크게 하기 위해서 그렇게 한다. 반면 약속을 안 지키는 것은 계약미이행이라고 볼 수 있다. 그래서 도덕적 해이의 문제와 연결된다. 도덕적 위험이 맞는 표현인데 자주 쓰는 도덕적 해이라는 말을 쓰기로 한다. 우리는 이미 지난 장에서 약속이 갖는 전략적 가치를 살펴보았다. 약속은 경기자들이 행동계획을 짜는 데 매우 유용하다. 즉, 상대로부터 특정 전략 선택을 유도하기 위해 약속을 하고 상대는 그 약속에 따라 전략을 선택한다. 이제 약속을 이행하면 게임이 끝나는 상황인데 자신이 목표한 보수를 다 챙겼기 때문에 그 약속 이행을 의도적으로 거부하는 상황이 있을 수 있다. 이는 도덕적으로 매우 위험한 짓이다. 거짓말은 정보를 왜곡하는 것이라고 했다. 따라서 그 거짓말을 믿지 않으면 그만이다. 정치인이 만약 거짓말을 한 전력이 있다면 그는 정치인으로서 자격을 자동적으로 상실한다. 꼭 정치인뿐이 아니다. 누구든지 거짓말이 드러났다면 그는 모든 형태의 사회계약에서 제외되는 것이 맞다. 도덕성도 도덕성이지만 왜곡된 정보는 비용을 발생시키고 최적의 자원배분을 방해한다. 그래서 사회적 후생에도 영향을 미칠 수밖에 없다. 약속번복은 계약미이행과 비슷하고 정보왜곡과는 다르다고 했다. 하지만 정치인은 공인이기에 국민들을 믿게 만들 수 있다. 그런 상황에서 약속번복은 매우 위험하다. 게다가 계약미이행을 통해 자신의 보수가 커질 것을 미리 알고 있었다면 그것은 사기에 가깝다. 상대를 이기는 가장 쉬운 방법 중에 하나가 좋은 말로 상대를 달래 무장을 풀게 한 다음 뒤통수를 치는 것이다. 실제로 중국 전쟁사를 보면 그러한 뒤통수치기가 많이 나온다. 그래서 중국에선 전쟁 중에 속임수도 허물하지 않는 법이라고 하는 것이다. 사기꾼은 사람들이 믿게끔 약속을 하고 결정적인 순간에 약속 이행을 거부해 뒤통수를 친다. 대인관계에서도 보면 뒤통수치기가 등장해 서글픔을 주기도 한다. 약속은 전략적 가치가 있다고 언급했다. 즉, 약속이란 미리 행동계획을 제시함으로써 상대방도 전략선택을 쉽게 할 수 있다. 그렇기에 살벌한 전쟁 중에도 장수들끼리 만나 곧잘 행동계획을 전달하기도 했다. 미담들도 있다. 예를 들어, 두 친구가 나눠가질 수 없는 것을 동시에 원한다고 해보자. 정말 간절히 원하는 어느 한명이 자신이 그것을 얼만큼 간절하게 원하는지를 친구에게 알려 의외로 일이 쉽게 풀리는 경우도 있다. 즉, 친구가 양보할 수도 있다는 것이다. 물론 권력 투쟁엔 미담이 없다. 황당한 건 한 경기자의 공약을 통해 다른 모든 경기자들이 행동계획을 세웠는데 그 당사자가 자신의 공약을 뒤집는 경우이다. 실제로 이러한 경우는 많이 발생한다. 사기꾼만 사기를 치는 게 아니다. 심지어 온 국민에게 신뢰를 주어야 할 정부나 정부기관이 국민들을 상대로 사기를 치는 경우도 있다. 한국에선 정권이 바뀔 때마다 지난 정부에서 추진했던 사업들을 접어버리는 경우가 있다. 이전 정권에서 공약을 하고 정책 추진을 해왔기 때문에 국민들을 포함한 모든 경제주체들은 그 정책이 일관되게 추진될 것으로 기대하고 있다. 그 정책을 접어버리면 그건 사기에 가깝다. 그런데 정권이 바뀌면 이전 정권에서 추진했던 중장기적 과제들을 일방적으로 폐기해버리는 일들이 일어난다. 대표적인 게 행정수도 건설과 새만금 사업이다. 최근엔 가덕도 신공항 문제가 표류하고 있다. 그와 같은 정책 뒤집기는 심각한 동태적 비일관성 문제를 발생시킬 수 있다. 양치기 소년의 일화를 기억할 필요가 있다. 국민들이 정부의 정책 추진을 의심하는 것은 그야말로 심각한 상황이다. 한국의 국민들은 대개 현 정부가 추진하는 사업이나 정책이 시간이 지나면 폐기되거나 정책이 번복될 것이라고 짐작하는 경향이 있다. 이는 정책적 비일관성 문제가 심각하게 발생하고 있다는 증거다. 정책적 비일관성은 미래에 대해 행동계획을 세우지 못하게 만든다. 그런 상황이라면 모든 것을 즉흥적으로 할 수밖에 없다. 즉, 임기응변이다. 물론 임기응변도 능력이겠지만 행동계획이 없는 나라는 생각만 해도 한심하다. 행동계획을 세울 수 없을 정도로 정책적 비일관성이 심각한 나라들은 많다. 그런 나라는 장기적 투자가 고갈된다. 양치기 소년 우화가 있다. 늑대가 나타났다고 거짓말을 연거푸 한 소년이 실제로 늑대를 만났을 때 도움을 구할 수 없었다. 아무도 그를 돕지 않았던 것은 마을 주민들이 양치기 소년의 장난을 징벌하기 위해서가 아니었다. 마을 주민들은 그 소년이 또 거짓말을 하는 것이겠지 지레 짐작해 그의 말에 의미를 부여하지 않기로 행동계획을 세웠기 때문이다. 즉, 그를 돕고자 해도 정말로 도울 수가 없었던 것이다. 시장에서도 거짓말은 그와 같이 부정적인 효과를 발생시킨다.

정리 거짓말은 경기자로 하여금 행동 계획을 세울 수 없게 한다.

거짓말 가르치는 나라

가정은 가장 진실해야 할 공간이지만 거짓말이 발생하기도 한다. 후진적 사회로 갈수록 그런 경향이 더 크다. 부모들이 집 밖에서 하는 말과 집 안에서 하는 말이 다를 때도 많다. 그럼 아이들은 혼란스럽다. 밖에서 점잖고 존경받는 아버지가 집안에선 어머니를 학대하고 자식을 학대하는 경우도 있다. 부모가 아이들에게 거짓말을 알려주는 경우도 있다. 아이가 학교에서 뭔가 의무를 다하지 않았을 때 부모는 아이의 위기 모면을 위해 같이 거짓말을 연구한다. 그리고 교사와 학교를 속인다. 꼭 거짓말이 아니어도 책임 회피를 위해 말을 둘러대는 경우도 곧잘 있다. 아이가 듣고 있어도 말을 바꾸고 태연하게 거짓말을 하는 경우도 많다. 아이들은 부모를 닮는다고 한다. 신체적인 모습도 닮지만 사고 습관도 닮는다. 아이가 주위 사람들에게 피해를 끼치고 있어도 아이를 따끔하게 혼내고 무엇이 잘못인지 정확히 가르쳐주지 않는 부모들도 많다. 예를 들어, 부모가 아이를 혼낼 때를 생각해보자. 습관적으로 부모가 하는 거짓말이 있다. 입버릇처럼 "너 또 그러면 혼나"라는 말들이다. 아이는 또 같은 행동을 한다. 그럼 같은 말이 반복된다. 말만 공허하게 들릴 뿐 아무런 행동이 없으니 아이들은 스스로 잘못한 게 없다고 생각하고 자신들의 행동에 대해 정당성을 부여한다. 층간소음으로 인해 살인까지 벌어지는 나라가 한국이라고 이미 말했다. 아이가 뛰면 아래층 거주민은 얼만큼 고통스러운지 알 것이다. 아파트 안에서 뛰는 아이에게 부모가 "너 또 그러면 혼나"라고 말한다고 해보자. 아이가 또 뛴다. 처음엔 그 부모가 화를 낸다. 그럼 아이는 더 과장해서 울고 오히려 부모를 향해 밥을 안 먹겠다고 협박한다. 그래서 할 수 없이 그냥 넘어간다. 뛰면 혼난다는 말은 말 그대로 말뿐이라는 점에 주목하자. 부모가 이런 식으로 행동하면 아이는 집에서 뛰어도 소란스럽게 해도 혼난다는 말은 듣지만 실제로 달라지는 게 없다는 사실만 배울 뿐이다. 왜 뛰면 안 되는지 그 이유를 전혀 배우지 못한다. 그러니 주변 사람들을 배려하는 방법은 더더욱 알 길이 없다. 청소년들의 비행은 그 부모들을 반영한다고 한다. 막연하게 혼낸다는 말로 아이들의 행동을 바꿀 수 없다. 그 제재나 벌칙이 비현실적이기 때문이다. 그보다 아이가 또 뛸 경우 그 아이가 좋아하는 과자나 아이스크림을 주지 않겠다고 하는 게 더 현실적일 수 있다. 즉, 실현가능한 벌칙을 제시해야 교육 효과가 높다. 주위를 둘러보면 가짜 협박을 남발하다가 자녀 교육에 실패한 경우가 적지 않다. 한국에 유원지나 놀이터에 유독 위험한 아이들이 많은 건 민족성 때문이 아닐 수도 있다. 그렇게 행동을 해도 가정에서 제재가 없었기 때문이다. 가정에서 제재를 못하는데 누가 아이들을 제재할 수 있을까? 애지중지 금지옥엽 기른 자식이 부모를 살해하는 일도 비일비재하다. 그래서 모든 것을 학교 교육에 맡기려 든다. 그건 학교를 신뢰해서가 아니라 아이에 대한 책임 회피이다.

아이에 대한 일차적 교육은 가정에서 이뤄진다. 예를 들어, 레스토랑 안에서 아이들이 뛰고 고성을 지르며 옆 사람을 치고 지나가도 제지하지 않는 부모들이 많다. 애들이니까 그런다며 도리어 감싼다. 고속도로 휴게소에서 아이가 뛰어다니다 어느 한 아주머니의 국그릇을 엎어트려 아이가 화상을 입는 사고가 발생한 적이 있다. 물론 화상을 입은 아이의 모습은 참으로 안타까웠다. 그런데 화상 입은 아이의 부모가 온라인 커뮤니티에 그 아주머니를 공개적으로 비난하면서 문제가 발생했다. 그 아주머니가 아이에게 화상을 입히고 무책임하게 사라졌다는 식으로 주장하며 분통을 터트렸기 때문이다. 하지만 CCTV를 통해 밝혀진 모습은 그 아이가 먼저 실수를 한 결과 그 아주머니도 화상을 입고 말았다는 것이다. 다양한 댓글들이 올라왔다고 한다. 황당한 건 그 아이 때문에 피해를 입은 이가 있는데 많은 사람들이 어린 아이니까 그럴 수 있다고 했다는 사실이다. 그럼 어린 아이이니까 사고를 일으켜도 된다는 뜻이다. 아이니까 더 조심해야 되는 게 옳다. 게임이론에 따르면 그 문제의 책임은 그 아이가 아니라 그 아이의 부모에게 있다고 볼 수 있다. 사람이 많은 곳에서 아이를 놓쳤기 때문이다. 그런 경우 부모와 자식 간 협조적 게임 상황이다. 즉, 부모와 자식이 협조적 관계에 있지만 서로 경기자라는 사실을 잊어선 안 된다. 매체들이 보도를 안 해서 그렇지 아이들의 방종은 학교에서 더욱 심각하다고 한다. 학교 폭력은 새삼 말할 것도 없다. 교사에게 폭력을 휘두르는 학생들도 있다. 하지만 학생들의 비행을 나무라는 부모는 없다. 심지어 자기 자식은 잘못이 없고 교사가 잘못이라고 주장하는 막장 부모들도 많다. 물론 잘못된 교사들도 존재할 것이다. 하지만 그런 소수의 교사들 때문에 교사들 전체가 부도덕한 집단이라고 일반화되어선 안 된다. 어리석은 학생들 몇몇 때문에 학생들 전체가 어리석다고 지탄을 받으면 부모들은 펄펄 뛸 것이다. 왜 학교를 향해선 그와 같은 이성을 발휘하지 못할까? 그럴수록 손해는 아이들이다. 아이들의 뇌리엔 질서와 시스템이 사라진다. 아이들 책임이 아니라 부모들 책임이다. 아이들일수록 잘못을 정확히 짚어줘야 한다. 그것이 교육이다. 한국사회엔 그러한 절차가 생략되어 보인다. 입시 위주 교육 때문이리라. 아이들이 주변 사람들에게 피해를 주건 말건 학원에 가서 점수만 잘 맞아오면 된다고 생각하는 부모들이 많다. 아이들이 떠들고 옆 사람들에게 피해줘도 무조건 제 자식만 감싸는 행위는 실은 그 아이를 바보로 만들고 있는 것이다. 실제 뭔가가 필요하면 한국 아이들은 무조건 울면서 떼를 쓰는 경향도 있다. 한국 속담에 자식 이기는 부모가 없다고 한다. 정말 속담이 많은 것을 반영하는 듯하다. 외국에선 반대로 부모 이기는 아이가 없는 것 같다. 아이가 부모 말을 듣든지 아님 독립해서 혼자 자유롭게 살든지 둘 중에 하나다. 일상적인 거짓말은 부모 자식 관계에만 그치지 않는다. 교수들도 거짓말을 많이 한다. 공개적인 장소에서 하는 말과 자기 학생들을 대할 때 일관성이 부족한 경우도 많다. 학생들에게 성실함을 강조하면서 정작 자신은 성실치 않게 행동하는 경우도 많다. 대부분 교수들은 학생이 부정행위를 하다 잡히면 학생징계위원회에 회부해 교칙에 처리하겠다고 엄포를 놓는다. 시험 도중 어떤 학생의 부정행위가 발각되었는데 학생이 용서를 빈다고 해보자. 다시는 그와 같은 행위를 하지 않겠다고 다짐도 한다. 그 경우 교수는 마음이 약해지기도 하고 실제로 그 학생을 징계위원회에 회부해 징계를 내린다 해도 그 교수 개인이 얻을 게 없다는 생각에 그냥 포기하고 말 것이다. 따라서 그 학생에게 다짐을 받아내고 용서해주고 만다. 그러면 학생들은 부정행위를 해도 크게 문제되지 않는다는 것을 눈치챈다. 따라서 그들은 요령껏 최대한 부정행위를 하는 것이 자신들의 최선전략이 되고 만다. 즉, 최선전략이 시간이 가면서 바뀌는 것이다. 그로 인해 가장 큰 피해를 입는 경기자들은 성실히 수업에 참여하는 학생들이다. 학생들에게 공부하는 습관을 길러주겠다며 1주일에 1회씩 시험을 치르겠다고 으름장을 놓는 교수들이 있다고 해보자. 하지만 재량껏 그 계획이 바뀔 수도 있다. 왜 시험을 치르지 않느냐고 물으면 원래 목적은 시험이 아니라 공부하는 습관을 길러주는 것이기 때문이라고 자신 있게 대답한다. 그건 말이 되지 않는다. '시험을 치르게 한다'가 가짜 협박이 되어버리면 학생들은 공부를 하지 않을 것이다. 직장에서 경영자가 규율을 지키지 않으면 이런 저런 벌을 주겠다고 선언해놓고 실행하지 않는 경우도 마찬가지이다. 그렇게 되면 부하들은 기운이 빠져 업무에 매진할 의욕을 상실하고 만다. 규율을 지키지 않은 사람은 '아무 일도 없이 넘어가네' 라며 쾌재를 부를 것이고 규율을 지킨 사람은 성실히 해봤자 자신만 손해라고 느낄 것이다. 정책적 비일관성은 바로 그와 같은 현상에서 찾을 수 있다. 만약 아이가 아파트에서 또 뛰면 어떻게 할까? 만약 직원이 규율을 어긴다면 어떻게 대처할까? 그 정도는 미리 생각하고 있어야 가짜 협박의 함정에 빠지지 않을 수 있다. 게임의 구조를 충분히 이해하여 미래를 예측할 수 있다면 좀 더 바람직한 해결책(타당한 보수나 벌칙)도 찾기가 수월하다.

정리 일상적인 거짓말은 행동계획을 잘못 세우게 한다.

돈으로 못 산다!: 신용

동태적 비일관성을 해결하는 구체적인 방법 가운데 '장기적인 관계를 구축하는' 방법이 있다. 2008년에 일어난 서브프라임 모기지론 문제를 떠올려 보자. 그때 신용평가 회사들이 주목을 끌었다. 신용평가 회사들이 보증한 증권들이 실제로는 '폭탄'이었던 것이다. 이 때문에 금융위기가 확대되었다고 주장한 전문가도 많다. 신용평가 회사는 고객인 기업의 돈을 받고 그 기업의 신용도를 평가해주는 것이 주된 업무이다. 예를 들어, 회사 갑은 주식을 발행해 자금을 모으려고 한다. 그러나 잘 알려져 있지 않은 회사라서 주식이 제대로 팔리지 않는다. 그래서 신용평가 회사인 '을'에게 돈을 지불하고 자사

의 신용도를 평가받는다. 을은 유명한 신용평가 회사이기 때문에 여기서 좋은 평가를 얻으면 주식도 잘 팔릴 게 분명하다. 결국 '갑'은 우량한 회사라는 을의 평가에 힘입어 주식을 팔아 자금을 모으는 데 성공했다. 생각해보면 '을'은 '갑'에게서 돈을 받고 있으므로 "갑'은 우량한 회사'라고 평가하는 것이 어쩌면 당연하다. 고객의 기분을 거슬러서 득이 될 게 뭐가 있을까? 그러나 '돈을 받고 평가하는' 관계에서 볼 때 신용평가 회사의 존재 의의라는 것이 과연 있을까? 여기서 동태적 비일관성의 문제가 크게 대두된다. 신용평가 회사가 단기적 이익만을 좇아 '당신 회사는 우량하다'고 높은 평가를 내리는 게 가장 편할 것이다. 그 높은 평가를 받은 회사가 사실은 부정한 거래를 일삼는 회사였다면 어떻게 될까? 신용평가 회사의 말만 믿고 주식을 사거나 계약을 맺은 사람들은 두 번 다시 그 신용평가 회사의 말 따위는 믿지 않을 게 분명하다. 신용을 잃으면 그 신용평가 회사는 존재 가치가 위협받는다. 신용평가 회사는 장기적인 이익을 생각한다면 기업 고객을 상대로 엄격하고 공정하게 심사해서 신용을 유지해 나가야만 한다.

정리 신용은 자산이다. 은행이 돈을 버는 이유는 고객이 믿고 돈을 맡기기 때문이다.

최악의 거짓말

다음의 경우를 생각해보자. 어느 유명 판화 작가가 장기간 작업을 통해 판화를 완성했다. 판화는 특성상 무한정 찍을 수 있다. 복사하는 것과 비슷하다. 판화 원판을 만드는 건 어렵지만 판화를 찍는 건 매우 쉽다. 따라서 사람들은 그 판화를 무한히 찍을 수 있다고 생각할 테고 굳이 비싼 돈 주고 구입하지 않으려 할 것이다. 결국 그 판화의 값은 낮아질 것이다. 판화 작가는 약속을 할 수 있다. 몇 장만 찍고 다시는 찍지 않는다고 공언해 구매자들로 하여금 적정한 액수를 지불하고 그 판화를 구입해도 좋다는 메시지를 내놓을 것이다. 하지만 구매자들에겐 우려가 남아있다. 즉, 자신들이 고가에 그 판화를 구매했는데 그 판화 작가가 나중에 슬그머니 몇 장 더 찍고, 또 돈이 필요할 때 몇 장 더 찍고 그런 식으로 하면 그 판화의 가치는 저하될 것이고 그 경우 애초에 비싼 돈 주고 구매한 이들만 바보되는 것 아닐까 하는 것이다. 그러한 우려가 시장에 반영이 되면 판화의 가치가 높게 책정되지 못한다. 즉, 그 가치 저하는 동태적 비일관성 가능성에 있다.

그 판화 작가는 문제를 어떻게 해결할 수 있을까? 가장 좋은 방법은 모든 이들이 보는 앞에서 판화를 불살라 버리는 것이다. 즉, 자신의 공약이 지켜질 수밖에 없음을 모두에게 보여주는 것이다. 예를 들어, 50장 한정을 못박고 50장을 찍은 다음 판화를 없애버리는 것이다. 그리고 모든 판화들에 일련번호를 매겨 판매한다. 오직 50장만 찍어 희소가치를 높인 다음 각 판화를 고가로 판매하는 게 판화 작가로서는 최선이다. 판화를 파쇄하지 않았을 때 그 판화 작가는 고민을 하게 된다. 즉, 50개 한정판을 다 팔고 난 다음을 생각해보자. 한정판이라고 한 공약이 시장에 작용하여 구매자들은 높은 값을 주고 판화를 구입했다. 한정판이 다 팔리고 난 다음에 그 판화 작가의 최적선택은 무엇일까? 어차피 50장이 다 제 값 받고 팔렸으므로 또 찍어서 파는 것이다. 물론 가격이 내려갈 수도 있다. 하지만 얼마를 받더라도 일단 추가 수입이 발생한다. 그 단계에서는 또 찍어서 판매하는 게 그 작가에겐 최선이 된다. 전형적인 동태적 비일관성 문제가 여기에서 발생한다. 쉽게 넘길 문제가 아니다. 왜냐하면 그 작가의 신뢰가 땅에 떨어지고 말기 때문이다. 심지어는 사기꾼으로 몰릴 수도 있다. '증쇄는 절대로 하지 않는다'는 말을 고객이 믿어주지 않으면 판화를 제 값에 팔 수 없다. 그러한 동태적 비일관성 문제를 해결하기 위해 판화 업계에서는 '한정판 인쇄가 끝나면 원판을 파쇄' 하는 방법이 널리 이뤄지고 있다. 파쇄 해버리면 '증쇄는 절대로 하지 않는다'라는 약속을 깨려고 해도 깰 수 없기 때문이다. 그렇게 되면 자연적으로 신뢰가 형성된다. 그 원판 자체가 갖는 예술적 가치가 있을 것이다. 흥미로운 건 그 가치를 포기해야 찍어진 판화들이 가치를 인정받을 수 있다는 사실이다. 물론 원판을 파쇄하지 않고도 가치를 인정받을 수도 있다. 하지만 작가가 오랜 시간 동안 고객들에게 신뢰를 쌓아야만 가능하다. 신뢰가 중요한 이유이다. 작품을 파쇄 하는 게 아까운 마음도 들지만 동태적 비일관성 문제를 해결하기 위해서는 그렇게 과감한 정책이 필요하다.

명품은 할인을 하지 않는다. 유행이 지난 상품을 재고로 안고 있기보다 할인을 해서라도 처분하고 싶은 마음이 없어서가 아니다.

어차피 버릴 거라면 조금이라도 회수하는 게 훨씬 낫다. 하지만 여기에도 함정이 숨어 있다. 고급 명품을 할인해 팔면 소비자들은 '조금만 기다리면 싸게 살 수 있다'라는 걸 알게 되고, 그렇다면 처음에 정해진 가격으로 상품을 판매하기가 힘들어진다. 따라서 명품은 절대 할인을 하지 않는다. 단기적인 이익에만 집착하면 브랜드를 키우고 유지하는 일이 불가능해진다. 장기적인 비전으로 신용을 얻는 전략을 구사하여 진짜 브랜드로 키워나가는 것이다. 비즈니스를 지속하려면 기업과 고객이 신뢰라는 끈으로 묶여 있어야 한다. 그런 관계가 동태적 비일관성이 야기하는 문제들을 해결해준다. 그처럼 시간의 경과와 함께 최적 행동이 바뀌는 것을 경제학 용어로 동태적 비일관성이라고 한다. 동태적 비일관성이란 2004년 노벨상을 공동수상한 핀 키들랜드와 에드워드 프레스콧이 제시한 이론으로 합리적 기대하에서 어느 시점에서의 최적선택이 다른 시점에서는 최적이 아닐 수 있는 경우를 말한다. 다시 말하면, 정부 또는 통화당국이 단기적 혹은 정치적 목적으로 정책을 이용함에 따라 정책이 수시로 변할 가능성을 경제주체들이 예상하면 정책효과를 거두기 힘들다는 것이다. 예를 들어 지방정부가 공장유치를 위해 30년간 세금감면을 약속했다고 하자. 그런데 일단 공장이 들어서고 나면 지방정부는 세수확대를 위해 세금을 부과하고 싶은 유혹에 빠지게 되며, 만약 기업이 이런 지방정부의 행태를 미리 예상한다면 처음부터 공장이 들어오지 않을 것이다. 동태적 비일관성의 가장 대표적인 사례로 금융위기 이후 한국의 부동산정책이 지적되고 있다. 전체 경기를 살리려고 건설경기 부양정책을 쓰다 보니 덩달아 부동산 가격이 급등했다. 이를 막기 위해 여러 정책을 펼쳤지만 사람들은 언제부터인지 한국에서 부동산 가격은 떨어지지 않는다는 신념을 갖게 되었다. 그 신념이 깔려있는 한 부동산 가격규제 정책은 하나마나이다. 이러한 문제를 해결하기 위해서는 원칙에 맞은 정책을 일관성 있게 추진함으로써 정책당국에 대한 경제주체의 신뢰성을 높이는 것이 매우 중요하다. 정책당국에 대한 신뢰가 깨질 경우 경제주체는 정책당국의 말을 불신하거나 혼선을 일으키게 되고 이로 인해 정책효과가 전혀 다르게 나타날 수 있기 때문이다. 가끔은 정부와 중앙은행 사이에 금리인상을 놓고 의견이 나뉘지기도 한다. 하지만 적절한 금리인상 여부보다 더 중요한 것은 정부 및 통화당국에 대한 경제주체의 신뢰이다. 키들랜드가 지적한 바와 같이, 가계와 기업이 미래를 예측하고 세운 소비와 투자계획이 경기순환에 결정적인 영향을 주기 때문이다. 몇 년 전 코로나 팬데믹 상황에서 백신개발 경쟁이 첨예화됐던 적이 있다. 당시 백신이 공공재라는 주장을 펴는 이들도 많았다. 특허권도 동태적 비일관성 문제에서 자유로울 수 없다. 방송에선 미국이 백신이 부족한 나라들에게 백신을 지원해야 한다는 식의 논지도 등장했었다. 제약회사는 막대한 연구비를 들여 새로운 백신을 개발한다. 백신이 개발되면 독점 판매가 가능하기 때문에 막대한 개발 비용을 들여서라도 백신을 개발하려 하는 것이다. 즉, 특허권이 주어지기 때문이다. 물론 백신 가격이 비쌀 수도 있다. 하지만 그 특허권을 인정할 필요가 있다. 특허권이라는 제도가 있었기 때문에 백신이 개발될 수 있었다. 백신 가격이 높아질 것을 우려해 백신 개발 회사에 특허권을 부여하지 않는다거나 독점적 권리를 인정하지 않으면 이는 미래에 더 큰 문제를 일으킬 수 있다. 막대한 연구개발비용을 회수하지 못하면 회사가 도산할 수도 있고 그런 사태를 예상하면서까지 백신 또는 신약개발에 박차를 가할 제약회사는 없을 것이다. 즉, 특허권이 없으면 백신이나 신약개발도 없게 된다. 특허권은 그저 입으로만 주고받아서는 안 된다. 쉽게 바꿀 수 없는 법률로 규정해야 비로소 그 특허 제도가 제 기능을 발휘할 수 있다. 비단 백신이나 신약뿐만 아니라 새로운 상품이나 기술개발도 동태적 비일관성 문제를 해결할 수 있는 구조가 바탕이 되어야 한다. 제약회사가 폭리를 취한다는 논지로 독점적 판매권을 인정하지 않는다면 그건 동태적 비일관성 문제를 야기하게 된다. 제약회사는 인류의 건강을 위해 일을 하지만 경제적 이익도 필요하다. 실제로 수많은 환자들을 위해서도 특허가 반드시 필요한 제도임을 잊지 말아야 한다. 인류가 눈부신 과학 기술들을 만들어낸 배경엔 사유권과 특허권이 있었기 때문이다. 제약회사의 이윤을 인정하지 않는다면 앞으로는 백신이 나오지 않을 수도 있다.

정리 정부가 갑작스레 정책을 바꾸면 온 국민을 상대로 거짓말을 한 것과 비슷한 효과를 낸다.

정부의 거짓말

중앙은행의 역할이 돈을 찍어 통화량을 조절하는 것이라고 이해하는 사람들이 많다. 반은 맞고 반은 틀리다. 물론 통화량을 조절하는 역할을 하지만 정작 중요한 역할은 통화정책을 두고 민간에 신뢰감을 주는 것이다.

게임이론 시각에서 보면 후자의 역할이 더 중요하다. 그래서 중앙은행의 독립이 절대적으로 필요하다. 미국의 중앙은행 격인 연방준비위원회는 권력으로부터 완전히 독립적이다. 연준 의장이 미국의 경제대통령이라고 칭해지기도 하는 이유이다. 그런 중앙은행이 민간을 상대로 뒤통수를 치면 어떻게 될까? 중앙은행이 민간을 상대로 뒤통수 칠 일이 있냐고 반문할지 모르겠지만, 애석하게도 종종 일어난다. 어떤 정부가 국민들을 상대로 경제정책을 통해 인정을 받고 싶어 한다고 치자. 즉, 물가도 안정시키고 실업률을 낮추고 싶어 한다. 하지만 경제원론을 배운 사람들이라면 '필립스 곡선(Philips curve)'을 알 것이다. 그 곡선에 따르면 물가상승률과 실업률은 역의 관계에 있다. 그렇다면 실업률을 낮추기 위해선 물가상승이 필요할 수밖에 없다. 그럼에도 정부는 '낮은 실업률'과 '물가안정' 두 마리 토끼를 모두 잡을 수 있다고 공언한다. 두 마리를 모두 잡을 수 있을까? 필립스 곡선에 따르면, 그건 거의 불가능하다. 하지만 게임이론 영역에선 가능하다. 일단 민간으로 하여금 정부정책을 신뢰하도록 한다. 이후 민간이 정부정책을 믿고 소비나 투자를 실행하고 나면 정책을 뒤집어 민간의 '뒤통수'를 친다. 그러면 두 마리 토끼를 다 잡을 수 있다. 단기적으로는 그렇다. 하지만 장기적으로 그러한 전략은 큰 패착으로 이어질 수 있다. 왜냐하면 민간의 신뢰를 잃어버리면 상황이 더욱 어려워지기 때문이다. 그 다음부터는 정부가 '콩을 메주로 쑨다'고 해도 국민이 믿지 않는 상황이 도래할 수 있어서다. 그러한 뒤통수치기는 동태적 비일관성 문제를 일으킨다고 앞서 지적했다. 정책당국은 물가를 낮추기 위해 통화량을 줄인다고 공표하고 근로자들 역시 임금동결에 동의한다. 그렇게 당국의 의도대로 물가가 안정되면 통화량을 몰래 늘린다. 쉽게 설명해보면 정부가 각 개인 계좌에 현금을 살포하는 것이다. 그렇게 되면 사람들은 자기 계좌에 돈다발이 들어와 있으면 횡재라 생각하고 구매욕이 커지게 된다. 그 경우 물건들이 잘 팔려나간다. 즉, 경기가 좋아진다. 기업들은 자신들의 상품들이 특히 더 잘 팔리는 것으로 오해하고 생산을 늘리고 고용도 늘린다. 그에 따라 전체적으로 실업자가 줄고 국민소득이 증가할 수 있다. 그렇게 되면 물가는 오를 수밖에 없다. 나중에 국민들은 알아챘다. 자기 계좌에만 돈다발이 들어온 것이 아니라 국민 모두에게 돈이 뿌려졌다는 사실을 말이다. 국민들이 뒤늦게 깨닫고 나면 정부의 현금살포 정책은 효과가 사라지고 국가 경제에 재앙이 기다리고 있는 격이다. 통화량이 늘어났으므로 당연히 물가는 치솟을 것이다. 치솟는 물가 때문에 정부는 물가단속을 위해 돈줄을 조인다고 할 것이다. 하지만 그와 같은 정부의 통화긴축 약속을 국민들은 더 이상 믿지 않고 오히려 물가가 더 상승할 걸로 기대할 수 있다.

기대의 자기실현성에 의해 물가는 더 치솟게 되고 결국 국가경제는 완전히 파탄나고 말 것이다. 정부 정책의 동태적 비일관성은 정책당국에 대한 민간의 신뢰상실로 이어진다. 정부의 신뢰상실은 매우 심각하다. 정부가 정책을 시행한다 해도 사람들은 그 의도를 신뢰하지 않기 때문에 정부가 바라는 정책효과가 나타나지 않는다. 동태적 비일관성은 정부의 근시안에서 시작한다. 즉, 정부가 지극히 단기적으로 시각을 갖고 정책을 짜기 때문이다. 우선 당장 현재 분기만을 생각해보면 신뢰상실이 그렇게 절박하지 않을 것이다. 사업을 접을 사람들은 현재 거래들에만 집중하고 미래 거래들은 관심 밖일 것이다. 그렇기에 고객들의 불신을 산다고 해서 개의치 않을 것이다. 정부정책도 마찬가지다. 포퓰리즘이 판치는 것도 모두 그와 같은 이유에서다. 오로지 인기를 위해서다. 하지만 장기적으론 그와 같은 정책들은 국가경제를 붕괴시킬 수 있다는 것을 국민들은 깨달아야 한다. 그렇기에 중앙은행의 독립성이 중요하다. 중앙은행은 정부의 그와 같은 포퓰리즘적 정책에 제동을 걸 수 있어야 한다. 중앙은행의 독립성이 약해지면 그만큼 불투명한 정책들이 펼쳐지게 된다. 그렇게 되면 민간은 정책을 예측할 수 없게 되고 당국에 대한 불신감은 더욱 커지게 된다. 중앙은행은 정부의 하부기관이 아니라 거시경제 정책을 운용하는 독립적인 주체라고 할 수 있다. 중앙은행이 독립되어 있을 때 포퓰리즘적 정책을 견제할 수 있다. 나쁜 정치인들은 인기를 위해선 뭐든지 할 수 있다. 어리석은 사람들이 많이 모여 있는 곳에선 인기가 권력이다. 나쁜 정치인들은 무조건적 인기를 얻기 위해 나쁜 정책을 만들어 낼 유인이 있다. 방법도 있다. 일단 정책을 밀어붙이고 반대에 직면하면 반대자들을 나쁜 사람들도 몰아간다. 공짜로 나눠주자는 모든 정책들이 바로 인기몰이를 위한 정책들이다. 반대에 부딪쳐 정책 채택이 되지 않으면 극단적 지지자들에 의해 그 인기는 더 높아진다. 즉, 경제시스템을 붕괴시킬 수 있는 정책이지만 인기몰이만 된다면 정치인들은 잃을 것이 없다. 오히려 그럴수록 국론이 분열되어 지지가 결집되는 역설적 상황이 발생할 수 있다. 분열이 극단으로 치달을수록 그 정치인이 얻는 정치적 이윤은 더욱 커진다. 나라가 두 쪽 난다 치자. 그럼 자신은 50%의 지지를 얻게 되는 것이다. 정치적 대립이 극단으로 치달을수록 그들의 지지는 더더욱 확고해져 오히려 그 정치인에게 큰 정치적 자산이 된다. 정치인들이 끊임없이 국론을 분열시키려는 의도는 여기에 있다. 꼭 필요한 정책에 일부러 반대하는 것도 인기를 위한 방법이다. 반대자들로부터 지지를 얻을 수 있기 때문이다. 이런 식으로 정책검증은 사라져 버리고 만다. 아래의 사례들이 있다.

정리 중앙은행 독립은 약속을 지키기 위해서다

국민사기극들: 세종시와 새만금

한국엔 동태적 비일관성 문제가 넘쳐난다. 모두 열거할 수 없는데 가장 큰 두 가지 경우를 꼽으라면 일단 세종시와 새만금을 들 수 있을 것 같다. 세종시는 수도권 과밀현상을 해결하고 국토를 효율적으로 활용하기 위한 전략적 목표가 있었다. 그리고 현재 서울과 과천에 있던 거의 모든 정부 부처들을 세종시로 옮긴 상태다. 하지만 모두 옮긴 것은 아니다. 가장 중요한 청와대와 국회는 옮겨가지 않았다. 그래서 장관은 세종시에 있고 국회의원은 서울에 있다. 관료들이 보고를 위해 국회에 가려면 가는 데 오는 데만 몇 시간씩을 낭비한다고 한다. KTX는 일부러 만들지 않았다. KTX를 만들면 관료들이 세종시로 이사를 가지 않고 서울에서 출퇴근을 우려해서 였다. 행정수도를 목표로 만들어진 세종시에 정작 KTX가 지나가지 않는 것도 역설이 아닐 수 없다. 이제야 KTX역을 만들어야 한다고 열을 올리고 있는 중이다. MB는 차라리 솔직했다. 어차피 수도 전체를 옮기지 않는 한 세종시는 효율성이 떨어진다고 생각했다. 그리고 세종시 계획을 전면 백지화시키려고 했다. 세종시의 역사는 박정희 시대로 거슬러 올라간다. 지금과는 인구밀도가 현격히 차이가 났지만 1977년에도 대통령비서실 산하 중화학공업추진위원회 실무기획단이 2년 동안 150여 명의 국내외 전문 인력을 투입해서 만든 이른바 '백지계획'의 보고서에도 수도이전 계획이 담겨 있다고 한다. 수도 이전 대상지로 대전 인근의 지역들로 후보지를 압축한 후 최종적으로 공주를 선정하였다. 그렇게 묻혀 있던 생각이 2002년 대선을 앞두고 당시 노무현 후보가 충청권 행정수도 건설을 공약하였다. 수도권 집중 억제와 낙후된 지역경제 문제 해결을 위해 청와대와 중앙부처부터 이전하겠다고 약속했다. 그리고 2003년 12월 신행정수도특별조치법(안)이 국회 본회의에서 여야 합의로 가결되었다. 그러나 헌법재판소는 2004년 10월 서울이 수도라는 관습 헌법이 존재한다는 판단을 내리며, 수도이전은 법률제정이 아닌 헌법 개정을 통해 이뤄져야 한다며 '신행정수도 건설 특별법'이 위헌이라고 결정을 내렸다. 이 판결로 일부 행정부처만 이전하는 것으로 결론지어졌다. 청와대와 국회는 서울에 있고 행정부처들은 세종시에 있다 보니 문제가 없을 리가 없었다. 세종시는 태생부터가 정치적이었다는 지적도 있다. 하지만 대통령 선거 공약이었던 만큼 추진을 했어야 옳다. 세종시는 효율적이다. 하지만 청와대와 국회가 서울에 위치하면서 비효율이 발생한 것이다. 선진국에선 혼잡한 대도시를 벗어나 행정도시를 만들어 수도 역할을 맡기는 것이 당연하게 받아들여진다. 미국에서도 수도는 워싱턴 DC이고 캐나다의 수도는 사람들이 토론토로 착각하지만 실은 오타와라는 도시이다. 미국의 주들도 대부분 주도가 작은 도시에 위치하고 있다. 그 주를 대표하는 대학들도 모두 작은 도시에 있다. 그래서 비즈니스를 위한 도시, 행정중심적인 도시, 그리고 대학도시들이 따로 형성되어 있다. 한국에서만 거대 도시 서울에 모든 것이 몰려 있다. 돈도 권력도 모두 서울에 있다. 무분별한 집중화가 비효율을 초래한 것으로 봐야지 세종시가 등장해서 비효율을 초래한 것이 아니다. 즉, 그러한 비효율을 해소하기 위해 계획한 행정수도를 정면으로 뒤집은 판결이 비효율을 일으킨 것으로 봐야 맞다. 문제 해결을 못하고 비효율이 지속되기만 하면 그나마 사태가 덜 심각할 것이다. 더 심각한 것은 그와 같은 판결이 미래에 동태적 비일관성 문제를 계속해서 일으킬 수 있다는 사실이다. 세종시는 국가균형발전과 수도권 과밀화를 해소하여 국가경쟁력을 강화하는 데 그 목적이 있다. 한국에서 수도권은 전 국토의 11.8%에 불과하지만, 인구의 60% 이상이 집중되어 있다. 전 국토의 89.2%가 수도권이 아니란 얘기이다. 한국인들은 좁은 영토를 한스러워 하며 영토가 지금보다 넓었던 고구려시대를 그리워하는 경향이 있다. 그리고 한국인의 독도 사랑도 실로 대단하다. 일본이 독도에 대해 영유권을 주장하면 한국 언론들은 여과 없이 감정을 실어 분노한다. 독도에 대한 사랑은 요란한 구석이 있다. 언젠가 국회의원들이 독도로 몰려가 머리띠 둘러메고 독도사랑 퍼포먼스를 펼치는 것을 본 적이 있다. 한국인의 독도 사랑은 일본에서 만들어준 것이기도 하다. 만약 일본에서 독도에 대한 영유권을 주장하지 않았다면 한국인들이 독도에 그렇게 관심을 갖고 있을까? 한국엔 독도뿐만 아니라 지역에 방치된 섬들이 많다. 수도권에는 인구가 계속 유입되고 지방은 현재 인구소멸 중이다. 이게 정상일까? 영토가 좁아서 한국이 못사는 것처럼 열을 내는 사람들이 수도권에 몰려 사는 것은 모순이 아닐 수 없다. 수도권 과밀화는 누구나 다 아는 문제이다. 국토균형발전은 지방을 배려하기 위한 목적이 아니다. 한국의 국가경쟁력을 제고하기 위한 것이다. 수도권은 포화상태다. 더 이상 개발할 수 있는 물리적 공간이 없다. 이 시점에서 가장 중요한 것은 청와대와 국회이다. 최근 국회 세종의사당 설치 주장이 나오는 것 같은데 그것도 인기몰이를 위한 정책으로 보인다. 진정성이 있다면 여의도 국회가 세종시으로 이전해야 한다. 그리고 청와대도 이전해야 한다. 한 조사에 따르면 정부세종청사 공무원들이 청와대나 국회, 다른 부처로 출장을 가기 위해 하루에 4시간을 도로에서 보낸다고 한다. 이러한 비효율을 해소하기 위해 화상회의와 전자정부시스템을 적극 활용하자는 주장도 나오고 있고 국회 분원과 청와대 제2집무실을 세종시에 설치하는 주장도 나오고 있다. 이런 배경으로 제20대 총선에서 국회 세종 분원 설치가 여·야 공약으로 발표됐고, 제19대 대통령 선거에서 주요 정당 후보들이 국회

세종의사당 설치를 공약으로 제시하기도 했다. 국회와 청와대가 세종시로 이전하면 간단히 해결된다. 그렇게 하지 않는 이상 비효율성의 근본적인 문제는 해결되지 않는다. 청와대와 국회가 왜 서울에 있어야 하는지에 대해 관습헌법 말고도 과학적인 설명이 필요하다.

세종시보다 더 오래된 역사를 자랑하는 것은 새만금 사업이다. 새만금 역시 정부가 국민을 상대로 벌인 국민 사기극에 가깝다. 새만금 사업은 시작한 지 30년이 넘었다. 30년이 넘는 그 기간 동안 정부가 일관성 없이 계속해서 계획을 수정 내지는 변경시켜 온 결과 민간에선 새만금 사업에 대해 회의적이다. 심지어 지역 주민들조차도 새만금 사업에 대해 큰 관심이 없는 듯하다. 즉, 새만금 개발은 '양치기 소년'이다. 앞서 언급했던 동태적 비일관성이 낳은 비극이다. 세종시는 다행인지 불행인지 몰라도 부동산 개발과 투기가 어울려 땅값이 상승한 효과라도 가져왔다. 하지만 새만금은 그야말로 그 목적과 가치를 잃어가고 있다. 오로지 선거용이다. 선거 때만 되면 모든 정치 세력들이 몰려와서 사진 찍고 요란을 떤다. 그리고 선거가 끝나면 깡그리 잊혀 있다가 다음 선거 국면에서 화려한 조명을 받는다. 그렇게 30년이 지난 지금 제대로 이뤄진 건 방조제가 완공되어

선유도까지 차로 갈 수 있다는 것뿐이다. 환경단체들은 새만금 사업을 철회하라고 지금도 목소리를 내고 있다. 정치인들은 자신들의 정치적 이득을 위해 새만금을 정치의 장으로 끌고 들어갔다. 몇 년을 주기로 새만금은 그 목표와 용도가 재조정되고 있다. 민간투자를 유치하기에 최악의 조건인 셈이다. 민간은 불확실성을 회피하려 하기 때문이다. 정부 주도로 추진되는 사업이 새로운 정부가 들어설 때마다 계획이 변경되면 누가 투자하려 하겠는가? 원래 새만금은 천혜의 갯벌이었다. 호남평야를 일군 만경강과 동진강이 서해로 흘러들어 장구한 세월동안 갯벌을 빚어놓았다. 원래 여기에는 백합이며 농게 등 수많은 어패류가 살고 있었으며 많은 어민들의 삶의 터전이었다. 그 커다란 갯벌이 막장 정치 불쏘시개가 된 것은 1987년 대통령 선거 때이다. 당시 득표력이 취약했던 여당 노태우 후보가 전주 유세에서 만경강 하구 갯벌을 메꿔서 지역경제를 살리겠다는 공약을 발표했다. 물론 전북 지역 표를 위해서였다. 새만금 간척사업의 시작이다. 그 뒤 선거가 끝나고 새만금 간척사업은 예산배정조차 받지 못했고 그냥 묻히는 듯했다. 여당도 표를 얻기 위해 공약은 했지만 천연 갯벌을 메꿔서 농토로 활용하는 것보다 갯벌 그 상태가 더 큰 가치가 있다는 것 정도는 알고 있었다. 차라리 그때 백지화되었다면 희대의 국민사기극은 막을 수도 있었다. 새만금을 본격적으로 정치판에 끌고 들어간 사람은 당시 야당 총재 DJ였다. 당시 노태우 대통령은 중간평가를 공약으로 내세웠지만 내심 중간평가 유보를 원하고 있었고 DJ는 지방자치제 실시를 원하고 있었다고 한다. 둘은 중간평가를 유보하고 지방자치제 실시를 합의했다. 그리고 노태우 대통령은 DJ 총재에게 새만금 추진을 약속했다고 한다. 그리고 곧장 새만금 사업비 2백억 원이 추경 예산에 편성됐고 그해 새만금 방조제 축조가 시작되었다. 이후 새만금은 전북도민들도 모르는 사이에 전북의 숙원 사업이 되었다. 이 사업은 군산과 부안을 연결시키는 방조제를 축조해 토지와 담수호를 조성하자는 취지에서 1991년 11월에 첫 삽을 떴다. 92년 대선 때 여당 대선 후보로 나선 YS도 새만금 사업의 적극적인 추진을 공약으로 내밀었다. 그러나 96년 시화호 오염 문제가 불거지면서 새만금에 대한 우려의 목소리가 커졌다. 역설적이게도 새만금 사업이 처음 중단된 것은 DJ가 집권한 다음이다. 1998년 감사원 특별감사가 시작됐고 1999년 4월 공사는 중단됐다. 정부는 민관공동조사단을 만들어 사업 타당성 재검토에 들어갔고 우여곡절 끝에 2001년 5월 새만금 사업은 재개됐다. 당시 노무현 해양수산부 장관은 DJ에게 농지보다 갯벌이 더 가치가 있다며 매립공사 중단을 조언했다고 한다. 하지만 노무현 대통령은 대선후보 경선에 나서면서부터 새만금 사업에 찬성의 뜻을 나타내기 시작했다. 정작 그는 대통령이 되자 새만금 사업을 재검토해야 한다고 하며 새만금 사업은 표류하기 시작했다. 그나마 착실하게 진행되던 방조제 건설 사업도 여러 단체들의 소송에 밀려 수차례 중단과 재개를 반복하며 방향을 잃었다. 그 과정에 참으로 황당한 것은 환경단체였다. 그들은 최종 물막이 공사를 남겨놓고 '새만금 살리기 국민운동'을 시작하며 국론분열이 일어났다.

환경단체도 이유가 있었다. 새만금 갯벌은 하구갯벌이다. 세계적으로 하구갯벌은 전체 갯벌의 2%밖에 되지 않는다고 한다. 그래서 새만금 갯벌의 생태적 가치는 말 그대로 세계적이라고 한다. 세계적으로 생태관광의 가치가 갈수록 커지고 있는 시대의 추세를 보자면, 새만금 갯벌의 가능성은 그야말로 무궁무진한 셈이다. 환경단체는 새만금 갯벌의 생태경제적 가능성을 제고하고 그 세계적 자연자원을 지키는 것이 전북에도 유리하다는 주장을 폈는데 의문이 있다. 정말 새만금 갯벌이 그토록 소중했다면 그 이전에 국민적 관심을 촉구하지 않았냐는 것이다. 그들은 새만금 갯벌에 사실상 무관심했다. 그러다 최종물막이 공사를 앞두고 대대적인 '국민운동'을 전개했다. 그 국민운동에 동참했던 사람들이 정말 새만금 갯벌에 관심이 있었는지 묻고 싶다. 최종물막이 공사를 앞두고 사업 자체를 취소하라는 주장은 터무니없다. 그러기엔 메몰비용이 너무 크다. 다 만들어놓은 세계 최장 방조제를 다시 없애자는 주장은 말도 안 된다. 그렇기에 대법원은 새만금 사업을 계속해야 한다고 판결을 내렸던 것이다. 우여곡절 끝에 방조제가 준공된 이듬해 비로소 정부는 새만금종합개발계획을 마련했고 이제 논란은 다른 곳으로 확산됐다. 내부를 어떻게 채우느냐가 논쟁의 화두가 된 것이다. 새만금 내부 매립 토지를 활용하는 방안을 놓고도 정권이 바뀔 때마다 오락가락했다. 노무현 정부 시절에는 '7대3'이었다. 즉, 여의도 140배에 달하는 내부 토지의 72%를 농지로 활용하고 나머지 28%는 다른 용도로 활용한다는 구상이었다. MB 정부는 실용성을 강조했다. '7대3'을 '3대7'로 바꿨다. 농지를 대폭 줄이고 산업 용도의 비율을 높인 것이다. 박근혜 정부는 중국과의 교역에서 새만금의 역할을 강조했다. 중국과 함께 '한중경협단지'를 조성하자는 것이었다. 내부토지를 산업과 관광레저, 배후도시, 생태환경 등 6개 지구로 분할해 국제도시로 개발하자는 다른 안도 제시됐다. 방향을 잃고 갈팡질팡 하는 사이 문재인 정부가 들어서고 새만금은 그 목적이 재생에너지 중심지로 또 바뀌었다. 새만금 사업의 역사는 30년, 한 세대가 흘렀다. 구호는 거창했지만 내용은 없었다. 30년을 이어온 새만금의 역사는 한마디로 '양치기 소년'이었다. 노태우 정권에서 시작된 새만금사업은 이후 방조제 하나 쌓는데 20년을 허비했다. 당초 계획상으로는 2004년이면 완공되었어야 할 새만금사업은 아직도 진행형이다. 황당한 것은 투자 유치를 위해 거창한 계획을 갖고 있으면서 국제공항은 정작 없다는 사실이다. 새만금은 인천공항을 통해 들어오면 차로 4시간이 걸린다. 외국에서 들어오면 인천까지 비행기로 오는 것보다 인천에서 내려서 새만금까지 오는 과정이 훨씬 힘들다고 한다. 지역에서 외국 전문가를 초빙하려 해도 항공편을 알아보다 취소되기도 한단다. 인천에 도착해 차로 4시간을 더 가야한다고 하면 대개는 난색을 표한다. 돈을 주고 오라고 해도 안 오는 판에 돈을 쓰러 오라면 누가 올까? 그들이 볼 때는 의아할 것이다. 그렇게 거창한 구호를 달고 있는데 공항이 없다고 하면 어떻게 생각할까? 정부가 새만금 개발에 진정성이 없다고 볼 것이다. 신중한 투자가들을 불러 과감한 투자를 설득할 수 있을까? 그런 우려에서 누군가는 공항부터 지어야 한다고 건의를 했을 것이다. 몇 년 전 새만금 공항을 짓기로 결정했다. 하지만 아직 착공도 하지 못하고 있다. 그러다 다시 무산될 가능성도 있다. 벌써 환경단체는 새만금공항 취소를 외치기 시작했다. 새만금 사업과 공항은 선거를 위한 이벤트이다. 선거 때가 되면 논의가 시작되고 선거가 끝나면 잠잠해지고 일정한 주기가 있다. 국제공항 없는 새만금 사업은 허구일 뿐이다.

'사기 공화국'과 '거짓말 공화국'

한국은 세계적으로 사기 범죄 발생 비율이 가장 높다고 한다. 세계보건기구의 2013년 '범죄 유형별 국가 순위'에서 OECD 회원국들 중 사기범죄율 1위에 오르기도 했다. 평균적으로 하루 750여 건 그리고 시간당 31건의 사기범죄가 발생하고 있다고 한다. 2분마다 1건씩 사기범죄가 발생하고 있다는 뜻이다. 인구대비 범죄 비율을 생각하면 그 사기범죄 비율은 훨씬 더 높아진다. 실제 사기를 당해도 신고하지 않은 사람들도 많다. 신고 되지 않은 사기 사건까지 합치면 한국의 사기범죄 수는 상상을 초월한다. '사기 공화국'이라 불려도 할 말이 없다. 나라마다 조금씩 차이는 있지만 전 세계적으로 가장 많이 일어나는 범죄는 절도라고 한다. 하지만 한국은 유독 사기범죄가 1위를 기록하고 있다. 한국도 2014년까지는 절도가 1위를 차지했었는데 2015년부터 사기 발생 건수가 절도 발생 건수를 앞질렀다고 한다. 전문가들은 윤리 의식보다 돈이 더 중요해진 세태 역시 사기 범죄율을 높이는 데 한몫했다고 지적했다. 중고나라에서는 판매자가 믿을 만한 사람인지 알 수 있게 '더치트(The Cheat)'라는, 사기피해 정보공유 사이트를 운영하고 있다. 그 웹사이트에 들어가 보면 한국에서 얼마나 많은 사기들이 벌어지고 있는지 구체적으로 알 수 있다. 사기를 당했다는 사연이 하루에도 몇십건씩 올라온다. 피해를 입은 이가 사기꾼을 고소하려면 매우 번거로운 과정을 거쳐야 한다. 피해를 입증할 자료도 챙겨야 하고, 고소장을 접수하려면 경찰서에서 최소한 하루를 보내야 한다. 그래서 사기 피해자들 중 상당히 많은 사람들이 많은 고소를 포기하고 만다. 신고가 이뤄지는 사건들은 그중의 일부이다. 사람들에게 그렇게 큰 상처를 줬으니 사기꾼은 잡히기만 하면 크게 혼날 것으로 생각하기 쉽다. 하지만 그렇지 않다. 대개는 벌금만 조금 납부하면 끝이다. 너무 경미해서 사기꾼 스스로도 놀랄 정도라고 한다. 사기꾼 입장에서 생각해보자. 사기를 쳤을 때 신고 될 확률이 극히 낮고, 경찰에 잡힌다 하더라도 벌금만 내면 된다면 사기를 계속 칠 유인이 존재한다. 즉, 돈이 필요하면 땀 흘려 일하기보다 쉽게 사기를 치려 할 것이다. 한국은 사기 범죄에 너무 관대한 경향이 있다. 검사에서 국회의원으로 변신한 김웅이 쓴 '검사내전'에 보면 이런 내용이 있다.

> "사기꾼은 어지간해서 죗값을 받지 않는다. 사기꾼이 구속될 확률은 재벌들이 실형을 사는 것만큼 희박하다. 설사 구속되더라도 피해자와 합의를 하면 … 쉽게 풀려난다. … 이런 천혜의 환경 조성으로 우리나라 사기범의 재범률은 77%에 이른다. 처벌을 받은 사기꾼 10명 중 8명은 다시 범죄를 저지르고, 사기범의 55%는 5개 이상의 전과를 가지고 있다.(19~20쪽)"

사람들은 강조한다. 사기죄의 형량을 더 높이는 방향으로 법 개정이 이뤄져야 한다. 법 개정은 국회의원들이 해야 한다. 하지만 한국에서 대형 사기 범죄에는 꼭 정치인들이 연루된다. 그렇기에 사기범에 대한 처벌 강화가 어려울 수밖에 없다. 사기범 검거율은 평균 80%에 이른다고 한다. 하지만 범죄 수익금을 환수하는 것은 매우 어렵다고 한다. 은닉하면 찾을 길이 없다. 수사과정에서 남은 게 없다고 잡아떼면 실제 범죄 수익금을 찾을 가능성은 거의 희박하다. 사람들을 속여서 돈을 가로챈 사기꾼들이 그 돈을 은닉하는 것도 지능적일 것이다. 가족 또는 지인 등 차명계좌에 숨겨 놓으면 찾을 방법이 없다. 일반적으로 사기범을 체포한 후 그 범죄 수익금 환수율은 평균 3%에 불과하다고 한다. 사기

범죄 피해자들이 돈을 돌려받는 건 현실적으로 어렵다. 사기를 저지르고 실제로 처벌이 제대로 이뤄지지도 않고 금전적 피해를 입은 사람들은 그 피해를 회복할 길이 거의 없다면 이것은 정말 생각해봐야 한다. 한국에선 왜 성실하게 사는 사람들이 불성실한 사람들에 의해 피해를 받고 살아야 하는지 말이다.

'거짓말이면 살고 정말이면 죽는다'

영화 '마파도'에서 한 장면이다. 극중에 끝순이(서영희 역)가 악당 두목(오달수 역)의 로또 복권을 들고 고향 마파도로 도망가기 위해 배를 타고 가던 도중 새가 그 복권을 물어간다. 악당 두목이 복권을 찾기 위해 부하들을 이끌고 마파도로 가서 끝순이를 붙잡고 복권이 어디 있느냐고 다그친다. 끝순이는 복권을 잃어버려 정말로 없다는 취지로 대답을 한다. 그러자 그 악당이 말한다. "너 (그 말이) 거짓말이면 살고 정말이면 죽는다"라는 대사를 한다. 그 대사에서 폭소가 터져 나온다. 보통은 "거짓말이면 죽는다"식의 대사가 많다. 하

지만 그 영화의 대사는 '거짓말이면 산다'였다. 하긴 거짓말이라면 거짓말하는 사람은 미워도 돈은 찾을 수 있었을 테니까 말이다. 한국인들은 거짓말에 관대한 경향이 있다. 거짓말이라도 듣기 좋게 말하는 사람은 미워하지 않지만 진솔하게 얘기해 의도치 않게 감정을 건드리면 평생 미움을 담고 사는 것 같다. 한국인들이 거짓말을 잘 한다는 평가는 옛날부터 있었다고 한다. 역사에서도 '한국인은 거짓말쟁이'라는 기록이 있다고 한다. 배가 난파해 우연히 조선에 들어왔다 극적으로 탈출해 '하멜표류기'를 저술한 바 있는 네덜란드인 하멜도 그의 표류기에서 "조선인은 남을 속이는 경향이 매우 강하다. 남을 속이면 부끄럽게 생각하지 않고 오히려 잘한 일로 여긴다"라고 썼다고 한다. 도산 안창호의 '민족개조론'에도 보면 한국인들의 거짓말과 속임수를 우려하는 부분이 있다고 한다. 한국인의 혈관에는 피 대신 거짓말이 흐른다고까지 한 말도 등장했다. 일본의 한 경제잡지가 한국인들은 거짓말쟁이고 한국은 사기 대국이라고 표현해 논란이 된 적도 있다. 혐한감정으로만 볼 수 없는 것은 한국의 사기 범죄율이 세계 1등이라는 사실이다. 외국 생활을 하는 과정에서 동포들의 거짓말과 사기에 피해를 입었다는 사람들도 많다. 정말 한국인은 거짓말을 잘할까? 만약 그렇다면 한국인의 거짓말은 타고난 것일까, 길러진 것일까? 또 한국인은 왜 거짓말에 관대할까?

최자영 교수의 '거짓말공화국 대한민국'이란 책이 있다. 그 책은 오늘날 한국의 현실에 관한 것이다. 최자영 교수는 그리스에 유학하며 고대 그리스 민주정치를 공부했다고 소개되어 있다. 그런 그가 한국에 돌아와 부딪히게 된 현실 속에서 부정직한 현장을 목도하며 여러 감상을 느꼈기 때문일 것이다. 그는 한국의 정치를 '사이비 민주정치'라고 평했다. 그의 주장의 초점은 3권(행정부, 입법부, 사법부)의 정부 권력이 잘못 행사될 수밖에 없는 '절차상의 독소'에 있다. '절차상의 독소'란 있어야 할 절차가 아예 갖추어져 있지 않아서 공권력이 오남용되는 경우가 있고, 또 절차는 있으나 상호충돌이 되어 원래 법의 취지가 제대로 작동하지 않고 편법이 판을 치는 경우이다. 현재 한국에서 공권력의 오남용이 심각한 이유는 공권력이 감독, 견제를 받지 않고 처벌을 받지 않아서 그렇단다. 즉, 오늘날 한국의 온갖 적폐는 공권력을 감시하는 제도가 없기 때문이며, 이것은 한국 정치의 커다란 공백이다. 오늘 한국이 거짓말로 가득 찬 공화국이 된 것은 이 같은 제도적 공백의 독소 때문이다. 최 교수는 한국의 여당 야당이 도토리 키재기같이 공유하는 폐단이 있다고 한다. 그 폐단은 하루아침에 생긴 것이 아니고, 개인 정치가의 도덕적 선악의 차원에서 해결할 수가 없는 것이다. 이미 일본 식민지배를 지나 독재정권을 거치면서 관성이 되어 한국 사회 깊숙이 뿌리를 박고 있다. 지금 한국의 지식인, 정치가들은 거짓말을 보고 떠드는 이가 없다. 떠들면 오히려 비정상인으로 간주되기 십상이다. 최교수는 그나마 공수처라도 만들어서 적폐를 청산하려 하는 것은 전례없는 반가운 일이라고 한다. 그러나 그 공수처가 할 수 있는 것은 빙산의 일각일 뿐이라고 본다. 또 공수처도 소수의 관료로 구성되므로, 세월이 흐를수록 결국 관료주의의 한계 속에 매몰될 가능성이 적지 않다. 최교수의 '거짓말 공화국'은 현재 한국사회가 당면한 질곡은 모든 공권력을 감시할 수 있는 절차의 마련, 충돌하는 법률들을 색출하여 상호 모순을 제거함으로서 비로소 척결할 수 있다는 점을 피력한다. 사회 구석구석 들러붙어 있는 제도와 법률의 독소를 제거하는 작업은 몇 명의 국회의원의 의지만을 가지고서는 감당할 수 없는 것이 명백하다. 일제식민지배 이후 백년이 넘은 제도적 공백은 몇 명의 가상한 용기를 가지고서는 어림도 없다. 그래서 그는 국회에 지속적으로 왜곡법률검증 상임위원회를 만들어야 한다고 주장한다.

한국인의 거짓말 DNA

한국엔 거짓말이 넘치는데 거짓말에 관한 연구는 부족하다. 외국에는 거짓말 관련 통계도 많고 연구서적도 많지만 한국에는 이와 관련된 연구가 드물다. 2016년에 김형희 소장이 낸 '한국인의 거짓말'이 대표적인 한국인 거짓말 연구서이다. 강조했지만 거짓말을 윤리적인 관점에서만 바라보면 안 된다. 거짓말은 폐해를 낳는다. 특히 정치인들의 거짓말은 시스템을 붕괴시킬 수도 있다. 거짓말에 대해 연구가 가장 활발한 나라는 미국이다. 거짓말에 대한 그들의 접근은 과학적이며 매우 체계적이다. 따라서 전문 연구서적도 많다. 김형희 소장은 1,308개 사례에서 찾은 한국인의 거짓말 특성을 분석하고 한국인들의 거짓말을 간파하는 기술을 알려주고 한국인에게 거짓말이란 어떤 의미인지에 대해 고찰했다. 그는 한국인이 거짓말을 잘하게 된 이유를 한국 역사에서 찾았다. 그의 주장에 따르면 한국인이 다른 민족에 비해 거짓말을 특히 더 잘한다고는 볼 과학적 근거가 없고 다만 거짓말은 타고나지 않고 배양되는 것으로 파악했다. 한국인에게 거짓말은 구한말 학정, 일제 식민지 시대, 그리고 개발 독재 속에서 살아남기 위한 생존방식이었다는 식이다. 실제 거짓말을 해야 살아남을 수 있는 시대가 있었다. 좌우 이념 대결로 대 학살이 벌어진 한국 전쟁 당시를 돌이켜 보라. 자신의 정체성을 들어내고 살 수 있었을까? 좌익이 권력을 잡으면 좌익이라 해야 했고 우익이 권력을 잡으면 우익이라 해야 생존할 수 있었다. 지금도 마찬가지다. 선거가 끝나고 나면 벼락출세한 사람이 등장하고 나락으로 떨어지는 사람들이 나온다. 이런 상황 속에서 어느 누구하나 솔직해지기 쉽지 않다. 다시 말해 한국은 늘 누군가를 속여야 했고 그런 만큼 스스로 속지 않기 위해 노력해야 했다. 성리학이 세상의 중심이라고 생각하고 살아왔던 조선 사람들이 자본주의를 맞이하며 근대 그리고 현대 한국은 정말 한바탕 소용돌이였다. 그리고 국제경제학자들은 '거짓말 같은' 한국의 경제성장을 설명하기 위해 '유교자본주의'라는 말도 만들어졌다. 즉, 유교와 자본주의가 더해져 가파른 경제성장이 가능했다는 것이다. 상품 시장에서 경쟁에서 뿐만 아니라 노동시장에서 출세 경쟁도 어느 나라보다 치열했다. 조선시대 신분 차별을 겪었던 만큼 한국에선 무조건 출세를 해야 했다. 거짓말을 해서라도 출세만 할 수 있다면 출세가 목적이었다. 그래서 '억울하면 출세하라'라는 노래도 있다고 한다. 세계적인 웃음거리가 되고 만 허위학력 사태를 보면 알 수 있다. 얼마나 한국에서 거짓말이 일상화되어 있는지를 말이다. 한국인의 거짓말은 남들보다 조금이라도 더 나은 삶을 살기 위해 선택한 전략이라고 볼 수 있다. 일그러진 가치관으로 아니 그러한 가치관이 아니면 생존할 수 없었던 사람들이 모순 속에 한강의 기적을 만든 결과가 지금의 대한민국이다. 그들이 한국 발전의 주춧돌이 되었다. 어찌 보면 한국은 거짓말의 나라다. 거짓말이 일상화되어 있는 것이 자연적이라고 볼 수 있다. 그 후손들 역시 선조들로부터 거짓말을 배우고, 누군가를 만나면 의심부터 하도록 배웠을 것이다. 잘못된 가치관은 대물림되었다. 적자생존이었다. 여기서 적자생존이란 강한 것이 아니라 상황에 따라 임기응변식으로 거짓말을 잘하는 것이었다. 한국인은 매끄럽게 거짓말을 잘하기 위해 노력했고 그러한 경쟁을 통해 거짓말을 잘한 사람들이 살아남을 수 있었다. 조선시대에도 소신을 갖고 거짓말 못하는 사람들은 사화를 거치면서 삼족이 멸해졌다. 어찌보면 거짓말 잘하고 비굴한 사람들만 사람남았을 수도 있다. 그래서 김형희 소장은 현재 한국인들은 거짓말쟁이의 후손들이라고 표현한 바 있다. 한국에선 속은 사람을 바보 취급하는 이상한 풍습이 있다. 속는 사람은 죄가 없다. 우둔해서도 아니고 상대가 거짓말을 할거라고 생각을 안 해보았기 때문에 속은 것일 수도 있다. 거짓말을 당연시하는 한국인의 가치관은 정말 문제이다. 한국인들의 거짓말은 생존방식일수도 있다. 모두가 비슷한 정서를 공유하기에 타인이 거짓말을 한다 해도 그럴 수 있다고 생각하는 것 같다. 약속을 안 지키는 사람도 많다. 말을 뒤집는 사람도 많다. 표리부동하고 이중적인 사람들도 많다. 이는 한국인들이 만연해 있는 거짓말 문화에 이미 동화되어 있고 거짓말에 대해 무감각해지고 있다는 것이다. 전 법무부 장관은 자녀의 부정 입학을 위해 수차례 거짓말과 사기를 저질렀어도 여전히 잘못이 없다는 입장이다. 그리고 그를 지지하는 사람들이 여전히 많다. 그가 정의롭다고 생각하는 사람들도 많다. 물론 그보다 더 큰 거짓말을 하고 더 큰 부정부패에 연루된 사람들도 많다. 그래도 작든 크든 거짓말은 거짓말이다. 거짓말이 탄로 나면 모욕을 느끼는 것이 정상적인 세상이다. 외국에선 작든 크든 거짓말이 한 번 탄로 나면 그 사람의 신용은 그걸로 끝장난다. 작은 거짓말이었다면 작은 일로 거짓말을 했으니 치사한 사람이 되는 것이고 큰 거짓말이었다면 그건 그야말로 범죄이기 때문이다. 하지만 한국은 거짓말이 탄로 난 사람보다 속은 사람들이 오히려 사회생활을 못하는 경향이 있다. 한국에선 모든 것을 피해자가 뒤집어 쓰게 된다. 그래서 한국에선 피해자가 되기보단 가해자가 되려고 한다. 거짓말도 마찬가지다. 속은 것보다는 속이는 것이 낫다. 이런 사회에서 살아남은 사람들에게 올바른 가치관을 기대할 수 없다. 그래서 한국은 거짓말 공화국이 된 것이다. 정신과 의사 이나미는 식민지배를 겪은 민족들이 거짓말을 잘할 수밖에 없다고 설명한다. 그녀의 주장에 따르면 식민 통치를 받는 국민들은 국가의 공권력에 대해 이중적인 태도를 지니는 경우가 많기 때문에 그렇다고 한다. 즉, 공권력은 존중해야 하는데, 식민 통치를 받는 국민들은 지배층의 공권력을 진심으로 존중할 수 없을 것이다. 살아남기 위해 그냥 겉으로만 존중하는 척 한다는 것이다. 그녀는 또 억압과 독재를 겪은 나라들에서 시민의식이 늦게 발현한다고 했다. 유럽의 나라들 중에 독재를 오랫동안 겪은 포르투갈과 스페인이 영국이나 프랑스에 비해 직업윤리 의식 발달이 늦다고 한다. 독재국가에서는 자발적으로 양심과 죄의식을 만드는 데에 혼돈이 올 수 있다고 한다. 그녀는 거짓말은 후천적이라고 한다. 도덕 개념은 양육 과정에서 나타나고, 양심이나 죄의식 등은 후천적으로 심어지지 않으면 선천적으로 갖고 태어나기 힘들다고 한다. 김형희 소장도 비슷한 시각이다.

거짓말은 유아기나 아동기에 부모로부터 학습되며, 청소년기에 거짓말이 더 정교해진다고 지적한다. 한국은 성인이 되어서도 거짓말이 나쁜 것이라고 깨닫기 어려운 구조를 지녔는데 그 이유는 바로 공적인 영역에서 거짓말을 한 사람들의 성공 스토리들이 많기 때문이다. 탈세와 정치부정, 부패 같은 사회의 규범을 어기는 풍조가 만연한 사회일수록 개인의 정직성도 낮다는 연구 결과도 있다. 미국에서 닉슨 대통령 하야는 워터게이트 사건 자체보다 거짓말이 더 치명적이었다. 클린턴 대통령도 탄핵 위기에 몰렸던 이유도 르윈스키와의 스캔들 때문이 아니라 거짓말 때문이었다. 클린턴 대통령이 처음부터 솔직히 시인했더라면 탄핵위기까지 가지 않았을 수도 있다. 미국인들은 고의가 아니라면 사람이 실수는 할 수도 있다고 생각하지만 절대로 거짓말에 관대하지 않다. 거짓말은 명백한 의도를 담고 있기 때문이다. 게임이론 시각에서 보면 무엇인가를 얻기 위해 전략적으로 정보를 왜곡하는 행위이기 때문이다. 눈에 보이지 않지만 신용은 자산이다. 하지만 한국에선 솔직히 시인하는 것보다 일단 아니라고 발뺌하는 것이 유리하다고 한다. 언론플레이를 통해 모든 것이 음모라고 주장하고 그러다 증거가 나오면 자신을 표적삼아 공작을 벌였다고 주장한다는 것이다. 그러면 극단적으로 편이 갈리고 그의 주장에 정당성을 실어 주기도 한다. 명백히 거짓말을 했지만 극단적으로 표가 갈리면 득표 활동에 유리할 수도 있다고 한다. 즉, 거짓말 하고 있는 이에 대해 50대 50대 비율로 호불호가 나뉘면 거짓말을 해서 잃을 것이 없다. 거짓말에 관대하다는 것은 거짓말을 통해 뭔가를 얻게 한다. 그런 사회구조 속에 성실과 정직을 가르친다는 것은 위선이다. 거짓말을 엄히 처벌하지 않는 사회적 분위기는 분명 문제가 있다. 가해자보다 피해자를 냉소하는 분위기도 문제성이 심각하다. 거짓말을 조장하는 속담도 많다. 예를 들어, '물이 너무 맑으면 고기가 없다'고 한다. 물은 맑을수록 좋은 것이다. 그리고 물이 깨끗하면 깨끗한 물고기들이 산다. 깨끗한 물고기들은 기생충도 거의 없고 냄새도 많이 안 난다. 물도 깨끗하고 물고기도 깨끗하면 좋다. 지금 한국 사회와 경제는 변곡점에 와있다. 지금까지는 외국에서 기술을 들여와 대량생산을 통해 경쟁력을 갖췄지만 앞으론 그런 시대가 아닐 것이다. 창의성과 혁신으로 새로운 패러다임을 열어가야 할 마당에 거짓말 문화는 맞지 않다. 한국인들은 개인과 개성을 하찮게 여기는 경향이 있다. 강준만 교수의 주장대로라면 한국인들은 지도자를 추종하기 때문이란다. 지도자 추종문화 속에 거짓말이 관습화될 수도 있다. 개인들이 지도자에 맞춰야 하기 때문이다. 따라서 자기를 속이면서도 개의치 않는다. 선거전에 들어가면 그런 모습들이 적나라하게 드러난다. 선거에 이기 위해 권력을 장악하기 위해 거짓말도 마다 않는 문화는 바뀌어야 한다. 대통령이 강력한 리더십을 통해 뭔가를 해줄 수 있다는 생각을 버려야 한다. 그에 앞서 개개인들의 의식도 바뀌어야 한다. 국민들 의식은 대통령이 바꿔주는 것이 아니다. 작은 것을 소중히 하고 자신의 행동 하나 하나가 전체 국민 수준을 결정한다는 것을 알아야 한다.

CHAPTER 09

교섭과 경매

시장에서 흥정을 한다. 파는 사람과 사는 사람 간의 경기다. 거래가 이뤄지면 양쪽 다 좋다. 파는 사람은 이윤을 남겨서 좋고 사는 사람은 필요한 물건을 구해서 좋다. 파는 사람 입장에선 조금 더 이윤을 남기고 싶고 반대로 사는 사람은 조금 더 가격을 깎고 싶다. 게임이론에선 이런 상황을 교섭 또는 협상이라고 한다. 이 책에선 교섭이라고 하겠다. 교섭에도 원리가 존재한다. 모든 게임이 다 그러하듯 교섭은 사람들 간에만 있는 것이 아니다. 기업들 간에도 그리고 나라들 간에도 교섭이 존재한다. 기업들 간에는 인수 합병이 대표적인 교섭이다. 나라들 간엔 FTA 체결을 위한 교섭이 대표적이다. 교섭이 진행될 때 양측 당사자들은 많은 준비를 한다. 교섭에서 조금이라도 유리해지고 싶어서 그렇다. 무엇이 교섭 결과에 큰 영향을 미치는지 그리고 그 '교섭력'의 원천은 무엇인지 등에 대한 연구가 게임이론에서 많이 이뤄지고 있다. 교섭에는 직감이나 경험, 그리고 타고난 재능이 크게 작용할 수 있어 이론적으로 설명이 불가능한 부분들도 존재한다. 예를 들어, 배짱 좋은 사람이 교섭에 유리할 수 있는데 그 배짱이란 수학의 영역이 아니다. 일반화 될 수 없다. 하지만 게임이론은 교섭 자체를 일반화해서 설명할 수 있다. 일반화 과정을 통해서 교섭 원리를 이해하기 위한 첫걸음으로 유용할 것이다. 교섭의 한 사례로 부동산 거래를 생각해보자. 미국인들과는 한국인들은 부동산 거래를 많이 한다. 주택매매, 전세 계약 등 교섭능력에 따라 실제 이득이 달라질 수 있다. 그러다 보니 상대로부터 가격을 깍으려는 시도가 있을 것을 알고 미리 가격을 높여 부르기도 한다. 부동산 거래는 단위가 꽤 되기 때문에 교섭 결과에 따라 차익이 크게 달라지기도 한다. 그래서 사기꾼도 많다. 쉽게 돈을 벌 수 있다는 유혹 때문이다. 지금도 부동산 정보를 캐기 위해 눈이 빨개져 있는 사람들이 많이 있을 것이다. 갑돌이가 매입자 그리고 을순이가 매수자라고 생각해보자. 즉, 갑돌이는 어떤 땅을 놓고 땅 주인 을순과 '딜'을 하려고 한다. 그는 2억 원까지라면 살 의향이 있지만 그 금액에서 백만 원이라도 높게 받으면 구매를 포기하고자 한다. 당연히 갑돌은 땅을 최대한 싸게 매입하는 것이 목적이다. 중개인 통해서 을순과 흥정을 진행해 왔는데 드디어 중개사가 제시한 날짜가 가까워졌다. 땅 주인 을순은 1억 8,000만 원을 하한으로 잡고 있는 눈치다. 대개 상품시장에선 정가가 정해져 있다. 정가제로 하느냐 흥정에 따라 가격이 정해지느냐는 전혀 다르다. 한국에선 도서정가제 도입을 놓고 옥신각신 한 적 있다. 중소 서점들이 도서정가제를 주장하는 이유가 있다. 앞으로 설명하겠지만 그들의 교섭력이 대형 서점보다 작기 때문이다. 하지만 정가제를 하면 교섭력이 필요가 없어진다. 즉, 교섭은 정가가 정해지지 않고 흥정 결과에 따라 가격이 정해지는 것이다. 부동산 시장도 흥정에 따라 최종 매매가가 정해진다. 갑돌이가 관심 갖고 있는 땅의 경우 최종 매매가는 1억 8,000만 원 이상 그리고 2억만 원 이하에서 정해지게 될 것이다. 왜냐하면 1억 8,000만 원보다 가격이 낮으면 땅 주인은 땅 매매를 포기할 것이고 2억 원보다 가격이 높으면 갑돌이가 땅 구입을 포기할 것이기 때문이다. 그렇다면 최종 매매가는 얼마가 될까? 모른다. 허탈하지만 두 당사자들 간의 흥정 기술에 따라 정해질 것이다. 교섭 이론은 이와 같은 상황을 표현한다. 우리는 게임이론을 통해 알 수 있는 것은 교섭을 과학적으로 분석하기 위해서 원리가 존재한다는 평범한 사실이다. 그리고 그 원리 이해를 바탕으로 교섭에서 조금이라도 이익을 더 얻자는 것이다. 즉, 가장 합리적인 자세로 교섭에 임하는 것이다. 사람들은 교섭 상황에 처해지면 감정과 직관에 의존하는 경향이 나타난다. 예를 들어 '딜'을 성사시켜야겠다는 마음이 앞서면 초조감에 너무 많이 양보할 가능성이 있고, 조금이라도 더 얻어야겠다는 마음이 간절해지면 그 편협함에 의해 '딜' 자체가 무산돼 버릴 수도 있다. 교섭 상황일수록 전략적 사고와 과학적 접근이 중요한 이유다.

정리

교섭을 경기자들이 주어진 이득을 나눠 갖는 게임이다.
즉, 어떻게 나눠 갖느냐가 중요한 포인트이다.

기싸움과 교섭력

한국에선 교섭하면 먼저 떠오르는 낱말이 있다. '기싸움'이다. 일단 유리한 고지를 점하기 위해 상대의 기를 꺾어 놓아야 한다고 믿는다. 하지만 이것은 게임이론이 추구하는 과학적 분석이 아니다. 오히려 심리학에 가깝다. 기를 꺾어 놓기 위해 의외의 행동을 하는 것은 게임이론 분석 외의 것이다. 게임이론은 교섭에서 모든 당사자들이 합리적이라고 전제한다. 과학이기 때문이다. 만약 둘 중 하나가 합리적이지 않다면 게임이론은 활용될 수 없다. 때로는 교섭 후 예측 못하는 결과들이 나오기도 한다. 이는 당사자 중에 누군가가 거래의 예측가능성을 차단하기 위해 일부러 엉뚱한 행동을 하는 경우라고 볼 수도 있다. 거래 당사자 누군가는 위험기피 성향이 특히 강할 수도 있다. 그럴 경우 상대는 심리적으로 위협을 가한다거나 허세를 부려서 상대로 하여금 양보를 얻어내는 경우도 가능하다. 그런 방법은 매우 실용적일 수 있다. 하지만 직관적이고 즉흥적이다. 즉, 추론과 분석을 통해 도달한 결과가 아니고 개인적인 '감'에 따라 행동한 것이기에 과학적 접근이라 말하기 어렵다. 경제학에선 대개 잃을 것이 많은 사람이 그렇지 않은 사람보다 좀 더 위험기피 성향이 강하다고 말한다. 깡패나라 북한이 핵을 개발해 미국과 핵전쟁으로 끝장을 보자고 제안한다면 미국이 양보할 가능성이 있다. 체면이고 뭐고 없는 깡패나라와 꼴사나운 모습을 보이며 처절하게 싸워봐야 일단은 얻을 것이 없다. 또한 무시무시한 핵전쟁을 펼친다면 싸워서 이긴다 한들 실제로 얻는 것이 없다. 그래서 핵전쟁에 모든 것을 걸어야 한다면 북한보다 미국이 포기할 가능성이 있다. 그래서 미국은 북한의 핵개발을 용인할 수 없는 것이다. 북한이 핵을 보유하면 그 핵을 빌미로 무슨 요구를 할지 모르기 때문이다. 사람도 마찬가지다. 사람들 중에도 체면과 남의 이목을 중시하는 사람들이 있다. 명예욕이 강한 사람들도 그렇다. 그런 사람들일수록 위험기피 성향이 강할 수 있다. 실제 마구잡이식 싸움은 힘이 센 사람보다 수치심을 모르는 사람이 더 유리하다. 왜냐하면 그들은 잃을 것이 없기 때문이다. 유명인들은 대개 언론을 두려워한다. 하지만 일반 시민들은 언론이 두려울 것이 없다. 이렇듯 위험기피 성향은 개인차가 심하다. 그런 개인차에서 교섭의 결과가 나타나기도 한다. 게임이론에선 위험기피 성향이 교섭 결과에 영향을 미친다는 결론은 이끌어 낼 수 있지만 누가 위험기피 성향이 더 강하고 약한지 그 개인차를 설명하지 않는다. 그러한 설명은 심리학의 분야라고 보는 것이 타당할 듯하다. 그처럼 교섭에 있어 실용적인 기술들에 대한 정보를 제공하는 책도 있다. 트럼프의 '거래의 기술(The Art of the Deal)'이다. 이 책은 트럼프의 성장과 사업성공 과정을 담고 있다. 이 책은 뉴욕타임스 논픽션 부문 베스트셀러 1위에 32주간 오른바 있다. 하지만 일반적 원리를 언급하진 않는다. 어쨌든 트럼프는 이 책에서 거래 성공을 위해 11가지 원칙을 제시한다. 1. 크게 생각하라. 2. 항상 최악의 경우를 예상하라. 3. 선택의 폭을 최대한 넓혀라. 4. 발로 뛰면서 시장을 조사하라. 5. 지렛대를 이용하라. 6. 입지보다는 전략에 주력하라. 7. 언론을 이용하라. 8. 신념을 위해 저항하라. 9. 최고의 물건을

만들어라. 10. 희망은 크게, 비용은 적당히. 11. 사업을 재미있는 게임으로 만들어라. 흥미로운 것은 트럼프가 거래를 게임으로 이해했다는 점이다. 게임이론은 상호작용 속에 존재하는 일반적 원리를 찾는다.

정리 경기자들은 교섭력만큼 이득을 가져간다.

교섭 결렬점을 알아내라

학문적 영역에서 개인의 개성이나 특징들을 모두 열거해서 그에 맞는 대처 방안을 마련하도록 길을 제시할 순 없다. 즉, 트럼프가 제시한 '거래의 기술'은 게임이론 수업을 위해 재미있는 사례를 제시할 순 있지만 보편타당한 교재가 될 순 없다. 거래도 알고 보면 시작과 끝이 존재하고 당사자들의 전략들에 따라 매매가가 결정이 된다. 게임이론적 분석의 목적은 경기자들의 행동을 예측하는 것이라고 했다. 교섭의 경우에선 거래자 당사자들이 경기자들이다. 교섭을 위해 가장 먼저 알아야 할 것은 교섭결렬점이다. 즉, 경기자들이 얼마의 가격을 제시하면 교섭을 결렬시킬 수 있느냐이다. 교섭이 결렬되면 양쪽 모두 얻을 것이 없다. 따라서 일단 상대가 교섭에 참가하도록 해야 한다. 다시 갑돌의 부동산 거래로 돌아가자. 갑돌이 땅을 살까 말까 고민하고 있는데 중개인이 기한을 정했다. 그러더니 그 중개인이 갑돌에게 전화를 걸어 내일까지 땅을 살 것인지 말 것인지를 결정해 달라고 했다. 그렇지 않으면 을순이 다른 사람에게 땅을 팔겠다고 했다고 전했다. 이는 갑돌과 을순 간에 마지막 교섭에 들어가야 할 때가 왔다는 것을 의미한다. 교섭을 누군가는 협상이라고 명명하기도 한다고 했다. 교섭이든 협상이든 번역을 다르게 했을 뿐이다. 중요한 것은 갑돌이 자신이 처한 교섭 게임 구조를 파악하고 있느냐이다. 먼저 갑돌은 자신이 처한 교섭에서 결렬점과 보수를 정확히 이해하고 있어야 한다. 앞서서 우리는 갑돌의 교섭을 통한 매매가격 발생 구간은 1억 8,000만 원 이상 2억만 원 이하라고 했다. 그리고 그중 어떤 가격점 하나가 최종 매매가임을 밝혔다. 즉, 그 구간을 벗어나는 가격이 제시되면 교섭은 결렬된다. 따라서 이론적으로 가격 1억 8,000만 원과 2억 원이 교섭을 타협과 결렬로 나누는 분기점들이 된다. 그 분기점들이 알려지면 두 당사자들은 각자 생각을 해보게 된다. 둘 모두 거래가 무산되는 것보다 거래가 성사되면 얻을 것이 있다. 즉, 양쪽 모두 거래가 성사되길 원한다. 거래가 성사될 거라면 자신이 좀 더 이득을 챙기고 싶을 뿐이다. 고전 경제학의 기본전제, 즉 모든 경제주체는 이기적이기 때문이다. 자신에게 좀 더 유리한 결과를 위해 당사자들은 '위협'과 '허세'를 동원하기도 한다. 왜냐하면 자신이 유리해지려면 상대의 양보가 필요하기 때문이다. 미국과 북한이 했던 비핵화 교섭을 기억해보자. 양국은 두 정상이 베트남 하노이에서 만나기 전에도 치열한 기싸움을 계속했었다. 두 나라 간의 기싸움 일지는 따로 소개하지 않는다. 이는 상대의 속내를 떠보기 위한 것들이다. 즉, 자신들이 처해진 교섭에 있어 결렬점을 알고자 하는 것이다. 일단 자신의 속내를 드러내지 않는 것이 유리할 것이다. 교섭이 결렬될지 모른다는 불안감이 들어야 상대가 결렬을 막기 위해 추가적인 양보를 할 수 있기 때문이다. 그랬기에 두 나라의 정상들은 서로 속내를 드러내지 않고 교섭에서 우위를 점하기 위해 기싸움을 시도한 결과 반전에 반전이 거듭되었다. 교섭 결렬점을 찾기 위해 갑돌의 거래를 다시 생각해보자. 정말로 땅 주인의 평가액이 1억 8,000만 원인지 알 수 있을까? 땅 주인이 정말 속을 드러내서 자신이 평가액을 말해줄까? 물론 말을 해줄 수는 있지만 약간 높여서 얘기했을 수도 있다. 교섭에서 있어 가장 핵심은 당사자들이 서로 교섭 결렬점을 모른 채 교섭에 임한다는 것이다. 하지만 여기에선 게임이론의 개념을 다진다는 목적을 위해 일단 당사자들 간에 서로 평가액을 알고 있다고 가정하자. 그래도 상황은 크게 달라지지 않는다. 왜냐하면 서로 양보를 요구할테니까 말이다. 교섭이 성사되고 매매가 이뤄지면 각 거래 당사자들은 이득이 남을 것이다. 그 땅에 대한 갑돌의 평가액은 2억 원이었기 때문에 그의 이익은 2억 원에서 매매가를 뺀 차액이 될 것이다. 반면 땅 주인의 평가액은 18,000만 원이기 때문에 그의 이익은 18,000만 원에서 매매가를 뺀 차액이 된다. 지금부턴 평가액과 매매가를 뺀 차액을 잉여(Surplus)라고 부르도록 하자.

정리 교섭에 들어가기 전 교섭결렬점을 파악하라.

법보다 주먹이 가깝다

교섭 과정에서 '최후통첩'이란 말을 자주 듣는다. '최후통첩'이란 상대의 제안을 수용하거나 교섭이 결렬됨을 알리는 것이다. 이 최후통첩은 중요한 의미를 지닌다. 왜냐하면 두 당사자들 모두 교섭이 결렬되지 않고 합의로 이어지기를 바라기 때문이다. 교섭에서 최후통첩을 할 수 있는 입장이면 유리하다. 어떻게 최후통첩권을 얻을 수 있을까? 간단하다. 힘이 강하면 최후통첩권을 얻을 수 있다. 힘이 열세한 있는 사람은 상대를 벼랑 끝으로 몰고 가서 협상을 시도하는 것도 방법이 된다. 벼랑 끝에선 발가락 조금이라도 잘못 움직이면 천길 낭떠러지로 떨어지고 말기 때문에 잃을 것이 많은 쪽이 양보를 할 수밖에 없다. 영화에서 보면 당사자들이 교섭 중에 양쪽 모두 칼이든 총이든 무기를 들이대는 경우가 많다. 교섭에서 가장 중요한 것은 무력이다. 그래서 법보다 주먹이 가깝다고 했을 것이다. 쉽게 말해 교섭을 성사시키되 이득을 5:5로 나눠 갖느냐 6:4로 나눠 갖느냐는 법으로 정하기 어렵다. 가장 단순하게 무력으로 위해를 가해 이득 분배에 대한 합의를 하는 방법도 있다. 엄밀히 말하면 무력을 과시한 것이지 무력을 사용한 것은 아니다. 무력을 과시하면서 합의를 강요하는 쪽도 그 당사자가 양보를 한다 하더라도 그에게 이득이 돌아가는 것을 알고 있다. 즉, 교섭이 성사되면 서로에게 이득이 된다. 굳이 무력을 과시하지 않고도 최후통첩권을 얻는 방법도 있다. 갑돌의 교섭 게임을 다시 생각해보면, 갑돌이 좀 더 많은 잉여를 위해 갑돌이 택할 수 있는 전략은 최대한 답변을 유보했다가 거의 기한이 끝 나갈 무렵 갑작스레 최후통첩을 날리는 것이다. 즉, 갑돌은 내일 저녁에 중개인에게 전화하여 1억 8,000원에 매입할 의사가 있다고 뜻을 전한 후 땅 주인이 그 가격에 넘기면 사고 그렇지 않으면 매입을 포기하겠다고 선언한다. 이렇게 되면 갑돌의 교섭 게임은 동시적 게임에서 순간 순차적 게임으로 변환된다. 즉, 땅 주인은 교섭이 결렬되는 것보다 성사되는 것을 원하기 때문에 마음엔 들지 않지만 갑돌이 제시한 매입가격에 땅을 그냥 넘기고 말 것이다. 즉, 갑돌이 제시한 매입가격에 승낙이냐 거부냐를 선택해야 한다. 그가 거부를 선택하는 순간 교섭은 결렬되고 만다. 결렬을 피하기 위해 승낙을 선택하면 갑돌이 제시한 매입가격에 최종매매가가 결정된다. 교섭가는 100만 원 단위라고 가정하자. 중요한 점은 땅 주인이 갑돌의 제시 가격을 거부하면 교섭은 결렬된다는 것이다. 즉, 갑돌의 제시가격이 '최후통첩'이 된다. 갑돌이 제시한 액수가 받아들여지면 매매가 성립되는 것이고 받아들여지지 않으면 매매는 불발된다. 갑돌과 땅 주인과의 최후통첩 게임을 우리가 익힌 역진 귀납법을 통해 분석해 보자. 이 게임에서 선발자(First Mover or Leader)는 갑돌이 된다. 그리고 후발자(Second Mover or Follower)는 땅 주인 을순이 된다. 갑돌은 매매가를 제시하고 을순은 승낙할지 거부할지를 결정하게 된다. 을순은 제시된 금액이 교섭 결렬점보다 크면 승낙할 것이고, 작으면 거부할 것이다. 즉, 제시된 금액이 1억 8,000만 원 이상이라면 승낙하고 1억 7천 900만 원 이하라면 거부할 것이다. 1억 8,000만 원에서는 땅 주인은 승낙을 하던 거부를 하던 상관없다. 어차피 보수가 같기 때문이다. 하지만 쉽게 설명하기 위해 일단 1억 8,000만 원에선 땅 주인이 거부한다고 가정하자. 갑돌은 땅 주인 을순의 행동을 예측하고 1억 8,100만 원을 제시하는 것이 최선의 전략이다.

최후통첩 게임에서는 선발자가 교섭 결렬 바로 직전에 금액을 제시하고, 제시를 받은 후발자가 마지못해 그것을 승낙하는 결과가 된다. 한국에선 뭔가를 싸게 팔 때 '바겐 세일'이라고 쓴 경우를 흔히 본다. 여기서 '바겐'은 'Bargain'을 뜻하는 것으로 보이는데 우리가 지금 배우고 있는 교섭을 뜻한다. 교섭력은 'Bargaining Power'이다. 즉, 가격이 교섭을 통해서 더 낮아질 수 있음을 뜻한다. 예를 들어 사업자가 폐업을 생각하면 재고를 남기길 원하지 않는다. 다시 팔 일이 없어지기 때문이다. 오히려 재고를 남기면 재고비용이 들어간다. 이때 사업주는 무조건 파는 것이 유리하다. 가격이 너무 저렴하다 싶어 안 팔면 재고로 남게 되고 결과 처치만 곤란해진다. 그것을 내다보면 가격이 저렴해도 일단 파는 것이 낫다. 이러한 상황을 이해하고 있다면 고객은 최후통첩을 할 수 있다. 즉, 그 사업자와 교섭에서 우위를 점할 수 있다. 즉, 사업자가 제시한 가격보다 더 낮은 가격을 제안한다. 예를 들어, 사업자가 20만 원을 제안했다면 문 닫을 때쯤 가서 10만 원에 주면 사겠다, 그렇지 않으면 안 사겠다고 선언하는 것이다. 감정만 상하지 않게 말을 잘한다면 결국 그 사업주는 더 낮은 가격에라도 물건을 넘기고 말 것이다. 즉, 그 상황에선 고객의 교섭력이 더 강하다. 한국엔 '떨이'라는 문화도 있다. 청과물 가게 또는 마트에서 과일이 안팔리고 있으면 낮은 가격에라도 물건을 넘기는 경우들이 더러 있다. 이는 판매자 입장에서 재고로 남길 경우 과일은 신선도가 떨어지기 때문에 안팔릴 가능성이 더 높아진다. 따라서 아깝더라도 낮은 가격에라도 팔아버리는 것이 안 팔리고 남아 있는 것보다 유리하다. 미국에서 이사를 앞두고 가구를 내다 파는 경우가 많다. 전형적인 교섭 상황이다. 흥정을 하면 대개 구매자가 원하는 가격에 거래가 성사되는 경우가 많다. 왜냐하면 판매자는 가구를 갖고 이사하기가 곤란스럽기 때문이다. 버리기도 쉽지 않다. 가구가 안 팔리면 판매자는 일손을 구해서 버려야 되는 상황에 직면할 수도 있다. 바겐 세일은 이처럼 정가가 정해지지 않고 흥정을 통해 추가적으로 더 저렴하게 팔 수 있는 상태를 의미한다. 말 그대로 '바겐(교섭)'을 통해서 파는 것이다. 즉, 최후통첩 게임은 간단하다. 마지막으로 금액을 제시할 수 있는 경기자가 압도적으로 유리한데 그와 같은 경기자가 최후통첩권을 보유했다고 표현한다. 갑돌의 부동산 거래 게임에서 그가 최후통첩권을 갖게 된 이유는 그가 교섭을 유보하고 있다가 기한이 다 될 무렵 의사를 밝혔기 때문이다. 일반적으로 교섭은 어느 한 당사자가 최후통첩권을 갖고 끝나는 경우는 매우 드물다.

정리 최후통첩권을 확보하라.

최후통첩 전략을 통해 멋지게 교섭에 성공했다고 생각한 갑돌이 반전에 직면했다. 다름이 아니고 그날 밤에 부동산 중개소에서 다시 전화가 왔는데 땅 주인 을순이 1억 8,500만 원이 아니면 팔지 않겠다고 하니 지금 당장 답을 달라고 반대로 갑돌에게 최후통첩을 해버렸다. 이론적으로 땅 주인은 1억 9천 900만 원까지 제시할 수 있다. 하지만 생각할 시간도 필요하기 때문에 쉽게 결론을 낼 수 없게 된다. 그 심리를 파악해서 1억 8,500만 원을 제시했고 갑돌은 이런 저런 생각 끝에 불확실성이 커질 것 같아지자 결국 그 액수에 승낙을 하고 말았다. 그리고 거래가 성사되었다. 이 거래에서 핵심은 두 당사자들이 교섭을 통해 어떻게 합의를 이끌어내느냐에 따라 당사자들이 가져가는 이익의 크기들이 달라졌다는 것이다. 교섭이 성사되면 일단 당사자들 모두 얼마간 이득을 얻게 된다. 하지만 그 이득을 나눠 갖는 데는 교섭력이 작용하게 된다. 즉, 교섭력에 따라 이득의 크기가 결정된다.

최후통첩과 갑질

어느 한 당사자가 최후통첩권을 갖는다는 얘기는 상대에게 거부권이 없음을 의미한다. 선발자가 교섭 결렬점을 인지하고 있다면 교섭 성사를 통해 발생하는 모든 잉여를 선발자가 가져가게 된다. 갑질이란 이런 경우에 해당한다. 갑이 제안하고 을은 거부권이 없기 때문에 갑의 제안을 전부 수용할 수밖에 없다. 예를 들어 한국 대학에선 교수가 대학원생에게 무급으로 일을 시키는 경우가 많다. 교수와 대학원생 간의 교섭이지만 그 교섭은 애초에 의미가 없다. 교수 일은 교수가 하고 원생 일은 원생이 하면 된다. 하지만 교수는 교섭의 성격과 결렬점을 알고 있기 때문에 원생에게 자신의 일까지 하라고 제안을 한다. 즉, 교섭을 시작하는 것이다. 하지만 그러한 교섭에서 결렬점이 존재한다. 부당한 교수의 제안에 원생이 "No"라고 대답하는 것이다. 이때 그 원생은 학위 과정을 포기할 각오를 해야 한다. 교수는 그 원생이 "No"라고 말하면 그가 학위과정을 사실상 포기해야 하고 그에 따라 더 많은 것을 잃게 된다는 것을 알고 있다. 모든 것을 포기하기보다 원생은 "Yes"라고 대답할 수밖에 없다. 원생이 모든 제안을 "Yes"라고 답할 수밖에 없다는 것을 알기에 교수는 원생에게 더 많은 것을 요구하게 된다. 최후통첩권이 있는 거래 당사자는 갑이라고 지칭될 수 있다. 거부권이 없는 거래 당사자는 을이라고 지칭될 수 있다. 어느 한 당사자가 최후통첩권을 갖고 교섭을 일방적으로 유리하게 끌고 가는 것은 상업적 거래에선 드문 경우이다. 상업적 거래에선 서열이 존재하지 않기 때문이다. 고객 입장에선 물건이 마음에 들면 사고 그렇지 않으면 안 사면 그만이다. 판매자 입장에서도 마찬가지다. 가격이 마음에 들면 팔고 그렇지 않으면 다른 고객을 기다리면 된다. 고객과 판매자 입장에선 서열이 존재하지 않는다. 하지만 정치적 거래에선 대개 서열이 존재한다. 국회의원이 보좌관에게 시키고 보좌관은 비서에게 시키고 비서는 후배에게 시키고 그 후배는 더 후배에게 시키고 대개 이런 식이다. 아래 위치에 처해있는 사람에겐 거부권이 없기 때문이다. 즉, 거부하고 역제안을 할 수 없다. 상업적 거래에선 다른 당사자가 거부권을 갖고 다시 역제안을 하게 된다. 상호 간에 제안을 할 수 있다. 그래서 상업적 거래가 사회에 더 이로운 것이다.

정리 갑질은 교섭력 강한 경기자가 교섭력 약한 경기자의 이득을 가로채는 것이다.

거부권과 상호제안

이미 언급했지만 상업적 거래 대부분의 경우는 상호제안게임 형태를 띤다. 갑돌과 을순은 다음과 같은 교섭을 앞두고 있다. 갑돌과 을순은 1미터 길이의 아이스크림을 나눠 갖기로 하고 서로 교섭에 돌입했다. 막대기 형태의 아이스크림을 생각해보자('아이스크림 바'를 생각해보라). 앞서 갑돌의 부동산 거래에선 갑돌이 최후통첩권을 보유하고 있다고 가정한 바 있다. 부동산 거래 교섭과 지금의 아이스크림 나눠 갖기 교섭 사이에는 크게 다른 점이 존재한다. 그것은 전자의 경우엔 시간이 좀 지난다고 해서 땅이 줄어들거나 하지 않았다는 것이다. 하지만 아이스크림은 다르다. 아이스크림은 시간이 갈수록 녹는다. 따라서 교섭 당사자들은 빠른 시간 안에 합의하는 것이 중요하다. 상호제안게임을 생각해보자. 상호제안게임이란 어느 누구도 최후통첩권이 없는 상태이다. 즉, 한 당사자가 제안을 하면 다른 당사자가 거부를 할 수 있다. 이해를 쉽게 하기 위해, 한 당사자의 제안이 거부되고 다른 당사자에게 제안권이 넘어갈 때 아이스크림이 10센티미터씩 녹는다고 가정해보자. 실제로 아이스크림은 녹는다. 그리고 피자는 식어간다. 식으면 맛이 없다. 원리적 이해를 위해 제안권이 넘어갈 때마다 아이스크림이 10센티미터 줄어드는 것을 빼고는 맛이나 식감은 변함이 전혀 없다고 가정한다. 먼저 갑돌이 최후통첩권이 있다고 해보자. 즉, 그는 아이스크림을 쥐고 을순에게 제안을 할 수 있는데 을순은 거부권이 없다. 그렇다면 갑돌은 을순에게 아이스크림을 어떻게 나눠 먹자고 제안할까? 앞서서 설명한 바 있다. 최후통첩권을 갖는 사람은 갑이다. 즉, 그는 아이스크림 나눠먹기 교섭을 통해서 발생하는 모든 이득을 다 가져갈 수 있다. 그래서 갑이고 그와 같은 형태의 제안을 '갑질'이라고 설명했었다. 을순은 갑돌의 제안을 수용하지 않으면 협상이 결렬되고 만다. 협상이 결렬되면 을순은 아이스크림보다 더 큰 것을 잃어버릴 수 있다고 가정해도 좋다. 을순은 갑돌의 제안은 무조건 수용할 것이다. 갑돌은 을순이 어떤 제안을 한다 해도 수용할 것이라는 것을 안다. 그렇다면 갑돌은 을순에게 아이스크림을 자신이 다 가져가겠다고 제안할 것이고 을순은 그와 같은 제안을 마지못해 수용할 것이다. 교수가 대학원생에게 무급으로 일을 시킬 수 있었던 것은 그와 같은 최후통첩권에서 비롯되었다고 설명한 바 있다.

이번엔 을순이 거부권을 갖는다고 가정해보자. 즉, 갑돌이 아이스크림을 쥐고 을순에게 얼마만큼을 제안하면 을순이 그 제안을 들어보고 좋으면 수락하고 싫으면 거부할 수 있다. 을순이 갑돌에게서 받은 제안을 거부하면 이번엔 을순이 갑돌에게 역으로 제안을 할 수 있고 이 경우 갑돌은 거부권이 없다고 해보자. 그렇다면 갑돌은 을순에게 아이스크림을 어떻게 나누자고 제안할 것인지 예상해보자. 답을 얻기 위해선 역진귀납법이 도움이 된다. 일단 갑돌은 먼저 얼마를 제안하면 을순이 거부하지 않고 수락할까를 생각해봐야 할 것이다. 그렇다면 그는 을순의 입장이 되어 생각해봐야 한다. 을순은 스스로 거부권이 있기 때문에 갑돌에게서 받은 제안이 싫다면 거부하고 역제안하면 오히려 갑돌에게 거부권이 없다는 것을 알고 있다.

이 경우 갑돌이 처음 제안을 할 때 을순의 수락을 받아내지 못하면 오히려 을순이 최후통첩권을 얻게 된다. 갑돌은 그와 같은 사실을 알기 때문에 제안을 해서 을순의 수락을 받아내려 할 것이다. 수락을 받아내려면 어떻게 제안을 해야 할까? 간단하다. 을순이 갑돌의 제안을 거부하고 다시 역제안해서 얻어갈 수 있는 만큼을 제안하면 을순은 제안을 수락할 것이다. 여기에서 하나 가정이 필요한데 어떤 당사자가 수락과 거부를 통해 얻을 수 있는 각각의 보수가 같다면 그 당사자는 수락하는 것을 택한다는 것이다. 을순은 갑돌의 제안을 거부하고 그에게 다시 역제안하면 그녀가 최후통첩권을 보유하기 때문에 갑돌에게 아이스크림을 나눠 주지 않아도 된다. 하지만 한 번 제안을 거부하면서 아이스크림이 10센티미터가 녹았기 때문에 아이스크림은 90센티미터만 남아있을 것이다. 즉, 그녀는 갑돌의 제안을 거부하면 아이스크림 90센티미터만큼을 얻을 수 있다. 따라서 갑돌은 처음에 제안할 때 자신이 10센티미터를 가져가고 을순에게 90센티미터를 제안하면 그녀는 그 제안을 거부할 이유가 없을 것이다. 이런 제안은 역진귀납법을 통해 가능하다.

위 상황에서 갑돌의 제안을 거부하고 을순이 갑돌에게 다시 역제안을 했다. 이때 갑돌이 다시 을순의 역제안을 거부할 수 있고 역역제안을 하면 최후통첩권이 있다고 해보자. 즉, 갑돌의 역역제안에 을순은 거부권이 없다. 이때는 갑돌이 을순에게 어떻게 제안할 수 있을까? 위 상황에서 을순이 역제안할 때 최후통첩권이 있었고 이때 그녀는 90센티미터를 가져갔다. 단순하게는 갑돌에게 거부권이 없었기 때문이다. 만약 갑돌에게 거부권이 있다면 얘기가 달라진다. 왜냐하면 갑돌이 그 제안이 싫으면 거부했다가 다시 역역제안을 할 수 있을 것이다. 그렇게 되면 그가 아이스크림을 을순에게 하나도 주지 않아도 된다. 하지만 그 과정에서 아이스크림은 제안이 두 번 거부되었기 때문에 아이스크림은 20센티미터가 녹아있을 것이다. 따라서 갑돌이 최후통첩권을 통해 가져갈 수 있는 아이스크림은 80센티미터가 된다. 그렇다면 처음에 을순에게 제안할 때 갑돌은 자신이 제안과 역역제안을 통해 가져갈 수 있는 아이스크림은 80센티미터라는 것을 알고 있고 을순 역시 자신이 역제안을 한다 해도 궁극적으로는 갑돌이 최후통첩권이 있다는 것을 알고 있다. 그리고 자신이 그 교섭게임에서 거부를 하고 역제안을 해봐야 아이스크림만 녹고 만다는 것을 알고 있다. 따라서 갑돌이 자신이 80센티미터를 가져가고 을순에게 20센티미터를 제안하면 을순은 수락할 것이다. 결국 갑돌이 80센티미터를 가져가고 을순은 20센티미터를 가져가게 된다.

만약 갑돌과 을순이 서로 계속해서 거부하고 계속해서 역제안할 수 있다고 가정하자. 즉, 갑돌의 제안이 싫으면 을순은 그 제안을 거부하고 다시 역제안하는데 이때 갑돌은 그 역제안을 거부할 수 있고 다시 역역제안을 할 수 있으며 이때 을순은 그 역역제안을 거부할 수 있고 다시 역역역제안을 할 수 있다. 이때 갑돌은 처음에 어떻게 을순에게 제안할까? 반반으로 나눠 갖자고 할 것이고 을순은 동의할 것이다. 이와 같은 경우는 두 당사자들이 교섭력이 동일할 경우를 말한다. 최후통첩권이 있는 당사자가 교섭력이 더 강하고 그 강한 교섭력 때문에 아이스크림을 더 가져갔었다. 하지만 두 당사자가 거부권을 같이 보유하고 있고 어느 누구도 최후통첩권이 없다는 얘기는 둘 모두 동일한 교섭력을 갖고 있다는 뜻이다. 교섭에 들어가기 전 두 당사자들이 서로 교섭력이 동등하다는 것을 알면 둘은 동일하게 나눠 갖는 것이 합리적이라고 생각할 것이다. 실제로 반반씩 나눠 갖는 것이 내쉬균형이다. 이는 수학적인 방법을 통해 증명이 가능하다. 꼭 수학적으로 증명하기 전에 사람들에게 물어보면 대부분 반반씩 나눠 가져갈 것이라고 대답한다. 매우 직관적이다. 교섭력이 동일하면 동등하게 나눠 갖는다. 이 얘기는 다시 생각해보면 당사자들 간에 교섭력이 동일하지 않는다면 동등하게 나눠 가질 수 없다는 것을 뜻한다. 우리는 일상 속에서 무엇이든지 동등하게 나누는 것이 공정하다고 생각하는 경향이 있다. 하지만 게임 이론적인 시각에서 분석해보면 교섭력의 크기에 따라 가져가는 몫이 달라지게 된다. 따라서 국가들 간의 교섭은 큰 이슈가 된다. 왜냐하면 교섭력에서 우위에 선 나라가 그 교섭에서 조금이라도 더 얻어가게 되어 있다. 국가들 간에 군비 경쟁이 벌어지고 위험천만한 핵을 보유하려 드는 이유가 있다. 바로 교섭력을 확보하기 위해서다.

정리 교섭력이 약한 경기자에게 거부권(Veto Power)을 부여해라.

인내심과 교섭력

지금 쓸 수 있는 돈하고 미래에 쓸 수 있는 돈은 그 가치가 다르다. 예를 들어 지금 1억 원하고 1년 뒤의 1억 원은 구매력이 다를 수밖에 없다. 물가가 오를 것이기 때문이다. 모든 사람들에게 1억 원을 지금 받는 것을 선호하느냐 아님 미래에 받는 것을 선호하느냐하고 묻는다면 모두 지금 받는 것을 선호한다고 대답할 것이다. 당연하다. 금융이론의 기본 전제다. 즉, 사람들은 미래에 받을 돈보다 현재 손안에 있는 현금을 더 선호한다. 이론적으로 현재 손안의 현금 1억 원을 어떻게 운용하느냐에 따라 1년 후에는 그 가치가 1억 원 이상이 될 수 있다. 예를 들면, 그 돈을 은행에 예금하면 1년 후 이자를 지급받을 수 있다. 이자 1%를 생각하면 지금 1억 원 1년 후 1억 100만 원이 된다. 물가가 1%로 올랐다고 가정하면 구매력은 변함이 없다. 은행에서 이자를 받지 않고 현금으로 보유하고 있었다면 구매력은 하락했다는 뜻이 된다. 경제학에선 은행에서 받은 그 1% 이자를 기대수익률이라고 한다. 일반적으로 기대수익률을 r로 나타낸다. 공식화 해보면 당신이 현재 A만큼의 자산이 있다면 미래에 그 자산은 당신에게 $A(1+r)$만큼의 자산을 가져다 준다. 2년 후에는 그 자산은 $A(1+r)^2$이 되고 N년 후엔 $A(1+r)^n$이 된다. 이 방식을 활용하면 미래의 돈을 현재 가치로도 환산할 수 있다. 이자율을 1%라 할 때, 1년 후의 1억 100만 원은 현재의 1억 원과 동일한 가치를 지닌다. 1년 후의 A만큼의 자산은 현재엔 $\frac{A}{(1+r)}$원과 같은 가치가 된다. 우리는 이때 'A원의 현재 가치가 $\frac{A}{(1+r)}$원이다'라고 표현한다. 경제학에선 $\frac{1}{(1+r)}$를 할인율이라고 한다. 이자율이 높아질수록 할인율이 작아진다는 것을 알 수 있다. 이러한 현재 가치와 미래 가치는 게임이론에서 전략 선택을 하는데 중요한 요인이 된다. 앞서서 아이스크림 나누기 교섭으로 돌아가 보자. 제안이 거부될수록 아이스크림이 녹는다고 전제했던 것은 미래 가치에 할인율이 적용되는 것을 의미한다. 즉, 미래에 먹을 수 있는 아이스크림보다 현재 먹을 수 있는 아이스크림이 더 가치가 크다. 이제 앞서 다뤘던 갑돌의 부동산 거래 교섭을 다시 생각해보자. 먼저 갑돌이 매매가를 제시하고 땅 주인이 승낙하면 거래가 성사되는 게임의 형식은 동일하다. 그러나 땅 주인이 갑돌의 제안을 거부하면 교섭이 결렬되지 않고 땅 주인이 매매가를 역제안할 수 있다고 하자. 여기서 갑돌이 승낙하면 교섭은 성립되지만, 거부하면 이번에는 완전히 교섭이 결렬된다고 해보자. 이러한 교섭은 상호제안게임이 된다. 상호제안게임에서는 아이스크림 나눠 갖기에서처럼 교섭이 늦게 결정될 경우와 빨리 결정될 경우 보수가 달라진다. 앞에서 언급한 사고방식으로는 첫 번째 제안을 거부하고 두 번째 제안에서 교섭이 성립되면 그 사이 시간이 흐른다. 시간이 흐르면서 두 번째 교섭을 통해 얻어지는 보수 1,000만 원은 할인율이 적용되어야 하기 때문에 실제 가치는 줄어든다. 앞서서 할인율은 $\frac{1}{(1+r)}$이었다. 이제 그 할인율이 0.8이라고 가정해보자. 이 경우에도 우리는 역진귀납법을 통해 교섭에서 두 당사자들의 행동을 예측해볼 수 있다. 즉, 균형경로를 찾을 수 있다. 우선 두 번째 교섭에서 갑돌은 1억 8,000만 원 이상이면 거부, 그 미만이라면 승낙한다. 땅 주인은 그것을 예측하고 1억 7천 900만 원을 제안한다. 그리고 갑돌은 그 제안을 수용한다.

땅 주인이 최후통첩권을 가지게 되면 땅 주인이 이익 대부분을 차지할 수 있다. 이를 토대로 첫 번째 교섭을 생각해보자. 땅 주인이 제안을 거부하고 교섭을 두 번째로 넘기면 1억 9,900만 원에 매매할 수 있으며, 1,900만 원의 보수가 손에 들어온다. 그러나 제안을 한차례 거부하고 다음으로 넘기면서 얻게 되는 보수 1,900만 원은 할인된다. 즉, 보수가 0.8 × 1,900 = 1520이 된다. 따라서 땅 주인 입장에서 보면 갑돌이 제시한 가격이 1억 9,520만 원 이상이면 수락하고 그 이하라면 거부해서 두 번째 교섭으로 넘기는 것이 유리하다. 갑돌은 이것을 간파하고 1억 9,600만 원을 (교섭단위가 100만 원이므로) 땅 주인에게 제시하고 자신의 보수를 400만 원으로 최대화하는 전략을 취하게 된다. 따라서 이 상호제안게임에서는 갑돌이 1억 9,600만 원을 제시하고 땅 주인이 그 제안을 수락하게 될 것으로 우리는 예상할 수 있다. 땅 주인이 최후통첩권을 보유하고 있기 때문에 전적으로 땅 주인에게 유리한 교섭이다. 즉, 최후통첩권을 가진 이가 유리한 것이 교섭게임이다.

여기서 땅 주인의 할인율을 0.8에서 0.5로 낮추어 보자. 이 경우에는 제안이 거부되어 남기는 보수 1,900만 원이 할인되어 0.5 × 1900 = 950이 된다. 이렇게 되면 첫 번째 교섭에서 갑돌이 1억 8천 950만 원을 제시하고 땅 주인은 그 매매가를 수락하게 된다. 할인율이 0.5인 경우 땅 주인 최후통첩권을 보유하고 있음에도 땅 주인은 빨리 교섭을 성공시키고 싶어 하기 때문에 갑돌은 할인율이 0.8일 때보다 좀 더 많은 보수를 챙길 수 있다.

어떤 개인에게 할인율이 작다는 것은 그는 미래 자산을 크게 여기지 않는다는 뜻이다. 이와 같은 경기자는 현재 자산을 미래 자산보다 훨씬 더 중요하게 여기기 때문에 교섭이 빨리 성사되는 것을 원한다. 즉, 제안과 역제안을 통해 교섭이 지연되는 것을 싫어하기에 그만큼 첫 번째 교섭에서 많은 양보를 하게 된다. 따라서 할인율이 낮으면 '인내심이 없어지고' 교섭력이 약해지는 것이다.

교섭이 성립되면 두 사람 모두 잉여를 얻게 된다. 만약 교섭이 결렬되고 매매가 성립되지 않으면 두 사람의 잉여는 0이 된다. 즉, 교섭이 성립된다는 것은 두 사람에게 득이 된다는 것이다. 교섭을 진행할 때는 항상 이 점을 염두에 두어야만 한다. 최대한 감정을 배제하고 협상을 진행하여야 한다. 대개 지리한 교섭이 계속되다 보면 감정적으로 돌변하기 쉽다. 예를 들어, 교섭을 위해 초조해진 나머지 너무 큰 양보를 하게 되는 경우도 있다. 정치권에서 여야가 밀고 당기기 협상을 한다고 언론에 자주 보도되는데 이러한 것들이 모두 교섭게임이라고 볼 수 있다. 부동산 거래에서 교섭이 성사되었다는 의미는 교환이 이뤄졌다는 뜻이다. 교섭 결렬보다 교섭이 성사되면 양쪽 모두 이득을 본다. 이는 교환이 사람들을 행복하게 만든다는 경제학의 가장 기본적인 원리와 닿는다. 갑돌의 부동산 거래 교섭에서 땅이 1억 9,000만 원에 거래되었다고 해보자. 그렇게 되면 갑돌에겐 1,000만 원만큼의 잉여가 그리고 땅 주인에게도 1,000만 원만큼의 잉여가 발생한다. 이 두 잉여를 모두 합하면 2,000만 원에 이르게 되는데 이 액수가 판매자와 구매자의 총잉여라고 볼 수 있다. 그런데 갑돌이 최후통첩을 하는 게임에서는 갑돌의 잉여는 1,900만 원, 땅 주인의 잉여는 100만 원이었다. 총잉여는 2,000만 원으로 변함이 없다. 땅 주인이 최후통첩권을 보유한 교섭에서도 총잉여는 변하지 않는다. 즉, 총잉여는 판매 가격에 의해 영향을 받지 않는다. 즉, 교섭이란 판매자와 구매자가 교환을 통해 어떤 총잉여가 발생할 때 그 총잉여를 둘이 어떻게 나눠 갖느냐 하는 문제라고 볼 수 있다. 재화를 높게 평가하고 있는 사람들과 재화를 교환하면 총잉여가 증가한다. 매매가는 총잉여의 크기를 변화시키지 않고 단지 그 총잉여를 다르게 분배할 뿐이다.

정리 교섭에 성공하면 경기자 모두가 이득을 얻는다.

지금까진 갑돌의 부동산 거래라는 예를 통해 교섭을 설명했는데 이때 판매자와 구매자는 각각 한 명뿐이었다. 판매자와 구매자가 많아지면 경제학적 시장이 형성된다. 예를 들어 판매자가 한 명이고 구매자가 여러 명 존재한다고 생각해보자. 즉, 갑돌 말고도 을순이라는 인물이 나타나 그 땅을 2억 1,000만 원까지 지불할 의사가 있다고 해보자. 그렇게 되면 총잉여는 어떻게 될까? 총잉여는 그 땅이 을순에게 양도되었을 때 최대가 된다. 을순에게 2억 1,000만 원에 토지가 양도되었다고 하면 잉여는 땅 주인에게 2,000만 원만큼, 갑돌에겐 0원만큼 그리고 을순에게 1,000만 원만큼 발생한다. 그 잉여들을 모두 합치면 총잉여는 3,000만 원이 된다. 갑돌에게 땅이 양도되는 경우보다 총잉여가 1,000만 원이 증가한다. 이 경우에도 물론 총잉여는 매매가에 의해 영향을 받지 않는다. 보다 높은 평가액을 갖는 사람이 나타날수록 그리고 그에게 땅이 양도되었을 때 총잉여는 증가한다. 총잉여는 증가하지만 잉여가 감소하는 사람도 있다. 갑돌이 그런 경우다. 자신이 땅을 구입했다면 잉여가 발생했을테지만 아쉽게도 을순이 나타나 땅을 구입하며 갑돌은 잉여가 0이 되고 말았다. 따라서 갑돌은 시장원리가 도입되기를 바라지 않을 것이다. 하지만 잉여를 재분배하는 차원에서 을순과 땅 주인이 갑돌에게 얼마만큼 현금을 지급하고 달랜다면 갑돌은 을순의 출현을 반대하지 않을 것이다. 그리고 그 땅 거래를 통해 총잉여는 증가할 것이다. 이와 같이 잉여가 잘 재분배된다면 그 재화에 대해 가장 높은 평가액을 갖는 구매자에게 그 재화를 양도하는 것이 모든 사람들을 이롭게 한다. 즉, 시장 원리는 교환을 통해 모두를 이롭게 한다. 다만 갑돌을 배려할 목적의 재분배는 정책 마련이 쉽지 않다. 왜냐하면 인간은 이지적이기에 땅 주인이나 을순에게 법을 적용해 얼마를 걷는다면 그들은 반발할 것이기 때문이다. 그래서 누군가에게 세금을 걷어 누군가에게 보조금을 주는 것으로 설명될 수 있는 재분배 정책은 많은 논란을 낳을 수밖에 없다. 따라서 재분배 정책 설계는 쉽지 않다. 이기적인 인간들을 설득해야 하기 때문이다.

'Nuclear Unclear': 핵무기 정치학

어떤 나라가 핵무기를 보유하고 있다는 것 자체가 그 이웃나라에겐 어마어마한 위협이 될 수 있다. 여러분들 중에는 이렇게 생각하는 사람이 있을지 모른다. '에이, 그렇다고 그 위험한 핵무기를 실제로 터트리겠어?'

하지만 실제로 터트리고 안 터트리고가 중요한 것이 아니다. 짧게 말하면 핵무기를 보유하는 것은 교섭력 향상을 위해서다. 즉, 무력을 과시하려는 것이지 무력을 사용하려는 것이 아니다. 전략적으로 생각해보면 어느 나라도 핵무기를 실제로 터트릴 이유가 없다. 핵무기를 통해 인류 전체가 멸망할 수도 있다. 모든 나라들이 그와 같은 사실을 알고 있는데 핵을 개발한다는 것은 모순이다. 핵무기를 군사작전과 결부시켜 보는 이들이 많다. 실제 핵은 돈과 결부된다. 경제학이다. 핵을 보유할 수 있으면 얻어지는 이득이 매우 구체적이다. 그보다 더 구체적일 수 없다. 상황을 쉽게 설명해보자. 여러 분 옆집에 매우 게으른 사람이 시민의식이 마저 결여되어 이웃 주민들에게 늘 피해를 끼친다고 생각해보자. 당연히 사회에 불만도 많을 것이다. 문제는 그런 사람이 위험하기 짝이 없는 생화학 가스를 구입해서 집에 갖다 놓았다고 한다. 그래서 그가 버튼 하나만 누르면 순간 그 독성 생화학 가스가 새어 나가기 시작해 도시 전체가 큰 불행에 직면할 수 있는 상황이다. 물론 이러한 생화학 가스를 살포하면 그는 법에 따라 엄중한 처벌을 받을 것이다. 법의 처벌을 얘기하기 전에 이미 그 유독 가스는 시민들에게 돌이킬 수 없는 재앙을 야기할 수도 있다. 옛 말이 틀리지 않았다. 그래서 법보다 주먹이 가깝다고 했다. 그토록 위험천만한 일은 처벌보다 방지가 더 중요하다. 그 사실을 안 당국은 그 생화학 가스가 얼만큼 위험한지를 그에게 알리고 설득하기 시작한다. 가정이 있다. 그 생화학 가스는 그가 스스로 포기하지 않는 이상 어쩔 수 없다. 경찰도 방법이 없다. 이제 그는 뉴스의 인물이 된다. 그 위험인물의 표정이 바뀔 때마다 시민들은 불안해지기 시작한다. 뭔가를 던지는 시늉만 해도 가슴 철렁해 한다. 그럴수록 그 위험인물은 재미를 느낀다. 사람들은 불안감을 호소한다. 한 번은 그가 생필품이 떨어졌다고 호소하니 알아서 제공이 되었다. 그 정도는 그렇게 큰돈이 들지 않았기 때문이다. 기분이 상하면 그는 정말 유독가스를 살포할 것이라고 엄포를 놓기도 한다. 물론 그도 생각이 있다면 쉽사리 유독가스를 살포하지는 않을 것이다. 웃기는 상황은 그 위험인물이 스스로 교섭력이 있음을 알아채는 것이다. 그렇게 되면 상상하기 싫지만 이웃들을 상대로 부탁을 많이 하게 된다. 먹을 것이 없어지면 음식을 보내달라고 호소할 것이고 돈이 필요하면 나중에 꼭 갚겠다며 돈을 입금해달라고 요구할 것이다. 돈이 입금되지 않으면 두고 보자며 협박을 할지도 모른다. 우스개로 들리지만 우스개가 아니다. 실제 발생 가능한 상황인 것이다. 이러한 것들이 모두 교섭력 또는 협상력 불균형에서 이뤄지는 것이다. 따라서 평소 행실이 이상한 사람이 위험한 무기를 보유했다는 것 자체가 그 동네에선 무시무시한 뉴스가 될 수밖에 없다. 그래서 지혜로운 주민이라면 가장 우선되는 전략은 그렇게 위험한 이웃이 위험한 무기를 절대 보유하는 일이 없도록 하는 것이다. 그나마 국내의 경우엔 법에 호소할 여지가 있다. 하지만 국제 문제는 상황이 더 복잡하다. 왜냐하면 호소할 법이 없기 때문이다. 국제법은 구속력이 없다. 국제법이 없어서 국가 간 분쟁이 일어나는 것이 아니다. 일반적으로 그 구속력은 약소국이 욕심을 부릴 때에 한정된다. 강대국이 국제법을 안 지키면 제재할 수 없는 것이 현실이다. 나라 간 교섭은 법이 아니고 오로지 힘의 크기에 의해 결정 난다는 냉정한 현실을 잊어선 안 된다. 그래서 핵보유는 위험하다. 핵무기는 재래식 무기하고는 격이 다르다. 행실이 불량한 사람이 점잖은 사람에게 싸움을 걸면 그 점잖은 사람은 대개 싸움을 피하려고 한다. 이유는 힘이 없어서라기보다 점잖은 사람이 행실이 불량한 사람과 꼴사나운 싸움을 벌여봐야 얻는 것이 없고 도리어 잃을 것이 더 많기 때문이다. 반면 불량한 사람은 점잖은 사람과 꼴사나운 싸움을 벌여서 잃을 것이 별로 없다. 즉, 체면도 부끄러움도 없기에 무조건 싸움을 걸려 할 것이다. 그런 마당에 불량한 사람이 이제 위험한 무기까지 보유하려

한다고 해보자. 갑돌이 을순과 아이스크림을 나눠 가지려 할 때를 상기해보자. 을순은 아무런 무기가 없고 갑돌은 총을 보유한 채 교섭에 임한다고 해보자. 을순은 갑돌이 꼭 총을 쏘지 않는다 하더라도 그러한 교섭이 불편할 것이고 조금 양보를 해서라도 서둘러 교섭을 끝내려 할 것이다. 그 과정에서 갑돌은 조금이라도 더 얻어가게 된다. 매우 구체적이다. 실제 그 과정에서 총을 쏘는 일이 꼭 일어날 필요가 없다. 북핵과 관련해 황당한 주장을 하는 사람들이 많다. 북한이 핵을 보유한들 정말로 쏘겠냐고 되묻는다. 그것은 우문 중에 우문이다. 교섭이론에 대한 이해가 없기 때문에 그와 같은 우문을 하는 것이리라. 강조하지만 핵을 쏘려고 개발하는 것이 아니라 국제협상에서 교섭력을 강화하기 위해 보유하려 드는 것이다. 교섭력은 경제적 이득으로 되돌아간다. 물론 만약 다른 나라가 침략을 해온다거나 해서 전쟁이 발발하면 핵을 정말 쏠 수도 있을 것이다. 모든 나라들은 전쟁만은 피하려는 공통의 목적이 있다. 그 과정에서 교섭력이 중요하다. 누군가가 권력은 총구에서 나온다고 했다면 국제사회 교섭력은 핵에서 나온다고 말할 수도 있다. 어느 작은 나라가 핵을 보유하고 있다면 절대 그 나라를 무시할 수 없다. 북한의 핵개발을 쉽게 볼 수 없는 이유이다. 북한 사람들이 우리 동포들이기 때문에 북한이 핵을 보유하고 장래에 통일이 이뤄지면 우리가 핵보유국이 되지 않겠냐는 생각을 하는 사람들이 있는 것 같다. 지식인들 중에도 그런 생각이 하는 사람들이 있어 놀랍기까지 하다. 이미 분석한 대로 순차적 게임으로 분석해보자. 문제는 북한이 핵을 보유하면 남한 사람들이 원하는 방식의 통일이 더 어려워질 수 있다. 국제사회에서 한국이 교섭력이 열위에 서기 때문이다. 즉, 우리가 배운 대로 그런 균형은 '이상한 균형'으로 현실적으로 나타나기 어렵다. 이웃이 위험한 무기를 보유하고 있을 때 좋을 것이 전혀 없다.

정리 핵보유국은 교섭력이 강해진다.

공포의 균형

공포를 통해서 전쟁이 일어나지 않는 현상을 가리킨다. 구체적으로는 핵보유국끼리의 상호전쟁이 억제되는 현상을 나타낸다. 예를 들면, 1962년 일어난 쿠바 미사일 위기, 또는 중국–인도 국경 분쟁 등을 들 수 있다. 핵이란 무기는 그 파괴력이 가공할 만하기 때문에 같은 핵보유국들끼리는 핵의 숫자와 상관없이 전면전을 꺼리게 된다. 가령 중국이 보유한 핵무기가 1,000발이고 인도가 보유한 핵무기가 200여 발이라 해도 중국이 인도와의 핵전쟁에서 압도적으로 우위를 차지하기 어렵다. 이 공포의 균형이 역설적으로 3차대전을 막았다는 평가도 있다. 어떤 재래식 무기도 핵무기처럼 단 한 방으로 수만 명을 동시에 살상하긴 어렵다. 핵무기가 한 번 발사되면 그야말로 돌이킬 수 없는 재앙이 되고 만다. 그래서 강대국이나 독재자들은 무조건 핵무기를 보유하려고 한다. 앞 장에서 논의했던 핵을 보유하는 것이 그들에겐 지배전략이 된다. 1972년에 미국, 소련, 영국, 프랑스, 중국 등 5개국은 핵 확산 방지를 선언하고 앞으로 어떤 나라도 공식적인 핵보유국으로 인정하지 않을 것이라고 합의했다. 그 5개국은 핵비확산조약(NPT)에 가입하였으며 스스로 공식적인 핵

보유국이 됐다. 이후 핵실험을 통해 핵무기를 보유한 것으로 알려진 나라들은 이스라엘, 인도, 파키스탄 등이 있다. 북한은 여기에 이름을 올리고 싶어 한다. 특정국가의 핵무기는 가공할 위력이 있기 때문에 인접국가에 크나큰 위협이 된다. 실은 전 세계적으로 위협이 된다. 당초 핵 개발에 소극적이었던 모택동은 1964년 중국의 핵실험이 성공하자 핵무기는 써먹지 못하는 물건이고 미국과 소련으로부터 중국이 핵보유국이라는 사실만 인정받으면 된다는 취지로 이야기했다고 한다. 즉, 경쟁 국가들인 미국과 소련이 핵무기를 이용해 중국을 위협하는 사태만 막는 것이 실제 핵무기의 역할이라는 것을 꿰뚫어 보았다. 중국이 핵을 개발하자 초조해진 것은 인도였다. 최근에도 인도와 중국 국경에서 험한 상황이 연출된 바 있다. 결국 인도는 10

년 동안 각고의 준비 끝에 1974년 5월 라자스탄 사막 지하에서 첫 핵실험을 하였다. 그리고 1998년 5월에 2차 핵실험을 했다. 인도의 핵개발에는 과거 소련의 기술적 지원이 있었다고 한다. 당시 중·소 분쟁으로 중국과 사이가 좋지 않았던 소련은 인도를 지원할 이유가 있었다고 보인다. 중국의 핵위협에 대응하기 위한 인도가 핵을 보유하자 이번엔 파키스탄에 비상이 걸렸다. 파키스탄은 인도와 사이가 매우 안 좋은 나라다. 지금도 국경분쟁이 자주 일어난다. 두 나라의 카슈미르 분쟁은 유명하다. 그 와중에 인도가 1974년 최초의 핵실험을 감행하자 줄피카르 부토 총리는 “풀뿌리를 캐먹는 한이 있더라도 핵개발을 강행한다”고 천명했으며 압둘 카디르 칸 등 유럽에서 핵과학자들을 모두 송환한 다음 핵무기 개발에 매달렸다. 미국은 이를 눈치 채고 처음엔 반대했다고 한다. 하지만 소련－아프가니스탄 전쟁이 발발하자 파키스탄의 협조가 필요해졌고 미국은 파키스탄의 핵개발을 신경 쓰기 어려웠을 것이다. 그 후 우여곡절이 있었다. 미국으로부터 경제재재를 받기도 했고 9·11테러로 인해 미국－아프가니스탄 전쟁이 발발하자 파키스탄의 협조를 필요로 하는 미국은 파키스탄의 핵보유를 사실상 묵인했다고 한다. 결국 중국과 인도, 인도와 파키스탄 간에는 ‘공포의 균형’이 성립됐다. 공포의 균형하에선 역설적으로 평화가 실현될 수 있다. 최근에도 중국과 인도 국경에서 분쟁이 나타났는데 양측 군인들은 총격전 대신에 투석전을 벌이거나 몸싸움을 벌였다. 즉, 확전을 막기 위해 자제한 결과였다고 볼 수 있다. 인도와 파키스탄 간 분쟁도 빈도수가 줄어들었다.

스캇 보라스와 류현진

교섭의 귀재들이 있다. 그들의 진가는 선수들 임금 계약할 때 발휘된다. 더 큰 계약을 끌어내기 위해 스포츠 스타들은 교섭력 강한 에이전트(계약 대행사)을 고용하게 된다. 그와 같은 인물이 MLB의 스캇 보라스다. 그는 류현진 선수 계약을 대행하여 한국에 잘 알려져 있다. 다른 슈퍼스타들도 구단들과 대형 계약을 맺기 위해 그의 교섭력이 필요하다. 따라서 선수들과 스캇 보라스는 서로 이해관계가 부합한다. 보라스는 선수 출신이지만 메이저리그 무대는 밟지 못했다. 1970년대 중반 세인트루이스 카디널스와 시카고 컵스 마이너리그에서 4년 정도 활약하다 무릎 부상으로 선수생활을 접었다. 로스쿨 졸업 후 로펌에 입사했다가 1980년 에이전트로 전향하여 인생을 바꾸었다. 결과는 대박이었다. 현재 보라스가 계약을 대행하고 있는 MLB 선수는 약 50여 명 정도 된다. 그는 현재 보라스 코포레이션이라는 에이전트 회사를 운영하고 있는데 한 경제 전문지에 따르면 그는 세계에서 가장 부유한 스포츠 에이전트다. 그의 회사에는 선수 출신 직원부터, 변호사들, 엔지니어들, 경제학자, 심리학자들을 포함하여 100명 가까운 직원들이 일하고 있다고 한다. 선수들이 연봉 협상에 들어가기 전 그는 필요한 자료들을 꼼꼼히 준비하고 각 선수별로 교섭 방향과 전략을 마련한다고 한다. MLB 구단주들은 그의 교섭력이 부담스럽다. 그런 만큼 선수들에게는 그의 교섭력이 요긴하다. 그 선수들의 계약은 이중적이다. 첫째는 선수와 구단과의 계약이다. 그리고 선수와 스캇 보라스와의 계약이다. 선수들은 스캇 보라스에게 인센티브 계약을 제시한다. 즉, 전체 계약금 일부를 주는 방식이다. 그래서 스캇 보라스는 최대한 계약을 맺는 것이 지배전략이다. 그 와중에 재밌는 것은 스캇 보라스가 많은 선수들의 계약을 대행하기 때문에 구단들과 협상이 더 유리해진다는 것이다. 왜냐하면 특정 구단이 스캇 보라스에게 밉보이면 그가 슈퍼스타들을 경쟁 팀으로 가도록 유도할 수 있기 때문이다. 그래서 구단들도 가급적 스캇 보라스를 자극하지 않으려 한다. 그렇게 해야 돈이 좀 들더라도 좋은 선수들을 자기 구단으로 데려와 라이벌 구단을 제압할 수 있기 때문이다. 이처럼 스캇 보라스는 교섭에서 우위를 점하게 되고 그 결과 선수들에게 더 큰 임금 계약을 맺게 도와주고 그럴수록 재능이 뛰어난 선수들은 '대박' 계약을 이끌어내기 위해 더더욱 스캇 보라스를 찾게 된다. MLB 노동시장에서 스캇 보라스의 입지는 더욱 커지게 된다. 보라스에게 2020년 겨울은 그가 에이전트 업무를 시작한 지난 1980년 이후 가장 호황이었다. 그해 겨울 FA 시장에 투입된 계약 총액은 20억 7,900만 달러에 이르는데 이 중 반이 넘는 10억 7,750만 달러를 보라스가 계약을 대행했다. 그 당시 보라스의 주도로 대형 FA 계약이 줄을 이었는데 최대어 게릿 콜이 뉴욕 양키스와 9년 3억 2,400만 달러에 계약했다. 스티븐 스트라스버그는 7년 2억 4,500만 달러에 워싱턴 내셔널스와 재계약했다. LA 다저스에서 재계약을 거부당한 류현진은 4년 8,000만 달러에 토론토 블루

제이스로 이적했다. 모두 보라스의 교섭력 덕분이었다. 수임료율을 5%로 계산해보면 보라스는 당시 FA 시장에서 5,387만 5,000달러라는 계산이 나온다. 적게 잡아도 한화 600억 원 이상의 수입이다. 그는 매년 수백억 원의 수입을 올린다. 보라스는 변호사이다. 그가 로스쿨을 졸업하고 평범한 변호사 생활을 했다면 그처럼 많은 돈을 벌기 어려웠을 것이다. 그는 교섭력을 이해했다. 그 교섭력을 바탕으로 준 재벌이 되었다.

경매이론

앞서 교섭을 얘기할 때 우리는 판매자가 한 명이고 구매자가 한 명인 경우를 살펴보았고 평가액이 높은 구매자가 한 명 더 늘어나면서 총잉여가 증가하는 것을 보았다. 판매자는 한 명이지만 구매자가 여러 명인 경우를 좀 더 고찰해보자. 우리 주위에선 경매나 입찰이 이 같은 경우에 해당한다. 판매자가 한 명이고 구매자들이 많은 상황이면 구매자들은 최소의 비용을 들여 그 재화를 얻기 위해 노력을 하게 된다. 이를 우리는 경매라고 한다. 실제로 수산시장이나 청과물 시장에서는 항상 경매가 펼쳐지는 것을 볼 수 있다. 요즘은 인터넷에서도 경매가 펼쳐진다. 우리는 경매가 다 같은 경매라고 생각하지만 실제 경매는 종류가 다양하다. 가장 일반적으로 오름차식 경매 또는 내림차식 경매가 있다. 예를 들어, 수산 시장이나 미술품 경매들은 가격이 점점 올라간다. 이게 오름차식 경매인데 영국식 경매라고 볼 수 있다. 이에 반해 가격이 점차로 내려가는 경매도 있다. 주로 꽃 시장 등에서 많이 이용된다. 이는 내림차식 경매로서 네덜란

드식 경매라고 볼 수 있다. 이 두 가지 경매들은 상대가 부르는 값을 알기 때문에 공개 경매라고 한다.

구매자가 부르는 가격을 모르는 경우도 있다. 밀봉입찰이다. 즉, 구매자가 얼마를 지불할 의사가 있는지를 알 수 없게 한다. 골동품 또는 고서경매에서는 입찰자들이 종이에 입찰가를 적은 뒤 밀봉해서 제출하면 그중 최고가를 적어낸 입찰자가 자신이 제시한 그 가격에 물건을 가져가도록 한다. 이러한 방법을 밀봉입찰이라고 한다. 밀봉입찰에는 최고가를 제시한 입찰자가 물건을 가져가고 두 번째로 높은 입찰가를 가격으로 정하는 경우도 있다. 이를 제2가격 입찰제라고 한다. 부동산 거래 교섭을 다른 각도에서 생각해보자. 이번엔 땅이 경매에 붙여졌다고 가정하자. 갑돌과 을순이 서로 그 땅을 사겠다고 나섰다. 토지 경매는 실제 많이 일어난다. 예를 들어, 은행에서 대출을 받은 채무자가 채무를 상환하지 못하면 은행은 담보로 잡혀 있던 부동산을 경매를 통해 처분한다. 갑돌은 평가액이 2억 원이고 을순은 평가액이 2억 1,000만 원이라고 하자. 땅 주인은 1억 8,000만 원 이상이면 땅을 넘길 의사가 있다. 경매이므로 땅 주인은 매수자를 찾기 위해 100만 원씩 올린다고 하자. 그렇다면 갑돌과 을순은 상대방이 포기하기를 기다리고 있을 것이다. 가격이 점점 높아지면서 가격은 2억 원에 육박할 것이다. 그러다 2억 원을 넘는 순간 갑돌은 경쟁을 포기한다. 그렇게 되면, 을순은 평가액이 2억 1,000만 원이었지만 실제 2억 백만 원에 낙찰받는다. 이렇게 낙찰액이 결정되는 것을 역진귀납법을 통해 풀 수 있다. 가격이 2억 백만 원이 된 시점에 갑돌에겐 경매를 포기하는 것이 최선이다. 모든 경매자들에게 최선의 전략은 가격이 자신의 평가액을 넘어가면 경쟁을 포기하고,

자신의 평가액 이하면 경쟁을 계속하는 것이다. 경매 게임에서는 최선의 전략은 가장 솔직해지는 것이다. 즉, 상대방의 평가액을 예측할 필요가 없고, 정직하게 자신의 평가액까지 기다리면서 경쟁을 계속하다가 그 평가액이 넘어서면 경쟁을 포기하면 된다. 이와 같은 분석을 통해 우리는 두 가지를 알 수 있다. 하나는 입찰자들이 전략적으로 행동한다 하더라도 경매에서는 평가액이 가장 높은 사람에게 재화가 양도될 수밖에 없다는 것이다. 그리고 그럴 경우 총잉여가 최대화된다. 다른 하나는 낙찰가는 두 번째로 높은 평가액이 된다는 것이다. 아무리 을순의 평가액이 높다 하더라도 갑돌의 평가액이 2억 원으로 정해져 있기 때문에, 2억 원에서 1원이라도 갑돌은 경쟁을 포기할 것이기 때문이다. 따라서 을순에게 땅이 양도되고 그 낙찰가격은 역시 2억 백만 원이 된다.

밀봉입찰과 공개입찰

단순화해보면 밀봉 입찰은 동시적 게임이고 공개 입찰은 순차적 게임이다. 따라서 입찰 방식에 따라 게임의 결과가 달라질 수 있다. 밀봉 입찰을 생각해보자. 입찰 최저가는 1억 8,000만 원이라고 가정하자. 갑돌과 을순은 1억 8,000만 원부터 100만 원 단위로 입찰 금액을 선택할 수 있다고 하자. 갑돌의 입찰 전략을 생각해보자. 그의 평가액은 2억 원이다. 갑돌이 2억 원 이하의 금액을 제시하면 상대의 제시액에 따라 결과가 달라지겠지만 단순화해볼 수 있다. 낙찰에 성공하든지 아니면 실패하든지 두 가지다. 낙찰에 성공하면 보수는 플러스다. 구체적인 보수는 상대의 제시액에 달려 있다. 낙찰에 실패하면 보수는 0이다. 두 가지의 경우가 있다. 갑돌이 2억 원 초과 금액을 제시하면 역시 그 결과를 단순화해볼 수 있다. 낙찰에 성공하면 그의 보수는 마이너스가 되고 낙찰에 실패하면 보수는 0이 된다. 즉, 그에겐 '2억 원 초과 금액 입찰'은 '2억 원 이하 금액 입찰'에 비해 좋을 것이 없다. 결과가 좋다고 해봐야 보수가 0이고 아니면 보수가 마이너스가 될 것이기 때문이다. 즉, 상대방 을순의 입찰 금액과 상관없이 갑돌은 2억 원 이하 금액을 입찰하는 것이 지배전략이 된다. 2억 원 이하의 금액들 중에서 최고가를 입찰하는 것이 최선의 전략이 된다. 같은 논리로 을순 역시 갑돌의 입찰 금액을 예측할 필요없이 2억 1,000만 원 이하로 금액을 제시하는 것이 지배전략이다. 그중에 최고가를 입찰하는 것이 최선의 전략이다. 앞서 우리는 경기자에게 지배전략이 존재하면 그 경기자는 반드시 그 지배전략을 이용해야 한다고 배웠다. 갑돌과 을순이 동시에 지배전략을 택하는 것이 내쉬균형이다. 그리고 그 균형에서 을순에게 2억 1,000만 원이라는 가격에 땅이 넘어간다. 공개입찰과는 다르게 밀봉입찰은 동시적 게임이기 때문에 고평가자인 을순이 저평가자인 갑돌의 행동을 관찰할 수 없다. 따라서 자신의 평가액을 솔직하게 쓰고 땅을 넘겨받기 때문에 가격은 2억 1,000만 원에 정해진다. 만약 이 밀봉입찰이 공개입찰이었다면 땅이 을순에게 2억 백만 원 가격에 넘어갔을 것이다. 밀봉입찰과 공개입찰은 결과가 다르다. 즉, 양도자는 같지만 양도가가 달라진다. 판매자 입장에선 밀봉입찰이 유리하다고 말할 수 있다. 반면 고평가액 입찰자 입장에서 보면 공개입찰이 유리하다. 공개입찰을 하려면 시간적 공간적 제약이 따른다. 모여서 진행하여야 되기 때문이다. 밀봉입찰을 하더라도 결과를 공개입찰의 결과와 똑같이 할 수 있다. 우리는 밀봉입찰을 할 때 최고입찰가를 제시한 입찰자에게 물건을 양도하고 가격은 두 번째로 높은 입찰가로 하는 방법도 살펴보았다. 제2가격입찰제라고 부르기도 한다. 이때의 결과는 공개입찰과 같다. 따라서 시간적 공간적 제약이 있을 때에는 차가밀봉입찰을 하게 되면 굳이 모여서 공개입찰을 하지 않고도 같은 결과를 유도할 수 있다. 지금까지 살펴본 경매들은 모두 평가액이 가장 높은 입찰자에게 재화가 양도되는 것을 보장했고 총잉여가 최대화되었다. 판매자 입장에서 보면 경매를 통해 가장 비싸게 팔 수 있다는 장점도 있지만 경제학적인 의미를 갖는다. 총잉여가 최대화가 되기 때문이다. 흥미로운 것은 경매를 통해 가격이 두 번째로 높은 평가액으로 정해진다는 것이다. 경매는 시장에서 자원배분을 효율화한다. 가장 필요한 이에게 제 값을 받고 그 재화가 돌아가게 하기 때문이다. 이 과정에서 가장 중요한 전제는 모든 입찰자들이 독립적으로 행동해야 하는 것이다. 즉, 담합이 없어야 한다. 하지만 한국에서 담합 입찰은 알게 모르게 자주 일어난다. 한국에선 '나눠 먹기' 공공 입찰이 자주 발생한다.

승자의 저주

승자의 저주라는 개념은 1971년 미국의 종합석유회사인 애틀랜틱 리치필드사의 엔지니어인 카펜, 클랩, 캠벨이란 3명의 엔지니어에 의해 처음으로 소개되었다고 한다. 즉, 1950년 멕시코만의 석유시추권 공개 입찰 사례에서 입찰자가 몰리면서 입찰가가 천정부지로 올라갔고 가장 높은 가격을 써낸 기업이 시추권을 따냈다. 하지만 석유 매장량의 가치 생각보다 적어 입찰액에 반에 불과했기에 결과적으로 시추권을 따낸 기업은 막대한 손해를 봤다. 저자들은 이런 상황을 '승자의 저주'라고 명명했고 이 용어는 흔히 M&A 입찰에는 성공했지만 실패한 M&A 때문에 기업에 막대한 손실을 끼칠 때 쓰이고 있다. 2020년 대한민국 경제계의 핫이슈 중 하나는 바로 항공운송업계의 인수합병(M&A) 문제였다. 이스타항공이 시장에 매물로 나오게 되었고 최종인수자로 제주항공이 선정된 바 있다. 그러나 코로나사태가 장기화 되면서 제주항공이 재정적 부담을 느끼면서 이스타항공 인수가 불발되고 말았다. 자칫 부실 항공사를 인수했다가는 승자의 저주에 빠질 우려가 제기되었기 때문이다. 인수 과정에서 불거진 체불임금 문제와 자회사 지급보증 문제들도 인수에 부정적인 영향을 미쳤던 것으로 보인다. 불경기에 이루어지는 인수합병은 매우 위험하다. 지금은 코로나 팬데믹으로 유례없는 불경기를 맞고 있다. 제주항공으로 보면 이스타 항공 인수가 시장점유율을 높일 수 있었던 호기였을 수도 있다. 오죽하면 투자의 귀재인 워런 버핏 회장도 승자의 저주를 피하기 위해서는 입찰에 절대 참여하지 말고 입찰을 피할 수 없는 상황이라면 최고평가액을 정하고 거기서 20%를 빼며, 그 이후 단 1%도 더하지 말라고 하였던가. 보수적인 입찰가 설정은 인수 후 통합과정에서 발생할 수 있는 비용을 포함시켜야 하기 때문이다. 그렇다면 '승자의 저주'는 왜 발생하는 것일까? 정보비대칭 때문이다. 우선 인수할 기업의 가치를 제한적인 정보만으로 판단하는 과정에서 생기는 '비합리성'이 근본적인 원인이다. 기업의 적정한 가치를 쉽게 판단하고 누구나 알 수 있다면 '승자의 저주'는 쉽게 일어나기 어려울 것이다. 현실에서는 기업의 가치를 매기는 일이 생각처럼 쉽지 않다. 매출액이나 영업이익 등 겉으로 드러나는 가치뿐만 아니라 보유하고 있는 기술이나 인재, 사업의 장래성, 그리고 인수 후 발생하는 시너지 효과도 기업의 가치를 평가하는 데 중요한 요소지만 이들을 평가하는 잣대에는 주관이 개입될 수밖에 없다. 한국에서도 한때 경매가 화제가 된 적이 있다. 즉, 한국전력이 지방으로 이전하면서 서울 삼성동 부지가 경매에 붙여졌었다. 매입자로 현대차 그룹이 발표되었는데 그 입찰가격이 감정가의 3배가량인 10조 5,500억 원이었다고 한다. 그때도 언론에 '승자의 저주'라는 표현들이 나왔었다. 자동차 회사가 부동산 개발에 10조 원 이상을 투자하겠다는 계획을 놓고 다양한 의견이 나왔던 것으로 기억한다. 현재 현대차는 한전 부지에 초고층 글로벌비즈니스센터(GBC)를 짓고 자동차테마파크와 컨벤션센터 등을 조성해 연 10만 명이 방문하는 랜드마크로 조성하겠다는 복안을 갖고 있다고 전한다. 이 과정에서 토지 매입가 외 5조~10조 원가량의 개발비용이 소요될 것으로 관측된다. 삼성동 부지를 개발하는 데 총 20조 원가량 소요될 수 있다는 계산이다. 실제 20조 원 되는 거대자금을 기술개발에 투자했더라면 경쟁력 강화에 더 큰 도움이 됐을지도 모른다. 자동차 회사가 부동산 개발에 그처럼 큰돈을 쓴다는 것은 매우 이례적이다. 같이 입찰에 참여했던 삼성 측은 입찰가격을 밝히지 않았지만 유효입찰 가격보다 50% 정도 많은 선에서 써내지 않았겠냐는 관측이 있는 정도이다. 현대차 입장에서 만약 삼성이 그 정도 입찰액을 제시할 것을 알았다면 10조 5,500억 원이란 거액을 써내지 않았을 것이다. 일각에서는 이번 경매가 한국전력의 부채비율 감축으로 이어질 것이라는 전망도 있다. 매각 대금이 들어가면 한전의 부채비율이 크게 낮아지기 때문이다. 엉뚱하게도 현대차가 만성 적자로 허덕이던 한전을 구제해줬다는 평가도 있다. 현대차가 제시한 입찰가격이 높았다는 것은 현대차가 삼성동 부지를 얼만큼 간절히 원하는지를 보여주었다고 평가할 수 있다. 경매는 이처럼 누가 진정 얼만큼 원하는지를 알아내기 위해 유용한 방법이다.

2020년도에 경매이론의 대가들 밀그럼과 윌슨 교수가 노벨상을 수상했다. 두 사람은 경매 참여자들의 유인 동기 등을 감안해 기존 경매방식을 대폭 개선해 경매 문제에 대해 해결책을 제시했다는 평가를 받는다. 경제학에서 재화는 한정적이다. 그래서 효율적 배분이 필요하다. 두 석학의 경매이론은 현재 세계 경제가 직면한 자원배분과 환경오염 문제 등에 적절한 해법을 제시할 것이라는 기대를 받는다. 학계에 따르면 밀그럼–윌슨 교수의 경매이론은 각종 유인 동기와 정보비대칭을 적절히 조율해 사회후생을 높일 수 있도록 했다는 평가를 받는다. 이들은 아담 스미스가 역설한 '보이지 않는 손'에 의한 가격결정론에 의문을 품고 게임이론을 응용해 경매이론을 만들어냈다. 이들의 경매이론은 경매시장에서 사람들이 어떻게 행동하는지 그리고 특성이 무엇인지를 다룬다. 특히 상황과 목적에 맞게 경매설계를 집중 연구했다. 스웨덴 왕립과학원도 이들의 학술적 공로를 인정해 상을 부여했다. 경매이론은 1996년에 노벨 경제학상을 수상한 바 있다. 비크리와 멀리스이다. 학계에서는 밀그럼-윌슨의 경매이론이 개량된 결과물로 인정하고 있다. 밀그럼 교수는 경매 참여자들 개인적 성향이 입찰 때 반영된다는 점을 설명해냈다. 윌슨은 '승자의 저주' 가능성을 놓고 해결책을 제시했다는 평가를 받는다. 그들 이론은 입찰가를 높이고 물론 경매 참가자들의 경제적 효용을 증가시킬 수 있도록 경매설계를 돕는다. 실제 밀그럼과 윌슨은 AT&T 자회사인 퍼시픽벨을 위해 주파수 경매 모델을 설계했다고 전해진다. 지구온난화 문제를 해결하기 위한 '탄소배출권거래제도' 역시 이들의 경매이론에 바탕을 두고 있다.

CHAPTER 10

반복게임

게임은 반복된다. 자영업자들을 생각해보자. 그들은 자기 가게에 자주 오는 손님들을 단골이라고도 한다. 그런 그들에게 뭔가를 사게 하고 값을 치르게 하는 것은 일종의 게임이라고 볼 수 있다. 물건을 파는 입장에선 고객들에게서 이윤을 남겨야 하기 때문에 게임 이론 시각에선 최대한 값을 비싸게 받는 것이 최선의 전략일 수 있다. 과연 그럴까? 장사를 한 번만 할 것이라면 그럴 것이다. 즉, 그 사람이 당신 가게에 다시는 안 와도 좋다는 생각이 들면 그렇게 해도 되는 것이 아니라 그렇게 하는 것이 가장 유리한 방법이 된다. 중요한 포인트가 있다. 당신은 장사를 하루만 하고 말 것인가? 그렇지 않다면 당신은 신중해야 한다. 자칫 단골을 잃을 수 있기 때문이다. 그리고 그 단골을 하나 잃는 데 그치지 않고 그가 주위 사람들에게 당신 가게에 대한 험담을 하고 다닐 수도 있다. 굳이 게임 이론을 배우지 않아도 사람들은 직관적으로 안다. 고객들에게 잘해야 단골 고객들이 많아지고 단골 고객들이 많아져야 사업도 번창한다는 것을 말이다. 쉽게 얘기하면 이와 같은 상황이 우리가 반복게임을 공부하는 이유다. 이론적으로 설명하면 당신은 고객과 게임을 한 번만 하는 것이 아니고 미래에도 같은 게임을 계속해서 반복해야만 한다. 물론 당신이 생각할 때 그 고객과 더 이상 거래가 없을 것을 안다면 그에게 비싸게 팔아도 좋다. 야박하지만 사실이다. 관광지에 가면 관광객들에게 바가지를 씌우는 일들이 많은데 그래서 그렇다. 그 상인들이 볼 때 그날 그 관광객들을 다시 볼 일이 많지 않다. 그래서 그들이 물건을 사겠다고 나서면 상황 봐서 최대한 비싸게 팔려고 한다. 그래도 국내 관광지에선 바가지를 정도껏 씌운다. 해외 관광지에 가면 바가지 씌우기가 막장이다. 그 상인들을 당신과의 거래를 반복게임으로 생각하지 않고 일회적 게임으로 생각하기 때문이다. 다른 경우도 있다. TV에 보면 도예가들이 나와 작업하는 현장이 가끔 나온다. 도예가는 이제 막 가마에서 나온 자신의 작품을 하나하나 뜯어보다 성에 차지 않으면 시청자들 보란 듯이 가차 없이 깨버린다. 그럴 때마다 비전문가들은 마음이 아쉽다. 육안으로 봐서 어디가 어떻게 문제가 있는지를 알지 못하고 그냥 근사한 도예품이란 생각이 들기 때문이다. 깨서 버리지 말고 사람들에게 무상으로 나누어주면 어떨까? 그럴 생각이 들 법하다. 그들의 장인정신을 추켜세우는 사람들도 많다. 힘들게 만들어낸 도예품을 저렇게 가차 없이 깨버릴 정도이니 그 장인정신을 알아줄 만도 하다. 장인정신도 대단하지만 게임이론의 시각으로 보면 그와 같은 도예가의 행동은 충분히 전략적이다. 왜 그럴까? 그렇게 깨버리지 않고 저렴하게 판다거나 무상으로 사람들에게 배포했다고 해보자. 그럼 누가 비싼 금액으로 그의 도예품을 사줄 것인가? 실은 TV에서 보란 듯이 어중간한 도예품들을 가차 없이 깨버리는 것은 도예품을 고가에 팔기 위해서다. 아주 비싼 거 하나를 팔면 저렴한 거 많이 팔 필요 없다. 오히려 번거롭다. 도예가들은 그와 같은 행위들은 고소득자들을 겨냥하는 것이다. 즉, 그들은 고객들과의 거래가 반복게임임을 알고 전략적으로 행동하고 있는 것이라고 평가할 수 있다. 자기 성에 차지 않는 작품을 가차 없이 부수는 행동은 그만큼 소수의 고객들에게 자신의 작품들이 모두 고품질임을 보증한다는 것이다. 고객들은 도예가의 그와 같은 과감하고 그리고 엄격한 행동을 보고 그의 작품을 신뢰하게 된다. 그 신뢰가 있을 때 고액을 지불하고 그의 작품을 구매할 유인이 생기는 것이다. 평판 자체가 엄청난 자산이 된다.

그럼 반복게임이란 뭘까? 쉽게 설명해 동일한 게임을 반복해서 실행하는 것이다. 반복게임은 장기간에 걸친 경기자들 간의 상호작용을 분석하는 데 유용하다. 예를 들어, 죄수의 딜레마에서 용의자들이 행동도 달라질 수 있다. 미래에도 같은 심문이 반복될 것을 안다면 두 용의자들은 자연스레 협력 관계가 구축될 수도 있다. 그 외의 사회적 딜레마 문제들도 벌칙이나 벌금을 부과하는 계약을 통해 해결할 수 있다. 하지만 한국에선 그와 같은 사회적 딜레마들이 시정되지 않고 있다. 그 이유는 한국인들이 그만큼 반복게임에 대한 이해가 부족해서라고 말할 수 있다. 반복게임에선 미래 보수를 생각해보는 것이 중요하다. 즉, 한 번 왔다 가는 관광객들은 다시 올 일이 많지 않지만 단골들은 미래에 다시 오기 때문에 중요하다. 그래서 오늘 처음 온 그 손님을 더 친절하게 그리고 더 진실하게 대할 필요가 있는 것이다. 그는 이곳저곳을 비교해볼 것이다. 그 손님을 상대로 오늘 당장 얻을 수 이득 조금을 포기한다 하더라도 그 손님이 진실성을 느껴 다시 찾아오면 당신은 미래에 얻는 것이 많아진다. 게임이 반복될수록 당신의 보수가 증가하기 때문이다. 그렇다면 반복게임을 통해 당신이 얻는 총이득을 측정하기 위해 할인율이라는 개념을 알 필요가 있다. 즉, 반복게임은 계속해서 직면하게 되는 경기자들 간의 장기적인 관계를 분석한다.

정리 게임이 계속 반복되면 전략 선택이 달라질 수 있다.

유한반복게임

죄수의 딜레마를 3회 반복한다고 해보자. 역진귀납법을 통해 그 반복게임을 풀어보자. 2회 반복이 되었다고 가정하고 3회째 반복되는 게임에 대해 생각해보자. 이러한 3회 반복게임을 통해 얻는 보수는 간단하다. 제1회 게임에서 얻는 보수, 제2회 게임에서 얻는 보수, 그리고 제3회 게임에서 얻는 보수를 모두 합하면 된다. 할인율 개념을 놓고 보면 제1회에서 제2회로 넘어갈 때 그리고 제2회에서 제3회로 넘어갈 때 보수는 할인된다. 제3회 게임에서 각 경기자들은 어떻게 전략 선택을 할까 생각해보자. 이 역시 간단하다. 각 경기자는 제2회까지의 선택에 상관없이 제3회 게임에서 보수가 가장 커지도록 행동하는 것이다. 따라서 제3회 게임은 일회적 딜레마 게임과 다를 것이 없다. 즉, 제2회까지 어떠한 선택을 했느냐에 상관없이 서로

'자백'을 선택한다. 이 결과를 바탕으로 제2회 게임을 생각해보자. 제3회를 예측해봐야 제3회 게임의 결과는 제2회의 선택과 상관없다. 그렇다면 제2회 게임에서도 각 경기자가 선택할 수 있는 최선의 전략은 그 게임에서 자신에게 가장 큰 보수를 가져다 줄 수 있는 전략을 선택하는 것이다. 따라서 제2회 게임에서도 제1회 게임에서의 선택과 상관없이 모두 '자백'을 선택한다. 같은 이유로 제1회 게임에서도 모두 '자백'을 선택한다. 즉, 모든 경기자는 제1회 게임, 제2회 게임, 그리고 제3회 게임에서 모두 '자백'을 선택하는 것이 이 반복게임의 유일한 균형이다. 이론적으로 유한반복게임으로는 죄수의 딜레마 문제를 해결할 수 없다. 왜냐하면 유한반복게임에서는 게임을 여러 번 반복해도 역진귀납법으로 풀어보면 모든 회 게임에서 모든 경기자들이 '자백'을 선택하기 때문이다. 즉, 게임이 '유한하게' 반복되는 한 반복의 횟수와 무관하게 경기자들은 일회적 게임과 마찬가지로 행동한다. 따라서 죄수의 딜레마 문제는 해결이 되지 않는다.

정리 죄수의 딜레마 게임에 '유한하게' 반복되면 (자백,자백)이라는 전략조합이 반복된다.

무한반복게임: 길게 봐라!

유한반복게임 상황에서 역진귀납법으로 예측을 계속하는 한 죄수의 딜레마는 해결되지 않는다고 했다. 그러나 반복 횟수가 엄청나게 길면 우리는 그 끝에서부터 예측하며 되짚어 올 엄두를 못 낼 것이다. 이와 같은 '긴 시간'을 표현하기 위해 게임이론에서는 '무한' 이라는 표현을 쓴다. 실제 어떤 게임이 '무한'이 반복된다고 상상하기 어렵다. 여기에서 말한 '무한'이란 현실적으로 역진귀납법을 사용하기 어려울 정도로 게임이 많이 반복된다고 여겨도 좋을 듯하다. 그러한 게임을 우리는 무한반복게임이라고 하는데 그 경우 보수를 알아보자. 죄수의 딜레마 게임에선 보수가 형량으로 표현되기 때문에 용의자들은 보수행렬에서 작은 숫자를 선호한다. 따라서 개념이 애매할 수 있으니 다음과 같은 국가 간 협력 게임을 생각해보자.

		B	
		협력	비협력
A	협력	3,3	-10,6
	비협력	6,-10	-5,-5

두 국가가 계속 협력할 경우 3만큼의 보수를 무한히 얻을 수 있다. 간단하게 할인율을 D라고 해보자. 보수는 시간이 지나갈수록 할인율이 적용되기 때문에 제2회 게임, 제3회 게임 … 의 보수는 현재가치로 환산하면 $3D$, $3D^2$ … 가 된다. 따라서 그 무한 급수의 합은 $3+3D+3D^2+\cdots=\frac{3}{(1-D)}$가 된다. 예를 들어 상대가 제1회 게임에서는 협력하지만 자신은 협력하지 않고, 상대도 제2회 게임부터는 협력을 거부해 모두가 협력을 하지 않는다고 해보자. 이때는 보수가 어떻게 될까? 이때 자신의 보수는 제1회 게임에서는 6이고, 제2회 게임부터는 계속 -5가 된다. 매회 게임들의 보수를 현재가치로 환산해 합계를 내면 $6-5D-5D^2+\cdots=\left(\frac{6-5D}{1-D}\right)$가 된다. 이제

할인율 D에 대해 구체적인 값을 대입해보자. 할인율이 $D=0.9$일 때 전자는 30이고, 후자는 -39이지만, $D=0.2$일 때 전자는 3.75이고, 후자는 4.75가 된다. 앞서서 논의했지만 할인율이 높다는 것은 미래에 얻어질 보수들에 대해 가치를 높게 부여한다는 뜻이다. 따라서 제1회 게임에서 비협력(상대방에 대한 배신)을 통해 상대방보다 많은 보수를 얻는다 해도 그 이후로 상대방의 불신감을 사기 때문에 협력을 얻어낼 수 없다. 따라서 그 이후로는 계속 서로 '비협력'을 선택하게 되므로 반복게임 전체의 보수는 계속 협력 상태를 유지하는 것 보다 줄어들게 된다. 반면 할인율이 낮다는 것은 미래에 얻어질 보수들에 대해 큰 가치를 부여하지 않는다는 뜻이다. 즉, 제1회 게임에서 비협력(상대방에 대한 배신)을 통해 큰 보수를 얻게 되면 제2회 게임부터 서로 비협력 상태가 지속되면서 낮은 보수를 얻는다 하더라도 제1회 게임 때 단 한번 배신을 통해 반복게임 전체의 보수는 커지게 된다. 이처럼 반복게임에서는 할인율이 중요한 의미를 지닌다.

사람들마다 할인율을 다를 수 있다. 일반적으로 거짓말쟁이와 범죄자는 미래 가치를 크게 여기지 않는다. 즉, 그들에게 적용되는 할인율은 매우 낮다고 봐야 할 것이다. 따라서 그들은 현재 분기에 어떻게 해서라도, 심지어 거짓말을 해서라도 무조건 이득을 높게 가져가려 한다. 설령 그들의 거짓말이 탄로나 다른 이들로부터 신뢰를 잃는다 하더라도 그들에게 미래의 이득은 그다지 중요하지 않다. 반대로 성실한 이는 미래 가치를 크게 여긴다. 즉, 그들에겐 할인율이 크다. 따라서 거짓말을 통해 현재 분기에 이득이 커진다 하더라도 거짓말을 하려 하지 않는다. 왜냐하면 한 번의 거짓말로 인해 신뢰성이 상실되면 미래에 얻어질 이득이 줄어들기 때문이다.

정리 죄수의 딜레마 게임을 '무한하게' 반복하면
매번 (침묵,침묵)이라는 전략조합이 반복될 수 있다.

방아쇠전략

무한반복게임에서는 매회 게임에 임하기 전까지 상대와 자신의 행동에 따라 어떠한 행동을 할 수 있는지를 정할 수 있다. 따라서 무수히 많은 전략이 존재한다. 예를 들어 '제1회 게임에서는 협력하고, 그 후에는 상대가 계속 협력할 경우에는 자신도 협력하지만, 한 번이라도 상대가 비협력적인 행동을 하면, 그 후에는 어떠한 경우에도 협력하지 않는다'라고 마음먹은 사람을 생각해보자. 이는 전략적으로 의미가 있다. 상대가 먼저 한 번이라도 '비협력'이라는 방아쇠를 당기면, 그 뒤엔 자신도 무조건 협력을 거부하고 같이 '비협력'이라는 방아쇠를 당기기 때문에 방아쇠전략이라고 한다. 그럼 처음부터 '비협력'으로 일관하는 비협력 전략과 방아쇠 전략 중 어느 쪽이 더 유리한지 비교해보자. 앞의 보수행렬을 이용해서 각 전략에 대해 최종보수를 구하게 되면 그 최종보수는 할인율에 달려있음을 알 수 있다. 할인율이 0.27 이상이면 양쪽 모두 방아쇠 전략을 유지하는 것이 내쉬균형이 된다. 상대가 방아쇠 전략을 선택했을 때 이쪽이 비협력을 선택하면 한 번은 큰 이득을 얻을 수 있지만, 그 후에는 영원히 비협력적 태도에 직면하게 된다.

할인율이 매우 낮고, 제1회 게임에서 보수가 그 후로 이어지는 보수의 합계 가치보다 높지 않다면, 이쪽도 방아쇠 전략으로 '계속

협조하는 것'이 좋은 전략이다. 이와 같이 두 국가의 딜레마도 무한 반복 게임에서는 방아쇠 전략으로 양국이 계속 협력한다는 결과를 얻을 수 있다. 합리적인 결과를 가로막는 예측 두 죄수 A와 B가 심문을 받는 상황을 생각해보자. 두 죄수가 자백하지 않자 경찰이 다음과 같은 조건을 제시한다. "둘 중 한 명이 자백하면 그 사람은 무죄, 자백하지 않은 사람은 징역 25년으로 처리하겠다. 하지만 두 사람 모두 자백하면 각자 징역 5년, 모두 자백하지 않으면 각자 징역 1년을 선고하겠다." A와 B는 어떤 선택을 할까? 먼저 A의 처지에서 생각해보자. B가 자백을 했을 때, A가 자백을 하면 징역 5년을 선고 받고, A가 자백하지 않으면 징역 25년을 선고 받는다. 따라서 B가 자백을 하면 A는 자백하는 것이 최선이다. 그런데 B가 자백하지 않더라도, A가 자백을 하면 무죄가 되며 자백하지 않으면 징역 1년을 선고 받으므로 자백하는 것이 A에게 유리하다. 즉, B가 어떤 선택을 하든 A는 자백하는 것이 유리하다. B도 마찬가지이므로 두 죄수는 자백을 하며, 이때가 내쉬균형이다. 그런데 이는 두 죄수가 자백하지 않을 때보다 보수가 낮아 합리적이지 않다.이처럼 죄수의 딜레마에서 개개인의 합리적인 참여자들이 높은 보수를 얻기 위해 만든 전략은 합리적이지 않다. 참여자는 우선 상대방이 특정 선택을 했다고 가정하고 그 뒤의 모든 결과를 예측하기 때문이다. 그러면 죄수의 딜레마에서는 상대방이 어떤 선택을 하든 '전체가 손해 볼 위험을 감수하고 자백을 한다'가 개인이 할 수 있는 최선의 선택이 된다. 그리고 모든 참여자들은 항상 이 전략을 선택하므로 비합리적인 결과밖에 얻을 수 없다. 수학적인 원리에 따라 실마리를 찾아 사람의 전략적 행동을 합리적으로 예측하는 게임이론과 자연 현상을 탐구하는 자연과학은 문제에 접근하는 방식이 다르다. 하지만 두 학문에서 요구하는 사고방식이 다르다면, 서로의 난제를 다른 관점에서 해결할 수 있지 않을까? 게임이론의 유명한 예시인 '죄수의 딜레마'도 수학으로 해결할 수 있다. 학자들은 죄수의 딜레마를 해결하기 위해 무한 반복 게임을 고안했다. 무한 반복 게임에서는 시간에 따라 돈의 가치가 떨어지며 게임이 무한히 반복된다. 이때 돈의 가치가 떨어지는 비율이 일정하면 각 전략의 보수는 무한등비급수의 합으로 나타낼 수 있다. 죄수의 딜레마를 무한 반복 게임으로 가정하면, 상대방의 선택에 따라 어떤 선택을 해야 최선의 이익을 얻을지 일일이 예측하는 것은 불가능하다. 따라서 무한 반복 게임에서는 모든 선택의 순간에 보수를 일일히 비교하는 것이 아니라, 상대가 어떤 전략을 택하느냐에 따라 자신의 전략이 제공하는 보수의 합을 비교한다. '다른 참여자들이 합리적인 결과를 낼 수 있도록 협력하면 자신도 협력하고, 한 명이라도 협력하지 않는 행동을 보이면 그 후에는 절대 협력하지 않는다'라는 전략을 세워보자. 이 전략을 선택하면 개인은 가장 최선의 결과를 얻을 수 있다. 따라서 참여자는 이 전략을 채택해 모두가 항상 협조적으로 행동한다. 이 전략을 방아쇠 전략이라고 부른다. 자연과학에서 쓰이는 무한의 개념을 도입해 방아쇠 전략을 활용하면 죄수의 딜레마에서도 합리적인 결과를 도출할 수 있다. 하지만 무한반

복 게임은 현실에 존재하지 않는 것으로, 실제 결과와 차이가 약간 있을 수 있다. 액설로드는 '죄수의 딜레마 시합'을 통해 이를 증명했다. 그는 시율레이션을 통해 죄수의 딜레마를 200번 반복하게 해보았다. 그 결과 가장 높은 점수를 얻은 것은 '앞에서 상대가 협력했다면 협력하고, 그렇지 않으면 협력하지 않는다'라는 보복 전략을 구사하는 것이었다. 액설로드의 실험은 사람이 모든 경우의 수를 예측하는 것은 불가능하며, 항상 이론에 맞는 전략을 구사하지 않는다는 것을 보였다.

정리 비협조적인 무한반복게임이지만 방아쇠 전략을 통해 경기자들 간에 협력관계가 구축될 수 있다. 조폭들이 각자 구역을 인정하고 구역을 넘지 않는 것은 그들이 서로 협조적이어서가 아니라 상호 간 방아쇠 전략을 통해 협력관계가 구축된 결과이다.

협력과 포크정리

이와 같이 두 국가의 딜레마에서는 할인율이 높으면 방아쇠 전략으로 협력을 달성할 수 있다는 사실을 알았다. 즉, 경기자들이 장기적인 안목을 갖추고 있으면 누가 강요하지 않아도 협력이 달성될 수 있다. 예를 들어, 길거리에서 한 번 보고 지나치는 관계에선 상대에게 큰 호의를 베풀기 어렵다. 하지만 같은 학교 학과에 입학해서 서로 인사를 나누고 앞으로 수업을 같이 들을 사이라는 것을 알면, 강요가 없어도 진심이 우러나서 서로 도움을 주기도 한다. 왜냐하면 자기가 호의를 베풀면 상대도 나중에 자신에게 호의를 베풀 수 있기 때문이다. 즉, 미래를 내다보고 서로에게 협력하는 것이 최선임을 아는 것이다. 할인율이 높다는 것은 미래 가치를 크게 여기는 것이다. 할인율이 작다는 것은 미개 가치를 작게 여기는 것이다. 미래를 생각하지 않고 현재의 보수만을 보는 근시안적인 경기자는 할인율이 매우 낮을 것이다. 그러한 경기자를 상대로 협력을 끌어내는 것은 어렵다. 만약 동료 중에 매우 근시안적인 사람이 있다면 협력을 포기하라. 그는 결코 좋은 친구가 될 수 없다. 미래에 대한 안목은 두 국가의 딜레마도 해결할 수 있게 한다. 앞서는 계약에 대해 살펴봤는데, 즉 사전에 서로 협력한다는 협정을 맺고 어느 일방이 그 협정을 파기했을 때 제3자가 벌칙을 가하는 것이다. 그렇게 되면 협력 달성이 가능하다. 여기에서 협정은 계약과 같다고 볼 수 있다. 어떠한 계약이든지 한 당사자가 파기하면 벌칙이 뒤따른다. 이에 반해 장기간 동안 게임이 계속되는 무한반복 게임에서는 벌칙을 가하는 제3자가 없어도 한 당사자가 '비협력'을 선택하면 영원히 협력하지 않겠다는 '벌칙'이 존재하기에 강요가 없어도 협력이 달성될 수 있다. 배신에 대한 벌칙을 통해 협력이 달성된다는 점에서 이 두 경우는 비슷한 의미를 담고 있다. 이 방식을 사용하면 '5회 중 4회는 양국이 협력하고, 나머지 1회는 가국이 비협력, 나국이 협력(가국이 약간 이익을 얻는다)'과 같은 복잡한 전략을 정하고, 그것을 깨면 방아쇠를 당기는 전략도 균형이 된다. 이렇게 무한 반복 게임에서는 서로 협력하는 것을 포함하여 다양한 보수를 달성할 수 있다. 이 결과는 게임이론 연구자들 사이에서 민간전승(folklore)으로 줄곧 알려졌기 때문에 포크 정리라고 불리고 있다.

물론 장기적인 관계를 구축한다고 해서 모든 문제가 한 번에 해결되는 것은 아니다. 어느 사회라도 사람들의 이기심과 근시안적인 자세에 의해 협력 정신이 결여된 결과 폐단들이 다양하게 나타날 수 있다. 너무도 문제가 복잡하게 얽혀 제도 개선을 어떻게 해야 할지 모르는 경우가 대부분이다. 특히 한국엔 그런 경우들이 많이 관찰된다. 정치선진국과 비교해 정치후진국에서 비협력적 자세를 더 많이 찾아볼 수 있다. 왜냐하면 미래가 불확실할수록 현재 이득에 집착하기 때문이다. 하지만 그렇게 미래가 불확실할수록 역설적으로 반복게임 개념과 긴 안목이 중요하다고 볼 수 있다. 사람들이 미래 가치를 작게 여기고 현재의 이득에 집착할수록 모든 것들이 무질서해질 수 있기 때문이다. 질서 확립을 위해선 강압적인 방법도 중요하겠지만 경기자들이 반복게임 개념을 알고 긴 안목을 보유하도록 유도하는 것이 더 중요하다. 자발적인 협력이 없이는 절대로 구조적 문제는 해결될 수 없다. 단기적으로 대립 관계이지만 관계가 지속되면서 협조관계로 바뀌어가는 게임들도 있다. 협조를 통해 지금까지 얻지 못했던 성과를 끌어내는 경우도 얼마든지 가능하다. 우리가 일상생활 속에서 문제에 대한 해결책이 없을 때는 장기적인 안목을 접근하면 의외로 일이 쉽게 풀릴 수 있다. 즉, 협조관계를 어떻게 하면 구축할 수 있을까를 모색해보는 것이다. 눈앞의 이익만 중요시하고 상대방을 인정하지 않는 사람과는 같이 일을 하지 않으려고 할 것이다. 장기적으로 신뢰할 수 있는 사람과 협력적 관계를 구축하여 함께 일하고 싶은 것이 인지상정이다. 독자들은 아직도 게임이론이 단순히 상대방을 제압하는 기술이라고 생각하는 사람들을 만날 것이다. 반복게임 개념을 익힌다면 이와 같은 생각이 얼마나 어리석은 생각인지 알 수 있을 것이다. 사실 모든 비즈니스는 장기적인 관계 구축이 필요하다. 실제 아시아 국가들 중에 비약적인 경제대국을 만든 일본에 강점을 꼽으라고 하면 신뢰를 꼽는 학자들이 많다. 그래서 일본의 많은 기업들은 직원을 고용할 때 고용안정성을 보장하는 경우가 많다. 직원에게 신뢰를 주고 다시 회사가 직원으로부터 신뢰를 받았을 때 그 회사는 발전한다. 즉, 직원들이 안심하고 회사를 다닐 수 있고 그런 만큼 회사를 위해 열심히 일할 수 있기 때문이다.

죄수의 딜레마를 떠올려보자. 죄수 두 사람이 각각 상대방을 배신하고 '자백'이라는 행동을 선택했다. 그것이 내쉬균형이었다. 그러나 이것은 게임이 한 번으로 끝난다는 것을 전제로 하였다. 만약 이 게임을 영원히 반복한다면 두 사람은 각각 어떤 행동을 취할까? 처음처럼 '자백'이라는 서로에게 불리한 선택을 할까? 아니면 또 다른 행동이 관찰될까? 이에 대해 실제로 데이터를 수집한 사람이 있다. 데이터에 따르면 죄수인 두 사람은 서로 '침묵'한다는 것을 알게 되었다. 자연스럽게 서로에게 유리한 선택을 하여 딜레마를 벗어나는데 성공한 것이다. 어떻게 그렇게 될 수 있었을까? 너무 흥미롭지 않은가? 단순히 게임을 반복하기만 했는데 게임 전체를 지배하는 구조가 왜 바뀌는지 생각해보자. 한 번만 기회가 있는 딜레마 게임에서는 상대방에게 배신을 당하면 그것을 끝이다. 내가 침묵했는데 상대가 자백을 해버리면 나만 손해볼 뿐이다. 침묵이라는 선택을 할 수가 없다. 하지만 반복게임에서는 상대가 배신하면 나도 생각을 바꾼다 전략을 취할 수 있다. 이 점이 중요한 포인트이다. 원래 이 두 사람은 무엇이 최선인지 충분히 이해하고 있다. 상대도 침묵하고 나도 침묵하자는 것 말이다. 그러면서도 '만약 상대방이 배신하면 … '이라는 생각을 떨쳐버리지 못하기 때문에 최선의 선택을 하지 못하는 것이다. 딜레마라고 불리는 이유가 바로 여기에 있다. 그러나 상대가 배신하면 나도 생각을 바꾼다는 전략을 구사할 수 있으면 일종의 신뢰관계가 생긴다. 이런 식으로 서로 경계하면서도 기묘한 협조 관계를 형성하는 것이다. 이것이 반복게임의 가장 큰 특징이다. 즉, 일회적 게임이라면 딜레마에 빠질 수밖에 없지만 게임을 반복하다 보면 협조 관계를 구축하는 것이 가능해진다. 몇 번씩 반복되는 게임 자체를 하나의 큰 게임으로 보면 협조 관계도 내쉬균형이 된다. 즉, 포크정리가 달성된다. 단기적인 관계라면 상대방을 배신할 법도 한데 장기적으로 관계를 유지해 온 탓에 서로 협조 관계를 유지하고 있는 경우도 많다. 경쟁자들끼리 협정을 맺는 것이다. 그들이 서로 사이가 좋지 않지만 협력 관계를 지속하는 것은 반복 게임의 구조 때문이다. '배신하면 나도 생각을 바꾼다'는 무언의 압력이 기능하고 있는 것이다. 즉, 방아쇠에서 손가락을 뺀 상태에서 권총을 서로 겨눔으로써 기묘한 협조 관계가 구축되는 것이다. 방아쇠 전략을 사용하는 주체는 처음에는 협력적인 전략을 취하지만 상대방이 배반하면 응징한다. 응징의 정도는 어떤 방아쇠 전략을 취하는가에 따라 달라진다.

미중 갈등과 협력

이 게임에서 경기자는 미국과 중국이고 전략은 자유무역이냐 보호무역이냐이다. 보수는 경제성장률이라고 볼 수 있다. 쉽게 설명하면 네 가지 경우가 있다. 미국이 '보호무역'을 선택하고 중국이 '자유무역'을 선택하면 미국 경제는 성장한다. 미국이 '자유무역'을 선택하고 중국이 '보후무역'을 하면 미국 경제는 침체된다. 미국과 중국

이 모두 '보호무역'을 선택하면 양국을 포함해 세계 경제가 침체된다. 미국과 중국 모두 '자유무역'을 선택하면 세계 경제가 호경기가 된다. 이러한 상황에서 게임이 일회적이라면 미국과 중국 모두 '자유무역'보다 '보호무역'을 선택할 것이다. 즉, (보호무역, 보호무역)이 내쉬균형으로 달성된다. 게임이론에 기여한 공로로 내쉬에 이어 2005년 노벨경제학상을 수상한 로버트 아우만은 죄수의 딜레마 게임이 반복되면 협조적 균형에 도달할 수 있다는 것을 보였다. 우리가 논의한 대로 유한반복게임이라면 죄수의 딜레마 상황에서 벗어나지 못한다. 하지만 무한반복게임이라면 게임을 서로 협력을 유지하는 것이 최선이 될 수 있다. 즉, 자국이 '보호무역'을 선택하게 되면 단기적으로 이익을 얻을 수 있지만 상대국의 보복을 불러오기 때문에 장기적인 안목에서 보면 오히려 이익이 줄어들게 된다. 양국 모두 이처럼 전략적 사고를 하고 있기 때문에 누가 강요하지 않아도 협력이 이뤄지게 된다.

CHAPTER 11

도덕적 해이

앞서 우리는 약속을 얘기했다. 그 약속을 통해 선도자가 될 수도 있고 그렇게 하기 위해 계약을 활용할 수 있다고도 했다. 그렇다면 계약은 항상 효과적일까? 감춰진 행동이 없으면 그렇다고 말할 수 있다. 하지만 경기자들은 행동을 감출 수 있다. 예를 들면, 청년들이 취업을 하기 전 마음 상태와 취업을 하고 나서 마음 상태가 달라질 수 있다. 취업을 하기 전에는 일이 하고 싶어 일터에 나가면 정말 일을 열심히 하겠다고 마음먹는 경우가 많다. 그리고 실제 면접장에선 성실히 일할 것을 다짐하기도 한다. 물론 근로계약은 근로자의 성실한 근무를 전제로 한다. 하지만 막상 일터에 나가면 일을 열심히 하고 싶지 않을 수도 있다. 그렇다고 해서 자신이 일을 열심히 하는지 안 하는지 회사가 감시하기도 어렵다. 예를 들어보자. 회사에서 영업 실적이 나쁘다고 발표될 때 누구의 책임이 직접적인지 밝혀내기도 어렵다. '열심히 하자'는 회사의 구호는 막연할 수밖에 없다. 따라서 누군가는 일을 태만하게 하고 누군가는 정말 열심히 일을 한다. 어떤 직장에서 직원이 받는 급여는 노력 여부와 상관없는 경우도 많다. 그럼 누가 일을 열심히 하려 할까? 이런 경우 직원들은 일을 안 하는 것이 정상이다. 그리고 회사는 망하고 말 것이다. 그러한 회사들이 많아질수록 나라가 가난해지는 것이 또한 당연할 것이다. 문제는 정보비대칭에서 시작한다. 즉, 회사는 근로자가 일을 열심히 하는지 태만히 하는지 알 수 없다. 근로자들이 자신들의 근무 태도를 감추기 때문이다. 즉, 직장 상사가 다니면 열심히 하는 척하고 없으면 태만히 할 수도 있다. 행동을 감춘다고도 한다. 근로자의 진짜 근무 태도는 그 근로자만 알고 있다. 근로자와 회사가 경기자라면 경기자들 간에 정보가 대칭적이지 않다. 그래서 도덕적 해이 문제가 발생하는 것이다. 근로자는 근무태도를 숨길 수 있고 회사는 근무태도를 항상 관찰할 수 없다는 사실이 문제의 출발점이다. 따라서 도덕적 해이의 해결은 얼마만큼 비대칭정보를 줄이는가에 달려 있지만, 현실적으로 비대칭정보를 없앨 수 없다. 비용이 너무 많이 들어가기 때문이다. 그것보다 근로자들이 근무태만을 저지를 유인이 없도록 만드는 것이 중요하다. 즉, 근로자들을 따라 다니며 근무 태도를 관찰할 것이 아니라 그들로 하여금 마음으로 우러나서 일을 하게 하는 것이다. 그게 가능할까? 가능하다면 어떻게 하는 것이 가장 좋은 방법이 될까? 유인책을 개발하는 것이다. 앞서 말했지만 인센티브를 통해 성실한 근무태도를 이끌어내는 것이다. 의뢰인은 법률적 지식이 부족하기 때문에 변호사를 구한다. 하지만 그 변호사가 정말 일을 열심히 하는지는 알 수 없다. 변호사의 행동을 관찰할 수 없을 때 의뢰인이 변호사에게 자기가 받아내는 보상금에 비례해서 수임료를 주겠다고 하면 변호사는 열심히 할 것이다. 열심히 할 유인이 있기 때문이다. 즉, 그 변호사는 소송을 통해 최대한 보상금을 많이 받아내려 할 것이다. 의뢰인이 굳이 변호사가 일을 열심히 하는지에 대해 감시할 필요가 없다. 즉, 유인체계를 만들어 변호사와 의뢰인의 이해관계가 충돌하지 않고 양립하도록 만들 필요가 있다. 교수가 학점을 배분하는 가장 이상적인 방법은 노력을 많이 한 학생에게 좋은 학점을 주는 것이다. 학생들이 거짓말을 전혀 하지 않는다고 가정하면 쉽다. 교수가 학생들에게 스스로 얼만큼 노력하였는지를 묻고 그 대답에 맞게 학점을 주면 될 것이다. 하지만 이와 같은 방법은 현실적이지 못하다. 왜냐하면, 사람들은 모두 이기적이기고 편하게 누리면서 좋은 결과를 얻고 싶어 하기 때문이다. 양심에 호소해서 학생들에게 학점을 부여한다고 하면 노력하지 않은 학생들도 거짓 대답할 유인이 생긴다. 즉, 노력을 하지 않았으면서 정말 열심히 노력했다고 말할 수 있다. 모든 학생들이 모두 열심히 노력했노라고 대답한다면 교수는 어떻게 학점을 부여해야 할까? 미안하지만 수업 내용을 가지고 시험을 치르게 하면 누가 진정 노력을 하고 노력을 하지 않았는지를 알아낼 수 있다. 물론 여기에도 우연성은 존재한다. 하지만 통계적으로 보면 그 학생이 열심히 노력을 했는지를 알고자 한다면 수업시간에 다룬 수업 내용을 가지고 시험을 치르게 하면 방법이 된다. 그렇게 하면 수업에 충실한 학생들은 정답을 쓰기에 유리하기 때문이다. 즉, 시험을 통해 학점을 부여하는 방식이 가장 공정하다는 것을 알 수 있다. 보험 계약에서도 가입자가 사고

를 일으켰느냐 여부만을 가지고 주의 의무를 다했는지 알 수 없다. 경영자 계약에서도 경영 실적만을 가지고 그 경영자가 최선을 다했는지 그 여부를 평가할 수 없다. 도덕적 해이는 근본적으로 상대의 노력 여부가 관찰되지 않고 노력과 결과 사이의 불확실성이 존재하기 때문에 발생한다. 따라서 노력을 최대한으로 이끌어낼 인센티브가 제공되지 않는 상태이다. 즉, 보험 가입자나 경영자는 자신이 얼만큼 노력을 다하고 있는지에 대해 정보를 갖고 있지만 보험회사와 경영자를 고용한 기업은 그 노력 정도를 관찰할 수 없다. 정보비대칭 상황이다. 정보비대칭은 거래나 계약을 할 때 당사자들이 가지고 있는 정보의 양이 서로 다를 때 나타나는 현상이다. 도덕적 해이는 그중에서도 경기자들이 행동을 감추는 경우이다. 종업원이 고객을 친절하게 대하는지 매출을 높이기 위해 얼마나 노력을 하는지 고용자가 알기 어렵다. 정보비대칭은 비용을 발생시킨다. 이를 극복하기 위해 모니터링 시스템을 갖추거나 인센티브 제도를 갖출 필요가 있다.

정리 도덕적 해이란 경기자가 행동을 감춰 부당하게 이득을 취하고 있는 상태를 말한다.

계약이론

앞장에서 우리는 인센티브 개념을 생각해봤다. 인센티브란 말은 매우 광범위 하게 사용될 수 있다고 했다. 어떤 이는 인센티브를 상여금이라고 해석하는 사람들도 있는데 그것은 인센티브를 좁게 해석한 것이다. 실은 인센티브란 게임이론에서 연유한 말로써 누군가에게 행동을 이끌어내는 것이라고 얘기했다. 즉, 근로자가 적극적으로 근무를 할 수 있도록 행동을 이끌어내는 것도 인센티브라고 했다. 자영업자에겐 자신이 고용하고 있는 직원이 정말 열과 성을 다해 일을 해주길 바랄 것이다. 예를 들어, 당신이 카페를 운영한다고 생각해보자. 투자는 당신이 했겠지만 고객들은 당신 직원들 서비스에 따라 당신 가게를 다시 찾을 수도 있다. 즉, 그럴 경우 사장인 당신이 좋아서가 아니라 서비스를 제공하는 직원들의 친절함이 좋아서일 것이다. 사장인 당신이 직접 서비스를 제공한다면 당신은 고객들에게 매우 친절할 것이다. 왜냐하면 그들이 모두 당신의 고객이고 그들이 당신의 친절함에 반해 당신 카페를 계속 방문해준다면 당신의 매출이 늘어나기 때문이다. 하지만 당신 직원들에겐 꼭 친절할 이유가 없다고 말할 수 있다. 왜냐하면 당신 직원들은 손님들이 당신의 손님들이라고 생각할 수도 있기 때문이다. 이러한 생각으로 직원들이 소비자들에게 불친절하게 서비스를 제공한다면 당신이 모르는 사이 당신의 매출은 줄어들고 말 것이다. 그렇다고 당신이 늘 카페에 나와 직원들이 열과 성을 다하여 일을 하고 있는지를 관찰하려 한다면 당신도 피곤하고 당신의 직원들은 스트레스 때문에 일을 그만둘 수 있다. 만약 성실한 직원이 그와 같은 이유로 일을 그만둔다면 당신은 다시 성실한 직원을 채용하기 위해 시간과 비용을 들여야 할 것이다. 이와 같은 상황에서 당신은 당신 직원들에게 어떻게 임금을 지불해야 할까? 이해를 쉽게 하기 위해 간단한 모형을 생각해보자. 저자와 출판사의 계약이 좋은 예가 될 수 있다. 알기 쉽게 모형을 만들어 보자. 지금 이 책도 그와 같은 계약을 바탕으로 하고 있다. 저자와 출판사 사이에는 약속이 필요하다. 즉, 계약을 잘 맺으면 서로

가 윈-윈 할 수 있다. 계약이 어리석으면 모두의 이익이 줄어들고 말 것이다. 어떻게 계약을 할까? 책을 쓰기 위해서는 많은 '비용'이 발생한다. 책을 잘 쓰고자 노력하면 노력할수록 저자의 비용은 더욱 커진다. 한편 출판사는 가능한 한 저자가 공들여 좋은 책을 써줬으면 하고 바란다. 저자에게 지불하는 인세가 많을수록 저자는 공들여서 잘 팔리는 책을 쓰려고 하겠지만, 인세 지불을 늘린 것 이상으로 출판사의 이득이 증가하느냐는 확실하지 않다. 이 문제를 간단한 게임으로 분석해보자. 책 한권에 1만 원이라고 하자. 출판사는 책의 판매 실적과 상관없이 저자에게 고정급 800만 원을 지급하는 방법도 있고 10% 인세를 지급하는 방법도 있다. 둘 중 하나를 선택해야 한다. 계약이 완료된 후 저자는 집필에 들어간다. 이때, 저자가 열심히 노력해서 1만 부 팔리는 책을 쓸 수 있다고 가정하고 저자의 노력비용을 금액으로 환산한다면 200만 원이 된다고 가정하자. 반대로 저자가 노력을 열심히 하지 않으면 6,000부 팔릴 정도의 책을 쓸 수 있다고 가정하며 이때 그 저자의 노력 비용은 100만 원이라고 가정한다. 즉, 저자는 이기적이다. 따라서 그는 최대한 편하고 싶은 반면 돈은 많이 벌고 싶어 한다. 인간은 누구나 그러하다. 저자가 편하길 바라고 책을 대충 쓰면 독자들에게 별다른 호응을 얻지 못할 것이고 그렇게 되면 책은 안 팔리게 되고 출판사의 매출은 줄어들 것이다. 이 상황에서 출판사는 저자가 최대한 노력해주길 바랄텐데 실제로 계약 제시를 통해 저자의 노력을 이끌어낼 수 있다. 출판사는 어떻게 계약을 제시해야 할까? 다음 그림을 생각해보자.

그림 3 출판사의 인센티브계약

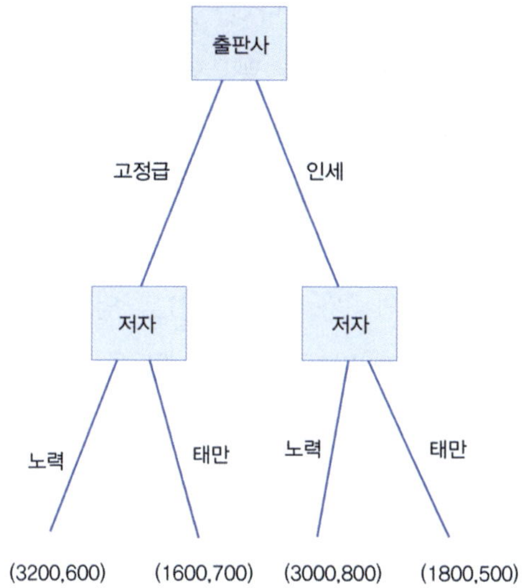

출판사는 출판 비용에 드는 비용을 제외하면 총 판매액의 40%가 이윤이 된다고 가정해보자. 만약 저자가 많은 노력을 기울일 것이 확실하면 고정급을 지급하는 것이 인세 10%를 지급하는 것보다 유리하다. 고정급 800만 원을 지급하면 출판사는 이윤이 3,200만 원만큼 남고 10% 인세 계약을 맺으면 출판사는 3,000만 원만큼 이윤이 남기 때문이다. 그런데 문제는 저자가 고정급이 주어지면 노력을 하지 않을 가능성이 있다. 즉, 저자의 보수가 자신의 노력과는 상관없이 정해져 버리기 때문이다. 저자는 노력을 기울이지 않을 것이다. 그럴 경우 책 내용도 영향을 받을 것이다. 그렇게 되면 그 책이 출판시장에서 좋은 평가를 받기 어렵고 그 결과 책은 6,000부만 팔릴 것이다. 출판사의 이윤은 1,600만 원으로 줄어들게 된다. 반대로 출판사가 인세 계약을 도입하면 저자는 많은 노력을 기울일 수밖에 없다. 이처럼 저자의 행동을 예측한다면 출판사는 당연히 10% 인세 계약을 선택할 것이다. 인세 계약을 맺으면, 저자의 노력 수준이 그의 최종 보수에 반영되기 때문에 노력 비용이 들어가지만 그는 더욱 노력을 할 것이다. 즉, 저자에게 열심히 일할 인센티브가 발생한다. 인센티브 계약을 통해 저자도 더 큰 보수를 얻을 수 있다. 즉, 고정급 계약에선 700만 원(800만 원−100만 원)을 얻게 되지만 인센티브 계약에서는 800만 원(1,000만 원−200만 원)을 얻게 된다. 출판사도 이윤이 1,600만 원에서 3,000만 원으로 커지게 된다. 따라서 저자와 출판사 모두 인센티브 계약을 통해서 이윤이 늘어나게 된다. 저자의 노력이 불확실성 없이 직접적인 성과로 이어진다면 성과급을 통해 저자로부터 노력을 확실하게 이끌어낼 수 있다. 하지만 저자의 노력이 확실하게 직접적인 성과로 이어지지 않는다면 책이 잘 팔리는 여부를 가지고 저자가 노력을 하였는지 여부를 정확히 판별할 수 없다. 그러나 보통은 이 노력과 성과 사이에 불확실성이 존재한다. 즉, 저자의 노력이 성과로 확실하게 이어지지 않는 경우도 많다. 저자가 노력을 열심히 했음에도 책이 안 팔리는 경우가 있고 저자가 노력을 하지 않음에도 책이 잘팔리는 경우가 있기 때문이다. 이런 경우 출판사는 책의 판매량만 놓고 저자의 노력 여부를 알 수가 없다. 하지만 중요한 점은 노력과 산출량이 통계적으로 유의적인 관계가 있다는 것이다. 인센티브는 노동계약에서 큰 의미를 갖는다. 회사측은 노동자들의 노력 수준이 그들의 최종 보수에 보다 더 반영되도록 인센티브 계약을 만들고 싶은 반면 노동자들은 노력 여부와 상관없이 정해진 임금을 받고 싶기 때문이다. 하지만 고정급 계약을 하면 열심히 일을 하거나 열심히 일을 하지 않거나 같은 수준의 임금을 받기 때문에 누구라도 열심히 일할 이유를 찾지 못한다. 따라서 일을 하지 않으려 할 것이다. 한국에서 임금 협상을 놓고 회사측과 노조측 간에 갈등이 깊어져 파업으로 치닫는 경우를 자주 볼 수 있다. 개념적으로 보면 노동 쟁의를 통해 노동자들은 고정급의 비중을 높이고 싶은 것이고 회사측은 최대한 고정급의 비중을 줄이고 싶기 때문이다. 협상도 게임이론으로 분석할 수 있는데 다른 장에서 설명하도록 한다. 계약이라고 하면 노동계약만 있는 것이 아니다. 사회계약도 존재한다. 개인 하나 하나는 사회 계약을 맺고 있다. 꼭 해야 할 행동들이 있고 해서는 안 되는 행동들이 있다. 예를 들면, 국민들은 납세의 의무가 있다. 때가 되면 법으로 정해진만큼 정부에 세금을 납부해야 한다. 법을 지키지 않으면 처벌을 받게 된다. 법률도 인센티브에 들어간다. 국민들에게 어떠한 행동을 이끌어낼 목적으로 만들어진 것이다.

정리 인센티브 계약엔 위험이 존재한다.

위험 프리미엄

저자의 노력이 반드시 성과에 반영되지 않을 수 있다. 저자가 노력을 한다고 해서 반드시 책이 잘 팔린다고 단정할 수 없고 반대로 저자가 노력을 하지 않았다고 해서 반드시 책이 잘 안 팔린다고 단정할 수 없다. 4지 선다형 객관식 시험을 생각해보자. 시험공부를

전혀 하지 않았지만 시험 성적이 좋을 확률이 존재한다. 25문제가 있다면 공부를 전혀 하지 않고 100% 다 찍어서 백점 맞을 확률은 $\left(\frac{1}{4}\right)^{25}$ 이다. 우습긴 하지만 그 확률은 존재한다. 로또에 당첨된 사람들이 있는 것처럼 이렇게 우연에 의해 누군가가 공부를 전혀 하지 않고도 백점 맞을 확률은 존재한다. 다시 책과 출판사 계약으로 돌아가면, 즉 책이 많이 팔리고 적게 팔리고는 저자의 노력도 있지만 우연성도 작용한다. 운도 약간 따라줘야 책이 많이 팔릴 수 있다. 한국엔 운칠기삼이란 말도 있다. 어떤 성과를 내기 위해선 운도 필요하다는 의미다. 예를 들면, 저자가 실제로 노력을 많이 기울였어도 저자의 의도와는 다르게 책이 팔리지 않을 수 있고 반면 저자가 별반 노력을 하지 않았는 데도 책이 잘 팔릴 수 있다. 사실 대부분의 저자들은 책을 쓸 때 많은 노력을 기울여 쓴다. 하지만 책 판매량이 노력에 비례한다고 단언하기 어렵다. 이러한 우연성이 인센티브 계약을 힘들게 한다. 저자가 노력을 많이 했어도 책이 잘 팔리지 않을 확률이 존재한다고 하자. 즉, 책이 1만 부 팔릴 확률이 80%이고, 20% 확률로는 6,000부밖에 팔리지 않는다고 가정한다. 이는 위험이 존재한다는 뜻이다. 즉, 노력을 기울여도 노력대로 되지 않을 확률이 20% 존재한다는 뜻이 된다. 다음 그림을 살펴보자.

그림 4 위험과 인센티브 계약

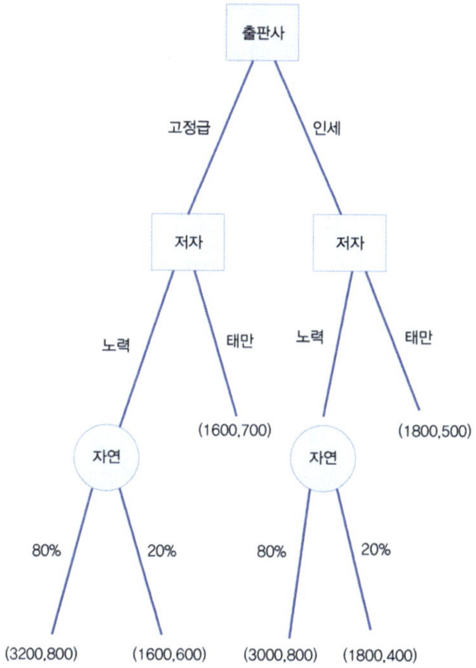

이때 중요한 것은 출판사는 저자의 노력을 결코 관찰할 수 없다는 것이다. 만약 노력을 관찰할 수 있다면 인센티브 계약이 훨씬 쉬워질 수 있다. 따라서 책의 판매부수라는 결과로 저자의 노력유무를 판별할 수밖에 없다고 가정한다. 반면 열심히 노력했지만 좋은 성적을 받지 못할 확률도 존재한다. 심지어는 답안에 마킹을 잘못할 확률도 이론적으론 존재한다. 그렇기 때문에 성과만을 놓고 계약 당사자가 열심히 노력을 기울였느냐 여부를 정확히 판별하기 어려운 상황이 존재한다. 즉, 노력을 해도 실패할 수 있다. 그런 상황을 두고 게임 이론에선 위험이 존재한다고 말한다. 사람들은 대개 그와 같은 위험을 좋아하지 않는다. 그래서 위험을 피하고 싶어한다. 하지만 그 위험을 나타내는 확률 분포는 전적으로 경기자의 결정 사항이 아니다. '자연'이 결정한다. 그래서 게임이론에서는 '자연'도 하나의 경기자로 본다. 즉, '자연'이라고 하는 가공의 경기자가 택하는 의사결정 마디가 존재한다. 이때 저자의 선택을 생각해보자. 고정급을 제시받을 경우, 노력을 적게 하면 보수는 700만 원, 노력을 많이 할 때에는 성공해도 실패해도 보수는 600만 원이므로 저자는 '적은 노력'을 선택할 것이다. 반대로 10% 인세 계약에서는 노력을 많이 할 경우 80%의 확률로 800만 원, 20%의 확률로 400만 원이 된다. 노력을 적게 하면 확실하게 500만 원이다. 노력을 많이 할 경우 기대 금액은 720만 원(0.8 × 800 + 0.2 × 400 = 720)이므로 만일 작가가 위험 중립적이라면 저자는 많은 노력을 선택할 것이다. 하지만 이때는 저자가 위험의 존재에 대해 무신경할 경우이다. 하지만 정상적인 사람들은 대부분 위험을 싫어하는 성향이 있다. 따라서 위험기피적이라고 본다. 위험기피적인 저자는 위험이 존재하는 계약을 싫어한다. 예를 들어, 그런 사람들은 노력을 통해 평균 720만 원을 얻는 것보다 노력을 기울이지 않고 편하게 500만 원 얻는 것을 더 편하다고 생각할 수 있다. 당신은 어떻게 생각하는가? 따라서 그런 사람들은 위와 같은 계약을 수용하게 하려면 약간 웃돈을 얹어 주어야 한다. 그것이 위험 프리미엄이다. 사람 성향에 따라 프리미엄의 크기가 달라질 수 있다. 위험기피적인 사람들일수록 프리미엄은 더 커질 것이다.

그 프리미엄이 230만 원 이상이라고 가정하자. 그렇게 되면 작자는 많은 노력을 하기보다 차라리 적은 노력을 기울이고 500만 원을 얻는 쪽을 선택할 것이다. 왜냐하면 많은 노력을 기울여서 평균

720만 원을 얻을 수 있다고 할 때 저자는 위험을 싫어하므로 230만 원의 프리미엄이 필요하다. 그 프리미엄을 빼고 나면 490만 원 미만이 되기 때문에 그 위험기피적인 저자는 노력을 적게 기울이고 안정적으로 500만 원을 얻는 편을 택할 것이다. 즉, 저자가 어느 정도 위험을 기피하는 성향이라면, 10%의 성과급에 의한 '인센티브 계약'도 효력을 발휘하지 못하고 저자는 적은 노력을 선택하고 말 것이다. 이처럼 노력을 들여도 실패 위험이 있는 경우에는 인센티브 계약이 제대로 기능할 수 없다.

정리 위험기피적인 경기자에겐 계약을 수용하도록 하기 위해선 위험 프리미엄이 필요하다.

주인-대리인 갑을 모형

위험이 존재하는 상황에서 저자로부터 인센티브 계약을 이끌어 내려면 출판사는 저자가 우려하는 위험의 일부를 맡아줄 필요가 있다. 간단하다. 출판사가 저자가 우려하는 위험을 경감시켜줌으로써 계약 참여를 유도하는 것이다. 이렇게 위험이 존재하는 상황에서 두 당사자들 간의 계약을 설명하는 모형이 있다. 주인과 대리인 모형이라 한다. 여기서 말하는 주인은 계약을 제시하는 당사자를 지칭하고 대리인은 그 제안된 계약에 동의하는 당사자를 지칭한다. 따라서 이 게임에서 주인은 선도자가 되고 대리인은 후발자가 된다. 한국에선 주인을 '갑'이라고 하고 대리인을 '을'이라 지칭한다. 주로 서로 이해가 엇갈리는 두 당사자들 간의 계약을 설명한다. 회사와 회사원, 정부와 민간, 모회사와 자회사 등 여러 가지 문제에 응용될 수 있다. 그 모형에 따르면 출판사는 '주인' 그리고 저자는 '대리인'이 된다. 대리인이 위험을 기피하려 해 인센티브 계약 성립이 어려우면, 주인은 자신의 비용을 증가시켜서라도 대리인의 위험을 분담하고, 인센티브 계약을 성립시키는 것이 최적 선택이 될 수 있다. 이 모형이 처음 등장한 것은 1970년대 무렵이다. 대표적인 학자가 세계적 석학으로 2016년 노벨 경제학상을 공동 수상한 벵트 홀름스트룀(Bengt Holmström)이다. 고전경제학에선 계약에 대한 고찰이 빠져 있었는데 실제 경제 활동 속에선 수요와 공급을 위한 계약이 일반적이다. 그러한 계약에 따라 거래가 이뤄질 때는 어느 한 쪽의 행동이 다른 쪽의 이득에 영향을 미치게 된다. 실제 주인과 대리인의 이해관계가 다른 경우가 많다. 주인과 대리인의 이해관계가 부합하지 않으면 대리인은 주인이 원하지 않는 방향으로 행동할 가능성이 높다. 그렇게 되면 대리인의 그와 같은 행동에 의해 주인은 손해를 입는다. 카페에서 사업주와 직원의 관계도 그와 같은 경우에 해당한다. 하지만 주인 입장에서 대리인의 행동을 항상 관찰 할 수 없다. 어떻게 행동하는지는 대리인만 알 수 있다. 즉, 두 계약 당사자들 간에 정보비대칭 문제가 발생한다. 저자와 출판사 계약으로 돌아가 다시 생각해보자. 출판사가 저자의 계약 참여를 위해 인세를 좀 더 올려준다고 생각해보자. 즉, 매출에 따라 인세를 10%에서 15%로 올린다고 가정하면, 저자가 '많은 노력'을 선택했을 때 기대 보수가 더 커지게 된다. 따라서 저자가 상당히 위험기피적인 저자라도 노력을 통해 얻을 수 있는 이득이 커지므로 많은 노력을 선택할 이유가 제시된다. 이 경우 출판사의 기대이익은 약간 감소하게 된다. 저자에게 높은 보수를 지불하기 때문이다. 하지만 저자가 포기하고 노력을 전혀 기울이지 않는 것보다는 더 큰 이윤을 기대할 수 있다. 이처럼 대리인의 노력에도 불구하고 성과에 불확실성이 존재할 경우, 출판사는 자신의 이익을 줄여서라도 대리인의 위험을 일정 부분 분담해주면서 대리인의 많은 노력을 이끌어낼 수 있다.

하지만 출판사가 위험을 분담하는 데에도 한계가 존재할 것이다. 만약 저자가 요구하는 것이 너무 위험기피적이면 출판사는 인세 비율을 더 높여줘야 한다. 예를 들어 출판사가 인세 비율을 25%로 높여서라도 인센티브 계약을 이끌어내는 것이 유리할까? 저자가 '많은 노력'을 선택한다 해도 25% 인세 계약을 체결하면 그에 따른 출판사의 기대 이윤은 1,320만 원으로 줄어들게 된다. 이렇게 되면 출판사는 차라리 고정급으로 계약하고 저자의 '낮은 노력'을 방관하는 것이 낫다. 그럴 경우 출판사는 1,600만 원 이윤을 얻을 수 있기 때문이다. 즉, 출판사가 위험을 분담하는 데에도 한계가 존재하며, 위험 프리미엄이 일정 범위를 넘어서면 인센티브 계약의 효과는 사라지게 된다. 또 하나 생각해봐야 할 문제는 설명을 쉽게 하기 위해 출판사가 위험중립적이라고 가정했다는 것이다. 하지만 출판사도 사람이 운영하는 것이므로 위험중립적이라고 단정할 수 없다. 직관적으로 파악하면 출판사가 보다 위험기피적일수록 그 출판사가 분담할 수 있는 위험의 범위는 더욱 줄어들게 될 것이다.

현실에선 '고정급+성과급' 계약이 자주 등장한다. 고정급과 성과급을 혼합해 계약을 제시하는 경우도 많다. 이와 같은 '고정급+성과급' 계약은 영업사원의 보수, 프로 야구의 연봉 계약 등 일반 사회에서도 흔히 찾아볼 수 있다. '고정급+성과급' 계약을 통해 대리인의 위험을 줄이면서 인센티브도 이끌어낼 수 있다. 이렇게 계약을 통해 대리인에게 열심히 일할 인센티브를 제공하고 그 계약에 의해 대리인은 열심히 일할 이유가 생기므로 열심히 일을 하게 된다. 즉, 게임 이론에 따르면, 대리인은 열심히 일을 할 이유가 있어야 일을 열심히 한다고 본다. 이해를 돕기 위해 여타 주인과 대리인 관계들을 찾아보자. 현대 기업들은 대개 소유와 경영이 분리되어 있다. 주주들이 소유자라고 볼 수 있다. 반면 전문경영인는 경영을 담당한다. 경제학적으로 주주는 이윤극대화를 추구한다. 경제학에서 이윤은 총수입에서 총비용을 빼고 난 나머지를 말한다. 이윤이 극대화되는 지점은 수학적으로 한계수입과 한계비용이 같아질 때이다. 즉, 한계비용이 한계수입을 초과하면 소유자 입장에서 보면 생산할 이유가 없다. 반면 전문경영인은 입장이 다르다. 자신의 임기 동안 성과에 초점을 맞추기 때문에 그는 자기 임기 중에 최대한 시장점유율을 올리려고 할 것이다. 즉, 그의 입장에서 보면 순이익보다는 총매출이 더 중요하게 여겨질 수도 있다. 이론적으로는 그는 총매출을 극대화하기 위해 한계수입이 0이 되는 지점까지 생산할 늘릴 인센티브가 존재한다. 이러한 점이 전문경영인의 보수 계약에 반영되어 있지 않으면 그는 무조건 많은 양을 생산하려 할 것이다. 하지만 많은 생산량이 기업 성과가 될 수 없다. 즉, 전문경영인은 그 기업의 소유자가 아니기 때문에 기업을 방만하게 운영할 가능성이 있다. 이를 도덕적 해이라고 부른다. 고용 계약에서도 마찬가지다. 고용자 입장에서 가장 큰 목표는 회사의 이윤극대화이다. 반면 피고용자 입장에서는 자신의 행복감을 극대화하는 것이다. 그래서 둘의 이해관계가 엇갈린다. 고용자 입장에서는 피고용자가 일을 정말 열과 성을 다해 해주길 바라지만 피고용자 입장에서는 일을 최소한으로만 하고 싶다. 극단적인 경우 배임 또는 횡령으로까지 이어질 수 있다. 범죄까지 가지 않는다 하더라도 피고용자가 일을 대충하면 그 손해는 고스란히 고용자가 떠안게 된다. 한국 사회에 계약 체결 후 계약 이행이 미흡해 나타난 문제가 부지기수로 많다. 그렇게 계약 이행이 미흡한 것을 두고 우리는 도덕적 해이라고 한다. 도덕적 해이는 주인이 대리인의 행동을 관찰할 수 없을 때 나타난다. 여기서 말하는 계약은 꼭 상업적 계약만을 가리키는 것이 아니다. 사회 계약도 해당된다. 모든 국민은 법을 지켜야 할 의무를 진다. 하지만 국민들 중에 법을 어겨 처벌받는 사람들은 무수히 많다. 게임 이론에선 법을 어겨 처벌받는 사람들이 문제가 아니라 법을 어기고도 처벌받지 않은 사람들이 더 큰 문제가 된다. 한국에선 후자의 경우까지 합치면 사회 계약을 어기는 사람들이 무수히 많다고 볼 수 있다. 이러한 도덕적 해이는 경제에도 심각한 영향을 미친다.

한국형 갑을 관계

최근 한국 사회에 뜨거운 이슈가 되었던 것이 있다. 앞장에서 언급했지만 바로 갑질이다. 갑질이란 무엇일까? 먼저 갑과 을에서 왔다. 게임이론이 번역되는 과정에서 선도자와 후발자를 쉽게 표기하기 위해 선도자를 갑, 그리고 후발자를 을이라고 쓰기 시작했기 때문이다. 즉, 갑을은 한국적으로 순서를 나타낸다. 그러던 것이 한국에선 순차적 관계가 주종관계를 나타내기 시작했고 그 결과 갑을 관계로 쓰이기 시작했다. 전북대 강준만 교수는 그의 저서 '갑과 을의 나라'에서 갑을관계에 대해 고찰한 바 있다. 그 책은 한국 갑을문화를 조선시대 '관존민비' 전통에서 찾고 있다. 그의 주장에 따르면 한국에서 갑을관계의 기원은 정부의 우월적 지위에서 시작된다고 볼 수 있다. 실제 과거 한국은 정부가 시장을 지배했다고 해도 과언이 아니다. 정부 관료들의 영향력은 지금도 대단하다. 한국에선 정권이 바뀔 때마다 재벌의 영욕이 바뀐 적도 많다. 예를 들어 대통령에게 기업 회장이 밉보여 그룹이 해체됐다는 식의 후일담들이다. 관료 사회 내에서도 상사에게 잘 보이기 위한 여러 방법들이 동원된다. 한국 사회에서 갑은 을이 키웠다. 민간을 통제하려고 하는 권위적인 정부의 태도에서 갑의 횡포가 시작되었고 그런 갑에 잘 보이려는 을들의 아부가 더해지며 그 수준이 심각해진 것으로 보인다. 그 과정에서 브로커들이 등장했고 선물은 수단이 되었다. 그러한 갑을관계는 한국 사회의 생활양식이 되고 말았다. 다시 지적하지만 갑은 을이 키웠다. 을들이 경쟁적으로 갑들을 오만하게 만들었다. 어느 사회나 수직적 서열을 존재할 수 있다. 예를 들어, 미국의 군대에도 계급이 존재하지만 한국 군대처럼 비효율적이 않을 뿐이다. 한국 권력기관에서 을들은 자신의 이득을 위해 갑들에게 '잘 보이기' 경쟁을 시도한 결과 갑들의 우월적 지위가 더욱 고착화되었다는 지적도 일리가 있다. 강준만 교수도 그 점을 지적했다. 즉, 갑을관계를 둘러싼 거대한 부조리는 다른 을을 짓밟고 올라서려는 을들의 증오에서 비롯된 것이므로 을들이 증오심을 버려야 한다는 것이다. 현재 한국사회에서 갑을관계 문제들은 너무나 심각한 수준이다. 도덕심에 호소해서 이 문제들을 해결할 수 없다.

갑질금지법이 시행됐다. 상사의 부당한 지시나 모욕 등 '갑질'을 회사에 신고하면 회사는 피해자가 요구하는 근무지 변경, 유급휴가 등을 허용해야 하고 가해자에겐 징계를 내려야 한다. 회사가 신고자나 피해자에게 불이익을 줄 경우 3년 이하의 징역이나 3,000만 원 이하의 벌금형을 받는다고 한다. 어떤 사건이 터지면 이렇게 법부터 만들고 보는 한국 정치인들은 근면하다 칭찬해줘야 할까? 하지만 그들은 갑질이 왜 발생하는지 그 근원에 대해 생각은 없는 듯하다. 한국에서 갑은 을이 키웠다. 을들이 갑들에게 선물을 갖다 주고, 밥을 사주고, 향응을 베풀며 끊임없이 갑의 지위를 상기시켰다. 더구나 '괴롭힘'의 기준이 모호하다. 한국에서 실은 갑질보다 을질이 더 무섭다. 실제 을질이 발생하는 직장도 많다. 특히 민원 담당 공무원들은 매일 스트레스에 시달린다고 한다. 공무원이 조금이라도 못마땅하게 하면 공무원 실명을 알아내면 투서를 쓰기도 한단다. 고위직 공무원들은 갑질을 할 수 있지만 중하위직 공무원들은 을질에 시달리고 있다. 학생들의 잘못을 무조건 교사에게 책임을 전가하는 풍토도 을질의 심각성을 말해준다. 실제 무식한 교사보다 무식한 학부모가 더 많다. 앞서 언급했지만 언론은 특종경쟁을 위해 무조건 학생과 학부모 입장에서 기삿거리를 찾는다. 교사가 학생에게 폭언을 하면 전후 맥락을 따져보지 않고 9시 뉴스에 보도 되지만 학부모가 교사에게 폭언을 하는 것은 거의 기사화되지 않는다. 하지만 실제로 학부모가 무식한 행동을 하는 경우가 훨씬 더 많다. 모든 것을 학교에 맡기고 학생에 대해 모든 것을 책임지라고 한다면 그것은 교육이 아니다. 기본적으로 교사는 학생을 가르치는 사람들이지 학생들을 돌봐주는 사람들이 아니다. 한국에선 을질방지법도 필요하다. 박노자 노르웨이 오슬로대 교수의 책 '비굴의 시대'가 있다. 박노자 교수는 러시아 태생으로 한국학을 가르치다 한국인으로 귀화했다고 한다. 그의 책 '비굴의 시대'에는 타자의 아픔에 공감하지 못하고 오히려 약자에게 가혹한 한국 사회에 대한 비판이 담겨있다. 박노자 교수는 한 대담에서 "가장 무서운 비굴은 자신이 받는 억압이나 착취에 맞서지 못하는 게 아니라 자신보다 사회적 서열이 낮은 사람에게 또 다른 착취를 가하는 것"이라고 말한다. 박 교수에 따르면 한국사회는 갑질뿐 아니라 병질, 을질도 존재한다. 하지만 언론에선 갑질만 보도될 뿐이다. 실제 일반 고객도 마트에서 일하는 비정규직 노동자에게 진상을 부리며 을질을 하는 경우도 많다. 그럼 그 비정규직 노동자는 알바 같은 더 하급 노동자에게 병질을 한다. 그러면서 박교수는 "자신보다 낮은 지위에 있는 사람을 가중차별하면 자신의 위치가 상대적으로 개선된 것 같은 착각이 들기도 한다. 이러한 착각은 살아남기 위해 발버둥치는 각자도생 사회에서 빠지기 쉬운 비굴 중 하나"라고 덧붙였다. 그는 갈수록 높아지는 노동시장 진입 장벽 때문에 사회적 연대가 절실한 대학생 간에도 "자신이 차별당하는 만큼 자신보다 아래 있는 사람을 차별하는" 비굴이 존재한다고 안타까워했다. 그는 서울의 대학생이 지방 대학생을 멸시하고, 또 같은 대학의 학생들 사이에서도 서울 캠퍼스와 지방 캠퍼스를 구분하는 모습을 본다고도 했다.

'갑질'보다 무서운 '을질': 알바 추노

을들이 약자 지위를 이용해 형식상 갑의 지위에 있는 이들을 괴롭히는 경우가 많다. 원래 '갑'과 '을'이라는 호칭은 계약서에서 흔히 쓰였다. 하지만 '땅콩회항 사건' 이후 '갑질'이란 단어가 본격적으로 사용되기 시작했다. 갑질도 문제이긴 하지만 우리 사회엔 약자 지위를 이용해 교묘하게 행해지는 '을질'의 횡포도 많다. 불성실한 '알바생'을 해고하려다 사업주가 피해를 겪는 일도 많다. 중소기업이나 소매점을 운영하는 사업주들은 형식으로는 갑의 지위에 있지만 실제 갑질과는 거리가 멀다고 볼 수 있다. 하지만 임금을 주는 입장이기 때문에 불성실한 알바생들이 그들을 골려 주려고 맘먹으면 얼마든지 골려줄 수 있는 구도이다. 간단하다. 사업주가 갑질 행위를 했다고 주장하는 것이다. 소상공인들이 흔히 겪는 '을질 4대 보험'의 문제가 있다. 단기 파트타임 직종이라 하더라도 일정 기간 동안 고용하면 정규직처럼 4대 보험을 들어야 한다. 즉, 고용보험, 산재보험 등에 가입을 해야 하는데 오히려 단기직 근로자들이 이를 거절하는 경우도 많다고 한다. 왜냐하면 업주가 보험료의 절반 그리고 직원이 나머지 비용을 부담해야 하기 때문이다. 보험에 가입하면 국민연금도 내야하고 일반 사무직은 재해의 위험도 상대적으로 적기 때문에 보험 가입을 하지 않으려는 경우도 많다고 한다. 하지만 문제는 해고된 직원이 앙심을 품고 사업주를 겨냥하면 문제가 심각해질 수 있다. 보험에 가입하지 않으면 실업급여를 받을 수 없다. 하지만 해고된 직원은 대개 고용노동부에 자기는 4대 보험 가입을 하고 싶었지만 사업주가 보험 가입을 언급하지 않았다고 주장을 할 수 있다. 물론 사업주 입장에서는 합의하에 보험에 가입하지 않았다고 주장을 하겠지만 그걸 입증하기란 쉽지 않다. 게다가 고용노동부는 사건을 노동자의 시각에서 보는 경향이 강하기 때문에 대개 노동자에게 유리하게 판단할 때가 많다. 그렇게 되면 고용인에 대한 4대 보험료를 사업주가 50% 부담하는 것이 아니라 100% 모두 부담해야 된다. 만약 그 알바생을 1년 동안 고용했다면, 1년에 대한 4대 보험료 전액을 고용주가 뒤늦게 납입해야 한다. 그러고 나서 그 직원은 실업급여를 받게 된다. 소상공인들 사이에서는 '알바추노'라는 단어가 익숙하다고 한다. '알바추노'는 '아르바이트'와 2010년에 방영된 드라마인 '추노'의 합성어이다. 이 드라마는 노비가 주인의 소유의 물건처럼 다뤄지던 조선시대에 도망친 노비를 잡아 오는 '추노'들의 얘기를 다룬 드라마이다. '추노'는 원래 도주한 노비를 찾아오던 일을 뜻했는데 의미가 변형돼 아르바이트를 하다가 아무 연락 없이 일을 그만두는 것을 비유하는 말이 됐다고 한다. '알바추노'라는 말은 청년들 사이에서는 흔한 용어이다. 구글에 '알바추노'를 입력하면 사례가 무수히 등장한다. 별의 별 얘기들이 다 있다. 특히 '사장 골탕 먹이는 법' 등이 소개되어 있다. 일부 알바생들 사이에서 '알바추노'는 하나의 놀이 형태로까지 변질되고 있다. 그렇게 보면 고용주는 더 이상 갑의 지위에 있다고 말하기 어렵다. 물론 여전히 못된 고용주도 있겠지만 알바생이 고용주를 골려주려고 마음만 먹으면 소상공인 고용주는 을이 될 수밖에 없다. 단기 노동자들의 인권을 위한 제도와 단체는 많지만, 소상공인의 어려움을 들어주는 곳은 많지 않다. 실제 사전 통보를 하지 않고 갑자기 일을 그만두는 '알바추노' 때문에 어려움을 겪는 자영업자들은 지금도 많다. 아직도 임금을 체불하고 노동력을 착취하는 악질적인 고용주들이 있지만 불성실하고 무책임한 태도로 고용주를 곤란에 빠트리는 알바생들도 많다. 심지어 '알바추노' 무용담은 대학 게시판에도 많이 올라와 있다. 고용주들은 특히 알바 인력의 대다수를 차지하는 대학생들이 개강을 앞두고 갑자기 관두거나 잠수를 타는 경우가 많아 어려움을 겪는다고 하소연한다. 무단결근 등 불성실 근무를 하는 알바생이 있어도 해고하기가 쉽지 않다고 한다. 고용주가 해고 30일 이전에 예고해야 하거나 즉시 해고 시 한 달 분 임금을 지급을 규정하는 근로기준법이 있다. 자영업자들은 알바생의 인권과 권리 구제를 위한 제도와 단체는 많아지는 반면 자영업자의 하소연을 들어주는 곳이 없다고 목소리를 낸다. 최저임금이 인상된 만큼 알바생 근무행태에 대해서도 지침이 필요하다. 권리를 위해서는 의무를 다해야 한다. 하지만 법을 제정해 문제해결을 해야 할 정치인들은 표 관리를 위해 노동자들 눈치만 보는 식이다. 낮은 임금으로 인해 노무 관리가 체계적이지 않은 탓에 그러한 사각지대가 발생한다고 분석할 수 있겠다. 노사는 본래 갈등관계에 놓일 수밖에 없다. 하지만 서로가 서로를 인정하고 신뢰를 쌓아야 할 필요가 있다. 노동고용부도 노사관계가 수평적으로 변할 수 있도록 고용계약, 사전고지 의무 등을 엄격하게 관리 감독해야 할 필요가 있다.

숨겨진 행동

계약은 경기자들 간에 약속을 맺는 것이다. 하지만 한 당사자가 그 약속을 이행하고 있는지 여부를 관찰할 수 없을 때가 있다. 노동계약을 맺고 나면 피고용자는 성실하게 업무를 수행하고 고용자는 임금을 지급해야 할 의무를 지지만 피고용자가 업무 수행이 관찰되지 않는다면 그 피고용자는 일을 안 하게 된다. 개념적으로 이러한 것들이 도덕적 해이이다. 도덕적 해이란 정보가 비대칭적인 상황에 거래나 계약을 맺을 때 정보의 주체가 되는 사람이 자신의 태도에 최선을 다하지 않는 마음가짐이나 감춰진 행동을 말한다. 즉, 다른 사람의 이익을 희생한 대가로 자신만의 이익을 추구하는 기회주의적인 자세이다. 여기서 문제는 그러한 도덕적 해이를 통제할 수 있는 제도적 장치가 없으면 경제주체들을 윤리적으로 긴장하지 못하고 그 결과 시장실패를 초래할 수 있다는 것이다. 경제학에서 일반적으로 도덕적 해이란 계약에서 대리인이 행동을 감추고 자신의 이익을 추구하는 행위를 일컫는다. 예를 들어, 의뢰인이 어떤 변호사에 소송 업무를 맡겼다고 해보자. 그렇게 되면 변호사가 법률 '대리인'이 된다. 그리고 이 변호사는 고객을 위해 투입한 시간의 양만큼 보상을 받는다고 해보자. 만일 그 시간에 변호사가 다른 일에 매달려 추가 수입을 올리면서 정작 이 고객을 위한 노력을 게을리했다면, 그만큼 고객에게 비용을 적게 청구하면 될 것이다. 하지만 고객이 변호사의 행동을 감독하고 통제할 수 없는 상황에, 변호사가 자기가 일하지도 않은 시간을 고객을 위해 일한 것처럼 비용을 청구해도, 고객으로선 이를 알 수 없는 것이다. 이 경우 변호사는 자신의 이익만을 추구한 도덕적 해이를 저질렀고, 이로 인해 고객은 손해를 보았다고 할 수 있다. 도덕적 해이는 대리인에 의해 저질러지는 '대리인의 문제'이다. 대리인의 숨겨진 행동은 대리인만 알 수 있다. 사실 이익 추구는 인간의 기본적인 욕구이다. 도덕적 해이에 '도덕'이라는 말이 들어가긴 하지만, 어떤 행위가 도덕적이냐 비도덕적이냐 하는 사실은 도덕적 해이를 이야기하는 데 상관이 없다. 물론 대리인의 도덕적 해이 때문에 일차적으로 의뢰인이 피해를 본다고 생각할 수 있다. 그러나 현명한 의뢰인이라면 이와 같은 문제를 미리 내다보고 계약 또는 거래 자체를 기피하거나, 아니면 도덕적 해이의 가능성을 염두에 두고 그만큼, 또는 그 이상의 책임을 대리인에게 지게 할 것이다. 상황이 이렇게 되면 오히려 아쉬운 쪽은 대리인이 되고, 이번엔 대리인이 계약이나 거래를 주도하면서 반드시 의뢰인의 이익을 위하여 일하겠다고 약속하게 된다. 그러나 정보가 비대칭적이고 대리인이 무엇을 하는지 항상 관찰할 수 없는 경우엔 결코 의뢰인을 설득할 수 없고 또 설득이 안 된 만큼의 비용은 대리인이 감수하면서, 최선이 아닌 차선을 택하게 된다는 것이 소위 '주인－대리인 이론'의 기본 골격이다. 최선이 아닌 차선의 선택으로 인해 비용이 발생한다. 경제학적 의미로만 사용되던 도덕적 해이는 최근들어 그 개념 적용이 확대되어 윤리적으로 또는 법적으로 자신이 해야 할 일에 태만히 하는 모든 행위를 일컫게 된다. 도덕적 해이가 발생하는 가장 근본적인 이유는 정보비대칭 상황 속에서 자신의 이익을 극대화하려는 인간의 이기심에 달려 있기 때문에 그러한 행동을 무조건 비난할 수는 없다. 또한 법에 호소해 해결을 기대하기도 어려움이 따를 수 있다. 도덕적 해이란 원래 보험산업에서 완벽한 보험제도 성립을 방해하는 요인을 설명하기 위해 사용된 개념이다. 보험이란 평소에 보험료를 납부하여 발생 가능한 위험에 대한 보호를 하는 제도이다. 그런데 보험가입자는 덜 조심하는 경향을 보인다. 예를 들면 자동차 보험에 가입하고 나서 교통사고를 방지하기 위해 신경을 덜 쓰는 경우들도 여기에 해당한다. 당연히 사고가 많이 터질수록 보험사는 손해를 보게 된다. 더 우려스러운 것은 이 손해를 메꾸기 위해 보험료를 올리면, 사고를 더 잘 내는 사람들만 그 보험 계약에 남는다는 점이다. 그럼 결국 사고가 늘어나게 되고 그 결과 보험료가 인상되고 악순환이 일어난다. 이런 일을 막기 위한 각종 조항을 보험계약에 포함하게 된다. 손실액의 일정 비율은 본인의 과실로 간주하고 나머지만 지급하는 조항 등이 있다. 보험 계약을 체결하고 몇 년간 무사고로 있으면 보험료가 내려가게 하는 것도 도덕적 해이를 막고자 하는 목적에서 비롯되었다.

도덕적 해이를 극복할 수 있는 방안을 모색하기 위해 도덕적 해이가 왜 일어나는지 그 이유를 살펴보는 것이 중요하다. 언급한 대로 게임이론에서는 도덕적 해이의 직접적 원인이 도덕심의 결여가 아니라 인센티브의 결여라고 본다. 즉, 도덕적 해이라는 말 자체는 도덕심 결여라는 의미를 담고 있지만 문제는 도덕심 회복 운동을 펼친다고 해서 상황이 개선되지 않는다는 것이다. 인센티브 계약에서도 살펴볼 수 있듯이 저자는 열심히 일할 인센티브가 없으면 열심히 일을 하지 않을 것이고, 보험 가입자가 사고 방지를 위해 주의를 기울일 인센티브가 없으면 주의를 기울이지 않을 것이다. 도덕적 해이 문제의 근본은 인센티브이다. 출판사가 저자와 고정급 계약을 맺어 놓고 저자를 게으르고 노력하지 않는 사람이라고 낙인찍으면 그것은 오해다. 저자의 도덕성이 문제가 아니고 열심히 일할 인센티브가 없다는 것이 문제의 본질이다. 도덕적 해이는 갑자기 나타난 것이 아니다. 지난날엔 관습으로 그리고 전통으로 자연스럽게 받아들여졌던 문제들이 시대가 달라지면서 문제가 되어 불거진 측면들도 있다. 중요한 것은 도덕적 해이라는 문제를 정확히 인식하는 것이지 무조건적으로 특정 집단과 조직을 향한 감정풀이식 비판은 자제되어야 한다. 즉, 제대로 된 해결방법을 찾는 것이 중요하다.

최근 한국에서 도덕적 해이를 해결한 사례가 소개되었다. 한 달에 1,000만 원 넘는 수입을 가져가는 택배기사들이다. 택배회사마다 택배기사에게 임금을 지급하는 방식이 조금씩 다른데, 화제가 되었던 택배회사는 택배기사들이 배달하는 물량에 따라 보상을 지급하는 임금체계를 가지고 있었다. 택배회사와 택배기사가 정해진 업무시간만 채우면 일정한 월급을 지급하는 방식으로 근로계약을 하면 회사는 택배기사들이 성실히 일을 하는지 항상 감시해야 하고, 배달 물량이 갑자기 증가하면 추가 배달을 위해 택배기사들을 설득하고 추가 수당을 위한 협상을 다시 해야 한다. 그런데 배달 물량에 따라 임금을 지급하는 방식을 채택하면 택배기사들은 누가 시키지 않아도 지름길을 찾고, 효율적으로 물건을 고객에게 전달할 수 있는 방안을 스스로 강구한다. 정보비대칭으로 인한 도덕적 해이가 빈번하게 발생하는 곳이 노동시장이다. 올리버 하트 하버드대 교수는 '스톡옵션'을 통해 이러한 도덕적 해이에 대한 해결책을 제안한 바 있다. 스톡옵션이란 소유와 경영이 분리돼 있는 기업에서 CEO를 고용했을 때 발생할 수 있는 도덕적 해이를 완화할 수 있는 대안이다. CEO를 채용할 때 일정 금액의 보수만 제시하면 CEO는 자신의 경영활동에 대해 최선을 다하지 않을 수도 있다. 그런데 해당 기업의 주식을 미리 정한 가격으로 매입할 수 있게끔 스톡옵션을 지급하면 CEO는 경영활동에 최선을 다할 유인이 생긴다. 즉, 주가가 상승하면 자신의 수익도 증가하기 때문에 스톡옵션을 받은 CEO는 그들의 경영 활동과 성

과를 주주들이 엄격하게 감독하지 않아도 기업의 이윤창출을 위해 노력을 더 할 것이다. 도덕적 해이는 너무 보편적이어서 쉽게 해결할 수 없는 문제이다. 그러나 최근 정보기술(IT)이 발전함에 따라 비대칭정보도 줄어들 태세이다. '효율적 임금'도 노동시장에서 도덕적 해이를 방지할 수 있는 대안 가운데 하나이다. '효율적 임금'이란 자사 직원들에게 업계 평균 임금보다 더 높은 임금을 지불하는 경우이다. 얼핏 들으면 직원들에게 임금을 많이 주면 기업의 이윤이 줄어들어 선호되지 않을 것 같은데 기업들이 '효율적 임금'을 택하는 이유는 무엇일까? 근로자들이 현재 직장을 그만두고 새로운 직장을 찾았을 때 받게 될 임금이 별로 차이가 없다면 근로자들은 현재 직장에 대한 충성도가 높지 않고 성실하게 일할 유인도 크지 않을 것이다. 자신의 태만한 근무 태도가 상사에게 적발돼 해고되더라도 다른 직장에서 일을 하면 되기 때문이다. 하지만 다른 직장에 비해 임금 수준이 훨씬 높다면 근로자들은 현재 직장에서 계속 근무하길 원할 것이다. 따라서 성실하게 일을 할 것이다. '효율적 임금'을 지급하면 노동자들의 근무 태도를 감시하지 않아도 근로자들이 성실하게 일을 하게 되고 기업의 생산성을 증가시킬 수도 있다. 하지만 지금까지 알려진 그 어떤 대안도 도덕적 해이 문제를 근본적으로 해결하지 못한다.

도덕적 해이 '끝판왕들'

한국에선 도덕적 해이란 말은 IMF 환란 이후 많이 등장했다. 크게는 정부 관료, 금융업계, 그리고 기업의 도덕적 해이들이 거론됐는데 실제 한국에서 도덕적 해이는 어느 한 집단에서 나타나는 것이 아니라 전방위적으로 나타나고 있다. 2020년 10월 11일 한국일보 보도에 따르면 국정감사에서 밝혀진 결과 2019년 기준으로 산업부 산하 40개 공공기관 임직원 중 1억 원 이상 연봉자 수가 1만 2,918명이라고 한다. 40개 공공기관의 1억 원 이상 연봉자수는 2017년 말 9천 698명에서 2년 새 3천 220명 불어났다. 문제는 이 공공기관들 대부분이 영업이익 감소와 부채 증가 등 경영실적 악화 속에서도 고액연봉 잔치를 했다는 것이다. 산업부 산하 공공기관 부채는 2017년 172.8조 원에서 2018년 195.8조 원으로 22.9조 원이 늘었던 상태였다. 그런데도 고액연봉자가 많아졌다는 사실은 납득하기 어렵다. 적자인 만큼 긴축경영을 해도 모자랄 판에 고액 연봉 임직원들의 수가 오히려 수천명 증가했다는 것은 비판을 면하기 어렵다. 민간은 현재 최악의 취업난 속에 있다. 구조조정과 임금동결 등 고통받고 있는데

모범을 보여야 할 공공기관들이 고액연봉 잔치를 벌였다는 것은 이해하기 어렵다. 공공기관의 경영실태에 대한 전면적인 점검과 대대적 혁신이 필요한 시

점이다. 동방예의지국 한국은 실은 '도덕해이국'이다. 도덕적 해이는 정보비대칭이 있는 곳은 어디에서나 발생할 수 있다. 하지만 한국형 도덕적 해이가 심각한 것은 도덕적 해이를 일삼는 사람들이 죄책감을 느끼지 않는다는 데에 있다. 도덕적 해이를 일으켜도 처벌이 미약하다. 심지어 처벌받을 사람들이 정계로 진출하는 경우도 많다. 선진국의 경우엔 사람들의 도덕심이 높아서 도덕적 해이가 적게 발생하는 것이 아니고 도덕적 해이가 발생하지 않도록 통제 시스템을 갖추었기 때문이다. 도덕적 해이의 끝이 완전 퇴출이기 때문이다. 도덕적 해이 현상은 인간의 본질인 이기주의에서 출발한 것이어서 도덕과 양심에 호소한다고 해결될 수 없다. 그렇다고 해서 도덕적 해이가 발생했을 때 사후적으로 조사를 시작해 문제해결을 시도하면 이미 늦다. 또 다른 갈등을 조장할 수도 있다. 중요한 것은 도덕적 해이를 저지를 마음이 일어나지 않도록 하는 것이다.

막장 포퓰리즘

한국 언론엔 관료들의 도덕적 해이 현상이 많이 등장한다. 그들의 근무태만과 횡령 또는 뇌물수수 등도 따지고 보면 인센티브 결여에서 나타난 문제라고 볼 수 있다. 그들 스스로 생각해볼 때 열심히 그리고 성실하게 근무할만한 인센티브가 없기 때문에 그처럼 부정부패 유혹에 넘어가는 것이다. 예를 들어, 관료로 근무하면서 받는 임금이나 처우가 사기업에 다니는 친구들에 비해 나을 것이 없으면 자신들의 사회적 역할에 자조할 수밖에 없다. 게다가 제대로 된 감찰도 없다고 해보자. 그렇게 되면 부정부패를 저지를 유혹이 더욱 커질 수밖에 없다. 모든 문제의 이유를 공무원들의 도덕심 결여로 몰아가는 것은 문제 해결에 도움을 주지 못한다. 관료들의 도덕적 해이의 근본적 원인은 인기에 영합하는 막장 정치인들 탓도 있다. 정치인들이 권력을 잡기 위해 정책을 표몰이 도구로 활용하기 때문에 관료들은 전문성을 발휘할 기회조차 없는 실정이다. 모든 것들이 정치적 흥정으로 결정되기 때문이다. 대통령에게 주어진 장관 임명권은 선심 쓰듯 사람을 맘대로 임명하라고 부여된 것이 아닐 것이다. 전문성이 필요하다. 하지만 한국에선 장관이나 공공기관장들이 전문성을 갖추지 못한 경우도 많다. 단지 선거를 도왔다는 인연이나 '예스맨'들을 지명하는 경향이 있다. 이는 관료들의 사기를 크게 떨어뜨릴 수 있다. 관료들은 엘리트 집단으로 경쟁시험을 통해 선발된 사람들이다. 그래서 자부심 또한 강할 수밖에 없다. 행정에 있어선 그들이 전문가 집단이다. 그런데 선거를 통해 정권이 교체되었다고 해서 대통령과 가까운 정치인들이 행정부처를 사유화하는 것은 곤란한 일이다. 전문성이 부족한 사람들을 논공행상식으로 장관이나 공공기관에 임명하는 세태는 꼭 시정되어야 한다. 장관이나 공공기관장을 임명하는 과정에서 전문성이 반드시 검증될 필요가 있다. 그리고 관료들의 도덕적 해이를 방지하도록 유인체계를 강화해야 한다. 한국의 관료집단은 유능하지만 집단주의 문화에서 자유롭지 못하다. 그런 과정에서 개인의 성과가 무시되어선 안 된다. 유능한 관료들을 선발하여 그에 맞는 보상을 해줘야 한다. 관료들에게 정책결정 권한을 나눠주고 책임을 지게 하는 것도 방법이 될 수 있다. 그들의 전문성을 인정하고 역할을 맡겨 책임을 묻자는 것이다. 관료들의 도덕적 해이는 지방과 서울이 따로 없다. 지방자치단체의 재정의 열악함은 말할 필요조차 없다. 그럼에도 지방정부는 중앙에서 예산을 끌어내 무분별하게 사업을 벌이기도 한다. 전시행정을 위해 예산이 비효율적으로 집행되는 경우이다. 주민들의 편익을 도모한다는 구실이지만 선거출마를 앞두고 벌이는 선심성 사업도 많다고 한다. 서울과 지방할 것 없이 공무원사회를 편 가르고 줄 세우는 문화를 만드는 사람들은 무직자 정치인들이다. 모든 의사결정 권한이 집중되어 있는 한국의 관료제적 현실 속에서 인기영합주의는 공무원들을 도덕적 해이로 내몰 수 있다. 인기영합주의는 소신과 배치될 수 있다. 인기를 얻기 위해 선심성 정책들이 만들어질 때 전문가인 관료들이 모른 척하면 그 피해는 고스란히 국민 몫이다. 하지만 관료들은 나설 수 없다. 인사상 불이익을 받을 수 있기 때문이란다. 그래서 관료들의 도덕적 해이를 방지하기 위해선 인센티브 제도와 공정한 인사정책이 관건이다. 불공정한 인사정책으로 인해 소외감을 느낀다면 관료들을 더더욱 도덕적 해이에 몰릴 수밖에 없다. 또한 공무원사회의 사기를 떨어트리는 데 큰 몫을 한 것은 인기영합주의, 즉 포퓰리즘이라고 말할 수 있다. 포퓰리즘의 막장은 공무원 사회를 표적삼아 무조건 부정부패 온상으로 몰아가는 것이다. 같은 편이 아니라고 여겨지면 인사상 불이익을 준다거나 사소한 것을 문제 삼아 여론몰이를 시도하는 것이다. 최근엔 시민단체들의 행태도 도를 넘는 경우가 많아졌다. 감시와 견제는 필요하지만 공무원들을 무조건 부도덕한 집단으로 몰아가선 안 된다. 그들로 하여금 자부심을 갖고 일하게 하고 생활고 때문에 유혹에 넘어가지 않도록 보상도 충분히 해줘야 한다. 정치인들이 국민들을 편가르고 권력투쟁에 골몰하고 있을 때에도 사명감을 갖고 묵묵히 일하고 있는 공무원들도 많다. 실제로 청렴한 공무원들이 더 많다. 한국에선 모든 전문가집단들이 도덕적 해이를 저지르고 있다. 교수들의 프로젝트 비리 그리고 연구비 횡령 등은 너무 많아서 일일이 다 열거할 수조차 없다. 도덕적 해이의 문제는 도덕적 파탄의 결과가 아니라 도덕적 해이를 막을 수 있는 유인체계 결핍에 있음을 직시해야 한다. 전문가라고 해서 특별히 도덕 공부를 더 한 적은 없을 것이다. 그들은 단지 자기 분야에서 전문성을 갖추었다는 차이가 있을 뿐이다. 기본적으로 그들도 자신의 이익을 추구한다는 면에서 다른 사람들은 비슷하다. 한국은 IMF 이후 비로소 시스템이 변환되기 시작했다. 이전엔 관습상 문제되지 않았던 것들이 갑작스레 문제가 된 경우들도 많다. 도덕적 해이의 유일한 해법은 도덕운동 전개가 아니고 정보공개와 유인체계의 확립이다. 그중에도 유인체계를 만드는 것이 중요하다. 많은 이해 당사자들이 관련되어 있을 때 이들을 모두를 만족시킬 만한 체계를 만들어내기가 쉽지 않을 것이다. 하지만 그럴수록 필요한 것은 일관성이다. 한국인들은 도덕적 해이를 남들이 저지르는 일로 생각하는 경향이 있다. 즉, '나 하나쯤이야'라는 의식상태도 문제다. 자기 행동이 끼치는 영향이 미미하기에 괜찮다는 생각이다. 그런 안일한 심적 상태가 도덕적 해이의 근원이라는 것을 알아야 한다. 도덕적 해이 현상이 발생했을 때 대처하는 방법도 현명함이 요구된다. 처벌은 공정해야 하고 무엇보다도 일관성이 있어야 한다. 도덕적 해이의 발생 원인은 비대칭정보이기 때문에 꾸준한 모니터링도 필요하다. 내부고발자를 배신자로 몰아서도 안 된다. 그들은 조직 또는 집단의 잘못을 시정하고자 하는 사람들이다. 도덕적 해이는 인간의 본질과 닿는다. 인간은 누구나 자기 이득을 추구한다. 그들에게 이득추구 행위를 비난할 것이 아니라 그들의 잘못된 이득추구가 다른 누군가에게 손실을 끼쳤다는 점을 명확히 할 필요가 있다.

CHAPTER 12

정보와 선택

지금까지 우리가 살펴본 상황은 모두 경기자들의 정보가 같았거나 또는 정보비대칭이 발생했다면 계약체결 후 경기자가 자신의 행동을 감출 수 있는 정도였다. 즉, 지금까지 살펴본 모든 게임은 경기자를 둘러싼 환경에 '불확실성'이 없는 상태였다. 즉, 정보가 충분한 상태에서 의사 결정을 내릴 수 있었다. 이와 같은 경우를 완비정보(Complete information) 상황이라고 한다. 불확실성이라고 하니 혼합전략을 떠올릴 수도 있겠다. 하지만 혼합전략은 전략을 확정하지 않고 전략들을 선택하는 데 확률 분포를 스스로 만들어내 인위적으로 불확실성을 발생시켜 전략적 우위를 확보하는 것이 목적이었다. 혼합전략을 구사할 때 그 게임 상황은 보수 행렬, 게임 나무 등 경기자를 둘러싼 환경에는 '불확실성'이 존재하지 않았다. 하지만 현실 세계엔 불확실성이 존재하고 그러한 불확실성은 경기자들 전략선택에 영향을 미친다. 전략을 선택하려 하는데 정보가 충분치 않아 전략선택에 따른 보수를 파악하기 어려운 경우가 있다. 그러한 경우를 불비정보(Incomplete information) 상황이라고 일컫는다. 과일을 고를 때 겉만 봐서는 당도를 모르는 경우가 많다. 그래서 요즘은 당도측정기가 등장했다. 즉, 판매자가 아무리 과일이 달다고 말해줘도 구매자는 믿을 수 없다. 당도에 대한 불확실성을 덜어주는 데 당도 측정기가 역할을 했다. 일반적으로 물건을 파는 판매자는 그 상품의 품질을 알지만 구매자는 알 수 없는 경우들이 많다. 예를 들어, 중고차를 파는 사람과 사는 사람 간의 거래를 떠올리면 이해가 쉽다. 그 중고차의 품질과 이력에 대해서 판매자는 정확한 정보를 갖고 있지만 구매자는 그렇지 못하다. 물론 판매자가 정보를 제공해줄 수 있지만 그는 자신에게 불리한 정보는 굳이 알려주려 하지 않을 것이다. 이러한 불비정보 상황에서 의사결정을 해야 할 때도 많다. 뉴스에선 날씨를 예보한다. 일기 예보는 예보일 뿐이다. 내일 날씨를 정확히 말해 줄 수 없다. 다만 '확률'을 말해줄 뿐이다. 예를 들어 며칠 뒤 강우 확률이 10%라고 한다면 그날에 비가 안 온다는 뜻이 아니다. 말 그대로 비가 내릴 확률이 10%라는 뜻이다. 비가 올 수도 있는데 실제 그 확률이 적다는 것이다. 그 확률에 따라 사람들은 계획을 세운다. 만약 누군가가 내기를 했다고 하자. 즉, 그날 비를 한 방울이라도 맞게 되면 당신에게 1억 원을 주기로 약속했다고 하자. 당신은 강우 확률이 10%이니까 우산이 꼭 필요 없다고 생각할 수도 있다. 하지만 내기를 한 그는 그날 외출을 하지 않기로 결정할 수도 있다. 이렇듯 경기자는 불확실성 속에서 확률을 이용하여 최선의 행동계획을 세울 수 있다. 이 과정에서 중요한 개념은 기대치 또는 평균이다. 다음의 경우를 생각해보자. 동전던지기 게임을 해 앞면이 나오면 상대로부터 1,000만 원을 받고 뒷면이 나오면 아무것도 받지 못한다고 해보자. 즉, 0원을 받는다. 이때 당신이 이러한 게임을 통해 얻는 기대치를 생각해보면 500만 원이 된다. 왜냐하면 동전의 앞면이 나올 확률은 $\frac{1}{2}$이고 뒷면이 나올 확률도 $\frac{1}{2}$이다. 따라서 기대치는 $\frac{1}{2}\times(1000)+\frac{1}{2}\times(0)=500$이 된다. 그렇다면 이와 같은 게임을 하는 것과 게임을 하지 않고 그냥 확실하게 500만 원을 받는 것 중 당신은 무엇을 택하겠는가? 정상이라면 대부분의 사람은 후자 쪽을 택한다. 꼭 그렇지 않은 사람들도 있다. 예를 들어, 도박을 좋아하는 사람은 전자를 택하려 할 것이다. 왜냐하면 경우에 따라 1,000만 원까지도 노려볼 수 있기 때문이다. 당신은 어느 쪽인가? 후자라고 하면 당신은 '위험선호적'인 사람으로 분류되고 전자라고 하면 '위험기피적'인 사람으로 분류될 수 있다. 아무 쪽이나 상관없다고 하면 '위험중립적'인 사람으로 분류된다. 동전 던지기와 같은 게임은 위험이 존재한다. 1,000만 원을 얻을 수도 있지만 1원도 얻지 못할 수 있다. 사람들은 이와 같은 위험에 대해 선호관계가 저마다 다르다. 즉, 위험에 대한 태도가 다르다고 표현한다. 위험기피적인 사람들에겐 기대치 500만 원과 확실한 금액 500만 원은 전혀 다르다. 확실한 금액 500만 원이 훨씬 더 좋을 것이다. 그러나 아무리 위험기피적인 사람이라도 확실한 금액 100만 원과 기대치 500만 원 '동전던지기' 게임을 택하라고 하면 '동전던지기' 게임을 택할 사람들이 많아질 것이다. 그렇다면 옆 사람에게 한번 물어보자. 확실하게 받게 되는 금액이 얼마 이하로 내려가면 기대치가 500만 원인 동전던지기 게임을 시도해보겠느냐고 말이다. 그러면 대략 대답을 들을 수 있을 것이다. 그 사람에겐 그 액수가 동전던지기 게임과 등가를 이룬다. 가령 그 사람이 금액이 400만 원 밑으로 내려가면 동전던지기 게임을 시도하겠다고 얘기하면 그 사람의 위험 프리미엄은 100만 원이다. 기대치와 그가 제시한 금액을 뺀 액수이다. 그는 위험을 회피하기 위해 그 사람이 100만 원까지 지불할 수 있다는 뜻도 된다. 이와 같은 원리로 경기자는 불확실성 속에서도 확률 정보를 이용하여 보수의 기대치를 최대화하기 위해 최선의 노력을 한다. 보수가 어떤 금액으로 주어진다고 해보자. 앞서 얘기한 사례처럼 위험 때문에 기대치와 확실한 금액을 두고 경기들은 선호도가 달라진다. 그 선호도는 앞서 언급한 위험에 대한 태도 차이에서 비롯된다. 즉, 위험 프리미엄이 큰 사람도 있고 작은 사람도 있다. 이처럼 불확실한 상황에 대해 선호와 보수를 결합한 이론은 기대효용이론이라고 하는데 수학적 기초를 제시한 이들이 폰 노이만과 모르겐슈테른이다. 정보가 불확실한 상황에서 사람들은 합리적인 선택을 하기 위해 노력하지만 그 결과가 원래의 의도와 다르게 나타나는 경우가 있다. 대표적인 예가 역선택(adverse selection)이다. 도덕적 해이는 상대의 '행동'을 관찰할 수 없는 정보의 비대칭성 때문에 생긴 문제였지만, 역선택은 어느 경기자가 가진 '속성'에 대한 정보 비대칭성에서 비롯되는 문제이다. 행동은 경기자가 자신의 의사로 선택할 수 있는 것이지만 속성은 경기자가 선택하는 것이 아니라 갖추는 것이다. 역선택이란 의사결정에 필요한 정보가 충분하지 않아서 오히려 불리한 선택에 이르게 되는 것을 말한다. 쉽게 말해 무엇인가 선택하려 할 때 좋은 것은 다 빠져나가고 나쁜 것만 남아 있는 상태에 직면하는 것이다. 한 당사자는 정보가 있고 다른 당사자는 정보가 없는 경우에 그러한 역선택은 발생할 수 있다. 역선택 사례는 많다.

정리 미비정보 상황에선 역선택이 발생한다.

역선택

자동차를 구입하기 위해 중고차 시장을 방문해본 사람은 한 번쯤은 고민해봤을 것이다. 새 차를 살 때는 그 차 품질에 대해 크게 의심을 품지 않는다. 새 차들 간에는 품질 차이가 그렇게 클 리가 없기 때문이다. 하지만 중고차의 경우는 다르다. 이전 차주가 차를 얼마나 잘 관리했었는지, 사고를 낸 일은 없는지, 그래서 수리는 얼마나 받았었는지 등 차의 이력을 정확히 알 수 없기 때문이다. 물론 그 중고차를 판매하려는 사람은 조금이라도 비싼 가격에 그 차를 팔기 위해 차에 대해 최대한 좋게 말할 것이다. 어떤 영화에서는 중고차 딜러가 고객에게 "그 차는 교수님이 탔던 차 …"라고 하자 고객이 아까도 교수님이 탔던 차라고 하지 않았느냐고 되받아쳐서 폭소를 유도한다. 즉, 편견이겠지만 차를 험하게 몰지 않았고 관리가 잘 된 차라는 점을 강조하기 위해 그렇게 둘러댔을 것이다. 중고차를 살 때 값이 비싸면 비싸서 고민되고 또한 값이 저렴하면 왜 저렴한지 불안을 느낀다. 저 차는 왜 저렴할까? 의심도 든다. 이쯤 되면 구매자 입장에서는 중고차를 사기 위해 값을 후하게 쳐주고 싶지 않을 것이다. 아무리 판매자가 좋은 상태의 차라고 홍보하더라도 중고차는 중고차이며 구매자 입장에서는 상태가 좋은 차라는 확실한 증명이 없다면 최대한 낮은 가격에 구입하려고 할 것이기 때문이다.

이번에는 판매자들의 입장에서 생각해보자. 우선 중고차를 팔려고 내놓은 사람들은 구매자와는 달리 자신의 차에 대해 누구보다도 잘 아는 사람들이다. 다시 말하면 그 중고차의 적정가격을 가장 잘 알고 있는 사람들이라고 할 수 있다. 예를 들어 무사고에 수리도 받은 적이 없고 정말 잘 관리된 차를 내놓은 사람들은 그렇지 않은 차에 비해 차 값을 많이 받으려고 할 것이고 이는 구매자 입장에서도 수긍이 된다. 그럼 그렇게 관리가 잘 된 차라면 모르는 사람에게 저렴하게 팔고 싶어 하지 않을 것이다.

문제는 상태가 좋지 않은 차를 팔려는 사람들이다. 과거에 사고난 이력도 있고 관리가 잘 안 된 차임에도 그 사실을 구매자가 알 수 없다면 차 상태를 감추어 최대한 높은 값을 받아내려고 할 것이다. 시장균형엔 어떤 특성이 있는지 살펴보자. 예를 들어 현재 시세가 1,000만 원인 중고차가 있다고 하자. 어떤 차는 같은 차종이지만 관리가 훨씬 잘되어 1,000만 원 이상 가치가 있다고 가정하자. 그 차의 차주는 자신의 차를 중고차 시장에 내놓으면 1,000만 원 밖에 받을 수 없으므로 시장을 통한 판매를 포기하고 말 것이다. 이 과정에서 역설적으로 가장 큰 수혜를 입는 이는 가장 저질의 중고차를 보유한 사람이다. 왜냐하면 가장 낮은 가치의 차를 공급하고 같은 가격 1,000만 원을 받을 수 있기 때문이다. 시장실패가 나타난 경우이다. 이러한 시장실패가 시정되지 않으면 어떻게 될까? 좋은 품질의 중고차를 보유한 이들이 중고차 시장을 통한 거래를 피하려 할 것이다. 제값을 받지 못하기 때문이다. 따라서 중고차 시장에는 1,000만 원 가치에 미달된 중고차들만이 시장에 나올 것이고 1,000만 원에 거래될 것이다. 평균 품질이 낮아진다. 이렇게 되면 구매자들은

1,000만 원보다 더 적은 가격을 지불하려고 할 것이고 그렇게 되면 시장가격은 1,000만에서 더 낮아질 것이다. 예를 들어 그 가격이 800만 원으로 낮아졌다고 해보자. 그렇게 되면 자신의 차가 800만 원 보다 높은 가치를 보유하고 있으면 그 차주는 그 차를 그 중고차 시장에서 팔려고 하지 않을 것이다. 그렇게 되면 시장에는 800만 원 가치에 미달된 차들만 나올 것이다. 이렇게 되면 상대적으로 가치가 높은 중고차들은 시장을 빠져 나갈 것이다. 결국 상태가 좋지 않은 중고차들만이 시장에 남게 될 것이다. 그리고 그 시장은 신뢰를 잃어 기능을 못하게 될 것이다.

언뜻 들으면 황당한 얘기로 들리지만 구구절절 사실이다. 노동시장도 마찬가지이다. 예를 들어, 어떤 직장에서 모든 직원들 평균 생산성을 고려하여 동일한 임금을 준다고 생각해보자. 이때 가장 큰 수혜자는 생산성이 가장 낮은 직원이고 가장 큰 피해자는 생산성이 가장 높은 직원이다. 즉, 일을 가장 태만하게 하는 사람이 가장 큰 수혜를 입고 일을 가장 열심히 하는 사람이 가장 큰 피해를 입는다는 것은 말이 될 수 없다. 하지만 이러한 일은 실제 많이 일어난다. 보험시장은 어떨까? 개인의 사고율은 개인이 선택하는 행동일까? 아니면 속성일까? 지난 장에서 도덕적 해이를 논의할 때 피보험자가 사고에 주의하는지 어떤지는

그 사람이 '선택하는 행동'이라고 했다. 하지만 주의 깊다는 것은 본인이 선택한 결과가 아니라 타고난 사람의 성격이나 속성일 수도 있다. 그렇게 생각하면 앞서서 언급했던 문제는 피보험자가 선택한 행동을 관찰할 수 없는 문제(도덕적 해이)가 아니라 그 사람이 어떠한 속성을 지니고 있는지를 관찰 할 수 없는 문제라고 파악할 수도 있다. 이처럼 정보비대칭이 어떻게 역선택 문제를 일으키고 시장실패를 초래할 수 있는지를 최초로 분석한 사람은 조지 애컬로프(George A. Akerlof)이다. 그는 미국 연방준비위원회 의장 자넷 앨런의 남편이기도 하다. 그는 이와 같은 정보비대칭과 역선택 연구에 기여한 공로를 인정받아 2001년 노벨경제학상을 수상했다. 즉, 중고차 판매자가 갖고 있는 사적 정보인 품질을 고객이 알 수 없기 때문에 고객은 양질의 중고차(Peach)가 아닌 저질의 중고차(Lemon)만을 구매할 수밖에 없는 역선택이 발생하는 것이다. 시장이 제대로 기능하기 위해선 정보의 편재가 필수적이라는 것이다.

이러한 역선택 문제를 해결하기 위해서는 정보비대칭을 없애거나 줄이기 위한 장치나 제도가 필요하다. 만약 중고차 딜러가 사고 및 수리 이력을 투명하게 공개한다든지, 구매 후 얼마 기간 동안 이상이 있을 경우 무상수리해주겠다는 보증서를 발급해 줄 경우 도움이 된다. 이 경우 고객은 중고차 딜러를 신뢰할 수 있을 것이다. 결과 고객은 '레몬'을 선택하지 않을 수 있고 판매자는 품질에 적정한 가격을 받고 차를 팔 수 있게 되어 시장 기능이 원활해 질 수 있다. 실제로 요즘 중고차 시장을 살펴보면 정보비대칭성이 많이 줄어들기도 했다. 고객들에게 신뢰를 줄 수 있도록 제도들이 정착되어 있다. 중고차 거래가 많아지는 것은 사람들이 중고차를 선호해서가 아니라 중고차 시장 기능이 제대로 작용한 결과라고 해석할 수 있다. 미국에선 중고차 거래가 한국보다 흔하다. 이는 미국인들이 한국인들보다 경제적으로 부족해서가 아니라 미국의 중고차 시장은 정보비대칭을 해소하기 위한 제도가 잘 갖추어져 있기 때문이다.

떠나야 할 사람이 남는다

명예퇴직을 시행하는 이유는 생산성을 높이기 위해서다. 하지만 한국에선 명예퇴직이 오히려 평균생산성을 낮출 수 있다. 명예퇴직 제도란 나이를 기준으로 해서 고령의 직원들을 명예퇴직금을 주고 퇴사시키는 제도인데 오히려 생산성 높고 유능한 직원들이 명예퇴직금을 받고 전직의 기회로 활용하는 경우도 많다. 일반적으로 명예퇴직의 조건은 연령이나 직급인 경우가 대부분이다. 따라서 능력이 있거나 업무에 능숙한 직원들은 다른 직장에서도 인기가 많을 것이다. 실제로 전직을 권유받았을 가능성도 크다. 그럼에도 전직을 고려하고 있지 않았던 직원들이 명예퇴직 제도가 공고되면 명예퇴직을 신청해 명예퇴직금을 받고 이직을 하게 된다. 반면 무능하고 생산성이 낮은 직원들의 경우 마땅히 이직할 곳이 없기 때문에 그 직장에 끝까지 남으려 할 것이다. 그렇게 되면 그 회사는 명예퇴직제도를 실행해 유능한 사람들은 명예퇴직금을 챙겨 이직하게 하고 무능한 사람들만 회사에 남게 되는 결과를 초래할 수 있다. 그 경우 생산성은 낮아질 것이다. 실제 유능한 공직자들 중에 명예퇴직금을 받고 퇴직한 다음 높은 연봉을 받고 사기업에 재취업한 사람들도 많다. 어찌 보면 그렇게 유능한 사람들이 공직 사회에 남아 생산성을 높일 이유가 있겠지만 명예퇴직제도를 통해 그런 유능한 이들이 이직 한다는 것은 매우 아쉬운 일이다. 중요한 것은 정부재정을 통해 생산성 높은 이들의 이직을 도왔다는 사실이다. 기업들도 마찬가지이다. 생산성을 낮추는 직원들의 퇴직을 유도하기 위해 명예퇴직제도를 실시하지만 실제 유능한 직원들이 이직하게 되고 정착 퇴출되어야 하는 무능한 직원들은 회사에 남는 결과를 초래하는 경우도 많다. 특히 정년이 보장된 공무원들이나 공기업 직원들을 대상으로 명예퇴직제도를 운용하면, 유능한 사람들이 명예퇴직금 받고 재취업하는 경우가 발생하기 쉽다. 한국형 역선택이라고 말할 수 있다.

요즘은 구직자들이 넘쳐나기에 임금을 낮게 제시해도 우수한 인력들을 채용할 수 있다고 생각하는 기업이 있을 것이다. 지적할 것은, 낮은 임금은 역선택을 초래한다. 임금이 적으면 유능한 인재가 그 회사로 올 리가 없다. 그 회사가 공고를 내고 근무를 지망하는 사람들은 대부분 유능한 사람들이 아닐 것이다. 따라서 역선택을 최소화하려면, 유능한 인재에게는 그에 맞게 높은 임금을 주어야 한다. 포드자동차를 설립한 헨리 포드(Henry Ford)는 유능한 인재들을 구하기 위해 1914년 혁신적인 임금조치를 단행한 바 있다. 즉, 하루 5달러의 일당을 제안한 것인데 이는 당시 일당수준의 약 2배에 해당하는 금액이었다. 5달러 일당이 발표되자 포드공장마다 직장을 구하는 근로자들이 넘쳐났고, 그 결과 포드사 근로자들의 생산성이 증가하여 임금인상에도 불구하고 생산비가 도리어 하락하는 결과를 가져왔다. 평균임금보다 높은 임금을 지불한 것이 회사에 이득이 된 것이다. 앞서서 언급한 '효율적 임금'의 사례이다. 어쨌든 고임금으로 인해 포드자동차 근로자들이 규율을 잘 지키고 회사에 대한 충성심이 높아졌으며, 개인의 생산성도 제고되었기 때문에 생산비가 하락한 것이다. 헨리 포드 자신도 임금 인상이 매우 효과적이었다고 스스로 평가했다. 인간은 언제나 합리적으로 행동한다는 사실을 인지하고 그에 맞게 유인을 제공하면 불확실성하에서도 역선택을 해결할 수 있다. 그 좋은 사례라고 볼 수 있다.

나쁜 경찰과 착한 깡패

시험공화국 한국에선 경찰이 되려면 먼저 엄청난 경쟁률 속에서 필기시험을 통과해야 한다. 공정함을 위해서 그렇게 한다. 여러 가지 능력을 갖추어야 하지만 한국에서 경찰이 되기 위해서는 무엇보다도 필기시험 점수가 높아야 한다. 여기서 생각해보아야 할 점이 있다. 경찰의 기능과 본연의 임무가 무엇이냐는 것이다. 물론 경찰들을 선발하는데 공정성도 중요하지만 그들에게 치안업무를 맡기 위해선 이타심과 봉사정신도 필요할 것이다. 당연하지만 강직함과 용기도 필요할 것이다. 하지만 경찰이 되기 위해 높은 경쟁률의 필기시험을 치러야하기 때문에 이타심과 봉사정신이 높은 사람들이 오히려 불리할 수 있다는 점을 지적할 수 있다. 이타심과 봉사정신은 경찰뿐이 아니라 모든 공직자들에게 요구되는 덕목일 것이다. 주어진 시간 안에 객관식 문제들의 답을 잘 찾는 것도 공정성 면에서 중요하지만 청렴하고 국가관이 투철한 공직자 선발이 본래 목적이라고 할 수도 있다. 한국에선 공정성을 위해 필기시험이 지나치게 강조되기 때문에 역설적 상황에 직면하기도 한다. 즉, 모든 정부부처 또는 공공기관에 객관식 문제풀이에 강한 사람들이 선발되고 있는 것이다.

그러다보니 한국 영화를 보면 경찰과 깡패 역할이 뒤바뀌는 경우가 많다. 물론 경찰도 사람인지라 누구나 악당이 될 수 있다. 세계적으로 부패경찰은 많고 영화 '레옹'에서도 부패경찰이 등장한다. 하지만 한국영화에선 상당히 많은 경우 경찰 또는 권력기관을 부정적으로 묘사하고 그리고 그 반대편 사람들을 정의롭게 묘사하는 경향이 있다. 실제로 한국에선 경찰뿐만 아니라 다른 권력 기관 종사자들도 악당이 될 수 있다. 영화에 보면 깡패가 오히려 인격자로 등장해서 멋진 역할로 맡기도 한다. 한국에선 실제 그럴 가능성도 존재한다. 왜냐하면 정의감이 강하다 하더라도 경찰이 되려면 객관식 필기시험을 잘 치러야 하며 그것도 모자라 모집 정원에 들어가긴 위해선 등수경쟁을 해야 하기 때문이다. 진정 인간미 넘치고 의리가 있는 사람이라면 친구보다 높은 등수를 얻어야 하는 그런 등수경쟁에 익숙하지 않을 수도 있다. 그러한 등수경쟁에선 경쟁심 강하고 이기적인 사람들이 유리할 것이다. 그렇다면 그런 사람들이 객관식 필기시험을 통과하여 공직에 진출할 가능성이 높아질 것이다. 물론 일반화해선 안 된다. 공정한 선발을 위해 경쟁시험은 반드시 필요하다. 다만 역선택에서 완전히 자유로울 수 없다는 점을 지적한다. 영화는 상상도 많지만 대개 그 나라의 모습을 반영한다. 그렇다고 해서 깡패와 폭력이 미화되어선 안 된다. 역선택은 또 있다. 법을 제정하는 국회의원들이다. 한국의 국회의원들 중에 역설적으로 전과자들이 많다. 이 역시 역선택 상황으로 볼 수 있다. 즉, 국회엔 정직하고 법을 잘 지킬 수 있는 사람들이 진출해야 하는데 오히려 그 반대이기 때문이다. 언론보도에 따르면 지난 21대 총선 당선자 3명 중 1명은 전과자라고 한다. 즉, 지난 총선에서 당선된 국회의원 300명 중 100명

(33.3%)은 범죄 전력을 가지고 있는 것으로 조사됐다. 이는 지난 20대 총선에서는 전과자가 92명이었다고 하는데 이번에 8명이 더 늘어난 결과이다. 그들은 자신들의 범법행위에 정당성을 부여하기도 한다. 여러 가지 이유들이 있었을 수 있다. 하지만 소크라테스는 악법도 법이라고 했다. 아무리 훌륭한 일을 했다 하더라도 남에게 피해를 끼쳐서 처벌을 받았다면 일단 사과와 반성이 필요한 것이지 무조건 정당화하는 것은 곤란하다. 그것도 역선택 현상이라고 볼 수 있다. 다른 것은 몰라도 범법행위를 한 사람들이 국회에 들어간다는 것이 어딘가 이상하게 여겨진다. 법을 제정하는 국회의원들 중에 30% 이상이 전과자라고 하니 약간은 코믹하다. 한국은 전과자가 취업하기 힘든 나라이다. 한국에 어느 직장에서 전과자 비율이 30%이상 되는 곳이 있을까? 국민들에게 선택받았다는 이들 중에 30%가 전과자라는 사실은 많은 것을 시사한다. 많은 이야기가 있을 것이다. 하지만 통계치는 분명 의아하다. 대부분의 국민들은 법을 잘 지키면서 성실하게 살고 있다. 그들 시각에서 보면 법을 안 지켜 처벌받은 사람들이 공직에 진출해 많은 특혜를 누리고 있는 것이 이해가 안 될 것 같다. 법을 안지켜도 사회지도층이 될 수 있다고 생각하지 않겠는가? 그럼 국민들도 법을 지키고 싶지 않을 것이다.

카멜레온 평등주의자들

또 하나의 역선택 사례는 사교육을 부추기는 카멜레온 평등주의자들이다. 그들은 입으론 평등을 외치지만 실제 지독한 차별주의자들이다. 과거 한국 대학생들의 상당수가 평등주의자들이었다. 그들은 누구보다 평등을 외쳤고 자본주의가 어떻게 인간을 소외시키는지에 대해 늘 공부했다. 그런 사람들 중에 사교육 시장에 진출해 막장 차별주의자로 변신한 사람들이 있다. 자신들이 말로 주장해 온 평등과 행동하는 방식이 전혀 다른 카멜레온 평등주의자들이다. 그들은 평범한 직장생활을 하기 어려워 사교육 시장에 진출했다고 말한다. 실제 그랬을 수도 있다. 그리고 한국에서 직업선택은 자유이다. 하지만 카멜레온 평등주의자들이 사교육 시장을 장악해 청소년들에게 극한의 입시경쟁을 부추기는 것은 어딘가 이상하다. 이 역시 한국의 역선택 현상이라고 말할 수 있다. 카멜레온 평등주의자들이 여타 자영업자들보다 더 상업적이다. 그들은 먼저 구변이 좋고 대중선동능력이 뛰어나다. 그 대중선동능력은 시장경쟁 속에서 판촉능력으로 전환되었다. 그들은 시장주의 DNA를 타고난 사람들이었다. 자신들이 자신들의 적성을 몰랐을 뿐이다. 그런 DNA를 타고난 사람들이 평등을 외쳤다고 하니 정말 한국은 역선택의 나라이다. 그들의 취업이 제한되지 않고 기업에서 일할 수 있도록 했다면 그들은 국가경제에 더 크게 기여했을지도 모른다. 한국에서 직업선택은 자유라고 했다. 하지만 평등주의를 자처했던 그들이 앞서 설명한 '사회적 딜레마' 상황을 이용해 돈을 버는 것도 모자라 그 딜레마를 더욱 고착시키고 있다. 전두환 정권 때 사교육을 전면 금지시켰고 고등학교들을 평준화했다고 한다. 명문고에 진학하겠다고 중학교 때부터 주입식 교육을 시켰던 때였는데 그나마 그때 고입경쟁이 좀 수그러들었다고 한다. 그런데 한때 평등주의자들이 오히려 입시경쟁을 부추기는 것은 정말 역설을 넘어 슬픈 일이 아닐 수 없다. 그들은 사실 창업가들이다. 그리고 뼛속까지 자본주의자들이다. 입시학원을 연

것 자체가 창업이다. 하지만 그러한 창업은 국가 경제 전체를 위해선 전혀 이롭지 못하다. '사회적 딜레마'를 더욱 고착시키기 때문이다. 그리고 고용창출과도 거리가 멀다. 한국에서 사교육 규모는 갈수록 더 커져간다. 규모가 커진 사교육은 공교육을 압도하게 되었다. 학생과 학부모들은 입시교육에 전문화된 학원을 학교보다 더 신뢰한다고 한다. 심지어는 전교조 해직교사들도 사교육 시장에 진출했다고 한다. 참교육을 외쳤던 그들이 학원을 통해 아이들 간에 막가파식 경쟁을 조장하며 돈을 버는 세태가 되었다. 하나 한국에선 어느 누구도 그러한 위선을 문제 삼지 않는다. 사교육 시장에서 돈을 왕창 벌어 정치인으로 변신한 사람들도 많다. 그런 사람들이 외치는 개혁은 곧이 곧대로 안 들린다. 너무 위선적이기 때문이다. 그들 스스로 모르고 있지만 그들은 대기업 CEO들보다 더 철저한 자본주의자들이다. 자신들이 저지른 위선들에 대해 사과가 필요하다고 할 수 있다. 물론 한국의 사교육 시장이 20조 규모 이상으로 비대해진 책임을 모조리 사교육 창업가들에게 돌리는 건 지나치다는 지적도 있다. 사교육 창업가들이 막대한 돈을 벌 수 있었던 것은 시대적 상황이 만들어낸 우연일수도 있다. 그리고 돈은 누구나 많이 벌고 싶어 한다. 그들은 창업정신과 시장주의 DNA이다. 지적할 것은 위선이다. 자본주의자들은 평등주의의 탈을 벗어라. 카멜레온 평등주의자들은 사교육

시장의 공급자이면서 수요자이기도 하다. 자기 자녀들에게 차별적 지위를 만들어주기 위해서다. 공정과 평등의 이미지를 내세워 많은 인기를 누린 인사들이 자녀들 입시비리 문제 때문에 곤욕을 치르는 일이 많다. 공문서를 조작하기도 했단다. 누구보다 시장주의 DNA를 타고난 사람들이 평등주의자를 자처하는 것은 전형적인 역선택 현상이다.

정보비대칭

그럼 역선택은 왜 발생할까? 속성에 대한 정보비대칭 때문이다. 다음 모형을 생각해보자. 구직 시장에서 나와 있는 어떤 사람을 생각해보자. 기업이 그를 채용하려면 그의 능력에 대해 알아야 한다. 하지만 알지 못한다. 그렇다면 그 사람 능력에 대해 누가 제일 잘 알고 있을까? 허탈하지만 그 사람 스스로가 제일 잘 알고 있다. 그를 제외하곤 어느 누구도 그의 능력에 대해 정확히 알고 있지 못하다. 즉, 중고차 품질에 대해서도 그 중고차를 팔려는 사람만이 정확히 알고 있다고 설명했다. 구직 시장에 나와 있는 사람들의 능력 또는 성실함 등에 대해서는 그 사람들만이 정확히 알고 있다. 여기서 말하는 구직자의 능력도 '속성'이라고 볼 수 있다. 어떤 회사가 능력 유무에 따라 직원을 채용하고 또한 임금을 차등지급한다고 하자. 직원의 능력 유무에 대한 정보는 비대칭적이다. 즉, 그 직원은 스스로의 능력에 대해 잘 알지만 회사는 그의 능력에 대해 정확히 알 수 없다. 역선택 모형은 이렇게 두 경기자 간에 정보가 비대칭적인 상황하에서 발생하는 문제들을 설명한다. 앞서 언급한 구직 시장의 사례를 좀 더 구체적으로 생각해보자. 한국에선 취업을 위해 영어(TOEIC) 점수 취득이 중요하다. 승진을 위해서도 영어 점수는 중요하다. 한국에선 왜 그렇게 영어를 강조할까? 사실 한국에서 영어를 쓸 일이 그렇게 많지 않다. 그런데 왜 그럴까? 다음의 경우를 생각해보자.

A 전자에서 새 사업을 시작하기 위해 경쟁회사인 B 전자 사원 갑돌을 스카우트하려고 한다. 회사는 당연히 유능한 직원을 선호한다. 갑돌이 유능하면 좋겠지만 그가 유능한지 여부를 알 수 없다. 그가 능력이 있다면 그는 B 전자에서 연봉 1억 원을 받고, 능력이 부족하다면 8,000만 원을 받고 있다고 하자. 하지만 A 전자는 그것조차 알 수 없다. 그렇다면 왜 회사들은 유능한 직원을 선호할까? 당연하지만 이론적으로 설명하면 회사는 뭔가를 생산해서 수익을 창출하는데 이 과정에서 직원들이 그 생산에 기여하게 된다. 같은 시간을 일한다고 가정하면, 유능한 직원은 생산에 더 많이 기여하고 무능한 직원은 더 적게 기여하기 때문이다. 그래서 가장 합리적인 보상 방법은 각 직원에 대해 그 직원이 생산에 기여하는 만큼을 임금으로 지급하는 것이다. 하지만 현실적으로 각 직원이 얼만큼 생산에 기여하는지를 정확히 알 수 없다. 그래서 연차가 같은 직원들에게 비슷한 임금을 지급하게 된다. 모형을 단순화하기 위해 A 전자에서 직원은 자신의 능력 여부에 따라 회사에 기여하는 것이 달라지는데 그가 진정 능력을 보유하고 있으면 1억 2,000만 원, 그렇지 않으면 9,500만 원의 가치를 생산에 기여할 수 있다고 가정하자. 여기서 갑돌의 '속성'은 능력이 '충분할' 경우와 '부족할' 경우 두 가지 경우로 나눌 수 있다. 각각 확률은 $\frac{1}{2}$이라고 하자. 갑돌은 현재 다니고 있는 B 전자에

남을지 아니면 A 전자로 이직할지를 정한다. 이직할 경우에는 A 전자가 갑돌에게 연봉 1억 1,000만 원이나 9,000만 원 중 어느 한쪽 임금을 지불한다. A 전자와 갑돌은 게임을 한다고 표현할 수 있다. A 전자 입장에서 보면 갑돌의 능력 여부를 알지 못하기 때문에 불확실성이 존재한다고 볼 수 있다. 이처럼 경기자의 속성에 불확실성이 존재하는 게임을 불비정보 게임이라고 했다. 구직시장에서 고용자와 구직자 간에 벌어지는 게임은 구직자의 속성이 알려져 있지 않아 불비정보 게임이라고 범주화할 수 있다. 순차적 게임을 배우면서 게임나무를 그려본 적 있다. 미비정보에서도 비슷하게 게임나무를 그릴 수 있다. 아래에 있는 게임나무를 보자.

그림 5 역선택

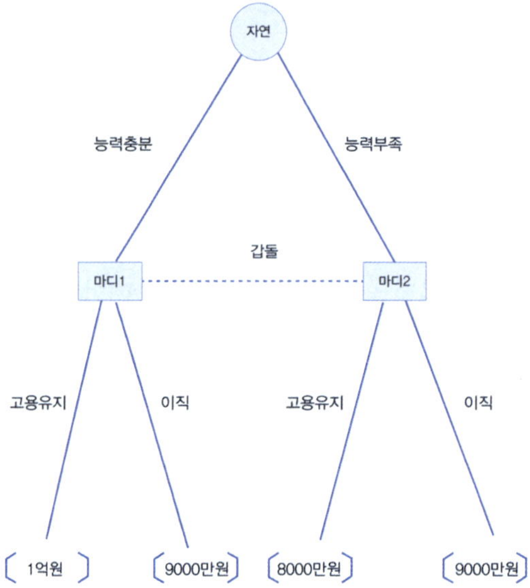

우선 게임나무의 뿌리는 '자연'이라고 불리는 마디가 된다. 그리고 그 뿌리로부터 경기자 갑돌의 능력이 충분한지 아니면 부족한지가 확률적으로 나눠진다. 그리고 갑돌은 자신의 능력에 따라 그의 최적 행동을 정한다. 능력이 충분하면 A 전자로 이직할 것이고 능력이 부족하면 B 전자에 남는다. 갑돌이 A 전자로 이직을 결정하면, A 전자는 그에게 줄 임금을 1억 1,000만 원으로 할지, 아님 9,000만 원으로 할지를 선택해야 하지만 무엇보다 A 전자는 갑돌의 능력 여부를 직접 관찰할 수 없다. 이것은 이론적으로 표현하면, A 전자가 게임나무를 그려놓고 분석을 시도하는 과정에서 갑돌의 의사결정마디를 정확히 알지 못한다. 두 가지 중에 하나다. 하나는 그가 유능할 때 도달하게 되는 의사결정마디이고 다른 하나는 그렇지 않을 때 그가 도달하게 되는 의사결정마디이다. 전자를 '의사결정마디 1' 그리고 후자를 '의사결정마디 2'라고 해보자. A 전자는 갑돌이 '의사결정마디 1'에서 선택을 하는지 아님 '의사결정마디 2'에서 선택하는지를 알지 못한다. '의사결정마디 1'과 '의사결정마디 2'를 하나의 집합으로 묶어 이것을 '정보집합'이라고 부른다. 쉽게 우리는 '정보집합'을 정보단지라고 표현해보자. 즉, 어떤 단지에 손을 넣어 제비뽑기를 한다고 해보자. 구직 시장에서 고용자는 대부분 이와 같은 정보단지 안에 무엇이 들어있는 줄 모르고 손을 넣어 하나 고르는 상황에 처해있다고 볼 수 있다. 그래서 인력 채용이 쉽지 않은 것이다. 불확실성이 따르기 때문이다. 불확실성은 고용자에게 불안을 준다. 그 불확실성을 최대한 줄이기 위해 그 정보단지 안에 무엇이 들어있는지 살펴보고 싶을 것이다. 사람을 통해 알아볼 수 있다. 추천제가 여기에 해당한다. 그래서 미국에선 추천서를 받아오라고 한다. 그를 가르쳐

봤거나 같이 일을 해본 사람들은 그에 대해서 정보를 갖고 있기 때문이다. 하지만 폐쇄적인 사회일수록 이와 같은 추천제가 부정한 방법으로 자주 쓰인다. 왜냐하면 서로 감추어야 할 것이 많기 때문이다. 추천이 안 된다면 그나마 그의 이력서를 보고 그의 능력을 가늠해볼 수밖에 없다. 게임엔 규칙이 있다.

정리 한 개의 정보집합에서 한 가지 행동만이 선택된다.

정보를 분석한다

불비정보 게임에서 경기자는 정보집합 내의 상황을 추측할 수 있는 신념을 갖고 있다. 그럼 여기서 역진귀납법을 통해 게임의 해를 구해보자. 예측을 통해 해를 구하려면 우선 A 전자의 행동을 결정해야 한다. 규칙1에 따르면 A 전자는 갑돌을 채용하면 그가 '의사결정마디 1'에 있는지 아니면 '의사결정마디 2'에 있는지 알지 못하지만 임금을 1억 1,000만 원으로 할지 아니면 9,000만 원으로 할지를 선택해야 한다. 정보가 부족한 상황에서 추측을 해야 할 때는 확률을 알아보는 것이 가장 합리적이다. 그래서 A 전자는 갑돌이 '의사결정마디 1'에 있는지 아님 '의사결정마디 2'에 있는지 확률 분포를 파악했다. 그 확률을 바탕으로 A 전자는 갑돌에 대해 어떤 임금을 줄지를 결정할 것이다. 그 확률 분포는 A 전자가 갑돌에 대해 갖는 신념(belief)이라고 볼 수 있다. A 전자는 이 신념을 바탕으로 갑돌을 채용했을 때 자신들이 얻을 수 있는 기대보수가 최대가 되도록 임금을 결정할 것이다.

정리 A 전자는 갑돌이 어떤 확률을 가지고 정보집합 내에 있는 각 의사결정마디에 도달하는지에 신념을 가진다. 그리고 A 전자는 그 신념을 기초로 기대보수를 최대화하기 위해 갑돌의 임금 수준을 결정한다.

단순화를 위해, A 전자가 신념을 갖고 있는데 각 의사결정마디마다 확률이 $\frac{1}{2}$이라고 해보자. 즉, 갑돌이 '의사결정마디 1'에 있을 확률이 $\frac{1}{2}$이고 '의사결정마디 2'에 있을 확률이 $\frac{1}{2}$이라고 보고 있다. 그가 유능할 때 회사에 1억 2,000만 원만큼 기여를 하고 그렇지 않을 때 9,500만 원만큼 기여를 한다고 한다. 이 신념을 바탕으로 A 전자가 1억 1,000만 원의 임금을 결정했을 때 A 전자의 기대보수를 구할 수 있다. 갑돌을 채용하면 그가 A 전자에서 1억 2,000만 원만큼 기여할 확률이 $\frac{1}{2}$이고 9,500만 원만큼 기여할 확률이 $\frac{1}{2}$이다. 그 기대치는 $\frac{1}{2}\times(12000)+\frac{1}{2}\times(9500)=10750$이 될 것이다. 즉, 갑돌은 A 전자에 고용되면 그가 평균으로 잡으면 1억 750만 원만큼 기여하게 된다. 그런 상황에서 그에게 임금을 1억 1,000만 원을 지급한다고 하면 A 전자의 기대보수는 -250만 원이 된다. 반면 9,000만 원의 임금을 지급하면 기대보수는 1,750만 원이 된다. 따라서 A 전자는 갑돌에게 9,000만 원의 임금을 지급하는 것이 최선이다. 중요한 것은 갑돌 역시 합리적이라면 그와 같은 계산을 해볼 수 있다. 즉, A 전자의 행동을 예측해서 자신의 속성에 따라 의사 결정을 하게 된다. 갑돌의 능력에 대해선 스스로가 가장 잘 알고 있다고 전제했다. 앞서서 가정한 대로 B 전자에선 능력이 충분한 직원에게 1억 원 그리고 능력이 부족한 직원에게 8,000만 원을 지급한다고 했다. 갑돌이 자기 능력을 스스로 알고 있기에, 능력이 충분하다면 B 전자에 남아 1억 원을 받고 일을 할 것이고, 능력이 부족하다면 A 전자로 옮겨 9,000만 원을 받고 일을 할 것이다. 그렇다면 A 전자 입장에서 보면 순돌의 능력이 충분하다면 A 전자로 오지 않을 것을 안다. 역설적으로 A 전자로 옮겨오는 B 전자의 직원들은 모두 능력이 부족한 경우이다.

이와 같이 '신념'이 있다면 그 다음부터는 지금까지 배운 부분게임 완전균형과 마찬가지로 게임의 해를 구할 수 있다. 그러나 사실 규칙이 한 가지 더 필요하다. 여기서는 A 전자의 신념을 '의사결정마디 1'일 확률이 $\frac{1}{2}$ 그리고 '의사결정마디 2'일 확률이 $\frac{1}{2}$이라고 가정했다. 이 신념으로 얻은 게임의 해는 갑돌의 능력이 충분하면 B 전자에 남고 능력이 부족하면 A 전자로 옮긴다는 것이었다. 그러나 A 전자가 그것을 파악한다면 갑돌이 A 전자로 이직하는 경우에는 갑돌의 능력이 부족할 때뿐임을 알고 있다. 그렇게 보면, '의사결정마디 1'일 확률이 0이고 '의사결정마디 2'일 확률이 1이 되어야 한다. 이는 A 전자가 보유한 신념과 모순된다.

정리 게임을 풀고 난 후 그 해에서 신념은 전략에 정합해야 한다.

게임의 해에서 행동과 신념은 정확이 일치해야 한다. 이것이 불비정보 게임의 핵심이다. 경기자들이 합리적이고 게임에서 얻어진 해가 그들이 합리적인 사고 끝에 얻어진 결과라면 경기자의 신념은 상대의 전략적 행동을 반영한 것이어야만 한다. 이와 같은 신념을 전략에 정합적인 신념이라고 한다. A 전자의 채용문제로 다시 돌아가 보자. A 전자의 신념을 의사결정마디 1일 확률이 0이고 의사결정마디 2일 확률이 1이라고 해보자. A 전자가 1억 1,000만 원의 임금 지급을 선택했을 때 기대보수를 구하면 -1,500만 원이 되고, 9,000만 원의 임금 지급을 선택했을 때 기대 보수는 500만 원이 된다. 즉, 이 신념에서도 A 전자는 9,000만 원의 임금 지급을 선택한다는 것을 알 수 있다. 같은 결과를 가져온다. 이때 우리는 신념과 행동이 정합한다고 표현한다.

새로운 균형개념

갑돌의 능력이 충분하면 현재 B 전자에 남는 선택을 하고, 능력이 부족하면 A 전자로 이직을 선택한다. 그리고 A 전자의 갑돌 속성에 대한 신념이 의사결정마디 1일 확률이 0이고, 의사결정마디 2일 확률이 1이라고 여긴다. 따라서 A 전자는 순돌에게 (상대적으로 낮은) 9,000만 원 임금 지급을 선택하면, 두 경기자들이 선택한 전략들은 부분게임 완전균형의 조건을 만족시키고 신념도 정합적이다. 전략들과 정합적인 신념 이 조합을 완전베이지언 내쉬균형이라고 한다. 완전베이지언 내쉬균형은 상대의 속성을 확률적으로밖에 알 수 없는 불비정보 게임에서 해이다.

결과를 해석해보자. A 전자는 갑돌의 속성, 즉 능력 여부를 직접 관찰할 수 없기 때문에, 그가 능력이 부족한데도 (상대적으로 높은) 1억 1,000만 원 임금 지급에 이를 가능성을 배제할 수 없다. 갑돌의 속성에 대한 확률분포를 놓고 최선의 선택을 고려한 결과 (상대적으로 낮은) 9,500만 원 임금 지급을 결정할 수밖에 없었다. 그리고 갑돌은 A 전자와 그렇게 임금 지급을 결정할 것을 예측한다. 따라서 갑돌은 스스로 능력이 높다면 A 전자로 이직하지 않는다. 스스로 능력이 낮은 경우엔 A 전자로 이직한다. 왜냐하면 이 경우 갑돌은 A 전자에서 9,000만 원 임금을 받지만 B 전자에선 8,000만 원 임금을 받기 때문이다. B 전자에서 A 전자로 이직하는 사람들은 모두 능력이 부족한 사람들일 것이다. 즉, 역선택이 이뤄진다. A 전자 입장에서는 갑돌의 속성에 대해 정보가 없기 때문에 역선택에 직면하는 것이다. A 전자 입장에서 보면 능력이 충분한 사람을 고용하려는 당초의 목적이 충족되지 않았고, 갑돌 입장에서 보더라도 스스로 능력이 충분하면 보다 높은 임금을 받고 A 전자에 이직하는 것이 좋지만 그럴 기회가 보장되지 못했다. 결국 양쪽 모두에게 이롭지 못했다. 이유는 정보의 비대칭성 때문이다. 이러한 이유로 고용자 입장에선 직원의 속성을 알고자 하고, 높은 능력을 지닌 구직자라면 자신의 속성을 어떻게든 상대에게 알리고 싶어 한다. 구직을 원하는 회사가 지원자들에게 도덕과 양심에 호소해서 자신의 능력 수준을 솔직히 밝혀달라고 해보자. 그렇게 하면 능력이 충분한 사람들은 솔직히 말하겠지만 능력이 부족한 사람들도 능력이 충분하다고 허위로 대답할 것이다. 따라서 그런 방식으로는 능력이 충분한 사람들을 선별해 높은 임금을 지급할 수 없다. 그렇다면 어떻게 하면 정보의 비대칭성을 극복할 수 있을까? 즉, 능력이 충분한 사람들을 선별해낼 수 있을까?

신호보내기와 선별

정보 비대칭 상황은 크게 두 가지로 나눌 수 있다. 하나는 감추어진 속성(hidden type)이고 다른 하나는 감추어진 행동(hidden action)이다. 감추어진 속성은 우리가 이번 장에서 얘기한 중고차의 품질 또는 직원의 능력 등이다. 감추어진 행동은 도덕적 해이와 연결된다. 즉, 감시를 하면 맞게 행동하고 감시하지 않으면 잘못되게 행동하는 것이다. 쉽게 말하면 도덕적 해이는 감추어진 행동의 결과라고 말할 수 있다. 예를 들어, 근로계약에 따르면 직원은 성실히 업무에 임해야 한다. 하지만 상사가 없으면 직원들은 일 안 하고 빈둥거릴 때도 있다. 한국인들이 좋은 직장을 많이 얘기하는데 대개 그런 직장은 임금을 많이 받고 직원이 적당히 빈둥거릴 수 있는 직장을 가리키는 경우도 있다. 즉, 도덕적 해이가 만연화한 기관들을 좋은 직장이라고 표현한다. 합리적인 경기자들은 정보 비대칭 상황에 놓이면 그 비대칭성을 해소하기 위해 다양한 노력을 한다. 그 노력은 신호보내기와 선별로 나타난다. 갑돌이 충분히 유능하다고 전제해보자. 그럼 그는 능력이 부족한 다른 직원들과 같은 대우를 받게 되면 기분이 나쁠 수도 있다. 그럴 때 그는 회사가 자신의 능력을 알아줄 수 있도록 뭔가 행동을 취할 수 있다. 그러한 행동이 바로 신호보내기에 해당한다. 이론적으로 표현하면, 신호란 감추어진 속성에 대해 관찰 가능한 지표를 말한다. 사람들은 일상생활 속에서 늘 신

호를 활용한다. 운전할 때 교차로를 지날 때를 생각해보자. 이때 신호가 매우 중요하다. 청신호가 켜지면 운전자는 교차로에서 굳이 고개를 내밀어 좌우를 돌아볼 필요 없이 앞을 주시하고 달리면 된다. 반면 적신호가 켜지면 좌우를 돌아보지 않고 무조건 멈춘다. 신호가 없다면 어떻게 될까? 운전자들은 모든 교차로에서 좌우를 살펴야 하고 신경이 과민해질 것이다. 하지만 신호보내기는 문제를 매우 간단하고 편리하게 만들었다. 그런 신호는 구직시장에서도 작용된다. 즉, 신호보내기 게임에선 갑돌은 스스로 능력 유무에 대해 정보를 갖고 있는데 그는 정보를 갖지 못한 상대방에게 신호를 발송함으로써 자신의 능력 유무에 대해 정보를 전달할 수 있다.

예를 들어, 갑돌이 어려운 시험을 통과해 자격증을 취득했다고 해보자. 그렇게 되면 A 전자는 갑돌의 능력을 확신할 것이다. 갑돌은 또한 자신의 능력이 충분하다면 자신의 이력서를 작성해 A 전자에 자신 있게 보낼 수 있다. 그 이력서는 갑돌이 보내는 '신호'라고 해석할 수 있다. 즉, 자신에게 얼마만큼의 역량이 갖추어져 있는지를 알아봐 달라고 다른 이들에게 보내는 신호이다. 선별은 A 전자와 같이 정보를 갖고 있지 못한 측이 정보를 갖고 있는 갑돌의 속성을 알아내기 위해 행하는 행동을 말한다. 신호보내기가 비대칭적 정보 상황 속에서 자신의 속성을 알리기 위해 택하는 행동이라면 선별은 비대칭 정보 상황 속에서 상대의 속성을 알아내기 위해 택하는 행동이라고 말할 수 있다. 예를 들어, A 전자가 갑돌의 능력 유무를 알지 못하기 때문에 어떤 시험을 치르게 한다면 그것은 선별이다. 굳이 구분하자면 회사에서 성적증명서와 TOEIC 점수 제출을 의무화했다면 그것은 선별이다. 그리고 의무사항은 아니지만 입사지원자가 스스로 자격증을 제출했다면 그것은 신호보내기이다. 앞서 신호란 관찰 가능한 지표라고 했다. 신호란 간단하게 말하면 정보를 가진 이가 정보를 가지지 못한 이에게 발송하는 것이다. 구직시장에서 보면 대졸 구직자들에게 토익점수를 제출하라고 하는 경우가 많다. 보유하고 있는 자격증도 있으면 제출하라고 한다. 변별력이 있기 때문이다. 만약 한국인 대부분이 영어를 잘 한다거나 자격증 취득이 쉽다면 제출을 요구하지 않을 것이다. 왜냐하면 지원자들의 능력을 선별할 수 없기 때문이다. 한국에 있는 직장에서 실제 영어를 쓸 일이 많이 없음에도 굳이 토익점수를 요구하는 것은 그 점수를 가지고 구직자들의 속성을 파악하려는 시도라고 볼 수 있다. 즉, 고용자 입장에서 정보비대칭 문제를 해결하기 위한 자구책이라고 말할 수 있으므로 존중할 필요가 있다. 자격증을 몇 개씩 가지고 있어도 실제 현장에서는 쓸모없다는 푸념을 하는 사람들도 있다. 하지만 자격증을 취득하기 위해 한 공부가 직장에서 실제 쓸모없다는 푸념은 게임 이론에 대한 몰이해에서 비롯된 것이다. 여기에서 중요한 점은 지원자의 능력을 파악하는 데 그 선별이 효과를 내느냐이다. 예를 들어 토익점수가 정말 지원자의 업무능력을 말해주는지 생각해볼 필요가 있다. 직장에선 실제 영어보다 성격 또는 마인드도 중요하다. 영어를 매우 잘하는데 폐쇄적인 성격이거나 타인들과 소통을 거부한다면 그런 사람들은 회사에서 일을 잘할 수 없다. 그래서 최근엔 대기업들을 중심으로 실제 직무능력을 갖춘 인재를 찾아내기 위해 다양한 방법들이 제시되고 있다. 이 신호보내기 게임은 마이클 스펜스(Michael Spence)가 생각해냈다. 그는 이에 대한 공로로 노벨 경제학상을 수상했다. 그는 교육이 학생들 능력에 대해 신호 역할을 한다고 주장했다. 즉, 학교에선 직장에서 필요한 실무적인 지식을 가르치는 것이 아니라 그 학생의 능력과 잠재성을 검증해 사회에 알리는 역할이 크다는 것이다. 실제 학교에서 가르치는 지식들이 현장에서 활용되기도 하지만 설령 그렇지 않더라도 학교 교육이 무의미하다고 말할 수 없다. 자격증도 마찬가지이다. 받아놓은 자격증이 필요 없다고 말하는 사람들도 있는데 그렇지 않다. 왜냐하면 자격증 취득 자체가 신호보내기라는 의미가 있기 때문이다. 뒤에 얘기하겠지만 한국은 누가 뭐라 해도 학벌사회이다. 학력과 학벌은 다르다. 어느 나라나 학력은 중요하다. 학력은 실제 알고 있는 내용과 지식을 말하고 학벌은 어떤 학교를 다녔냐는 형식을 말한다고 말할 수 있다. 한국이 학벌사회가 된 것은 이유가 있다. 정보비대칭 문제를 해결하는데 학벌을 따져보는 것이 가장 쉽기 때문이다. 앞서 본 역선택 문제에서도 갑돌이 스스로 능력이 충분하면 영어시험이나 자격증을 취득해서 A 전자에 제출할 수 있다. 이것이 신호보내기라고 했다. 만약 갑돌이 취득하기 어려운 자격증을 보유하고 있다면 A 전자는 그에게 높은 임금을 지급하고 그렇지 않다면 그에게 낮은 임금을 지급하는 것도 역선택을 피하기 위한 방법이 될 수 있다. 하지만 자격증 취득이 쉽다면 역선택 문제는 해결되지 않을 것이다. 왜냐하면 능력이 부족한 사람도 높은 임금을 받기 위해 자격증을 쉽게 따서 제출할 수 있기 때문이다. 그렇게 되면 회사는 자격증 소지자가 정말 능력을 갖추었는지 알 수 없다. 즉, 신호보내기가 효과를 내지 않는다. 스펜스는 대학의 신호보내기 기능을 강조한 바 있다. 즉, 대학에서 학생들의 재능과 적성을 찾아내 구직시장을 향해 신호를 발송하는 것이다. 그렇기에 미국에서 학생들은 대학에 가서 좋은 학점을 받고 교수에게 좋은 추천서를 받기 위해 열심히 노력한다. 실제 재능 있고 성실한 학생들이 대개 좋은 학점을 받고 좋은 대학을 졸업하고 직장에서 좋은 대우를 받게 된다. 학교에서 그와 같은 신호보내기가 없다면 그 사회는 훌륭한 인재를 찾아내지 못할 것이다. 자격증 취득 게임을 다시 생각해보자. 앞에서 본 예를 조금 바꿔서 신호보내기를 포함시켜보자. 이번엔 아래에 있는 게임나무가 분석 대상이다.

그림 6 신호보내기 게임

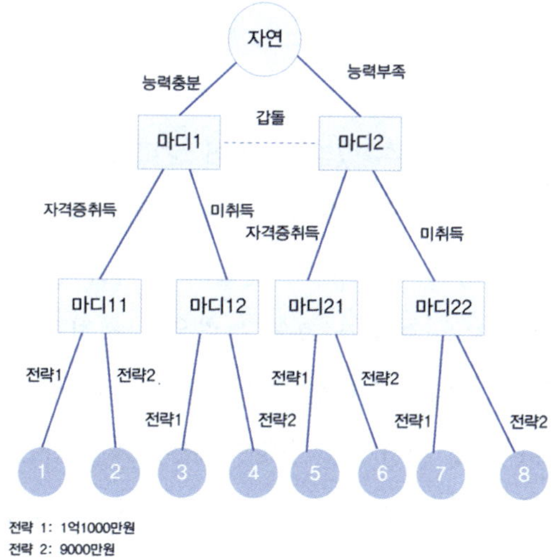

앞서 경우와 마찬가지로 갑돌의 속성, 즉 능력 유무가 $\frac{1}{2}$ 확률로 정해진다. 다음으로 갑돌은 능력에 따라 자격증을 취득하기 위해 노력을 기울일 것인지 아니면 포기할지를 결정한다. 경제학에선 경제주체가 어떠한 행동을 할 때 비용이 따른다. 간단하다. 비용이 크면 그 행동을 주저하게 된다. 갑돌이 자격증을 취득하려면 수고롭게 노력을 해야 한다. 즉, 노력 비용이 들어간다. 예를 들어, 학원도 다녀야 하고 공부도 해야 한다. 그에 따라 스트레스도 받게 된다. 이 모든 불편함을 감수하는 것을 비용으로 표현할 수 있다. 단순화를 위해, 갑돌의 능력이 높으면 그 비용은 500만 원 들어가고 반대로 능력이 낮으면 그 비용이 3,500만 원 들어간다고 하자. 쉽게 설명하면 갑돌의 지적능력이 높다면 자격증 취득이 상대적으로 쉬울 것이다. 즉, 학원을 다니며 교재를 조금만 읽어봐도 쉽게 이해해 큰 어려움없이 자격증을 취득할 수 있을 것이다. 반면 그의 지적능력이 낮다면 학원도 더 오래 다녀야 하고 이해를 위해 교재도 더 많이 읽어봐야 할 것이다. 당연히 스트레스도 더 많이 받을 것이다. 이 모든 것들을 비용으로 환산하면 갑돌의 능력이 부족할 때 자격증 취득 비용이 훨씬 더 크다고 할 수 있다. 갑돌이 능력을 보유하고 있다면 회사에서 자격증을 제출하라고 할 때 그는 자랑스럽게 제출할 수 있을 것이다. 물론 자격증 유무에 따라 갑돌의 능력을 완전히 알아낼 수 없다. 즉, 자격증 보유 여부가 그의 능력을 완전히 보증해주지 않는다. 하지만 구직시장에선 최대한 역선택을 피하기 위해 자격증을 보유한 갑돌을 더 높게 평가해줄 수밖에 없다. A 전자는 실제 갑돌의 진짜 능력은 관찰할 수 없지만 그의 자격증 여부는 관찰할 수 있다.

하지만 자격증 여부를 통해 갑돌의 진짜 능력을 완전히 알아낼 순 없다고 말했다. 중요한 점은 갑돌이 자격증을 취득했기 때문에 확률적으로 그가 높은 능력을 보유했을 가능성이 높다고 추측할 수 있기 때문에 회사는 그를 선발할 유인이 존재하는 것이다. 갑돌이 자격증을 보유하고 있을 때 그의 능력이 충분한 경우도 있을 것이고 그렇지 않는 경우도 있을 것이다. 뿐만이 아니다. 갑돌이 자격증을 보유하고 있지 않을 때에도 그의 능력이 충분치 않은 경우도 있고 그의 능력이 충분한 경우도 있을 것이다. 확률을 파악해보면 갑돌이 자격증을 보유하고 있을 때 그가 능력을 충분할 가능성이 높다. 하지만 이는 어디까지나 확률이다. 그렇지 않을 확률도 존재한다. 갑돌이 자격증을 보유하고 있지 않으면 능력이 부족할 가능성이 높다. 이 역시 확률이다. 실제 능력이 충분한 사람일 수도 있다. 이 경우들을 반영하면 우리가 앞서 그렸던 게임나무에 의사결정마디들이 추가될 것이다. 앞선 분석과 유사하게, 일단 갑돌이 충분히 유능하다면 그가 (의사결정) 마디1에 있고 능력이 충분치 않다면 마디2에 있다고 하자. 이때 그 마디1이 마디11과 마디12 두 가지로 분화하고 마디2는 마디21과 마디22 두 가지로 분화한다. 마디11은 자격증을 보유하고 능력이 충분할 경우, 마디12는 자격증을 보유하지 않고 능력이 충분한 경우이다. 마디21은 자격증을 보유하고 능력이 충분치 않을 경우 그리고 마디22는 자격증을 보유하지 않고 능력이 충분치 않을 경우이다. 갑돌이 자격증을 제출했다면 그는 마디11과 마디21 둘 중에 하나일 것이다. 그래서 마디11과 마디21을 하나의 정보집합 또는 정보단지로 묶을 수 있다. 갑돌이 자격증을 제출하지 않았다면 그는 마디12과 마디22 둘 중에 하나일 것이다. 그래서 마디12와 마디22를 하나의 정보집합 또는 정보단지로 묶을 수 있다. A 전자는 갑돌이 자격증을 보유하였느냐 그렇지 않느냐에 따라 전략1을 택할 수도 있고 전략2를 택할 수도 있다. 전략1은 1억 1,000만 원 연봉을 지급하는 것이고 전략2는 9,000만 원의 연봉을 지급하는 것이다. <그림 6>에 보면 8개의 종결마디들이 있다. 갑돌이 자격증을 취득하여 제출했을 경우에 해당하는 종결마디들은 종결마디1, 종결마디2, 종결마디5와 종결마디6이다. 종결마디1에서 갑돌은 능력이 충분하고 자격증을 취득했으며 연봉을 1억 1,000만 원을 받는다. 그럼 그의 보수는 자격증 취득 비용 500만 원을 제하고 나면 1억 500만 원이 된다. 이때 A 전자는 1,000만 원의 이윤을 남긴다. 종결마디2에서 갑돌은 연봉 9,000만 원을 받기에 그의 보수는 8,500만 원이 된다. 이때 A 전자는 3,000만 원의 이윤을 남긴다. 종결마디5에서 갑돌은 능력이 충분치 않고 자격증을 취득했으며 연봉을 1억 1,000만 원을 받는다. 그럼 그의 보수는 자격증 취득 비용 3,500만 원을 제하고 나면 8,500만 원이 된다. 이때 A 전자는 1,000만 원의 이윤을 남긴다. 종결마디6에서 갑돌은 연봉 9,000만 원을 받기에 그의 보수는 6,500만 원이 된다. 이때 A 전자는 3,000만 원의 이윤을 남긴다. 갑돌은 능력이 충분할 때 자격증을 취득하고 1억 1,000만 원 연봉을 제시받으면 A 전자로 이직하는 것이 B 전자에 남아 1억 연봉을 받는 것보다 유리하다. 갑돌은 능력이 충분치 않을 때 설령 자격증을 딴다 하더라도 그 비용을 제하고 나면 8,500으로 보수가 줄어들기 때문에 차라리 B 전자에 남아서 임금 1억 원을 받고 근무하는 것이 유리하다. 따라서 그가 자격증을 제출했다면 그가 능력이 충분한 경우일 것이다.

이 신호보내기 게임의 해를 앞에서 말한 완전베이지언 내쉬균형 개념을 통해 구해보도록 하자. 마디11과 마디21은 같은 정보집합 안에 존재하기 때문에 A 전자 입장에선 갑돌이 어느 마디에서 행동하고 있는지를 구별할 수 없다. 정리1에 따르면, A 전자는 하나의 정보집합에 대해 한 가지 행동을 취해야 한다. 또 A 전자는 자격증 소지자에게 제시할 임금이 1억 1,000만 원과 9,000만 원 중 어느 쪽이 나을지를 결정하기 위해선 갑돌이 그 정보집합 내에 어떤 의사결정마디에 있는지에 대해 신념이 필요하다. 즉, 자격증 소지자가 능력이 충분할 확률이 얼마나 되는지에 대해 추측할 수 있어야 한다. 정리3에 따르면, 이 신념은 정합적이어야 한다. 이러한 것들은 의사결정마디21과 의사결정마디22에도 적용된다.

완전베이지언 내쉬균형

완전베이지언 내쉬균형은 신념과 전략의 조합이라고 했다. 갑돌의 신호보내기게임에서 균형은 다음과 같다.

- 능력이 충분할 때 갑돌의 행동: 자격증을 취득한다
- 능력이 충분치 않을 때 갑돌의 행동: 자격증을 취득하지 않는다
- 자격증 취득자에 대한 신념: 마디11일 확률1, 마디21일 확률 0
- 자격증 미취득자에 대한 신념: 마디12일 확률 0, 마디22일 확률 1
- 자격증 취득자에 대한 A 전자의 행동: 1억 1,000만 원 임금 지급
- 자격증 미취득자에 대한 A 전자의 행동: 9,000만 원 임금 지급

이 균형엔 한 가지 특징이 있는데 다른 균형들과는 다르게 신념이 들어간다는 것이다. 우리가 지금까지 배워온 균형들은 모두 전략조합으로 표현되었다. 우리가 찾은 위의 균형이 완전베이지언 내쉬 균형인지 확인해보자. 우선 정리1이 지켜지고 있다는 것은 쉽게 확인할 수 있다. 다음으로 정리2에 따르면, 경기자들은 신념에 따라 최적의 행동을 하고 있어야 한다. 우선 자격증 소지자에 대한 A 전자의 행동을 생각해보자. 이 신념을 토대로 A 전자가 1억 1,000만 원의 임금을 제시하면 보수는 1,000만 원이고, 9,000만 원 임금을 제시하면 그 자격증 취득자는 A 전자로 이직을 포기할 것이므로 A 전자 입장에서 보수는 0이 된다. 그렇다면 A 전자의 최적 행동은 자격증 소지자에게 1억 1,000만 원 임금을 제시하는 것이다. 마찬가지로 이 신념을 토대로 A 전자가 자격증 미취득자에게 취할 최적 행동은 9,000만 원 임금을 제시하는 것이 된다.

갑돌의 최적전략은 역진귀납법을 통해 확인할 수 있다. 갑돌이 A 전자의 위와 같은 최적전략을 예측한다면 스스로 행동을 정할 수 있다. 스스로 능력이 충분할 때, 자격증을 취득하면 임금이 1억 1,000만 원이고 자격증 취득을 위한 비용이 500만 원 들어간다. 따라서 자신의 실제보수는 임금에서 자격증 취득비용을 제한 1억 500만 원이 된다. 자격증을 취득하지 않는다면 임금은 9,000만 원이므로, 갑돌은 자격증을 취득하는 것이 유리한 선택이다. 마찬가지로 그가 능력이 충분치 않을 때에는 자격증 취득비용이 너무 크므로 자격증을 취득하지 않는 것이 유리한 선택임을 알 수 있다. 그 신념을 바탕으로 양쪽 경기자 모두 최적전략들을 선택하고 있다는 사실을 확인할 수 있다. 마지막으로 정리3에 따라, 신념이 정합적인지를 확인해볼 수 있다. 갑돌의 능력이 충분할 때에는 자격증을 취득하고, 충분치 않을 때에는 자격증을 취득하지 않는다고 했다. 즉, 자격증 취득자에 대한 신념은 갑돌이 마디11에 있을 확률이 1 그리고 의사결정마디21에 있을 확률이 0이 되어 그 신념은 정합적이다. 자격증 미취득자에 대한 신념도 갑돌이 의사결정마디12에 있을 확률이 0 그리고 의사결정마디22에 있을 확률이 1이 되어 그 신념은 정합적이다.

신호보내기게임에선 신호를 보내는 비용이 중요하다. 만약 그 비용이 너무 적다면 신호보내기 게임을 통해 유능한 인재를 골라내는 것이 불가능하다. 갑돌의 능력이 충분할 때 그는 적은 비용을 들여 자격증을 취득할 수가 있으므로, 자격증을 취득해 고용자를 상대로 자신의 능력을 알아봐달라고 신호를 보낼 것이다. 그리고 그 고용자로부터 높은 임금을 받을 수 있을 것이다. 반면 갑돌의 능력이 충분치 않을 때 그는 자격증 취득에 높은 비용이 들기 때문에, 높은 비용을 들여 신호를 보내기보다는 차라리 낮은 임금에 만족하고 말 것이다. 이와 같은 게임을 통해 A 전자는 갑돌의 능력을 직접 관찰할 수 없었는데 자격증이라는 '신호'를 통해 그 비대칭정보 문제를 해결할 수 있었다. 만약 자격증 취득비용이 능력과 무관하게 무조건 500만 원이라고 생각해보자. 이러한 경우에는 갑돌은 능력이 충분치 않은 경우여도 자격증을 취득하려 할 것이다. 그렇게 되면 A 전자는 자격증 취득 여부를 가지고 갑돌이 능력 유무를 판별할 수 없다. 따라서 A 전자는 자격증 취득 여부와 상관없이 연봉을 9,000만 원으로 정할 것이다. 그렇게 되면 갑돌은 현재 B회사에 남는 것이 유리하다. 결국 능력이 충분치 않은 경우에만 A 회사로 전직을 할 것이다.

즉, 역선택 상황이 벌어진다. 따라서 자격증을 취득하면 아무 소용없이 500만 원이라는 비용만 들어가게 되기 때문에 갑돌은 자격증 취득을 포기하고 말 것이다. 즉, 신호가 제 역할을 하지 못한다. 신호가 효과적으로 작용하려면, 갑돌의 능력에 따라 신호를 보내는 비용이 충분히 차이가 나야 한다. 지금까지 우리가 생각해본 게임 상황들은 정보가 돈이라는 것을 말해준다. 즉, 정보비대칭 문제를 해소하기 위해 경기자들은 비용 지불을 마다하지 않는다는 것을 배웠다. 그래서 정보는 돈이다. 하지만 아직도 한국에선 그러한 정보비용에 대한 개념이 약간 희박한 듯하다. 세계적인 기업들이나 기관들은 정보를 취득하기 위해 많은 비용을 들인다. 영화에서도 단골 소재가 되는 것이 첩보영화이다. 그만큼 정보를 중요하게 생각하기 때문이다. 게임이론 시각에서 보면 경기자의 행동을 관찰하면 그가 갖는 속성에 대한 정보를 얻는 경우가 있다고 본다. 신호보내기 게임에서 핵심은 상대의 행동을 관찰함으로써 상대가 갖는 속성을 대략 짐작할 수 있게 된다. 이 부분이 자연과학과 게임이론의 차이라고 볼 수 있다. 자연 현상에서 발생하는 불확실성은 인간의 노력으로 바꿀 수 없다. 하지만 게임 상황에서 존재하는 불확실성은 경기자들이 신호보내기 또는 선별을 통해 그 불확실성이 줄어들게 할 수 있다.

정리

신호보내기는 비용을 필요로 한다.

한국의 천문학적 신호 비용

신호보내기 게임은 마이클 스펜스가 생각해냈다고 했다. 그는 대학에서 학생들에게 실용적인 지식도 가르치지만 학생들의 능력을 검증하여 노동시장에 신호를 발송하는 역할을 하고 있고 그에 따라 경제적 효과가 발생한다고 생각했다. 즉, 그의 이론에 따르면 대학교육 자체가 학생들에게 실용적 지식을 전수해 경제적 효과를 발생시키는 것보다 신호보내기를 통해 학생들 재능에 대한 비대칭정보 상황을 개선하면서 내는 경제적 효과가 더 중요하다. 신호보내기는 비용이 들어가야 의미가 있다고 설명했다. 그의 설명은 여러 의미를 담는다. 생산성을 향상시키지 않은 채로 신호발송에 비용만 소요된다면 이는 사회적 후생 감소를 의미한다. 그의 설명에 맞추어 한국 상황을 돌아볼 수 있다. 한국에선 모든 경쟁들이 와일드 카드 결정전과 비슷하다고 했다. 절박한 경기자들이 펼치는 와일드 카드를 놓고 격돌한다. 그중에 입시경쟁이 있다. 한국에서 청소년이 치르는 입시경쟁은 어른들이 치르는 프로스포츠 와일드 카드 경쟁보다 더 많은 관심을 끈다. 입시경쟁은 전형적인 신호보내기 게임이라고 볼 수 있다. 입시 결과가 차후 구직시장에서 중요한 신호로 작용하기 때문이다. 한국에서 수능시험은 모든 수험생들 능력을 지수화할 수 있다는 장점이 있다. 즉, 꼭대기에서 바닥까지 모두 등수를 정확히 매길 수 있다. 그리고 대개 그 점수에 따라 대학과 학과가 정해지고 대학교육을 마치게 된다. 따라서 한국에선 구직시장에서 구직자들의 능력이 알려지지 있지 않을 때 그들의 능력을 추측할 수 있는 방법이 매우 쉽다. 그 지원자가 어느 대학 어느 학과를 입학했는지를 보면 된다. 대개 수능시험에서 등수와 일관된다. 수능점수가 노동시장에서 지표로 이용될 수 있다. 왜냐하면 대한민국은 거의 모든 사람들이 수능시험을 보고 그 경쟁 결과에 따라 그들 등수가 매겨질 수 있기 때문이다. 공부를 잘하는 것은 칭찬받아야 한다. 학업 능력은 아무나 보유할 수 있는 것이 아니다. 예를 들어, 공부를 잘하는 사람은 일부러 공부를 못하는 척할 수 있지만 공부를 못하는 사람이 공부를 잘하는 척할 수 없기 때문이다. 그리고 학업능력이 높은 민족들이 학업능력이 낮은 민족들보다 부유하게 살 가능성이 높다. 하지만 그 수능점수에 기초한 선별방법이 실제 직무역량을 갖춘 인재를 찾아내는 데 효과를 내는지는 미지수이다. 강조한 대로 인재 선별방법이 쉬운 것은 기업들 입장에선 크나큰 매력이다. 왜냐하면 선별도 신호처럼 비용이 들어가기 때문이다. 그래서 한국기업들은 인재를 채용하고자 할 때 구직자들의 학교 간판을 중요한 선별도구로 사용할 수밖에 없다. 구직자들 입장에선 학교 간판에 따라 다른 처우를 받는 것이 불합리하게 여겨질 수 있다. 하지만 기업들 입장에서는 정보비대칭이 워낙 심각한 상태 속에 자체 선별능력에 한계가 있기 때문에 구직자의 학교 간판을 활용하여 그 구직자의 능력을 추측하는 것은 합리적인 행동이라고 말할 수도 있다. 죄수의 딜레마 또는 사회적 딜레마들이 그 경기자들이 비합리적으로 행동해서 나타난 결과가 아니었다. 그 경기자들이 최대한 합리적으로 행동한다고 한 결과 비합리적인 결과가 나타난 상황이다. 그래서 경기자들이 노력을 통해 바꿀 수 없다고도 했다. 유사하게 구직시장에서 기업들이 학교 간판을 통해 구직자들의 능력을 추측하는 것도 비합리적인 행동이라고 말할 수 없다. 문제는 정보비대칭이 없는 상황에서도 사회적 딜레마들이 발생할 수 있었듯이 정보비대칭 상황 속에서 더 심각한 사회적 딜레마가 발생할 수 있다는 것이다. 사회적 딜레마는 가장 큰 특징이 사회 전체후생을 심각하게 감소시킨다는 것이다. 구직자 선별 과정에서 모든 기업들이 유능한 인재를 선발할 목적으로 대학 간판을 기준으로 삼는다면 내실 있는 대학 교육이 필요 없어진다. 왜냐하면 지원자의 대학간판이 작으면 차후 좋은 일자리를 얻을 기회가 거의 봉쇄되기 때문이다. 이러한 상황에선 대학교육이 정상화 될 수 없다. 이론적으로 설명하면 큰 대학간판 보유자는 어차피 노력을 하지 않아도 좋은 일자리를 쉽게 얻을 수 있는 반면 작은 대학간판 보유자는 노력을 해도 어차피 좋은 일자리를 얻을 수 없기 때문이다. 작은 대학간판 보유들의 가장 좋은 전략은 재수/삼수를 해서라도 큰 대학간판으로 바꾸는 것이다. 그렇게 되면 작은 간판의 대학들 교수들과 학생들은 할 일이 별로 없다는 결론이 된다. 실제 작은 간판 대학들이 훨씬 많다. 게임이론 시각에서 보면 그런 나라에선 대학교육 자체가 의미가 없어진다. 즉, 고등교육이 별로 필요 없는 사회가 된다. 어차피 대학 간판으로 인재 선별이 종료되었기 때문이다. 이렇게 되면 공교육도 사실은 별로 필요가 없다. 입시학원에서 객관식 문제풀이에 집중하는 것이 개인의 성공을 위해서도 더 중요할 수 있기 때문이다. 한국의 사교육 시장이 이토록 비대해진 것은 학생과 학부모들의 교육열이 아니고 비정상적 입시열이다. 그 입시열은 불비정보 상황에서 발생한 사회적 딜레마이다. 사회적 딜레마는 경기자들 스스로 해결할 수 없다고 설명했다. 그래서 모두가 사교육에 몰입한다. 그 결과 한국의 신호비용은 막대하다.

2020년에 한국교육개발원이 조사한 설문 조사에서 전국 학부모 97.9% 가까이가 사교육을 시킨다고 답했다. 사교육을 시키지 않는다고 답한 학부모는 2.1%뿐이었다. 사교육을 시키는 주요 이유는 다른 집 자식들과의 경쟁 심리를 꼽았다. '남들보다 앞서 나가게 하기 위해'(24.6%), '남들이 하니까 심리적으로 불안해서'(23.3%)가 1, 2위를 차지했는데 합하면 거의 절반에 가깝다. 이는 남들이 하면 당연히 해야 하고, 남들이 안 하더라도 할 필요가 있기 때문에 사회적 딜레마 상황이다. 학부모들 94.7%가 사교육비가 부담된다고 답했다. 교육부와 통계청이 발표한 자료에 따르면 2019년 사교육비 총액은 약 21조 원으로 2018년보다 7.8%인 1조 5,000억 원이 증가했다. 1인당 월평균 사교육비는 전년보다 10.4% 오른 32만 1,000원을 기록했다. 사교육 참여 학생 기준으로 보면 1인당 월평균 사교육비는 42만 9,000원이었다. 시도별로 사교육비 격차가 났는데 1인당 사교육비 지출이 가장 많은 서울(45만 1,000원)과 가장 적은 전남(18만 1,000원)의 차이는 약 2.5배였다. 전년도에 비해 격차가 더 커진 것으로 조사됐다. 서울대 경제학과 주병기 교수의 분석에 따르면 부모의 소득이 많을수록 자녀의 수능성적도 높아진다고 한다. 사교육도 역할을 했다고 한다. 부모의 직업에 따라 그리고 부모의 학벌이 좋을수록 사교육 투자도 더 많다고 한다. 그의 주장을 정리해보면 부의 대물림이 교육 대물림으로 이어지고 결국 소득양극화로 이어질 수 있다는 것이다. 사는 지역에 따라 입시 결과도 달라진다고 한다. 서울과 지방이 다르고 같은 서울이어도 강남과 비강남이 다르다고 한다. 많은 것을 누리는 사람들은 자신들의 기득권이 입시경쟁과 관련된 것으로 인식하여 자녀들의 사교육에 몰입하고, 많은 것을 누리지 못하고 사는 사람들은 자신들이 부족함이 역시 입시경쟁과 관련된 것으로 인식하여 자녀들의 사교육에 더더욱 몰입한다. 이것이 바로 사회적 딜레마이다. 이러한 과정을 통해 공교육이 망가진 것은 이미 새삼스러운 얘기이다. 엉뚱하게도 한국에서 공교육 문제를 학교 탓으로 몰아가는 인기영합적 예능－정치인들이 많다. 그들의 발언들이나 정책들은 전문성과 안목이 너무 결여되어 예능이라고밖에 말할 수 없다. 사회적 딜레마 상황은 내쉬균형이라고 했고 내쉬균형에선 어느 한 경기자도 홀로 이탈할 유인이 없다고도 설명했다. 이 얘기는 사교육이라는 사회적 딜레마 상황을 학교가 바꿀 수 없다는 것을 말한다. 아무리 훌륭한 교사가 교장이 되어도, 교육장이 되어도, 교육감이 되어도, 교육부총리가 되어도, 총리가 되어도, 심지어는 대통령이 된다 해도 딜레마 상황을 해결할 수 없다. 게임이론은 누군가에게 행동을 요구하지 않는다. 그런 행동이 나올 수밖에 없는 상황을 분석하고 다른 행동을 나오도록 대안을 찾는다.

EPILOGUE

헬조선 탈출기

인간이 벌레가 되는 나라

이 책의 서두에서 한국의 부동산투기와 입시경쟁은 사회적 딜레마라고 했다. 이 두 가지가 사회적 딜레마가 된 것은 매우 상징적이다. 전자의 경우는 자본주의 한국을 말해주고 후자는 조선시대부터 내려온 정신문화를 말해준다고 한다. 2019년 9월 24일에 한겨레 신문에 등록된 박노자 씨의 칼럼 "학벌 사회에서 '주체적 개인'은 없다"에 보면 다음과 같은 부분이 나온다.

> … 몇 년 전에 <한겨레21>에 연세대 학생들이 기고한 글에 보면 연세대 커뮤니티 게시판에 아래와 같은 내용들이 올라와 있었다고 한다. "연세대학교 입시 결과별 골품 비교한다. 성골=정세(정시 합격생) · 수세(수시 합격생) · 정재세(재수 정시 합격생), 진골=정삼세(삼수 정시 합격생) · 정장세(장수 정시 합격생) · 수재세(재수 수시 합격생), 6두품=교세(교환학생으로 온 외국인 학생) · 송세(연세대 국제캠퍼스생) · 특세(특별 전형), 5두품=편세(편입생), 군세(군인 전형), 농세(농어촌 전형), 민세(민주화 유공자 자녀

특별 전형)…" 등의 글에는 신촌캠퍼스 학생들이 원주캠퍼스 학생들을 차별하고, 같은 신촌캠퍼스 안에서도 입시 점수를 놓고 차별 현상이 드러나 있다. …

한국인들의 유별한 차별 의식은 역사와 관련 깊다고 한다. 그 칼럼에서 박노자씨도 언급했는데 한국전쟁에 대한 연구로 유명한 시카고 대학교 브루스 커밍스가 쓴 '브루스 커밍스의 한국현대사'를 보면 한국의 신분질서를 해체시킨 것은 한국전쟁이었다고 한다. 일제시대에 신분질서 해체가 시작되었지만 조선인의 80% 이상이 살던 농촌에서는 여전히 천민 출신들이 차별을 받고 있었고 노비 출신은 아무리 나이가 많아도 평생 반말을 들어야 했다고 한다. 그때까지 반상차별도 여전히 존재했었는데 전쟁 속에 대규모 인구 이동이 이뤄지면서 그러한 반상차별이 희석되었다고 한다. 하긴 아무리 양반이라도 체면 차려가며 피난 가긴 어려웠을 것이다. 혼란 속에서 노비 출신과 양반 출신이 뒤섞이고, 전쟁 이후엔 도시 지역에 인구가 급속히 불어난 결과 먹고살기 위한 처절한 투쟁이 벌어지게 되었고 그 결과 반상차별이 의미 없어졌다고 한다. 브루스 커밍스 교수 주장에 따르면 수백년 동안 조선인들을 지배해오던 신분차별의 사슬이 불과 몇 년 사이에 없어졌다는 것이다. 사실만 추려 말해 조선은 백성들을 위한 나라가 아니었다. 임금과 사대부가 이웃나라를 보호국으로 섬기면서 제나라 백성들을 노비로 마구 부려먹었던 그런 나라였다. 세계사를 읽어 보면 대부분의 나라들은 다른 나라를 침략해 노비를 조달했다. 하지만 조선이라는 나라는 임금과 지식인들이 자기나라 백성들을 노예로 삼아 부려먹은 변태적인 나라였다. '양반의, 노비에 의한, 양반을 위한' 나라였다고 말해도 과언이 아닐 것 같다. 한국의 평등주의자들은 유럽인과 일본인들이 과거 식민지에서 저지른 차별들에 대해 전문성을 발휘하는 사람들이 많다. 하지만 조선에서 벌어진 차별은 더욱 심각했다. 같은 조선 사람이었지만 노비는 사람대접을 못받았기에 같은 조선인이 맘대로 죽여도 문제가 전혀 안되었다고 한다. 그게 법에 나와 있었단다. 한국인들 대부분은 자기가 갖고 있는 성씨에 대해 자부심이 대단하다. 자기 조상은 양반이었다고 굳게 믿어서 그럴 것이다. 왕족을 자처하는 사람들도 많다. 통계에 따르면 조선 후기 백성의 50%가 노비였다는 주장도 있고 해석하기에 따라 실질적으로 인구 90%가 노비처럼 살았다는 주장도 있다. 개화기 즈음 어느 나라 대통령은 조선을 두고 세상에서 가장 무능한 나라라는 식으로 말했단다. 그렇게 무능했던 나라가 스스로 변하지 못하고 일제식민지를 맞게 되었다. 신분차별과 학정에 시달리던 조선 백성들의 가치관에 혼란을 가져올 만했다. 조선이 세상에서 가장 차별적인 나라였다고 말하는 사람들도 있다. 조선시대 양반 계급의 글공부는 그리스인들이 사랑한 지혜가 아니라 입신양명과 출세를 위한 수단이었다고 한다. 이렇다 할 과학적 지식이 거의 없었다고 한다. 공맹의 후예들이 남긴 글들은 과학과 무관했다. 그런 글들을 달달 외워 출세의 발판으로 삼았다. 그런 전통이 남아서인지 몰라도 한국인들은 학교 간판과 학연을 매우 중요하게 여긴다. 가치관과 철학이 180도 다르지만 오직 같은 학교 출신이라는 이유로 같은 편이 되는 경우도 많다고 한다. 학교 간판과 학연도 중요하겠지만 지식의 실용성도 중요할 것이다. 조선이 망하고 일제 강점기를 거쳐 대한민국이 세워지면서 형식상 신분차별은 없어졌다고 한다. 하지만 실은 신분차별의 형태만 바뀌었다고 주장하는 학자도 있다. 강준만 교수 주장에 따르면 조선 시대엔 세습에 따라 양반 지위가 주어졌다면 현대 한국은 각종 필기시험에 의해 획득된다고 볼 수 있단다. 즉, 지식을 탐구하러 대학에 가는 것이 아니 '양반'처럼 어떤 신분을 얻고 행세하기 위해 대학에 간다는 것이다. 과거엔 양천, 반상 차별이었지만 지금은 직업과 학벌을 가지고 차별을 한다는 내용도 재밌는 부분이다. 큰 대학 간판을 보유하면 '양반' 신분으로 편입되고, 그렇지 못하면 대학 다닐 때 각종 필기시험을 통과해 '양반증명서'를 받아야 한단다. '양반증명서'로 인정받는 그 필기시험들은 고시, 전문직 자격시험 등이 있고 IMF 이후에는 공무원 시험, 공기업 시험, 그리고 언론사 시험 등이 추가되었다고 한다. 각종 필기시험을 통해 '양반자격' 취득을 하지 못하면 대학원에 진학해서 석사나 박사 학위를 취득해 '양반'이라는 형식이라도 갖추려고 한단다. 그런 형식마저 없으면 양반으로 보이기 위해 학력을 속이기도 했단다. 그게 허위학력 사태라는 것이다. 실제 허위 학력 사태는 한국 지식인들 중에 정신질환자들이 얼마나 많은지를 보여준 사건이다. 심지어는 차별에 맞서 싸워야 할 평등주의자들 사이에서도 '양반증명서'는 필요하고 운동선수들도 국가대표가 되려면 '양반증명서'가 필요하다고 한다. 그러한 '양반증명서'는 차별적 한국을 반영한다. 입시경쟁이 격화되어 사회적 딜레마까지 된 것은 그와 같은 차별의식도 작용했다. 입시경쟁은 등수경쟁이다. 지식의 내용과 실용성보다는 등수, 즉 서열을 정한다. 청소년들이 자아가 형성되기 전에 등수와 서열이 의식을 지배하게 되면 부작용이 많단다. 모든 종류의 서열과 차별을 당연하게 여긴단다. 우스개이지만 옛날엔 군인들이 많이 사는 곳은 아이들끼리도 서열이 있었다고 한다. 아버지의 계급이 높은 아이가 아버지의 계급이 낮은 아이를 부하처럼 데리고 다니는 일도 많았다고 한다. 서열 때문에 그랬단다. 그러한 서열이 보편적인 사회에서 나고 자란 아이는 가난한 친구, 공부 못하는 친구, 다문화가정의 친구를 무시하고 차별하는 것을 당연하게 여길 수 있다고 한다. 그러한 서열의식은 또 다른 서열의식을 계속해서 파생시킬 수 있다. 자기가 차별받기에 자기도 차별할 대상을 찾은 결과일 것이다. 그 결과 한국은 별의별 차별이 다 존재하는 박노자 교수의 표현대로 '인간이 벌레가 되는 차별공화국'이 되고 말았다. 수백년 동안 굳어진 반상과 양천이라는 차별구도가 스스로 해체되지 않고 한국전쟁과 도시화 과정이라는 외부적 충격에 의해 해체될 수 있었듯이 현재 한국에서 만연해 있는 차별들 역시 스스로 해체되지 않을 것이다. 게다가 한국에서 학벌이 점점 '세습'되는 경향도 나타나고 있다. 서울대 주병기 교수도 비슷한 내용을 지적했다. 그러한 차별들은 해체하기 위해선 지혜를 모아야 할 때 오히려 신호보내기 경쟁에 열을 올리는 모습은 전형적인 사회적 딜레마이다.

공부에 목숨 건 역사

한국인들이 겪는 입시 전쟁과 사교육 문제는 사실 우리가 알고 있는 것보다 오랜 역사를 가지고 있다고 한다. 필기시험 경쟁은 조선시대 초기부터 극성을 부렸다고 한다. 세종실록에는 과거시험에 나올 만한 글이다 싶으면 다 베껴서 차고 다니면서 열심히 외웠다고 전한다. 요즘처럼 권문세가의 자손들은 개인 과외를 받거나 사설 학당에서 과거시험 준비를 했다고 한다. 치맛바람의 기원도 조선시대라고 한다. 여성들은 아들이 과거급제를 해야 명예와 보상을 누릴 수 있었다고 하고 그래야만 아들에게 효도 받고 며느리를 지배하며 여성리더로서 권위를 확보할 수 있었다고 한다. 현재 한국에서 학교간판 결정전은 청소년들이 치르는 학부모들의 대리전이다. 학부모들이 학교간판에 관심이 많은 이유는 모두 역사에서 찾을 수 있다. 출세와 신분상승을 위한 와일드 카드 결정전이었다. 대학입시, 고교입시, 심지어 중학교도 입시가 있었단다. 중학교 입시를 위한 일류 국민학교도 있었다고 전한다. 한국의 중학교, 고교, 대학 모두가 간판으로 등급화 되었다. 지금도 광복절만 되면 한국인들이 극일을 맹세하지만 한국의 명문학교 간판들은 대부분은 일본이 만들어준 것이라는 지적도 있다. 설령 설립자가 직접적으로 일본인이 아니다 하더라도 그 학교들을 설립하기 위한 지원은 거의 대부분 일본 정부가 맡았다고 말할 수 있단다. 일제시대 일본인들이 세운 학교를 입학하려고 조선인들이 얼마나 노력했는지를 보면 현재 반일감정이 약간은 낯 뜨겁기까지 하다. 시간이 갈수록 입시경쟁이 첨예화되며 요즘은 선행학습이 대세란다. 초등학교 때 중학교 과정을 배우고, 중학교 때 고등학교 과정을 미리 배운단다. 미리 다 배울 거라면 학교는 왜 있을까? 학교를 졸업하고 간판을 갖추는 형식이 중요하기 때문에 일어나는 일들이다. 한국은 청소년들이 공부를 너무 많이 하고 어른들이 공부를 너무 하지 않는 나라다. 시골 학부모들이 농사를 짓더라도 살림은 도시해서 하길 원한다. 사교육을 시켜야 하기 때문이다. 시골 학부모는 도시를 원하고, 지방 도시학부모는 서울을 원하고, 서울 비강남 학부모들은 강남을 원하고, 강남 학부모들은 미국을 원한다. 웬만한 유명인사들은 대개 자녀들을 미국 사립학교에 보낸다. 반미주의자나 평등주의자들도 마찬가지다. 자녀들에게 미국시민권을 만들어주기 위해 원정출산까지 하고 심지어 자신들도 미국의 시민권 또는 하다못해 영주권이라도 보유하고 있는 경우가 많다. 이게 반미, 평등, 민족을 외치는 한국인들의 민낯이다. 한국인들은 배움을 지향하는 것이 아니라 학교라는 간판을 지향한다. 도대체 얼마나 많은 청소년들이 입시 스트레스에 시달려 자살을 해야 입시열이 진정될까? 입시열은 비정상적인 에너지다. 모든 자원을 빨아들이는 블랙홀과 같다. 정원을 정해놓고 등수 경쟁을 벌이는 입시는 엄밀히 말하면 싸움의 한 형태이지 교육이라고 말하기 어려울 것 같다. 하지만 한국인들은 입시를 교육이라고 오해하고 있는 것 같다. 교육문제를 해결하겠다는 역대 정권들도 대개는 싸움의 방식만 바꿔놓았을 뿐이다. 오늘도 학교에서 아이들은 친구를 상대로 이기는 방법을 배우고 있다. 한국에서 숱하게 발생하는 엽기적인 폭력사건들은 우연이 아니다. 강준만 교수의 '입시전쟁 잔혹사'라는 책은 한국인들의 의식을 해부한다. 강 교수는 조선시대부터 지금까지 입시가 어떻게 출세를 위해 도구화되어왔는지를 보여준다.

한국사회에서 성공은 학교간판과 좋은 직업이라고 정의된다고 한다. 그렇기 위해 입시는 그 성공을 쟁취할 수 있는 수단이다. 그 입시 경쟁에서 성공한 사람들은 그 기득권을 잃어버리지 않기 위해, 그 경쟁에서 탈락한 사람들은 한을 품고 자신의 자녀들만큼은 낙오자가 되지 않기를 바라는 마음에 그 입시 경쟁에 매진한다고 한다. 그래서 수능시험 날엔 온 나라가 긴장한다. 2020년엔 코로나 와중에도 수능시험을 치르는 데 차질이 생길까 봐 온 나라가 걱정했다. 백신 부족 사태에 나라가 시끄러운 와중에도 고3 수험생들에게 백신을 먼저 맞힌다고 할 정도이니 한국에서 수능시험은 국가적 대사이다. 가난한 부모가 자녀들의 입시에 더 집착하는 경우도 있다. 자신들이 힘들게 사는 것이 교육을 받지 못한 탓이라고 여기고 자식들만큼은 좋은 교육을 받아 떵떵거리며 살고 싶게 해서란다. 경우에 따라서는 자식의 입시 실패에 부모가 더 비통해 하는 경우도 있다. 글로벌한 시각으로 보면 한국인들끼리 치르는 '입시내전'은 어디까지나 와일드 카드 결정전일 뿐이다. 세계인들은 한국인들의 기술력과 콘텐츠에 관심이 있지 한국인들이 입시를 위해 어떤 소동을 벌이는지에 관심이 별로 없다.

문제은행의 나라: 객관식 코메리카

한국인들은 세계에서 영어를 가장 열심히 학습하는 나라라고 볼 수 있다. 초등학교부터 대학까지 얼마나 많은 영어 시험들을 치르는지 생각해볼 필요가 있다. 한국인들의 영어 필기시험 성적은 세계적인 수준일 것이다. 하지만 정작 영어를 꼭 해야 할 때는 모두 벙어리가 된다. 최근엔 기자 회견장에서 한국 기자들 중에 외국 정상에게 질문하는 기자가 없어 소동 아닌 소동이 벌어진 적이 있다. 언론사에 입사하려면 대개 높은 영어 점수가 필요할 것이다. 고학력 기자들이 영어로 말을 못해 그 순간 모두 벙어리가 되고 말았다. 무슨 시험이든 문제를 많이 풀면 점수는 올릴 수 있다. 하지만 그렇게 문제를 많이 풀어 점수를 올리는 것도 중요하지만 실용성도 중요하다. 한국은 문제은행의 나라다. 모든 종류의 문제은행이 존재한다. 공무원부터 자격증까지. 없는 것이 없다. 문제가 정해져 있고 누가 더 많은 문제의 답을 외우고 있느냐로 승부가 결판난다. 그래서 한국 학생들은 문제집을 달달 외우듯이 한다. 한때는 한국에서 토플(TOEFL) 시험 문제를 빼돌려 국제적 망신을 당한 적이 있다. 한국엔 미국 대학수능시험 그리고 대학원수능시험에 대해서도 문제은행이 있다고 할 정도이다. 그 결과 한국은 모든 문제은행이 존재하는 그리고 세계에서 가장 문제를 빨리 풀고 답을 빨리 내는 나라가 되었다. 영어도 마찬가지다. 한국은 세계에서 전체 초중고 사교육비 규모 중에 영어교육비가 가장 높다고 한다. 믿기 힘들지만 어떤 사람들은 자식 영어교육에 매달 수백만 원 이상을 쓴다고 한다. 세상에 한국처럼 영어를 사랑하고 영어 공부를 많이 하는 나라는 없다.

K-water, KTX, KCC, KT, KT&G, KTF, LH, NHN, POSCO …

이상은 한국의 공공기관 이름들이다. 너무 많은데 일일이 다 열거할 수 없다. 대기업들은 옛날부터 브랜드를 영어로 만들었다. 국제경쟁을 해야 했기에 그럴 수 있다. 그러다보니 중소기업들도 이름은 영어로 바꾸는 경우가 많아졌다. 꼭 회사뿐이 아니다. 이젠 농협도 영어 NH로 쓴다. 인근 거리를 나가서 둘러보면 대부분 간판이 영어라는 것을 알 수 있다. 간판을 아예 영어로 썼던지, 영어를 한글로 표기했던지 그게 아니라

면 한글을 영어로 표기했던지 하는 식이다. 백화점에 가면 아예 모든 말이 영어이다. 특히 고가품 매장은 한글을 전혀 찾아볼 수가 없다. 심지어 아파트 이름들도 대부분 영어다. 한국에서 영어로 내보내는 방송도 있다. 뉴스는 자막으로 영어가 표시된다. 대중교통도 영어다. 빵집도 영어다. 김밥도 'kimbab'이라고 쓴다. 김치도 잘보면 상표가 영어다. 시골 경노당에도 영어로 써진 상표들이며 갖가지 책들이 놓여있다. 아이들 장난감도 영어로 써져 있고 학원도 영어로 써졌다. 인터넷을 하려면 대부분의 말이 영어다. 입사 및 승진에도 영어가 중요하다고 한다. 미국에서 공부했다고 하면 뭘 연구했느냐고 묻는 것이 아니라 영어를 잘해서 좋겠다고 얘기한다. 학교마다 원어민 영어교사 확보하기에 바쁘고 대학은 영어강의 수를 늘이기에 안간힘을 쓴다. 어떤 교수는 영어강의인데 한국말과 영어를 섞어가며 수업을 하기도 하고 학생들도 비슷하게 영어를 하다 한국말을 하다 그런식으로 한다. 영어논문은 읽지도 않고 쓰지도 않으면서 말할 때마다 영어를 재미삼아 섞어 쓰는 교수들도 있다. 영어유치원, 영어마을, 영어교실, 영어캠프, 영어연수, 영어방송, 영자신문, 비즈니스영어, 영어연극, 대학신문도 반은 한글 반은 영어로 쓴다. 문제풀이 위주 영어시험 대비반들이 모두 따로 있다. 고시영어, 공무원영어, 공사영어 등. 한국 어디를 가도 영어권 국가에서 온 외국인들은 대접을 잘 받는다. 실제 한국에서 영어로 소통할 일은 거의 없다. 국제화를 많이 한다고 하지만 소수 몇 개 대학들을 빼면 실제 대학에서도 영어를 쓸 일이 별로 없다. 한국인들에게 영어는 예능에 가깝다. 영어권에서 온 외국인이 한국어를 할 줄 알면 방송에 출연해서 유명인이 되지만 가난한 나라에서 온 사람이 한국어를 잘한다고 해도 별로 관심이 없다. 한국인들은 지금도 일본인들에게 차별받은 것에 대해 사과를 요구한다. 지금도 한국인들을 차별하고 있다며 일본을 증오하기도 한다. 하지만 인종 차별을 가장 심하게 하는 나라는 미국과 일본이 아니고 한국이다. 한국인들이 가난한 나라에서 온 사람들을 어떻게 대하는지를 보면 알 수 있다. 같이 가난한 나라에서 왔지만 한국어를 못하더라도 영어를 잘하면 무시를 덜 한다고 한다. 영어에 관심이 그렇게 많고 영어에 많은 것을 투자하는데도 한국인들에게 영어로 말하기는 여전히 어려운가 보다. IT 기술이 이렇게 발전해 있는 상황에서 영어배우기에 그렇게 많은 사교육비를 들일 필요가 없다. 흥미만 있으면 영어는 혼자서 공부할 수 있다.

청소년들 등수경쟁

정리해보면 청소년들을 자살로 몰고 가는 극한의 입시경쟁은 잘못된 신호보내기 게임이다. 그리고 이는 한국의 사회적 딜레마를 반영한다. 어느 한명의 지도자가 바뀐다고 해도 바뀔 수 없다. 노동시장에선 정보비대칭 문제가 항상 발생한다. 한국의 노동시장에서 그나마 신호로 작용하는 것은 대학 간판밖에 없다. 게임이론으로 설명하는 한국형 신호보내기 게임은 다음과 같다. 기업은 노동시장에서 구직자들의 능력과 자질을 알 수가 없다. 그렇기에 우수한 근로자를 선발하기 위해선 대학 간판을 따져보는 방법이 가장 편하다. 왜냐하면 우수한 자질을 갖춘 사람일수록 좋은 대학에 진학할 확률이 높기 때문이다. 즉, 구직자들에 대해 정보가 전혀 없기에 기업 입장에선 지원자들의 대학 간판을 기준으로 삼을 수밖에 없다는 것이다. 구직자들의 자질에 대한 정보가 없기엔 외국도 마찬가지이다. 즉, 외국 노동시장에도 정보비대칭 문제가 발생한다. 다만 그 문제 해결을 위해 방법이 약간 다를 뿐이다. 외국에선 교수의 추천서가 중요하다. 하지만 한국에선 추천제가 신뢰받지 못한다. 실제로 한국에서 교수들에게 추천서를 받는 요식행위에 가깝다. 모든 교수들이 모두 좋은 추천서를 써주기 때문에 노동시장에서 정보를 담는 신호가 될 수 있다. 한국에서 추천이라는 말은 오히려 부정적으로 쓰인지 오래되었다. 정실인사를 뜻하기도 한다. 한국 문학계에 오래 전에 문인이 등단할 때 추천제라는 것이 있었다고 한다. 하지만 그 역시 없어진 지 오래되었다. 한국에선 추천이 '백이나 줄'을 뜻하기 때문이다. 따라서 한국에선 그나마 대학 간판에 따라 사람을 평가하는 현상이 공정할 수도 있다. 구직자 입장에선 노동시장에서의 성공 가능성이 대학 간판에 달려있다고 합리적으로 예상할 수 있다. 그렇기에 학생과 학부모가 입시에 '올인'하는 것이다. 수능시험은 학생들을 지수화해서 일등부터 꼴등까지 일렬로 줄을 세울 수 있게 한다. 즉, 그 '줄 세우기'가 노동시장에서의 일차적 선별 기제로 작동하고 있다는 뜻이 된다. 사회적 딜레마에서 분석해봤듯이 이런 행태는 경기자들에게 자제를 요청해서 시정될 수 없다. 더욱 그 문제들이 고착될 뿐이다. 즉, 학생들 간의 그리고 학부모들 간의 무한경쟁은 계속 될 수밖에 없다. 인류가 존속하기 위해 경쟁은 필요한 것이다. 하지만 그와 같은 형태의 경쟁들은 큰 부작용을 남길 수 있다. 공교육과 전인적 교육이 사라지기 때문이다. 이미 한국의 공교육은 망가진 지 오래되었다. 전인적 교육을 거론하기에도 너무 새삼스럽다. 솔직히 얘기해 한국인들 중에 자신의 아이가 바르게 자라고 전인적인 인격을 갖추도록 하기 위해 학교에 보내는 사람들이 몇이나 있을까 싶다. 자녀들의 인간성이 비뚤어지더라도 수능점수만 잘 나온다면 안도하는 부모들이 훨씬 많을 것이다. 그렇게 생각하는 사람들의 도덕성도 문제이지만 중요한 점은 한국의 노동시장이 그렇게 작동하기 때문에 어쩔 수 없다.

영원한 중등교육의 나라

객관식 문제풀이와 주입식 교육은 창의적 사고력을 배양하기 어렵게 해 새로운 시대에 맞는 인재를 육성하는 데도 한계를 드러내고 있다. 입시경쟁이 끝나면 막상 전문성 교육이 이뤄지는 대학/대학원 단계에서의 노력과 투자는 등한시될 수밖에 없다. 이러한 문제는 앞서 지적한 대로 노동시장의 선별이 대학 간판에 초점이 맞춰지면서 나타난 부작용이라고 말할 수 있다. 입시과열은 대학서열로 귀착되면서 역설적이게도 대학 간의 경쟁이 사라지고 말았다. 한국에서 대학 평판은 간판이다. 대학 간판이 평판을 결정한다. 즉, 대학에서 무엇을 공부하는지보다 그 간판이 더 중요하다는 뜻이다. 입학자원의 질적 수준이 크게 차이가 나기 때문이다. 따라서 대학들이 나서서 졸업생들의 평판을 높이기 위해 할 수 있는 것은 많지 않다. 높은 간판 대학들은 우수한 입학자원이 계속 들어오기에 노력할 필요가 없고 낮은 간판 대학들은 노력해도 안 바뀌기 때문에 노력할 필요가 없다. 자포자기이다. 즉, 대학들이 잘 가르치기 위한 경쟁을 할 필요가 별로 없다. 선진국 노동시장에서 통용되는 구직자의 신호는 크게 출신대학의 평판과 개인의 내재적 능력으로 구성된다고 볼 수 있다. 하지만 한국 노동시장에선 대학 간판이 크게 작용한다. 이는 구직자들에겐 미안하지만 기업 입장에서 보면 비대칭정보를 해결하기 위한 최선책이라고 볼 수 있다. 하지만 기업들도 적합한 인재를 찾기 위해 다양한 노력을 기울일 필요도 제기된다. 학업능력과 업무능력이 반드시 일치하지 않을 것이기 때문이다. 최근엔 입사면접을 할 때 면접관들이 지원자들의 출신대학을 보지 못하게 하는 경우도 있었다. 역설적이게도 그건 비대칭정보 문제를 더 심화시키는 것이다. 중요한 것은 면접관들에게 절차를 강요하는 것이 아니라 면접관들의 편견이 사라지는 것이다. 한국 노동시장에서 선별은 인재의 과거 활동에 초점을 맞추고 있다. 즉, 대학 간판에 따른 노동시장 선별은 한국을 학벌사회로 만들고 입시경쟁을 가열시키는 부작용을 낳았다. 가장 큰 문제는 대학/대학원 교육이 필요 없도록 만들어 놓았다는 것이다. 그에 따라, 한국에서 교육투자는 입시경쟁을 위해 사교육에 집중되는 경향이 강하다. 반면, 노동시장 진입을 앞두고 전문성을 배양해야 할 대학단계에서의 교육은 등한시되고 있는 실정이다. 게다가 대학들 간 서열과 간극은 대학들 간 경쟁을 오히려 가로막고 있다. 우수자원들이 모두 특정대학들에 몰리면서 발생한 일이다. 이에 따라 대학들 간 서열은 더욱 고착화되면, 대학들은 재학생들을 대상으로 잘 가르치려 해도 잘 가르칠 것이 없어진다. 서열화는 자연스러울 수 있지만 지나친 서열화는 대학들 간 경쟁을 오히려 가로막아 전문성 교육 토대를 무너트릴 요인으로 작용할 수도 있다. 신호보내기 게임은 비용이 들어가는 것이 당연하다. 하지만 한국의 사교육비는 한국인들의 노후준비를 가로막아 삶의 질을 떨어뜨릴 정도라고 하니 심각하다. 유럽은 대부분 대학입시가 평준화되어 있다. 미국도 대학 간 서열이 존재하긴 하지만 고착되지 않아 차별로 이어지지 않는다. 미국은 학생들 간 경쟁보다 대학들 간 경쟁이 더 심하다. 한국에서 학생들의 학업량은 고교시절에 가장 많다고 한다. 반면 미국에선 학업량이 대학 시절에 훨씬 많다. 즉, 한국에선 대학 간판이 중요한 신호가 되지만 미국에선 대학과정에서 어떤 수업을 어떻게 들었는지가 중요한 신호가 된다. 전자는 일회적 게임 상황이지만 후자는 반복게임 상황이란 것이 다르다. 일회적 게임에서는 미래에 대한 고려가 없는 반면 반복게임에서는 미래에 대한 고려가 매우 중요하다. 한국의 과도한 입시열은 오히려 경쟁력을 약화시킬 수도 있다. 한국의 과도한 입시열은 'Rat race 현상'으로 설명될 수 있다. Rat race란 무의미하면서 계속되는 그리고 결국 자멸적 결과를 초래하는 경쟁상황을 말한다. 모든 이들이 입시경쟁에 뛰어들지만 나라 상황이 나아지는 것 없이 자원만 낭비될 뿐이라는 것이다. 그 증거가 한국에서 사교육을 그토록 열심히 하지만 한국 대학들의 연구역량 수준이 그렇게 높지 않다는 점을 들 수 있다. 게임이론에 따르면, 참여자들의 합의에 의해 불필요한 경쟁을 줄이는 것이 가능하다. 그러나 한명이라도 이를 어길 유인이 있는 경우에는 그러한 합의가 지켜지기 어렵다. 누구든지 합의를 깨고 경쟁에 나설 유인이 있기 때문이다. 결국 자원을 낭비하면서도 자멸적 경쟁은 지속될 수밖에 없다. 따라서 사교육 및 과열 입시에 대해 전략적 접근이 필요하다.

덜 나쁜 제도들

한국에서 입시경쟁은 모든 자원을 빨아들이는 블랙홀이라고 했다. 모두를 빨아들여 개성과 창의성을 거세한 다음 조직 사회의 부속품으로 만들어 놓는다. 부속품은 능동태가 될 수 없다. 효율이 떨어지기 때문이다. 명령에 따라 일사불란하게 움직일 수 있도록 수동태를 유지할 때 거래비용이 낮아진다. 한국이 재빠르게 경제개발을 할 수 있었던 이유이기도 하다. 그 결과 세상에서 가장 가난했던 나라 한국은 일인당 국민소득이 3만 달러를 넘어선 나라가 되었다. 인구가 5,000만 명이 넘고 일인당 국민소득이 3만 달러가 넘는 나라는 많지 않다. 미국, 일본, 독일, 영국, 프랑스, 이태리 그리고 한국뿐이다. 한국은 이젠 새로운 패러다임이 요구되고 있다. 무엇보다 능동적인 자세와 창의성이 중요하다. 예를 들어 한류 문화 컨텐츠는 사교육을 열심히 받는다고 만들어지는 것이 아니다. 한국에선 아이들과 청소년들이 블랙홀에 갇혀 있는 상태이다. 그들의 잠재력이 사장되는 것은 국가 미래를 위해서도 안타까운 일이다. 여기서 말하는 블랙홀은 물리학적인 공간이 아니라 게임이론적 공간이다. 게임이론에서 한 번 형성된 내쉬균형은 경기자들 스스로의 노력을 통해 바뀔 수 없다고 설명했다. 그 내쉬균형은 조선시대 때부터 있어왔던 것이다. 당시엔 과거시험을 통해 서열과 신분이 만들어지고 지금은 각종 필기시험들에 따라 서열과 신분이 만들어진다. 외형만 바뀌어 왔을 뿐이다. 문제는 청소년들이 어른들이 해야 할 경쟁을 대신한다는 것이다. 앞으로도 입시제도는 또 바뀔 것이다. 하지만 입시제도가 바뀐다고 해서 대학/대학원 교육보다 '중등 사교육'이 더 중시되는 풍토는 바뀌지 않을 것이다. 바뀐 입시제도는 해결은 고사하고 오히려 혼란만 가중시킬 것이다. 한국의 입시경쟁은 사회적 딜레마이다. 경쟁은 필요하다. 하지만 입시경쟁은 시장경쟁과는 다르다. 시장경쟁은 긍정적이다. 시장이 효율화되고 사회 전체후생이 증가하기 때문이다. 하지만 입시경쟁은 신호보내기 게임이 가열화 되면서 신호비용만 증가하게 된다. 한국에서 그 신호비용이 매해 21조가 넘는단다. 그 신호비용이란 말 그대로 신호를 보내는 데 소요되는 비용이다. 한국에서 교육부 1년 전체 예산이 약 70조 안팎으로 본다면 21조는 엄청난 비용이다. 더군다나 사교육은 생산 활동과 무관하다. 입시학원이 챙기는 렌트(rent)일 뿐이다. 과도한 신호보내기 비용은 사회 전체후생을 감소시킨다. 사회심리학적 면까지 포함하면 그 비용은 더욱 커질 것이다. 그렇다고 모든 경쟁을 없애고 학교를 놀이의 장으로 만들겠다는 자칭 '참교육인'들의 발상은 어리석기 짝이 없다. 교육은 놀아주는 것이 아니라 필요한 것을 알려주는 것이다. 무조건 잘못을 덮어주는 것이 아니라 무엇이 잘못인지를 정확히 알려주는 것이 교육이다. 주먹구구식 교육 행정은 더욱 위험하다. 대안학교라는 발상도 위험하긴 마찬가지다. 대안학교라면 기존의 학교들을 대체해야 한다는 뜻일까? 체계적이 못한 것이 가장 큰 약점이다. 참교육을 외치는 정치인 출신 교육감들은 교육보다 학부모들의 표에 관심이 더 많다. 그들이 모르는 것이 있다. 입시경쟁은 아이들과 부모들이 비합리적으로 행동해서 발생한 문제가 아니다. 사실 공부는 하기가 싫은 것이지 공부를 열심히 하는 것을 문제 삼을 수 없다. 다만 현 상황은 소모적인 경쟁이어서 문제인 것이다. 한국에서 입시문제는 교육문제가 아니라 한국 사회가 작동하는 방식이다. 어느 나라나 입시경쟁은 다 존재한다. 대학 등수들도 정해진다. 따라서 시장에서 경쟁이 벌어지듯 대학들도 좋은 교수들과 좋은 학생들을 유치하기 위한 경쟁을 하게 된다. 그리고 그 경쟁을 통해 대학이 서로 발전하는 것이다. 미국도 아이비리그 출신들이 사회지도층을 두텁게 형성하고 있다. 하지만 그 아이비리그에 속하는 대학들이 다수이다. 대학 서열화는 어쩔 수 없는 현상이다. 적당한 서열화는 경쟁을 가속화시켜 효율적인 자원배분을 가능하게 한다. 하지만 지나친 서열화는 문제가 된다. 대학들 간의 경쟁을 오히려 가로막기 때문이다. 시장에서 독과점을 규제하는 이유가 있다. 한국에서 대학은 독과점 구조이다. 그 독과점 구조는 편견과 선입견들을 만들어내고 대학들이 스스로 평판을 바꿀 수 없도록 만든다. 대학들이 할 수 있는 것은 재정확보 목적으로 간특한 꾀만 낼 수 있을 뿐이다. 대학들이 스스로 나서서 학교 평판을 바꿀 수 없으므로 교수들도 할 일이 없다. 노동시장도 정상이 될 수 없다. 큰 간판 대학 학생들은 노동시장에서 강한 경쟁력을 갖기 때문에 노력을 등한시 할 수 있고 작은 간판 대학 학생들은 어차피 상황이 나아지지 않기 때문에 노력을 포기한다. 즉, 모두에게 학업동기가 약화될 수 있다. 한국에선 고등학생들이 대학생들보다 공부를 더 많이 한다. 한국에서 대학문화 코드는 주로 낭만이다. TV에서도 보면 고등학생이 대학에 입학하면 학업 스트레스에서 해방되어 자유를 만끽하는 것으로 묘사된다. 그리고 적당한 일탈들이 낭만적으로 묘사된다. 대학에서 부정행위하는 것도 낭만적으로 묘사된다. 대학을 다니며 학업 스트레스는 별로 표현되지 않는다. 한국의 교육문제는 경쟁이 문제가 아니라 경쟁 방식이 이상해서 문제이다.

입학보다 졸업: 부분적 평준화와 대학원 입시

한국에선 대학 졸업이 너무 쉽다. 입학경쟁에서 탈락한 사람은 많지만 졸업시험에서 탈락한 사람은 거의 없다. 교육부가 관심을 기울여할 부분이다. 내실 있는 대학교육을 위해 교육부 주관하에 모든 대학 졸업예정자들이 전공별로 동시에 졸업 전공시험을 치르도록 할 필요가 있다. 그 졸업시험에서 당락을 나누도록 한다. 그 졸업 전공시험에서 합격한 이에겐 학사 학위를 주고 그렇지 않은 학생들에겐 수료만 인정하는 것도 생각해볼 만하다. 유럽은 대부분 대학평준화가 적용된다. 하지만 한국에선 대학평준화는 쉽지 않을 것이다. 대학평준화가 갖는 거부감 때문일 것이다. 흥미로운 것은 평등을 지향하는 진보주의자들도 대학평준화에 반대하는 사람들이 많다. 무리한 대학평준화를 추구하는 것보다 국립대학들부터 평준화를 시도해보는 것이 방법이 될 수 있다. 국립대학들을 묶어서 입학, 교육, 졸업을 동시에 관리하고 교수들이 자유롭게 교류하도록 유도하는 것이다. 그리고 학생들도 원하면 어느 지역에서나 쉽게 수업을 들을 수 있게 한다. 국립대 재정은 공동으로 관리하면서 대학별 그리고 학과별 그리고 교수들 활동에 대한 정보를 모두 공개하여 교육수요자인 예비 대학생들 그리고 기업들에게 제공한다. 졸업생들의 교육 만족도도 정기적으로 조사되고 공표될 필요가 있겠다. 이를 통해 학생을 뽑는 경쟁에서 학생을 가르치는 경쟁으로 유도할 필요가 있다. 그리고 기업들도 인재를 채용할 때 대학교육 내용을 반영하기 위해 노력할 필요가 있다. 즉, 그 대학에서 무엇을 가르치고 배우는지에 대해 관심을 가질 필요도 있다. 처음부터 정규직 채용을 하는 것보다 인턴제를 자주 활용해 그 사람의 적성을 따져보는 것도 중요하다. 학습능력이 반드시 업무능력을 반영하지 않는다는 사실도 알 필요가 있다. 선진국에서는 좋은 대학을 나왔어도 학점이 좋지 않거나 교수들로부터 좋은 추천서를 얻지 못하면 취업이 쉽지 않다. 기업 입장에서도 불비정보 상황에 맞서 스스로 선별도구들을 갖추고 있어야 한다. 학부를 부분 평준화하고 대학원 입시를 도입해보는 것도 고려해볼 수 있다. 무조건 평준화가 아니라 인문사회 분야만 평준화해보는 것이다. 인문사회 분야는 다양성이 중요하다. 의학, 공학, 그리고 자연과학처럼 객관성과 정확성이 요구되는 분야에선 현행 제도를 통해 학생을 선발하고 인문사회 분야처럼 주관성과 다양성이 요구된 분야는 평준화를 시도해보는 것도 도움이 될 수 있다. 인문사회 분야는 학생들의 출신과 배경이 다양하면 오히려 발전을 기대해볼 수도 있다. 시각이 다양해지기 때문이다. 그리고 인문사회 분야에선 대학원 수능시험을 도입해 선발 경쟁을 해보는 것도 방법이 될 수 있다. 미국에선 대학원 입학을 위해 계열별로 수능시험이 따로 존재한다. 그래서 전공을 바꾸는 것도 쉽다. 모든 전문직들은 대학원 과정을 통해서 배출하는 것도 방법이 될 수 있다. 그래서 지금의 대학서열화가 대학원서열화가 되는 것이 효율적일 수 있다. 지향점은 경쟁체제는 유지하되 청소년들에게 공부를 조금만 덜 시키자는 것이다. 그리고 재능 있는 학생들은 대학원을 무료로 다닐 뿐만 아니라 오히려 돈을 벌고 다닐 수 있도록 하는 것도 중요하다. 돈도 벌고 학위도 받을 수 있게끔 하는 것이다. 반론이 있을 수 있다. 그럼 어차피 그 경쟁이 그 경쟁 아닌가? 고등학교 때 열렬히 경쟁하는 것과 학부 과정 중에 열렬히 경쟁하는 것이 뭐가 다르냐고 물을 수 있다. 하나 빼고 다를 것이 없다. 전자의 경우 미성년들이 경쟁을 하는 것이고 후자의 경우 성년들이 경쟁을 하는 것이다. 치열한 경쟁은 성인들이 하는 것이 맞을 것이다. 대부분의 선진국들은 그렇게 교육제도가 설계되어 있다. 한국이여 제발 청소년들을 그만 괴롭혀라. 그들을 교실에 가둬놓고 맹목적으로 공부를 강요하는 것은 국가의 미래를 위해서도 바람직하지 않다. 청소년들을 풀어주고 사회적 규범과 규칙을 먼저 알려줄 필요가 있다. 그리고 다양성과 올바른 가치관을 심어주자. 그리고 대학에 가서 성인이 되고 스스로 인생을 설계해야 할 나이가 되면, 자신에게 맞는 직업이 무엇인지를 알게 하자. 그리고 경쟁도 필요하고 그 경쟁이 인류를 존속시키는 사회적 면역체계 같은 것임을 인지시키자. 경쟁이 있었으니 코로나 백신도 나올 수 있는 것 아니겠는가? 제발 청소년들을 등수경쟁에서 해방시켜주고 그렇게 좋으면 성인들이 나서서 등수경쟁을 하도록 해라. 청소년 시절에 벌어지는 극단적인 등수경쟁은 너무 소모적이다.

아인슈타인을 위한 기여 입학

교육부는 사립대 대학재정에서 완전히 손을 뗄 필요가 있다. 사립대학 재정에 교육부가 간여할 필요가 전혀 없다. 그래서 사립이다. 스스로 재정을 알아서 하라고 하고 학생들 선발 기준도 스스로 정하게 내버려둬라. 그리고 사학들이 등록금을 올리던 내리던 교육부는 재정에 관한 모든 것을 사학들에게 맡겨라. 사학들 등록금이 비싸지는 것은 당연하다. 미국에 비하면 한국의 사립대학은 등록금이 너무 저렴하다. 다만 회계감사를 분명히 해라. 기여입학제 도입을 원한다면 허용해라. 다만 전공별로 제한을 둬야 한다. 예를 들어, 언급했지만 의학이나 과학분야처럼 정확성이 요구되는 분야는 기여입학제를 제한할 필요가 있다. 상경계열 학과들은 기여입학제가 도리어 유리하다. 한국인들은 기여입학이라고 하면 부정입학을 떠올리는 경향이 있다. 실제 상경계열 학업은 기업을 물려받을 사람들에게 더 필요하다. 한국에서 상경계열 학업을 희망하는 이유는 대개 일자리를 구하기 위해서다. 미래 일자리를 만들 사람들이 상경계열 공부를 하도록 하자. 기업이 없으면 상경계열 공부는 마냥 헛것이 되고 만다. 기여입학제는 대학 재정에 여유를 갖춰 가난한 인재들에게 교육 기회를 제공할 수 있게 한다. 그 인재들이 졸업하고 고액 연봉을 받을 때 다시 학교에 기여하도록 유도하면 결과적으로 학교 재정이 더욱 확대되고 학교들은 더욱 경쟁력을 갖출 수 있다. 부유층들이 대학들에 기부금 형식으로 소득을 재분배하면 저소득층 자녀들이 공부하기가 더욱 쉬워진다. 그리고 오히려 소득양극화를 완화할 수 있고 사회적 갈등을 줄일 수 있다. 미국의 명문 사립대학들에 다니는 저소득층 학생들은 거의 대부분 전액장학금을 받는다. 따라서 생활비 걱정 없이 학업에만 전념할 수 있다. 그렇게 할 수 있는 것은 학교 재정이 탄탄하기 때문이다. 그 배경엔 기부금도 있다. 많은 사람들이 기여입학제를 무조건 돈만 많이 내면 입학하게 되는 제도라고 오해한다. 하지만 이 제도는 물질적으로 학교에 기여를 한 사람의 직계자손에 대해 대학이 정하는 기준에 따라 입학시 특례를 인정하는 것이다. 대학이 정한 일정 기준을 충족하지 못하면 입학이 제한될 수도 있다. 자녀를 위해 기여입학을 시도하는 사람들은 대부분 부유한 이들일 것이다. 한국이 자본주의 사회인 이상 그들이 부를 축적하기 위해 들인 노력도 인정할 필요가 있다. 그들이 그들의 부를 어디에 어떻게 사용하는지에 대해선 이래라 저래라 할 일이 못된다. 다만 그들이 부를 좋은 방법으로 쓸 수 있도록 유도할 필요가 있다. 더러는 기여입학제가 대학서열을 더욱 고착시킬 수 있다는 우려 때문에 반대하는 경우도 있다. 그럴 가능성도 있지만 기여입학제는 입시경쟁을 줄게 할 수 있다. 생각해보라. 돈이 넘치는 집안의 자녀들이 왜 사교육을 받아가며 입시경쟁을 펼쳐야 할까? 자본주의 사회에서 그들은 어차피 부를 물려받을 수밖에 없다. 그들이 사교육을 많이 해서 한국 경제에 좋을 것이 별로 없다. 오히려 그들에게 입시경쟁을 면제해주고 대학에 재정적 기여를 하도록 유도하는 것이 나을 수도 있다. 그들은 한국 대학에 진학하지 않으면 어차피 미국 아이비리그 대학으로 진학한다. 공정한 입시경쟁도 좋지만 가난한 학생들에게 정말 필요한 것은 생활비 걱정 없이 학업에 매진할 수 있는 것이다. 가난한 학생이 공부만 잘한다고 해서 일자리 창출에 기여하는 것은 아닐 것이다. 현실적으로 일자리는 부자들이 만드는 것이다. 기업인 자녀들이 기여입학을 통해 국내 대학에 진학하게 되면 가난한 학생들도 유리하다. 왜 기업인 자녀들로 하여금 미국 대학들에 돈을 쓰게 하는가? 한국인들의 평등에 대한 집착도 지나친 감이 있다. 실은 지금의 입시경쟁은 부자들 때문이 아니다. 숫자로 보더라도 부자의 수는 그렇게 많지 않다. 오히려 가난한 다수가 신분상승을 위해 집착한 결과라는 지적도 있다. 시골의 가난한 학생들이 장학금도 받지 않고 사립대학에 진학해 고학을 사서 하는 경우도 많다. 부모가 허리가 휘도록 일을 해서 그렇게 자식 교육시키는 것을 보면 외국인들은 전혀 이해 못할 것이다. 옛날엔 시골에서 소를 팔아 학비를 댔다고 한다. 우골탑이라고 했단다. 때로는 지방자치단체들이 나서서 자기 지역 고학생들을 위해 서울에 장학생을 짓기도 한다. 그 선의야 알아줄 만한데 그런데 문제는 왜 시골 사람들에게 세금을 걷어서 특정 학생들을 위해 그런 편의를 제공해줘야 하는가이다. 공부는 예나 지금이나 가난한 사람들이 더 열심히 할 수밖에 없다. 절박하기 때문이다. 한국 사회는 약간 비효율적이다. 부자들에게 공부를 강요하기 때문이다. 부자들은 자기가 원한다면 공부하지 않고 놀도록 내버려두라. 부자들이 대학에 가서 공부를 하던 안하던 참견할 이유가 없다. 가난한 이들 입장에서 보면 부자들이 공부를 많이 안하는 것이 더 유리할 수도 있다. 그래야만 가난한 이들이 공부를 열심히 하면 그들에게서 지식을 더 빌려 쓸 것이 아닌가? 그런 것이 진정한 평등이다. 미국의 아이비리그 대학들이 세계적으로 인기가 있는 이유는 실력과 전통도 중요하지만 직접적인 이유는 일단 돈이 많아서다. 아이비리그 대학들은 관광지처럼 소개되기도 하고 관광객들도 많다. 실제 그 대학들을 보면 기여입학들이 생각보다 많다. 한국인들은 차별을 많이 받아온 민족인데 역설적으로 차별이 없어지는 것을 반대하는 경향이 있어 놀랍다. 자신이 어떻게 해서든지 차별할 수 있는 지위에 올라서면 그만이라고 생각해서 그럴 것이다. 그래서 더욱 입시경쟁이 가열되는 측면도 있을 것이다. 하지만 부자들에게 공부를 강요하는 것은 비효율적이다. 아무리 공부에 환장한 나라라고 하지만 부자들은 공부를 할 것이 아니라 기여입학을 통해 부를 재분배할 필요가 있을 것 같다. 그들이 학교에 돈을 쓸수록 학교도 좋아지고 가난한 학생들도 좋아진다. 한국이 법까지 만들어 기여입학제에 반대하는 이유는 헌법 제 31조 1항인 '모든 국민은 능력에 따라 균등하게 교육을 받을 권리를 가진다' 원칙에 위배되기 때문이란다. 그렇게 균등을 강조하려면 입시경쟁을 없애고 대학평준화를 단행하는 것이 맞다. 과연 대학에 기여입학제가 도입된다고 해서 교육의 불평등이 강화될까? 그럼 지금까지는 기여입학제 금지를 안해서 교육의 불평등이 이토록 심화된 것일까? 이해하기 어려운 발상이다. 한국 사회는 원래 불평등했다. 국민들 모두가 불평등을 당연하게 생각한다. 오히려 모든 것이 불평등한 가운데 교육 기회만이라도 동등하게 받겠다는 국민들의 집착이 오히려 입시지옥을 만들었다는 지적도 있다. 기여입학제는 금전만능주의와 다르다. 자본주의 사회에선 자기가 번 돈 자기 맘대로 쓸 수 있다. 그 돈을 가난하지만 재능 있는 아이들을 위해 쓰는 것이 왜 안된다고 생각할까? 부자들이 스트레스를 받아가며 사교육을 받는 것도 이상하지만 가난한 사람들이 사립대에 진학해서 비싼 등록금 내며 그것도 모자라 생활비까지 벌어가며 고학을 하는 것도 이상하긴 마찬가지다. 기여입학제를 전면 금지할 것이 아니라 폐해를 줄이기 위해 노력하는 것이 더욱 실용적이다. 기여입학제의 핵심은 투명한 운영이다. 기여입학제의 장점을 극대화시키기 위해선 교육부와 대학의 노력이 필요하다.

참고문헌

가지이 이쓰시 (2008), Hello! 게임이론 (이봉노 역), 새로운 제안.

강준만 (2013), 갑과 을의 나라, 인물과사상사.

강준만 (2009), 입시 전쟁 잔혹사, 인물과사상사.

강준만 (2006), 간판 공화국의 주목 투쟁, 한겨레21, 593호.

김웅 (2018), 검사내전, 부키.

김영세 (2020), 게임이론-전략과 정보의 경제학, 박영사.

김현우 (2020), 억대연봉자 급증...산업부 산하기관들 방만경영 심각, 한국일보 10월 11일 기사.

김형희 (2016), 한국인의 거짓말, 추수밭.

도널드 트럼프 (2016), 거래의 기술 (이재호 역), 살림출판사.

박노자 (2014), 비굴의 시대, 한겨레출판.

박노자 (2019), 학벌 사회에서 '주체적 개인'은 없다, 한겨레신문 칼럼, 9월 24일.

브루스 커밍스 (2001), 브루스 커밍스의 한국현대사 (김동노 등역), 창비.

와타나베 타키히로 (2014), 도해 게임이론 (기미정 역), AK.

이나미 (2013), 한국사회와 그 적들, 추수밭.

이문열 (2000), 삼국지, 민음사.

이문열 (2000), 초한지, 민음사.

주병기 (2018), '소득과 교육의 기회불평등', 분배적 정의와 한국사회의 통합 (김성진외 저), 제6장, 율곡출판사.

최자영 (2020), 거짓말공화국 대한민국, 헤로도토스.

한국교육개발원 (2020), 교육기본통계.

한국은행 (2020), 2019년 국민대차대조표.

헤로도토스 (1996), 역사 (박광순 역), 범우사.

개정판
와일드 게임이론

초판발행 2021년 8월 30일
개정판발행 2026년 3월 10일

지은이 이양승
펴낸이 안종만 · 안상준

편 집 소다인
기획/마케팅 최동인
표지디자인 BEN STORY
제 작 고철민 · 김원표

펴낸곳 (주) 박영사
서울특별시 금천구 가산디지털2로 53, 210호(가산동, 한라시그마밸리)
등록 1959. 3. 11. 제300-1959-1호(倫)
전 화 02)733-6771
f a x 02)736-4818
e-mail pys@pybook.co.kr
homepage www.pybook.co.kr
ISBN 979-11-303-2322-0 93320

정 가 26,000원